Die geteilte Vergangenheit

Zeithistorische Studien

Herausgegeben vom Forschungsschwerpunkt
Zeithistorische Studien Potsdam

Band 4

Die geteilte Vergangenheit

Zum Umgang mit Nationalsozialismus
und Widerstand in beiden deutschen Staaten

Herausgegeben von
Jürgen Danyel

Akademie Verlag

Der Forschungsschwerpunkt Zeithistorische Studien Potsdam ist eine Einrichtung der Förderungsgesellschaft Wissenschaftliche Neuvorhaben mbH München, die von der Max-Planck-Gesellschaft zur Förderung der Wissenschaft e.V. zur Betreuung von sieben geisteswissenschaftlichen Forschungsschwerpunkten gegründet wurde.

Gedruckt mit Unterstützung des Ministeriums für Wissenschaft, Forschung und Kultur des Landes Brandenburg.

Die Deutsche Bibliothek – CIP-Einheitsaufnahme

Die geteilte Vergangenheit : Zum Umgang mit
Nationalsozialismus und Widerstand in beiden deutschen
Staaten / hrsg. von Jürgen Danyel. – Berlin : Akad. Verl., 1995
  (Zeithistorische Studien ; Bd. 4)
  ISBN 3-05-002642-1
NE: Danyel, Jürgen [Hrsg.]; GT

Satz: Dörlemann-Satz, Lemförde
Druck: GAM Media GmbH, Berlin
Bindung: Verlagsbuchbinderei Dieter Mikolai, Berlin

Printed in the Federal Republic of Germany

Inhalt

Abkürzungsverzeichnis 9

Vorwort 11

I. Der Umgang mit Nationalsozialismus und Widerstand
   in beiden deutschen Staaten und Österreich

OLAF GROEHLER
Verfolgten- und Opfergruppen im Spannungsfeld der politischen
Auseinandersetzungen in der SBZ und DDR 17

JÜRGEN DANYEL
Die Opfer- und Verfolgtenperspektive als Gründungskonsens?
Zum Umgang mit der Widerstandstradition und der Schuldfrage in der DDR 31

WOLFGANG BENZ
Zum Umgang mit der nationalsozialistischen Vergangenheit
in der Bundesrepublik 47

MICHAEL LEMKE
Instrumentalisierter Antifaschismus und SED-Kampagnepolitik
im deutschen Sonderkonflikt 1960–1968 61

HERBERT OLBRICH
„... was wissen Se, was mir damals alles mitg'macht ham!" Österreich
und seine nationalsozialistische Vergangenheit 87

II. Vergleichsperspektiven und Forschungsprobleme in der Diskussion

BERND FAULENBACH
Die doppelte „Vergangenheitsbewältigung". Nationalsozialismus
und Stalinismus als Herausforderungen zeithistorischer Forschung
und politischer Kultur 107

NORBERT FREI
NS-Vergangenheit unter Ulbricht und Adenauer.
Gesichtspunkte einer vergleichenden Bewältigungsforschung 125

MOSHE ZIMMERMANN
Die Erinnerung an Nationalsozialismus und Widerstand
im Spannungsfeld deutscher Zweistaatlichkeit 133

FRITZ KLEIN
Ein schlimmes gemeinsames Erbe kritisch und selbstkritisch
auf beiden Seiten aufarbeiten 139

WOLFGANG KÜTTLER
Auf den Inhalt kommt es an. Zum Verhältnis von Zeitgeschichtsforschung
und Geschichtsdiskurs im neuvereinigten Deutschland 143

III. Gedenkstätten- und Erinnerungsarbeit
    im historischen Kontext der Geschichte beider deutscher Staaten

GUDRUN SCHWARZ
Zur Gedenkstätte Ravensbrück 153

BODO RITSCHER
Die NKWD/MWD-„Speziallager" in Deutschland.
Anmerkungen zu einem Forschungsgegenstand 163

GÜNTER MORSCH
Von Denkmälern und Denkmalen.
Von Gedenkstätten und Zeithistorischen Museen 181

JÜRGEN ZARUSKY
Die KZ-Gedenkstätte Dachau:
Anmerkungen zur Geschichte eines umstrittenen historischen Ortes 187

FRANK DINGEL
Das Prinz-Albrecht-Gelände: Ein Ort deutscher Geschichte 197

ANNETTE LEO
„Stimme und Faust der Nation." – Thälmann-Kult kontra Antifaschismus 205

ANGELIKA TIMM
Der politsche und propagandistische Umgang mit der „Reichskristallnacht"
in der DDR 213

Internationale Erfahrungen

SYBIL MILTON
Die Darstellung des Holocaust in den USA
im Vergleich zu den beiden deutschen Staaten 227

VOJTĚCH BLODIG
Die Gedenkstätte Theresienstadt gestern und heute 235

IV. Bibliographie

Neuere Literatur zum Umgang mit Nationalsozialismus und Widerstand
in beiden deutschen Staaten. Auswahlbibliographie 1989–1994
(zusammengestellt von Inge Schmöker und Jürgen Danyel) 247

Autorenverzeichnis 265

Abkürzungsverzeichnis

AGT	Archiv der Gedenkstätte Theresienstadt
APZ	Aus Politik und Zeitgeschichte. Beilage zur Wochenzeitung „Das Parlament"
Archiv des IVVdN	Archiv des Interessenverbandes ehemaliger Teilnehmer am antifaschistischen Widerstand und Verfolgter des Naziregimes
BA	Bundesarchiv Koblenz
BA, Abt. Potsdam	Bundesarchiv, Abteilungen Potsdam
BHE	Bund der Heimatvertriebenen und Entrechteten
BPA	Bezirksparteiarchiv
BzG	Beiträge zur Geschichte der Arbeiterbewegung
DA	Deutschland-Archiv
DÖW	Dokumentationsarchiv des Österreichischen Widerstandes
DP	Deutsche Partei
FDJ	Freie Deutsche Jugend
FIAPP	Fédération Internationale de Anciens Prisonniers Politiques du Fascisme
FPÖ	Freiheitliche Partei Österreichs
GARF	Staatliches Archiv der Russischen Föderation
GEP	Geschichte-Erziehung-Politik
GG	Geschichte und Gesellschaft
GMH	Gewerkschaftliche Monatshefte
GWU	Geschichte in Wissenschaft und Unterricht
HZ	Historische Zeitschrift
IWK	Internationale Wissenschaftliche Korrespondenz zur Geschichte der deutschen Arbeiterbewegung
KPÖ	Kommunistische Partei Österreichs
LDPD	Liberal-Demokratische Partei Deutschlands
MWD	Innenministerium der UdSSR
NA	National Archives
ND	Neues Deutschland

NDPD	National-Demokratische Partei Deutschlands
NKWD	Volkskommissariat des Innern der UdSSR
OdF	Opfer des Faschismus
ÖVP	Österreichische Volkspartei
PB	Politbüro des ZK der SED
SAPMO-BArch	Stiftung Archiv der Parteien und Massenorganisationen der DDR im Bundesarchiv
SPÖ	Sozialistische Partei Österreichs
ZPA	Zentrales Parteiarchiv
SMAD	Sowjetische Militäradministration
TAJB	Tel Aviver Jahrbuch für deutsche Geschichte
VdN	Verfolgter des Naziregimes
VfZ	Vierteljahrshefte für Zeitgeschichte
VVN	Vereinigung der Verfolgten des Naziregimes
ZfG	Zeitschrift für Geschichtswissenschaft

Vorwort

Die Geschichte der deutschen Teilung war auch die Geschichte einer geteilten Erinnerung an die nationalsozialistische Vergangenheit und den Widerstand gegen das NS-Regime. Beide deutsche Staaten verstanden sich als politische Alternative zur nationalsozialistischen Diktatur – die Bundesrepublik als parlamentarische Demokratie westlicher Prägung und die DDR als „antifaschistischer" Staat – und entwickelten ausgehend von ihrer jeweiligen gesellschaftspolitischen Ordnung unterschiedliche Strategien des Umgangs mit ihrer gemeinsamen Vorgeschichte von 1933 bis 1945. Als Nachfolgestaaten des „Dritten Reiches" wurden die DDR und die Bundesrepublik bei ihren Bemühungen um die Wiedergewinnung internationaler Akzeptanz zu Konkurrenten auf dem Gebiet der Vergangenheitsaufarbeitung. In den Propagandagefechten des Kalten Krieges gehörte die NS-Vergangenheit zu den zentralen Feldern der deutsch-deutschen Auseinandersetzung, bei der sich sowohl die DDR – als Gesellschaft, in der dem Nationalsozialismus die „ökonomischen Wurzeln" entrissen seien – wie auch die Bundesrepublik – als antitotalitäre Alternative zu jeglicher Form der Diktatur – als das bessere und einzig legitime Deutschland nach Hitler zu profilieren suchten. Die Auseinandersetzung um die Vergangenheit war somit Teil der Beziehungs- und Perzeptionsgeschichte beider deutscher Staaten, woraus sich beträchtliche Wechselwirkungseffekte und spiegelbildliche Polarisierungen u.a. bei geschichtspolitischen Positionen ergaben. Die Notwendigkeit, die materiellen und geistigen Folgen der NS-Herrschaft und des verlorenen Krieges zu beseitigen, die Verpflichtung zur juristischen Aufarbeitung der NS-Verbrechen, die Erwartungen der Opfer und des Auslandes auf Wiedergutmachung sowie die Aufgabe der gesellschaftlichen Integration der großen Mehrheit ehemaliger Anhänger des NS-Regimes stellten die DDR und die Bundesrepublik vor ähnliche Herausforderungen. In beiden Gesellschaften wurde der Umgang mit Nationalsozialismus und Widerstand zum Gegenstand innenpolitischer Auseinandersetzungen und des Generationenkonflikts – in der Bundesrepublik u.a. mit den Wiedergutmachungs- und Verjährungsdebatten, der Studentenbewegung von 1968, den alltags- und erfahrungsgeschichtlichen Initiativen der achtziger Jahre und dem Historikerstreit, in der DDR – weit weniger öffentlich wahrnehmbar – mit der Auflösung der VVN, dem 17. Juni 1953, den Konflikten zwischen verschiedenen

Richtungen der Widerstands- und Emigrantentradition, dem von Literatur und Kunst aufgeworfenen Thema Antifaschismus und Verdrängung oder der von der DDR-Opposition in den Achtzigern ausgehenden Kritik an antifaschistischen Ritualen und hausgemachten rechtsextremen Tendenzen.

Wie kaum ein anderes Feld der Geschichte beider deutscher Staaten eignet sich daher das Thema des Umgangs mit Nationalsozialismus und Widerstand für eine komparative Sicht, die die inzwischen so brisant gewordene Geschichte der SBZ und DDR in übergreifende Zusammenhänge einordnet. Die DDR und „ihr" Umgang mit der problematischen deutschen Vergangenheit von 1933 bis 1945 erklärt sich nicht nur aus der Binnengeschichte von Herrschaft und Ideologie im realsozialistischen ostdeutschen Staat, sondern ist auch Produkt jener politischen Konstellationen, die den Kontext dieser vierzigjährigen Episode abgaben.

Der Um(Zusammen)bruch von 1989 und die die deutsche Vereinigung seither begleitende Dauerdebatte um die problematische Hinterlassenschaft der DDR haben auch den „Antifaschismus" zur Disposition gestellt. Zu recht werden dessen legitimatorische Funktion, seine Ritualisierung, die mit ihm verbundenen Feindbilder und Verdrängungstendenzen, sein selektives Geschichtsbild und die von ihm ausgegangene Lähmung intellektueller Opposition umfassend kritisiert. Wie auch auf anderen Gebieten bewirkte die Entzauberung des Alternativgehalts der DDR im Verhältnis zur Bundesrepublik einen Verlust der in den achtziger Jahren erstarkten westdeutschen Selbstkritik. Der Umgang (bzw. Nicht-Umgang) der frühen Bundesrepublik mit der NS-Vergangenheit erschien plötzlich in einem milderen Licht. Angesichts der Sündenfälle des „Antifaschismus" wurde die „zweite Schuld" der Westdeutschen schon bald zur Legende erklärt. So sehr die Überprüfung mancher, aus einer moralisierenden linken Kritik herrührenden Urteile über die Vergangenheitsaufarbeitung der Bundesrepublik berechtigt sein mag, so wächst auf der anderen Seite die Gefahr einer deutlichen Schieflage des Bildes von den beiden deutschen Teilstaaten.

In dem bisher vorherrschenden eher statischen, auf den Herrschaftsapparat orientierten Bild von der „antifaschistischen" DDR ist die Frage nach alternativen Umgangsformen mit der NS-Vergangenheit und der Widerstandstradition in verschiedenen sozialen und politischen Milieus, die Frage nach Zäsuren, Brüchen und Veränderungen sowie nach den Erfahrungen und Prägungen der Menschen, die aus der antifaschistischen Sozialisation und der alltäglichen Begegnung mit der „antifaschistischen Traditionspflege" resultierten, weitgehend ausgeblendet. Eine gemeinsame Erinnerung der Deutschen an Nationalsozialismus und Widerstand hätte diese unterschiedlichen Erfahrungsbestände aufzunehmen und sich an ihnen zu reiben. Als Erfahrungsgehalt ist die „antifaschistische" Prägung der Ostdeutschen (ihre Abwehr und Verdrängung nach 1989 eingeschlossen) keine bloße Erbmasse, die man annehmen oder ausschlagen kann, wie es jene vereinfachende Frage „Was bleibt von der DDR?" immer wieder suggeriert.

Auf der anderen Seite – wird die „schlechte" DDR lediglich als Kontrastmittel für die historisch überlegene Bundesrepublik benutzt – wächst die Gefahr, jene erst im Ergebnis von innenpolitischen Krisen und Konflikten gewonnene demokratische Reife der westdeutschen Gesellschaft im Umgang mit der NS-Vergangenheit bereits in die Anfänge zurückzuprojezieren.

Eine vergleichende und zudem auf Wechselwirkungen und Interdependenzen zielende „Bewältigungsforschung" (Norbert Frei) könnte somit einen Beitrag zur Versachlichung der immer noch stark politisierten Debatte um den DDR-Antifaschismus leisten. Mit der Frage nach Ähnlichkeiten, Unterschieden und politischen Begleitbedingungen der geteilten Erinnerung der Deutschen würde zugleich ein historisches Beziehungs- und Ereignisgeflecht rekonstruiert, in dem sich DDR-Geschichte als ein Pol deutscher Nachkriegsentwicklung realiter vollzogen hat.

Die Lage der großen Gedenkstätten für die Opfer des Nationalsozialismus – derjenigen in den neuen Bundesländern natürlich in besonderem Maße – wurde nach 1989 zu einer Art Kristallisationspunkt für viele der genannten Fragen. In ihrer Architektur, ihren Denkmalsanlagen und den mit ihnen verbundenen Erinnerungsritualen spiegelt sich die Geschichte des Umgangs mit der nationalsozialistischen Vergangenheit in quasi vergegenständlichter und damit konzentrierter Form. In der Öffentlichkeit – zudem einer internationalen, die nicht ohne Sorge nach der politischen Standortbestimmung des vereinten Deutschland fragte – wurden die Gedenkstätten zu einer Art Seismographen für den Umgang der Deutschen mit der NS-Vergangenheit und neuerlichen rechtsextremen Tendenzen. Die Offenlegung der Geschichte der nach 1945 in Sachsenhausen und Buchenwald eingerichteten sowjetischen Internierungslager provozierte die Frage nach der Vergleichbarkeit von nationalsozialistischer und stalinistischer Verfolgung. All jene, die als „Erinnerungsarbeiter" mit diesen Problemen direkt konfrontiert waren, befanden sich schnell zwischen den Stühlen widerstreitender Interessen von politischen Parteien, der verschiedenen Opfer- und Verfolgtengruppen, der lokalen Bevölkerung und den Medien. Diese komplizierte Situation hat den Bedarf an historischer Forschung zur Geschichte der Gedenkstätten- und Erinnerungsarbeit in beiden deutschen Staaten spürbar erhöht, nicht zuletzt im Sinne der Fundierung von Entscheidungen über die Zukunft und Neugestaltung der umstrittenen Gedenkorte.

Nicht weniger brisant war und ist die vor allem durch die Offenlegung der stalinistischen Verbrechen und der DDR-Repressionsstrukturen motivierte Frage nach einem Vergleich der nationalsozialistischen Diktatur mit den Herrschafts- und Unterdrückungsmechanismen der DDR. Der in die Debatte geworfene Begriff der „doppelten Vergangenheitsbewältigung" veranschaulicht diese Überlagerung unterschiedlicher Schichten deutscher Vergangenheit im 20. Jahrhundert. Für eine Zeitgeschichtsschreibung, der es nicht um eine Relativierung der „braunen" Vergangenheit durch die „rote" oder um eine politische Instrumentalisierung des Themas gehen kann, erwuchsen mit dem sogenannten „Diktaturenvergleich" eine ganze Reihe inhaltlicher und methodische Probleme, die die Forschung und Diskussion der Historiker in ganz besonderer Weise herausforderten.

Auf dem Hintergrund dieser Debattenlage veranstaltete der Forschungsschwerpunkt Zeithistorische Studien in Potsdam vom 1.–2. Oktober 1993 eine wissenschaftliche Tagung zum Thema „Die geteilte Vergangenheit. Zum Umgang mit Nationalsozialismus und Widerstand in beiden deutschen Staaten", die Historiker aus dem Bereich der Zeitgeschichtsforschung und der Gedenkstätten zusammenführte. Neben der Präsentation neuerer Forschungsergebnisse diente die Tagung vor allem der Diskussion von möglichen Forschungsfeldern und methodischen Fragen einer historisch-komparativen Analyse der Aufarbeitungsleistungen und -defizite der DDR und der Bundesrepublik. Darüber hinaus wurden auf der Konferenz erstmals die am Forschungsschwerpunkt Zeithistorische Studien laufenden Projekte zu diesem Themenbereich vor einer größeren wissenschaftlichen Öffentlichkeit zur Diskussion gestellt. Mit der breiten Behandlung von Fragen der Gedenkstätten- und Erinnerungsarbeit in diesem Kontext sollte an die nach 1989 in Gang gekommene und für das Land Brandenburg besonders relevante Diskussion um die Neugestaltung der Gedenkstätten für die Opfer des Nationalsozialismus angeknüpft werden. Besonderen Wert legten die Veranstalter auf den „Blick von außen", in der Hoffnung, der unvoreingenommene Blick der Fachkollegen aus dem Ausland könne zur Versachlichung der quereles allemands beitragen.

Der vorliegende Band dokumentiert im wesentlichen die auf der Tagung gehaltenen Beiträge. Darüber hinaus wurden einzelne Kollegen vom Herausgeber gebeten, ihre in der Diskussion formulierten Positionen und Fragestellungen in Gestalt von ergänzenden Beiträgen zu entfalten. Im ersten Teil des Bandes werden Gründzüge des Umgangs mit der nationalsozialistischen Vergangenheit in beiden deutschen Staaten und in Österreich erörtert. Ein zweiter Schwerpunkt widmet sich offenen Forschungsfragen, möglichen Vergleichsperspektiven und dokumentiert kontroverse Sichten auf den Gegenstand. Im dritten Teil stehen Fragen der Gedenkstätten- und Erinnerungsarbeit im Kontext der Geschichte beider deutscher Staaten im Mittelpunkt. Ergänzt wird die Darstellung durch eine Auswahlbibliographie neuerer Forschungsliteratur zum Gegenstand, die zusätzliche Einblicke in den Forschungs- und Diskussionsstand vermittelt.

Die genannte Tagung und die vorliegende Dokumentation ihrer Ergebnisse spiegeln jedoch nicht allein die fachwissenschaftliche Diskussion der Historiker. Gerade auch für die ostdeutschen Autoren – bei allen Unterschieden hinsichtlich ihres Alters und ihrer bisherigen politischen Biographie – ist die Beschäftigung mit dem DDR-Antifaschismus, seinem Scheitern und den von ihm ausgehenden Prägungen immer auch ein Stück ganz persönlicher Auseinandersetzung mit der eigenen Vergangenheit. Insofern kann man den vorliegenden Band auch als einen Beitrag zur Selbstverständigung und kritischen Selbstreflexion der Historiker verstehen – als einen eher nachdenklichen Beitrag zur Aufarbeitung der DDR-Vergangenheit, jenseits des Rummels eilig präsentierter Aktenmonstrositäten und mediengerecht inszenierter Outings.

Die Tagung und die vorliegende Publikation wurden vom Ministerium für Wissenschaft, Bildung und Kultur des Landes Brandenburg gefördert, dem an dieser Stelle besonderer Dank gilt. Ferner möchte ich Nikola Knoth, Waltraud Peters und Inge Schmöker für die Unterstützung bei der inhaltlichen und redaktionellen Bearbeitung dieses Bandes danken.

Jürgen Danyel

I. Der Umgang mit Nationalsozialismus und Widerstand in beiden deutschen Staaten und Österrreich

Olaf Groehler

Verfolgten- und Opfergruppen im Spannungsfeld der politischen Auseinandersetzungen in der Sowjetischen Besatzungszone und in der Deutschen Demokratischen Republik

Wer fast dreißig Jahre lang zur Vorgeschichte und Geschichte des Nationalsozialismus und des NS-Regimes geforscht hat und noch in Erinnerung hat, von welchem Forschungs- und Erkenntnisstand er in den fünfziger Jahren ausging und wie sich dieser heute darstellt, dem wird stets bewußt sein, wie relativ seine gegenwärtigen Erkenntnisse zur Geschichte der SBZ und der DDR sind. Er wird ein wenig vor der Gefahr gefeit sein, letzte Wahrheiten für sich in Anspruch nehmen zu wollen und sich des Diskussionscharakters seines Beitrages bewußt bleiben. Seit dem Herbst 1989 stehen dem Historiker eine Fülle von Archivquellen und Materialien zur Verfügung, deren Existenz er bisher nur ahnen konnte, und die zu analysieren er Jahre brauchen wird. Noch wichtiger ist wohl der Umstand, daß sich im Ergebnis des Zusammenbruches des Realsozialismus die Kategorien der Bewertung und die Beurteilungsmaßstäbe mindestens verschoben, wenn nicht sogar grundsätzlich geändert haben. Was bisher anscheinend als gesichert und geklärt galt, unterliegt einem Paradigmenwechsel und erscheint in einem völlig neuen Licht. Das betrifft nicht nur die Geschichte der SBZ und der DDR, sondern auch deren Vorgeschichte, vor allem die Geschichte des Widerstandes gegen den Nationalsozialismus und die Rolle, die die Kommunistische Partei Deutschlands in diesem Zusammenhang spielte – also jene Vorgeschichte, auf die sich die DDR in legitimatorischer Absicht ständig berief.

Das Interesse an der Erforschung des kommunistischen Widerstandes gegen das NS-Regime ist fast erloschen, obwohl es nach meiner Überzeugung dringend notwendig wäre, diese Geschichte frei von ideologischen Vorurteilen, parteipolitischen Interessen und dogmatischen Verengungen aufzuarbeiten. Denn ohne wirkliche Kenntnis der Geschichte der KPD und ihres Widerstandes im Dritten Reich bleiben die Widerstandsrezeption in der SBZ/DDR sowie der DDR-Antifaschismus weitestgehend unverständlich.

Einer der gravierendsten Mängel der Widerstandsrezeption bestand darin, daß zu keiner Zeit ein wirkliches Interesse vorhanden war, die Voraussetzungen und das Wesen dessen zu analysieren, was den antifaschistischen Konsens der DDR ausmachte. Vom ersten Augenblick an war die Geschichte des Widerstandes gegen den Nationalsozialismus ein Tummelplatz und eine Domäne von Kräften, die aus seiner Überhöhung, seiner Stilisierung zur Legende und seiner Manipulierung politisches und moralisches Kapital zu schlagen suchten, ein Monopol auf seine Traditionen anmeldeten und eifersüchtig das Geheimnis der wirklichen Geschichte des deutschen Widerstandes, namentlich seines kommunistischen Stranges, hüteten. Es scheint – zieht man die heute verfügbaren Akten heran –, daß in kaum einem anderen Bereich der neueren Geschichte mit der historischen Wahrheit schamloser und jeweils bedarfsorientierter umgegangen worden ist.

Die Gründe dafür liegen auf der Hand. Wer das Erbe des Widerstandes gegen Hitler für sich reklamierte und vorgab, es zu repräsentieren, konnte damit einen politischen Führungsanspruch im Nachkriegsdeutschland geltend machen. Dies ist auf seiten der sich ab Frühjahr 1945 formierenden kommunistischen Gruppen durchaus geschehen. Dabei existierte vom allerersten Moment an eine tiefe Kluft zwischen zwei Gruppen innerhalb der kommunistischen Widerstandstradition. Zum einen handelte es sich um jene handverlesenen kommunistischen Funktionäre, die aus der sowjetischen Emigration heimkehrten, begleitet und assistiert von in sowjetischer Kriegsgefangenschaft umerzogenen deutschen Kriegsgefangenen. Letztere bildeten ein Kaderreservoir, aus dem zentrale Funktionen in der Verwaltung und in den nichtkommunistischen Parteien und Organisationen besetzt werden konnten. Demgegenüber standen jene deutschen Kommunisten, die in Konzentrationslagern, Zuchthäusern und Gefängnissen das „Dritte Reich" überlebt hatten, oder denen das seltene Schicksal zuteil geworden war, das NS-Regime als illegale Kämpfer im Untergrund überstanden zu haben.

Diese unterschiedlichen Erfahrungen und die Prägung durch zwölf Jahre Verfolgung, Haft und Emigration wurden ergänzt durch jene Eindrücke und politischen Positionen, die kommunistische Emigranten in Großbritannien, den USA und Lateinamerika – also außerhalb des Machtbereichs von Moskau – gewonnen hatten.

Betrachtet man die Geschichte der SBZ und der DDR nach diesem Raster unterschiedlicher Erfahrungen, so drängt sich fast der Eindruck auf, daß die DDR-Geschichte auf der Königsebene als eine immer wieder aufflammende Auseinandersetzung zwischen diesen Gruppen begriffen werden kann, namentlich in den vierziger und fünfziger Jahren. Nachklänge dieser Konflikte finden sich durchaus noch in den sechziger und den ersten Jahren der Honecker-Ära, obwohl sie dann immer stärker durch Konflikte innerhalb einer neuen Führungsgeneration der SED überlagert wurden, die zumeist erst kurz nach dem Kriege zur Partei gestoßen war.

Daß das Verhältnis zwischen Moskau-Emigranten und KP-Kadern aus dem inneren Widerstand nicht spannungsfrei war, verspürte jeder, der in der DDR auch nur am Rande dieser Thematik arbeitete. Wie tief indessen diese Kluft tatsächlich war, zeigt sich heute weitaus deutlicher, wobei allerdings die Frage bleibt, ob sich alle diesbezüglichen Vorgänge noch restlos aufklären lassen. Die meisten kommunistischen Funktionäre waren an harte innerparteiliche Auseinandersetzungen gewöhnt und vermieden es tunlichst, abweichende Auffassungen zu Papier zu bringen und der Nachwelt zu überliefern.

Manchmal blitzten diese Widersprüche öffentlich auf. So z. B. auf der 35. Tagung des Zentralkomitees der SED im Februar 1958. Sie war geprägt von der Abrechnung Walter

Ulbrichts mit Karl Schirdewan und seiner Fraktion, wobei auch Fritz Selbmann in das Fadenkreuz der Kritik geriet, weil er in einem unbedachten Moment in internen Kreisen erklärt hatte, es gäbe in der Führung der SED zwei verschiedene Gruppen und zwar jene, „die im Widerstand Großes geleistet haben, die täglich ihr Leben eingesetzt haben, das waren Schirdewan, Selbmann, die im KZ mutig gekämpft hätten, aber auch solche, die das Prädikat des Widerstandskämpfers für sich in Anspruch nehmen, die von der sicheren Position des Auslandes aus über den Rundfunk zu den Widerstands-kämpfern gesprochen hatten."[1] Daß Ulbricht und sein Mann fürs Grobe, Hermann Matern, diese Kritik auf sich selbst bezogen, war selbstverständlich. Selbmann ver-suchte sich auf dem genannten Plenum mit dem Hinweis zu rechtfertigen, daß er es doch gewesen wäre, der gemeinsam mit Hermann Axen im Frühjahr 1945 entschieden gegen den Versuch Stellung bezogen habe, in Buchenwald oder in Sachsenhausen ein ZK der KPD zu bilden: „Ich habe dort gegen die Bildung einer solchen Leitung, die praktisch die Leitung der Partei in Deutschland sein sollte und der auch ich angehören sollte, mit aller Entschiedenheit und in harten Auseinandersetzungen gekämpft."[2] Kaum anzunehmen, daß Selbmann hier Zuflucht zu einer Notlüge nahm, die sofort auf dem Plenum durch Beteiligte hätte wiederlegt werden können. Wenn also solche konkreten Pläne von den kommunistischen Lagerleitungen in Buchenwald und Sach-senhausen entwickelt worden waren, deutet dies das Ausmaß innerparteilicher Nicht-übereinstimmung an, beleuchtet aber auch noch schärfer die Rolle der Gruppen Ulbricht, Ackermann und Sobottka in Berlin, Sachsen und Mecklenburg bei der Neuorganisation der KPD, die von einer ganzen Reihe von Altkommunisten als eine doppelte Usurpation empfunden werden mußte.

Das erklärt auch das stetige, eigentlich nie versiegende Mißtrauen, das Ulbricht oder Matern diesen kommunistischen KZ-Kadern gegenüber empfanden und das z.B. die Biographien von Ernst Busse, der in einem sowjetischen Straflager umkam, oder von Walter Bartel prägte, der Stück für Stück aus jeglicher politischen Verantwortung gedrängt wurde, eben weil beide als führende kommunistische Funktionäre in Buchen-wald an solchen Plänen offenbar teilhatten.[3]

Dabei geht es zunächst gar nicht um eine Wertung der politischen Vorstellungen. Die Mehrheit der aus den Konzentrationslagern und Zuchthäusern freigekommenen kommunistischen Häftlinge lebte zumeist in einer politischen Vorstellungswelt, die abseits der Beschlüsse der exilierten KPD-Funktionäre in Brüssel und Bern lag und durchaus der kommunistischen Strategie und Taktik der Weimarer Republik verhaftet geblieben war. Sie war von einem tiefen Mißtrauen gegenüber der Sozialdemokratie und größten Vorbehalten gegenüber allen bürgerlichen Gruppen und Parteien erfüllt. Andererseits hatten sie die restlos entartete und mörderische stalinistische Dominanz über die KPD nur abgefedert wahrgenommen, betrachteten die Kommunistische

---

[1] Archiv des IVVdN, Akte „Komiteesitzungen 1957/58", Komiteesitzung v. 7. 3. 1958.
[2] SAPMO-BArch, ZPA, IV 2/1/93.
[3] Vgl. Dokumente zur Geschichte der kommunistischen Bewegung in Deutschland, Reihe 1945/1946, Bd. 1, Protokolle des Sekretariats des Zentralkomitees der KPD Juli 1945 bis April 1946, bearb. v. G. Benser u. H. J. Krusch, München/New York/London/Paris 1993, S. 516 u. S. 518.

Partei Deutschlands aufgrund der Weimarer Erfahrungen nach wie vor als ein Vorbild für die kommunistische Bewegung, was die Vertretung nationaler Belange durchaus einschloß. Die Sowjetunion betrachtete man eher als primus inter pares und war daher weit entfernt von einer restlosen Unterordnung der eigenen Interessen zugunsten der sowjetischen Großmacht.

Eine der wichtigsten Veränderungen, die der Nationalsozialismus und seine Terrorherrschaft unter den KP-Kadern bewirkt hatte, bestand darin, daß man dazu bereit war, bestimmte politische Kräfte der deutschen Gesellschaft neu zu bewerten, wenn sie sich im Gegensatz zu ausgeprägten sozialen und politischen Vorurteilen der KPD in der Haft und in der Illegalität als Kämpfer gegen den Faschismus bewährt hatten. Dem entsprachen sozialdemokratische Arbeiter am ehesten und dies bezog sich auf Dauer, auch nach schlimmen Vorkommnissen, auf sozialdemokratische Funktionäre. Überrascht waren dagegen viele Kommunisten von der aufrechten Haltung der meisten protestantischen und katholischen Geistlichen, die sie in der Weimarer Republik stets als ideologische Träger des Systems angesehen hatten. Gleiches galt auch für die Haltung zu einigen Vertretern der Militärs und der hohen Beamtenschaft, was allerdings zahlenmäßig nicht stark ins Gewicht fiel, weitaus mehr etwa gegenüber den Häftlingen aus der Gruppe der Zeugen Jehovas, deren Motive für Kommunisten zwar nicht nachvollziehbar waren, wohl aber deren Standhaftigkeit und Unbeugsamkeit.

Gänzlich anders war dagegen das Verhalten gegenüber jenen Gruppen, die ausschließlich als wehrlose und unpolitische Opfer angesehen wurden. Das bezog sich namentlich auf rassisch Verfolgte, gegenüber denen man sich, so sie nicht zu den Kommunisten gehörten, entsprechend der durch die Hierarchien in den NS-Lagern vorgegebenen Kategorien verhielt, vielfach unter Aufleben tradierter sozialer Vorurteile. Hinzu trat eine stark ausgeprägte nationale Überheblichkeit der meisten kommunistischen Häftlinge, die sich etwa gegenüber polnischen Juden in einer doppelten Geringschätzung äußerte, die für die Lebensverhältnisse der Betroffenen im Lager verheerend sein konnten. Ein Nachhall dessen spürt man noch, wenn etwa Walter Bartel am 13. April 1945 bei der 4. Sitzung des Buchenwalder Lagerkomitees erklärte, „daß es selbstverständlich keinen Unterschied zwischen arischen und jüdischen Häftlingen gibt. Selbstverständlich wird der Stubendienst, der Blockälteste usw. ebenfalls von der Nation gestellt, die die Belegschaft stellt."[4]

Was im April 1945 von den Kommunisten Buchenwalds ausging, die gegenüber den Moskauer Gruppen einige Wochen Zeitvorsprung besaßen, kann in der Tat als der Versuch gedeutet werden, von Weimar aus in ganz Deutschland eine Neuorganisation der KPD unter Buchenwalder Vorzeichen in Angriff zu nehmen.

In den von den Moskauer Gruppen penetrierten Regionen der sowjetischen Besatzungszone gelang es dagegen den Exilfunktionären – zwar mit erheblicher Mühe und nicht restlos –, die kommunistischen Parteikader zu domestizieren, sie unter Kuratel zu stellen und ihnen die in Moskau konzipierte Führungsstruktur und Denkweise bürokratisch überzustülpen. Ihr Konzept indessen nahm sich im Gegensatz zum Rigorismus der Haftkader demokratisch und liberal aus und schien alten Dogmen abge-

---

[4] SAPMO-BArch, ZPA, V 273/2/23.

schworen zu haben. Im Kern war es jedoch primär darauf abgestellt, entscheidende Positionen auf pseudolegalem Wege in die Hand zu bekommen. Insofern war es moralisch weitaus bedenken- und letztendlich skrupelloser, wenngleich es sich populistischer und integrativer ausgab. Empfindlich reagierte die Moskau-Gruppe stets dann, wenn die freigekommenen Häftlingsgruppen oder auch kommunistische Parteimitglieder an strategische und taktische Losungen der Weimarer Republik anknüpften oder sie gar popularisierten.

Obgleich sich in Berlin bis Anfang August 1945 über 15000 Altkommunisten wieder der KPD angeschlossen hatten, wurde Ulbricht nicht müde, neue Funktionäre aus Moskau anzufordern, weil er nur wenige von den im Lande Gebliebenen für vertrauenswürdig hielt, um am Neuaufbau der KPD verantwortlich teilzunehmen.[5] In den ersten Maitagen hielt es die Gruppe Ulbricht z.B. für opportun, über 100 aus Brandenburg befreite kommunistische Funktionäre für fast zehn Tage in Spandau zu isolieren, anstatt sie in Berlin mit politischen Aufgaben zu betrauen. Die Abneigung gegen die Brandenburger ist nachvollziehbar, wenn man weiß, daß eine ihrer ersten Aktionen in Spandau darin bestand, eine Druckerei zu requirieren und in mehreren tausend Exemplaren das Politische Testament des in Brandenburg hingerichteten Anton Saefkow in Berlin zu verbreiten, dessen Programmatik klar Kurs auf die Diktatur des Proletariats nahm und große Zustimmung unter vielen Berliner Altkommunisten fand.[6]

Sieht man die Berichte der Berliner Bezirksparteiorganisationen vom Sommer und Herbst 1945 durch, so waren es gerade diese Altkommunisten, die große Abneigung und Widerstand gegen den Kurs artikulierten, wie er im Aufruf der KPD vom 11. Juni 1945 formuliert worden war. Berichten von Neufunktionären über ihr Unglück, eine „linke Kreisleitung"[7] (z.B. in Berlin-Neukölln) gehabt zu haben sowie den Klagen über Probleme mit den alten Kommunisten versuchte die Gruppe Ulbricht dadurch zu begegnen, daß sie Kurs darauf nahm, die Zusammensetzung der Partei durch Neuaufnahmen rasch zu verändern. Die Altkommunisten dagegen mußten sich einer strengen Prüfung ihres Verhaltens in der NS-Zeit unterziehen, wobei z.B. die Kreisleitung Prenzlauer Berg zu der bemerkenswerten Feststellung kam, daß von 3100 Altkommunisten dieses Stadtbezirks 2200 nicht an der illegalen Arbeit teilgenommen hätten[8] – eine Tatsache, die von der offiziösen Parteigeschichtsschreibung nie erwähnt, sondern ins Gegenteil verfälscht wurde. Im ganzen ging in Berlin die Tendenz dahin, daß sich jene Kreisleitungen mit vielen Altkommunisten wie etwa Neukölln, Friedrichshain, Charlottenburg, Lichtenberg oder Spandau gegen einen breiten Neuzugang von Mitgliedern sperrten, die nach allen Berichten weitaus aufgeschlossener und bereitwilliger den Weisungen der neuen Parteibürokratie folgten. Dieselbe Tendenz beherrschte übrigens die Thüringer Bezirksleitung, die ihre Mitgliederzahl bis August 1945 nur um

---

[5] Siehe dazu „Gruppe Ulbricht" in Berlin April bis Juni 1945. Von den Vorbereitungen im Sommer 1944 bis zur Wiedergründung der KPD im Juni 1945. Eine Dokumentation, hrsg. v. G. Keyderling, Berlin 1993, S. 348ff.

[6] SAPMO-BArch, BPA, I/2/015.

[7] SAPMO-BArch, BPA, I/2/017.

[8] Ebenda.

knapp 10 Prozent gegenüber 1933 steigerte, während in Mecklenburg ein Zuwachs von fast 130 Prozent verzeichnet wurde.[9] Ab September schien für die Ulbricht-Gruppe das Problem gelöst: Die Zahl der neuaufgenommenen Mitglieder überstieg nunmehr die der Altkommunisten um ein beträchtliches und veränderte sich von Monat zu Monat zu ihren Ungunsten. Letztere wurden am Ende zwar nicht einflußlos, aber zahlenmäßig zu einer Randgruppe, die zwar mit großem moralischen Rigorismus gegen Nazis, Mitläufer und die Majorität der Deutschen agierte, aber wenig Integrationskraft und politische Anziehungskraft besaß.

Um die Kritik der Altkommunisten weiter einzudämmen, ging man bereits im Oktober 1945 zur Politik der Repression über. In einem Beschluß der Berliner Bezirksleitung vom 14. Oktober 1945 hieß es, daß der Bestand der Kader einer eingehenden Prüfung zu unterziehen sei, in den Verwaltungsbezirken mit allen Funktionären diskutiert werden solle und alle „renitenten und schädlichen Elemente, die a) in ihrem Auftreten das Ansehen und das Wirken der Partei verletzen und b) die Linie der Partei entstellen und offen das Sektierertum propagieren, ernsthaft zu verwarnen und wenn sich das als fruchtlos herausstellen sollte, aus der Partei zu entfernen" seien.[10] In der KPD begann sich jener Typ von Funktionär zu etablieren, den Franz Dahlem dann im Januar 1946 als „junge, frische, hemmungslose Genossen" charakterisierte.[11]

Eine Folge dieser veränderten Mitgliederstruktur war der Umstand, daß den meisten KPD-Junggenossen eine verzerrte Version der Geschichte des Widerstandes und des Antifaschismus vorgegeben wurde. Sie wuchsen in ein Geflecht von Traditionen und Wertvorstellungen hinein, das ihnen durch eine Parteiobrigkeit vermittelt wurde, die nicht in der Lage war, sich offen und kritisch dem ganzen Erbe des Widerstandes und des Antifaschismus zu stellen, sondern von vornherein eine selektive, den jeweiligen politischen Bedürfnisse angepaßte Auslese betrieb. Hinter dem Schlagwort „Nie wieder Faschismus! Nie wieder Krieg!" konnte sich durchaus eine Strategie verbergen, die aus dem Widerstandskampf jeweils bestimmte Aspekte herauslöste, die in scheinbar völliger Übereinstimmung mit den jeweiligen politischen Tageslosungen zu stehen schienen.

Die Unfähigkeit und der Unwille innerhalb der KPD und der SED, sich wirklichkeitsnah und kritisch mit dem Widerstandskampf gegen das NS-Regime auseinanderzusetzen, beförderte einerseits von vornherein Tendenzen der Legendenbildung, Überhöhung und Heroisierung, und war auf der anderen Seite zugleich mit groben Eingriffen verbunden, mit denen die problematischen Seiten und die widersprüchliche Wahrheit des Widerstandes geglättet wurden. Deren Aufarbeitung blieb bestenfalls episodenhaft und erfolgte nur insoweit, als sie sich in die vorhandene politische Landschaft einfügte.

Das bedeutete indes nicht, daß die Konflikte zwischen den unterschiedlichen Erfahrungen des Widerstandes und den damit verbundenen politischen Konzepten nicht

---

[9] G. Benser, Die SED zwischen Massenpartei und Kaderpartei neuen Typs (1946–1948), in: D. Keller/H. Modrow/H. Wolf (Hg.), ANsichten zur Geschichte der DDR, Bd. 1, Bonn/Berlin 1991, S. 81ff.

[10] SAPMO-BArch, BPA, I/2/018.

[11] SAPMO-BArch, BPA, I/2/017.

untergründig schwelten und in politischen Krisensituationen eruptiv zum Vorschein kamen. In dem Maße wie die kommunistischen Altkader in ihrer eigenen Partei in die Minderheit gerieten, artikulierte sich bei vielen der durch das NS-Regime verfolgten und inhaftierten Aktivisten das Bestreben, einen eigenen Kampfbund der Verfolgten zu schaffen – eine eigene Organisation, in der man, wie es einer ihrer Gründer 1948 formulierte, sicher war, keine Mitglieder der NSDAP oder ihrer Gliederungen an seiner Seite zu wissen.[12] Die Bestrebungen vieler ehemaliger KZ-Häftlinge in der Ostzone Deutschlands, eine eigene Organisation aufzubauen, waren nicht nur von der Idee bestimmt, eine besondere Interessenvertretung zu besitzen, die sich der sozialen Bedürfnisse und Nöte der Verfolgten annahm. Genau so wichtig war der politisch-moralische Führungsanspruch dieser Verfolgten, den der erste Vorsitzende des Berliner Hauptausschußes OdF, Ottomar Geschke, in die Worte faßte: „Wir als Opfer des Faschismus stehen über den Parteien und sind die Garanten der Einheit der deutschen Bevölkerung überhaupt."[13] Und bezogen auf die zwölfjährige Faschismuserfahrung formulierte Geschke in Abwandlung eines Kaiser-Wilhelm Wortes: „Wir kannten keine Parteien, wir kannten keine Konfessionen, wir kannten nur eines, den Haß gegen den Faschismus."[14]

Nur der überparteiliche Anspruch, nicht der daraus abgeleitete Führungsanspruch, den der am 3. Juni 1945 in Berlin gegründete Hauptausschuß „Opfer des Faschismus" ebenfalls für sich reklamierte, entsprach dem Konzept Walter Ulbrichts, der sich – wie er am 17. Mai 1945 Georgi Dimitroff mitteilte – dessen Gründung als eine Art Hilfsorganisation mehrheitlich parteiloser Intellektueller vorstellte, die von den Nationalsozialisten zum Tode verurteilt oder aus dem KZ befreit worden waren.[15] Dieser Ausschuß sollte mithelfen, die faschistischen Verbrechen zu entlarven und alle Menschen zu erfassen, die von den Nazis verfolgt wurden, von den Kommunisten bis zu den Männern des 20. Juli.

In der Tat repräsentierte der Hauptausschuß OdF bei seiner Gründung eine bemerkenswerte Breite des Widerstandes: seinem elfköpfigen Vorstand gehörten vier Mitglieder der KPD, zwei SPD-Mitglieder, drei Vertreter des 20. Juli sowie je ein Repräsentant der jüdischen und christlichen Verfolgten an. Seine Grenze bestand indessen darin, daß sich die KPD von vornherein die Führung des Ausschusses sicherte und dieser sich vorrangig als ein Verband der politisch verfolgten Kämpfer empfand. Damit waren bereits frühzeitig neue Konflikte vorprogrammiert, die im Laufe des Sommers 1945 bereits in aller Schärfe zutage traten, weil zwei große Opfergruppen völlig unberücksichtigt geblieben waren: einerseits die rassisch Verfolgten Juden sowie die Sinti und Roma, und andererseits die ernsten Bibelforscher, die Zeugen Jehovas. Im September 1945 revidierte der Berliner Hauptausschuß deshalb zunächst seine Beschlüsse hinsichtlich der Juden und setzte diese Anweisungen am 27./28. Oktober 1945 in einer

---

[12] So der Vorsitzende der Jüdischen Gemeinde, Julius Meyer am 2. Januar 1948. Vgl. SAPMO-BArch, BPA, NL-2/15/002.
[13] Archiv des IVVdN, Akte „Leizig, 27. 10. 1945".
[14] Ebenda.
[15] „Gruppe Ulbricht" in Berlin, a.a.O., S. 353.

Konfernz in Leipzig, die von allen in der sozialen Betreuung für politisch Verfolgte tätigen kommunistischen Funktionären besuchten wurde, als verbindlich durch. Die Haltung gegenüber den Bibelforschern blieb dagegen weiter unbestimmt, da deren Anerkennung als Opfer des Faschismus von ihrer Haltung zum demokratischen Neuanfang abhängig gemacht werden sollte.

Schon in der Gründungsphase des Verfolgtenverbandes konkurrierten somit zwei Vorstellungen über dessen Aufgabenstellung: die von Ulbricht angestrebte Organisationsform einer der KPD bzw. SED nahestehenden Hilfsorganisation und die Vorstellungen der kommunistischen Häftlingsgruppen von einem eigenen politischen und sozialen Interessenverband, der nicht völlig identisch mit der KPD/SED sein mußte. Von dieser Widersprüchlichkeit war dann auch die Politik des Vorbereitenden Ausschusses zur Gründung einer Vereinigung der Verfolgten des Naziregimes (VVN) gekennzeichnet. Während ein Teil der Führung der SED zunächst Wert auf eine breite Sammlungsbewegung aller Kräfte des Widerstandes in der VVN legte, befürchteten die in der VVN tätigen Funktionäre, die aus dem kommunistischen Widerstand kamen, eine Verwässerung ihres politischen Anliegens und eine Degeneration der VVN zu einem reinen Sozial- und Fürsorgeverband.

Der Versuch, unter der Flagge des Antifaschismus alle ehemaligen Widerstandskräfte von der KPD bis zu den Vertretern des 20. Juli 1944 zu vereinen und auf eine politische Programmatik zu verpflichten, mußte schon im Ansatz an diesen beiden divergierenden Organisationskonzepten scheitern. Das Ulbrichtsche Konzept setzte voraus, daß alle Strömungen des Widerstandes bereit wären, den verschlungenen Wegen der kommunistischen Parteistrategie und -taktik zu folgen. Antifaschismus war für ihn nur dann anerkennenswert, wenn er den entsprechenden machtpolitischen Vorgaben folgte. Das altkommunistische VVN-Konzept hingegen hielt unverdrossen daran fest, die eigene Führungsrolle zu zementieren, andere Kräfte der Widerstandstradition gerade noch zu dulden und gegenüber allen anderen Gruppen und Schichten der Deutschen eine strenge, puristische und moralische Meßlatte anzulegen – ein Konzept, das im eigentlichen Sinne nicht politikfähig war. Verhärtet durch die eigenen Hafterfahrungen, hatte diese Gruppe auch wenig Probleme mit den Internierungslagern oder den Waldheimer Prozessen, die sie als gerechte Formen der Sühne ansahen.

Auf welche Weise die SED und VVN mit anderen Verfolgtengruppen umgingen, sei im folgenden an drei Beispielen exemplarisch dokumentiert:

Das Verhältnis zu den Zeugen Jehovas war innerhalb der VVN stets ein gebrochenes. Bis 1947/1948 hielten sich zwei Strömungen immerhin noch die Waage: einerseits die Tendenz, die Zeugen Jehovas trotz aller weltanschaulichen Gegensätze zu integrieren, und auf der anderen Seite die Bestrebungen, sie politisch auszugrenzen, da sie als weltanschaulich feindliche Kräfte angesehen wurden. Erst mit dem von Walter Ulbricht im Zentralsekretariat der SED im September 1949 eingebrachten Beschluß setzte die systematische Diffamierung und Ausgrenzung der Zeugen Jehovas ein.[16] Zwar widersetzte sich der Zentralvorstand der VVN im Herbst 1949 noch einer Pauschalverurteilung der Zeugen Jehovas und verlangte eingedenk ihrer Rolle in den

---

[16] SAPMO-BArch, ZPA, IV 2/2/44.

Hafteinrichtungen des NS-Staates eine gerechte Einzelprüfung.[17] Nach dem Verbot der Zeugen Jehovas am 1. August 1950 gehörte die VVN jedoch zu den lautesten Propagandisten des Verbots, wobei sie dieses schändliche Vorgehen mit infamen Verleumdungen über die Rolle der Religionsgemeinschaft während der NS-Zeit rechtfertigte.[18] Spätestens seit diesem Zeitpunkt hatte die VVN einen Großteil ihres moralischen Anspruches verwirkt, sich als Sprecher aller Verfolgten und Opfer des Naziregimes auszugeben.

Komplizierter, aber in seinen Konsequenzen nicht weniger verheerend, gestaltete sich das Verhältnis zu den Verfolgten des 20. Juli 1944, die in der Gründungsphase der OdF einen maßgeblichen Einfluß ausgeübt hatten. Nach den ersten Veröffentlichungen des Verbandes in den Jahren 1946/1947 vermuteten eine Reihe von Funktionären in der SBZ, daß hier bewußt eine Gegenposition zum kommunistischen Widerstand aufgebaut würde, die – und hier stimmte die Perspektive schon gar nicht – das Traditionsfundament für die bürgerliche Ordnung in den Westzonen abgeben könnte. Besondere Brisanz erhielt diese Auseinandersetzung noch dadurch, daß ein enger Konnex zwischen Sozialdemokratie und 20. Juli unterstellt wurde. Seit 1947 drängten deshalb die mit der KPD-Widerstandsgeschichtsschreibung beauftragten Funktionäre der SED auf eine scharfe und grundsätzliche Auseinandersetzung mit dem 20. Juli 1944, die dazu führte, daß die meisten führenden Vertreter des 20. Juli – zuletzt die Gräfin York von Wartenburg am 20. Januar 1949 – aus der Arbeit des Verfolgtenverbandes ausschieden. Auch bei der Ausgrenzung des 20. Juli 1944 versagte die VVN als Interessenvertreter des Widerstandes. Gerade bei den inhaftierten KP-Kadern war die Würdigung des 20. Juli auf erhebliches Mißvergnügen gestoßen. Karl Schirdewan, seit August 1947 Leiter des Referates „Parteigeschichte in der Illegalität" beim SED-Parteivorstand, schrieb am 10. August 1948 an den Chefredakteur des „Neuen Deutschland", Lex Ende, aus Anlaß des Nichterscheinens eines von ihm eingereichten polemischen Beitrages über den 20. Juli 1944: „Wir haben als führende Kraft der deutschen Arbeiterbewegung, die allein imstande ist, über die einzelnen Phasen der deutschen Widerstandsbewegung eine richtungsweisende Beurteilung zu geben, in den vergangenen Jahren viel zu weitherzig und tolerant, manchmal bis zur Prinzipienlosigkeit die allgemeinen Darlegungen über die deutsche Widerstandsbewegung unterstützt bzw. mitgemacht."[19] Schirdewan forderte, die ganze sozialdemokratische Gruppe in ihrer Verbindung zu den „reaktionären und auch faschistischen Verschwörern des 20. Juli" kritisch zu beleuchten.[20] Unterstützung fand er bei dem Moskau-Emigranten Otto Winzer, der ihm am 18. August 1948 mitteilte, daß es „gerade in der gegenwärtigen Zeit, da die Partei größeres Gewicht auf völlige politische und ideologische Klarheit legen muß, notwendig ist, auch in Fragen der Widerstandsbewegung mit größerer Grundsätzlichkeit vorzugehen als bisher".[21] Solche Grundsätzlichkeit bedeutete allein die

---

[17] SAPMO-BArch, ZPA, V 278/1/15; ferner SAPMO-BArch, ZPA, IV 2/2027/32, Bl. 94.
[18] SAPMO-BArch, ZPA, V 278/2/14.
[19] SAPMO-BArch, ZPA, I/2/3, Bl. 206.
[20] Ebenda, Bl. 207.
[21] Ebenda, Bl. 205.

Einengung der Perspektive auf den dogmatisch interpretierten kommunistischen Widerstand.

Angesichts solcher Verhärtungen waren auch die 1948 von der in Hannover beheimateten Gruppe „Das andere Deutschland" ausgehenden Versuche, namentlich von Heinz Küster und Oberst Müller, gemeinsam mit der VVN die Erfahrungen des Widerstandes aufzuarbeiten, zum Scheitern verurteilt.[22] Seit Ende 1947/Anfang 1948 fand de facto eine Ausgrenzung des 20. Juli 1944 aus der Widerstandsgeschichtsschreibung der SBZ/DDR statt, die Ende der fünfziger Jahre ihre schauerlichen Höhepunkte erreichte. Ab 1949 verschwand dann auch jeder Bezug auf die Verfolgten des 20. Juli 1944 in den Richtlinien, die in der SBZ für die Anerkennung als Verfolgter des Naziregimes (VdN) galten.

Den Jahren 1948/1949 kommt in der Tat konstitutive Bedeutung für die Ausprägung jener dogmatisch verengten Widerstandsrezeption zu, die für Jahrzehnte das Geschichtsbild der DDR prägte und erst in den letzten Jahren oft halbherzig und nur teilweise aufgebrochen wurde. Kennzeichnend für dieses Bild vom Widerstand sind vor allem die folgenden drei Hauptmomente:

1. Die Behauptung, daß die Arbeiterklasse, und namentlich die KPD die entscheidende Kraft des gesamten deutschen Widerstandes gewesen sei, obwohl die empirischen Befunde dem durchaus widersprachen. Bei den entsprechenden Statistiken der VVN, die 1947/1948 angefertigt wurden und Auskunft über die soziale Herkunft und politische Bindung von Widerstandskämpfern geben sollten, wurde dann auch kräftig nachgeholfen, um das bereits a priori behauptete Ergebnis zu erzielen.[23]
2. Mit der Forderung nach einer differenzierten Betrachtung der Widerstandsbewegung wurde der politischen Diffamierung großer Gruppen Vorschub geleistet. In einer im September 1948 vom Zentralvorstand der VVN angefertigten Analyse hieß es, daß „es notwendig ist, zwischen Antifaschisten und Hitlergegnern zu unterscheiden. Selbstverständlich waren alle Antifaschisten Hitlergegner, aber es ist nicht richtig, alle Hitlergegner Antifaschisten zu nennen, da viele eigene faschistische Ideen hatten und noch haben und wir schließlich nicht anstelle des Hitlerfaschismus irgendeinen anderen Faschismus in Deutschland haben wollen."[24]
3. Die Trennung zwischen Hitlergegnern und Antifaschisten beruhte auf einer stark ökonomistischen Deutung des Nationalsozialismus. Dieser Logik zufolge war die Bundesrepublik Deutschland eine bloße Fortsetzung des NS-Regimes und wurde in der Publizistik jener Jahre ohne Skrupel und Bedenken als faschistisch stigmatisiert. Dabei ging man sogar so weit, durch Beschluß des Zentralsekretariats der SED vom 11. Dezember 1948 den Gebrauch des Wortes „Neofaschismus" in der Parteipresse zu verbieten, weil er den Eindruck eines „gemäßigten Faschismus" vermitteln könne.[25]

Mit der Gleichsetzung von Widerstand und Antifaschismus, wobei antifaschistisch als Synonym für antiimperialistisch eingesetzt wurde, war im Prinzip jegliche übergreifende Gemeinsamkeit der verschiedenen Vertreter des Widerstandes aufgekündigt und zertrümmert worden. Nichtkommunistische Widerstandskräfte konnten bestenfalls noch das Prädikat des Hitlergegners für sich in Anspruch nehmen, das jedoch den meisten Vertretern des 20. Juli 1944 in den fünfziger Jahren strikt verweigert wurde.

---

[22] SAPMO-BArch, ZPA, V 278/2/27.
[23] SAPMO-BArch, ZPA, V IV L-2/15/36.
[24] SAPMO-BArch, ZPA; V 278/2/27.
[25] SAPMO-BArch, ZPA, IV 2/2.1/256, Bl. 3.

Adäquat zu dieser ideologischen und juristischen Ausgrenzung fast aller nichtkommunistischen Opfer- und Verfolgtengruppen entwickelte sich die VVN immer mehr zu einem Rat überlebender kommunistischer Illegaler. Hielten sich im Vorbereitenden Berliner VVN-Ausschuß vom November 1946 Kommunisten und Nichtkommunisten noch die Waage, so bildeten sie bereits 1948 unübersehbar die Majorität. 65 Prozent der VVN-Funktionäre gehörten der SED, 8,5 der SPD, 3,5 der LDP und 2,8 der CDU an. Allerdings machten Parteilose noch einen Anteil von 20 Prozent aus.[26] Die meisten dieser Parteilosen waren rassisch verfolgte Juden, die 1948 in Berlin fast 55 Prozent aller VVN-Mitglieder stellten. Die zahlenmäßige Stärke der Juden in der VVN hatte einen großen Einfluß auf die Politik der Organisation bis 1949, auch unter dem Einfluß völlig zu Unrecht vergessener kommunistischer Funktionäre jüdischer Herkunft wie Julius Meyer, Leon Löwenkopf oder Leo Zuckermann.

Das mühsam hergestellte Verhältnis zwischen rassisch und politisch Verfolgten begann sich Ende der vierziger Jahre erheblich zu verschlechtern. Die Gründe dafür liegen im Ausbleiben eines umfassenden Entschädigungsgesetzes, in der Entwicklung der SED zur Partei „neuen Typs" und in der 1949 beginnenden systematischen Kampagne gegen aus der Westemigration heimgekehrte Funktionäre. Gleichzeitig löste auch das Überschwappen des stalinistischen Antisemitismus auf die DDR eine Säuberungswelle aus, von der insbesondere die rassisch Verfolgten in der VVN betroffen waren und die in der Verfolgung Paul Merkers ihren Höhepunkt fand.

Die zunehmenden Spannungen zwischen politisch und rassisch Verfolgten gelangten nach dem Slansky-Prozeß mit der Flucht der meisten jüdischen Funktionäre bis zum 12./13. Januar 1953 aus der DDR zur erneuten Eruption.[27] Obgleich erst 1957 juristisch festgeschrieben, begann von nun an die Ungleichbehandlung von rassisch und politisch Verfolgten, die bis 1989 anhielt.

Es ist wohl alles andere als ein Zufall, daß zwei Tage nach der Flucht der meisten jüdischen Gemeindevorsteher das Politbüro der SED am 15. Januar 1953 die Auflösung der VVN beschloß – ein Beschluß, der dann am 3. Februar bestätigt und zum 19. Februar durchgeführt wurde.[28] Was als Selbstauflösung ausgegeben wurde, kam in der Praxis einem Verbot gleich, das unter Einschaltung der Staatssicherheit, die u.a. den größten Teil des Buchenwaldarchivs beschlagnahmte, in einer Nacht- und Nebelaktion durchgeführt wurde. Die Auflösung einer Massenorganisation in dieser Art und Weise war in der DDR-Geschichte ein einzigartiger Vorgang.

Eine Reihe von Ursachen für die Auflösung sind bereits angedeutet worden. Versucht man sie hier zusammenzufassen, so lassen sich in der Hauptsache vier Gründe nennen:

[26] SAPMO-BArch, ZPA, V 278/2/4.
[27] Siehe dazu den Bericht der HICOC Berlin an das State Department v. 12. 2. 1953 „The Flight of the Jewish Leaders from East Germany and the Communist Zionism", in: NA Washington, Records of the U.S. State Deparment relating the Internal Affairs of the Russian Zone (East Germany) 1950–1954, Decimal Files 962 b; ferner The Communist „New Antisemitism", Bericht an das American Jewish Committee v. 28. 1. 1953, in: YIWO-Archives New York, FAD-1, Box 25.
[28] SAPMO-BArch, ZPA, J IV 2/2/260, Bl. 134ff.

1. Die VVN als zentrale Organisation kommunistischer Altkader, die nicht vom Parteiapparat
   absorbiert worden waren, fügte sich seit 1948/49 niemals völlig in das politische Integrations-
   konzept der sogenannten „Nationalen Front" ein und äußerte starke Bedenken gegen die
   Schlußstrichmentalität bei der Entnazifizierunspolitik in der SBZ/DDR. Viele VVN-Funktionäre weigerten sich mit ehemaligen Pg's zusammenzuarbeiten und wurden deshalb zu einem
   Hindernis für die besonders seit Sommer 1952 forcierte soziale Wiedereingliederung ehemaliger Anhänger des NS-Regimes. Sie lehnten die namentlich von Walter Ulbricht verfolgte
   integrative Bekehrungs- und Versöhnungspolitik gegenüber den ehemaligen Pg's zu großen
   Teilen ab und bestanden weiter auf einer rigorosen Abrechnung mit dem Nationalsozialismus
   bis hin zu den Mitläufern des Regimes. Zugleich wurde ein Rückstrom bislang ausgeschlosse-
   ner Fachkräfte in Entscheidungspositionen als Gefahr für die eigenen Karriereabsichten empfunden. Dieses radikale Konzept war in den fünfziger Jahren realpolitisch kaum noch zu halten.
2. Den Altkadern der VVN wurde von der SED-Führung außerdem vorgeworfen, die „Rolle der
   Sowjetunion bei der Befreiung unseres Volkes vom Hitlerfaschismus trotz vieler spezieller
   Möglichkeiten ungenügend aufgezeigt" zu haben.[29] Ferner wurde in einer kritischen Analyse
   festgehalten: „Gewisse Überschätzungen des illegalen Kampfes in Deutschland führten bei
   Teilen der Mitglieder der VVN zur Überheblichkeit und zu sektiererischen Auffassungen, was
   in der Konsequenz zur Unterschätzung der Rolle der Sowjetunion als Befreierin vom Faschismus führen mußte."[30]
3. Wurde den VVN-Funktionären der generelle Vorwurf gemacht, Parteibeschlüsse nicht befolgt
   zu haben, z. B. nicht die Hinweise Hermann Materns „über die Tätigkeit von Parteifeinden in
   der VVN ... zum Anlaß einer Änderung der Lage an Ort und Stelle und einer gründlichen
   Überprüfung der gesamten Organisation" genommen zu haben.[31]
4. Schließlich wurde der VVN vorgehalten, daß sie die Stätten der faschistischen Verbrechen nicht
   genutzt habe, um eine wirksame politische Erziehungsarbeit vor Ort zu leisten und überhaupt
   bei der historischen Aufarbeitung des Widerstandskampfes versagt zu haben. So monierte
   Franz Dahlem, daß die VVN kein einziges ernsthaftes Werk zur Geschichte des Widerstandskampfes zustande gebracht habe.[32] Entsprechend dieser Logik wurde das gesamte VVN-Archiv
   dem Marx-Engels-Lenin-Institut beim ZK der SED übergeben, das von diesem Zeitpunkt an
   das Deutungsmonopol für die gesamte Widerstandsgeschichte innehatte, unter Ausschluß der
   meisten Altkader. Ebenfalls ausgegrenzt wurden die einstigen illegalen Kämpfer bei der Gedenkstättenarbeit, die nunmehr völlig in die Hände staatlicher Organe überging. Ausgerechnet
   die von der VVN so skeptisch beurteilte Nationale Front wurde zum Wahrer und Hüter der
   Nationalen Gedenkstätten eingesetzt.

Es mochte wohl besonderer taktischer Raffinesse geschuldet sein, daß das Ulbrichtsche
Politbüro zu den Vollstreckern der VVN-Zerschlagung ausgerechnet drei Funktionäre
einsetzte, die unter dem NS-Regime über Jahre in KZ und Zuchthäusern inhaftiert
waren und großes Ansehen in der VVN genossen: Franz Dahlem, Karl Schirdewan und
Fritz Beyling. Da es die Mehrheit der VVN-Mitglieder seit 1949 hingenommen hatte,
daß immer größere Gruppen von Verfolgten und Opfern auch von ihnen selbst ausgegrenzt wurden, konnten sie schwerlich damit rechnen, daß sie als selbstamputierte
Organisation noch irgendwo Beistand finden konnten. Selbst Dahlem und Schirdewan
mußten sich dem Druck beugen, um vielleicht Schlimmeres zu verhindern. Auch sie

---

[29] Archiv des IVVdN, Akte „Dokumente im Zusammenhang mit der Beendigung der Arbeit der
VVN und der Gründung des Komitees der antifaschistischen Widerstandskämpfer der DDR",
Februar/März 1953.
[30] Ebenda.
[31] Ebenda.
[32] Ebenda.

entgingen in den Folgejahren nicht der Ausgrenzungspolitik eines Ulbricht, die 1952 mit den Anklagen gegen Dahlem begann und 1958 mit der Ausschaltung von Schirdewan endete.[33]

Das Jahr 1958 kann wohl als der Endpunkt angesehen werden, an dem sich die Ulbrichtsche Deutung des kommunistischen Widerstandskampfes in Deutschland verbindlich durchsetzte und für Jahrzehnte gültig blieb. Nunmehr wurde das Prinzip etabliert, daß als echter antifaschistischer Widerstand nur der galt, der sich unter der Führung eines fiktiven Politbüros in Moskau vollzogen habe. „Wo lag in Deutschland die Führung des antifaschistischen Kampfes?", fragte Georg Spielmann, neuer Organisationssekretär des Komitees der antifaschistischen Widerstandskämpfer, das als eine Art handverlesener Ehren- und Ältestenrat in Sachen Antifaschismus amtierte, am 7. März 1958: „Da, wo die Brüsseler und Berner Konferenz getagt hatte ... da wo Wilhelm Pieck, Walter Ulbricht und andere gesessen haben."[34] Infolge des Schirdewan-Sturzes löste man die letzten Lagergemeinschaften ehemaliger KZ-Häftlinge auf. Von Hans Seigewasser wurde eine Direktive herausgegeben, die sich „gegen jegliche Versuche der Überzeichnung und Heroisierung der Widerstandskämpfer"[35] wandte. Allen Tendenzen zur Wiederbelebung der VVN wurde ein scharfer Kampf angesagt: „Das wäre jedoch kein Schritt vorwärts, sondern zurück."[36] Als ein Schritt vorwärts hingegen wurde der am 12. August 1958 vom Politbüro verabschiedete Beschluß angesehen, Angehörigen und Mitarbeitern des Nationalkomitees „Freies Deutschland" den Status als Verfolgte des Naziregimes zuzuerkennen.[37]

Für die Widerstandsgeschichtsschreibung in der DDR hatten diese Vorgänge zur Folge, daß das Nationalkomitee „Freies Deutschland" auf Kosten des inneren Widerstandes zu einer zentralen Widerstandstradition aufgewertet wurde. Die Vertreter des inneren Widerstandes hingegen hatten den Nachweis zu erbringen, daß sie sich in der Illegalität an den Weisungen der Moskauer Zentrale orientiert hatten. In der Realität des Untergrunds in Deutschland war dies kaum der Fall gewesen. Nunmehr wurde jede Moskauer Rundfunksendung zu einem Parteibeschluß stilisiert. Damit nicht genug, hatten sich die Gruppen des inneren Widerstandes gemäß Ulbrichts Vorstellungen von einer disziplinierten Partei als illegale Parteiorganisationen der KPD darzustellen. Hier liegt eine zweite und wohl noch entscheidendere Bruchstelle des gesamten DDR-Antifaschismus, von der er sich moralisch nicht mehr erholen sollte. Die Widerstandsgeschichte degenerierte zu einer leblosen und blutleeren Organisations- und Beschlußgeschichte, die nicht mehr die Schicksale der an ihr beteiligten Menschen und deren Biographien im Auge hatte, sondern ausschließlich politische Deklamationen und Erklärungen.

Allerdings hatte die Aufwertung des NKFD zur Folge, daß seit 1964 die ersten bescheidenen Ansätze zu einer differenzierteren Sicht auf den 20. Juli 1944 vom ZK der

---

[33] Siehe H. Weber, Schauprozeß-Vorbereitungen in der DDR, in: H. Weber/D. Staritz (Hg.), Kommunisten verfolgen Kommunisten. Stalinistischer Terror und „Säuberungen" in den kommunistischen Parteien Europas seit den dreißiger Jahren, Berlin 1993, S. 436–449.

[34] Archiv des IVVdN, Akte „Komiteesitzungen 1957/1958", Komiteesitzung v. 7. 3. 1958.

[35] Ebenda, Komiteesitzung v. 23. 6. 1958.

[36] Ebenda.

[37] SAPMO-BArch, ZPA, J IV 2/2–605.

SED eingeleitet wurden. Den Wandlungen im Bereich der Widerstandsrezeption in den siebziger und achtziger Jahren kann in diesem Zusammenhang nur kurz nachgegegangen werden. Hier gibt es noch eine Reihe offener Forschungsfragen.

Nicht zu übersehen ist einerseits eine wachsende Flexibilität und differenziertere Herangehensweise der Geschichtsschreibung über den Widerstand, allerdings unter Beibehaltung einer Reihe von Grundpositionen etwa hinsichtlich des Antifaschismusbegriffs und der These von der führenden Rolle der KPD im deutschen Widerstand. Auch die absolute Unfähigkeit zur kritischen Aufarbeitung der Parteigeschichte der KPD/SED und der Widersprüche und Fehler in deren Politik wirkte nach wie vor hemmend.

Im Hinblick auf den Umgang mit den kommunistischen Altkadern und ihre Wahrnehmung in der Öffentlichkeit vollzog sich mit dem Wechsel zu Honecker als Generalsekretär der SED – Honecker war Häftling im Zuchthaus Brandenburg gewesen und gehörte zum inneren Widerstand – eine gewisse Wandlung. Am 30. Januar 1974 wurde im Sekretariat des ZK der SED ein Beschluß gefaßt, der die umgehende Bildung von Bezirks- und Kreiskomitees der antifaschistischen Widerstandskämpfer vorsah und den eng mit Honecker verbundenen Brandenburghäftling Otto Funke als neuen Sekretär des Komitees der antifaschistischen Widerstandskämpfer einsetzte.[38] Noch einmal schien das Pendel zugunsten des inneren Widerstandes auszuschlagen. Binnen weniger Wochen wurden fast 100 Kreiskomitees gebildet, in denen die nunmehr meist im Pensionsalter befindenden Altkader vollen Herzens ihrem Unmut über die in den vorausgegangenen Jahren erfahrenen Kränkungen und Zurücksetzungen Luft machten, bis hin zur Aufrechnung der im Vergleich zu den Moskau-Emigranten und deren Gefolge nicht erhaltenen Orden und Ehrenzeichen.

Von den noch lebenden 11313 politischen Widerstandskämpfern (deren Zahl im Vergleich zu 1952/53 damit fast halbiert war) waren nur etwa 17 Prozent unter 60 Jahre alt, 25 Prozent waren zwischen 60 und 65 und rund 58 Prozent hatten das 65. Lebensjahr überschritten. Das Durchschnittsalter der ehemaligen aktiven Widerstandskämpfer betrug 67 Jahre.[39] Entsprechend dominierte in den Komitees eher die nostalgische Erinnerung und die Verklärung der Vergangenheit, als daß von ihnen eine politische Gestaltungsabsicht ausging. Im Vordergrund stand die Rückbesinnung auf die heroische Zeit des politischen Kampfes in der Weimarer Republik und im Widerstand gegen das NS-Regime. Für Selbstkritik oder Zweifel war in dieser Erinnerungsarbeit kein Platz, vielmehr wurde hier mit Argusaugen über eine glorreiche Tradition gewacht. In der Geschichtspropaganda und auch in der Historiographie wurde – denkt man etwa an die 1979 erschienene, im Auftrag des Politbüros entstandene Thälmann-Biographie – ein makelloses Bild vom Widerstandskämpfer vermittelt, dem alles menschliche fremd war. Das nunmehr propagierte Idealbild, dessen Wertmaßstäbe für normale Sterbliche unerreichbar sein mußten und das mit der Realität des Widerstands kaum noch etwas zu tun hatte, wurde kanonisiert und in religionsähnlichen Ritualen zelebriert. Bei der heranwachsenden jungen Generation mußte dieses Bild, das keine Fragen und Zweifel zuließ, weitgehend ohne Resonanz bleiben.

---

[38] Archiv des IVVdN, Akte „Präsidiumstagungen 1970–1974".
[39] Archiv des IVVdN, Akte „Präsidiumstagungen 1975–1978".

Jürgen Danyel

Die Opfer- und Verfolgtenperspektive als Gründungskonsens? Zum Umgang mit der Widerstandstradition und der Schuldfrage in der DDR

Die Gründung der DDR im Jahre 1949 und die Konsolidierung der von der SED im Einklang mit der sowjetischen Besatzungsmacht etablierten gesellschaftspolitischen Ordnung markieren einen folgenreichen Transformationsprozeß hinsichtlich des Umgangs mit der Widerstandstradition und der Erfahrung nationalsozialistischer Verfolgung. Mit der Herausbildung des „Antifaschismus" als für die DDR identitätsbestimmendem und staatstragendem ideologischen Konstrukt kulminiert die bereits in den Vorjahren in der SBZ einsetzende Vereinnahmung einer ursprünglich breitgefächerten und weitestgehend spontanen Erinnerungskultur verschiedener Opfer- und Verfolgtengruppen durch die parteipolitischen Sonderinteressen der KPD/SED. Die nach 1945 in den verschiedensten politischen Lagern favorisierten Vision eines antifaschistischen-demokratischen Neubeginns wurde zu einer bloßen Formel für eine Neuordnung nach sowjetischem Muster ausgedünnt, mit der die noch vorhandenen Grundlagen der bürgerlichen Gesellschaft abgebaut und die Chance einer plural verfaßten Ordnung aufgekündigt wurde. Für das sehr differenzierte und hinsichtlich seiner Neuordnungsvorstellungen oft diffuse nichtkommunistische Spektrum der Verfolgten des NS-Regimes lief dies auf die Alternative hinaus, sich entweder unter die kommunistische Hegemonie unterzuordnen oder den Ausstieg aus dem politischen Projekt DDR zu vollziehen. Dabei ist allerdings die Zäsur des Jahres 1949 nicht absolut, vielmehr handelt es sich bei den genannten Entwicklungen um einen *längerfristigen* Übergang mit deutlichen Phasenverschiebungen in verschiedenen gesellschaftlichen Bereichen. Waren die machtpolitischen Prämissen bereits 1947/48 in der SBZ weitgehend geklärt, hielt in anderen Bereichen wie etwa der Kultur, Kunst und Wissenschaft oder auf dem Feld der öffentlichen Auseinandersetzung mit dem Nationalsozialismus der Eindruck von offenen und wandelbaren Strukturen länger an – wie anders ließe sich die Attraktivität der frühen DDR für ein breites Spektrum emigrierter Intellektueller erklären.[1]

---

[1] Siehe dazu P. Bender, Unsere Erbschaft. Was war die DDR und was bleibt von ihr?, Hamburg/ Zürich 1992, S. 24f.

Auch die in der unmittelbaren Nachkriegszeit kontrovers diskutierte Frage nach dem
Verhältnis der Opfer und Verfolgten zu der Masse der ehemaligen Mitläufer des NS-
Regimes geriet mit der staatlichen Verselbständigung der SBZ in das Fahrwasser
unmittelbarer Herrschaftsinteressen und politisch-pragmatischer Strategien der SED-
Führung. Die sich bald im Gestrüpp des Notalltags und der politischen Ost-West-
Polarisierung verlierenden Ansätze zu einer Debatte über die moralischen Grundlagen
einer deutschen Gesellschaft nach Hitler offenbarten höchst widersprüchliche Vorstellungen. Sie reichten von der rigorosen Position, die Deutschen in einer Art erziehungs-
diktatorischen Daueranstrengung zu wandeln, über ein tiefes Mißtrauen, das insbesondere bei vielen jüdischen Bürgern zur gänzlichen Abkehr von Deutschland führte, bis
hin zur Hoffnung auf eine gesellschaftliche Läuterung durch den Rückgriff auf vorna-
tionalsozialistische Wert- und Traditionsbestände. Der Erfahrung vieler Opfer und
Verfolgter, zu einer Minderheit zu gehören und im Nachkriegsalltag erneut mit dem
durch Verfolgung und Haft erlittenen Verlust von Lebenschancen konfrontiert zu sein,
stand auf der anderen Seite jene kommunistische Haltung gegenüber, die in der
Befreiung vom Nationalsozialismus eine Bestätigung ihres Kampfes gegen Hitler sah
und aus dieser mit der hohen Zahl der Opfer belegten Tradition einen Führungsanspruch gegenüber dem deutschen Volk ableitete.

Letztere gerinnt im „Antifaschismus" zur offiziellen Politik und bestimmt damit die
Prämissen, unter denen die Integration der Mehrheit der ehemaligen Mitläufer des NS-
Systems, der NSDAP-Mitglieder und zunehmend auch unterer und mittlerer Funktionsträger des Regimes in die neue gesellschaftpolitische Ordnung erfolgt. Sie prägt
zudem die für die DDR spezifische Form der geistigen Auseinandersetzung mit dem
nationalsozialistischen Regime und jene für das offizielle Selbstverständnis der DDR
maßgebende Traditionsbildung im Rückgriff auf den Widerstand.

Allerdings erfährt die kommunistische Position in diesem Übergang von der relativ
kurzen Konkurrenzsituation mit anderen Politikentwürfen unmittelbar nach 1945 zum
hegemonialen Konzept in der SBZ/DDR eine beträchtliche Wandlung, die sich in
erster Linie als *Verlust innerer Differenzierung* beschreiben läßt. Mit der Dominanz des in
die Sowjetunion emigrierten Funktionärskorps der KPD in der politischen Klasse der
frühen DDR verlieren alternative Positionen, wie etwa die moderate Richtung der
Westemigration, die zudem eine größere Sensibilität für die Problematik des Holocaust
besaß, erneut an Gewicht und Einfluß. Gleiches gilt für das relativ eigenständige
politische Profil der „KZ- und Zuchthausgeneration" bzw. des inneren Widerstandes in
Deutschland, deren politische Konzeptionsbildung in der Spätphase des Krieges weitgehend unabhängig von Moskau erfolgte. Letztere hatte sich einerseits gegenüber
anderen politischen Strömungen geöffnet, andererseits aber auch das klassische kommunistische Sektierertum in ihren Reihen konserviert. In dem Maße, wie im Selbsver-
ständnis der „Sieger der Geschichte" die kommunistischen Opposition gegen den
Nationalsozialismus in eine Erfolgs- und Siegesgeschichte umgedeutet wird, verküm-
mert jener selbstkritische Ansatz, für den das Versagen der Deutschen und das Scheitern der Linken noch ein zusammengehörendes Thema war.

Für den politischen und ideellen Gehalt des „Antifaschismus" war insofern die
Mentalität und der Erfahrungsbestand einer *spezifischen politischen Generation* in der

kommunistischen Bewegung konstitutiv. Deren politische Sozialisation erhielt durch die zugespitzten Auseinandersetzungen der späten Weimarer Republik, die existenzielle (individuelle und organisatorische) Bedrohung durch die NS-Verfolgung und die Erfahrung des „Exils im Stalinismus" eine entscheidende Prägung.[2] Das politische Profil dieser SED-Führungsschicht läßt sich vor allem mit den folgenden Merkmalen beschreiben:

1. *ein stark an Feindbildern orientiertes Denken*, das sich primär über die Abgrenzung zu anderen politischen Gruppierungen definierte. Dieses in sehr groben Rastern befangene Denken richtete sich nicht nur nach außen, sondern schloß immer auch die Distanzierung zu realen und potentiellen Opponenten aus den eigenen Reihen ein. In enger Verbindung damit standen oft irrationale Bedrohungs- und Einkreisungsängste, die reale Konflikte und Gefährdungen verzerrend überhöhten bzw. auf dem völligen Verlust einer differenzierten und nüchternen Wahrnehmungsfähigkeit beruhten[3].
2. einer *doppelten Verhärtung* durch die Erfahrung der nationalsozialistischen Verfolgung und die Verstrickung in die stalinistischen Säuberungen im kommunistischen Exil in der Sowjetunion. Sie wurde zum einen durch die in der Illegalität und in der Haft in den Konzentrationslagern geprägte permanente Bedrohung und eine Haltung geprägt, die den Fortbestand der Idee und der eigenen Organisation oft über das Einzelschicksal der Beteiligten stellte[4]. Zum anderen speiste sie sich aus jenem Gemisch aus Angst, Opportunismus, Selbsterhaltungstrieb, Denunziation, Solidarverhalten in Einzelfällen und zynischem Pragmatismus, wie es zahlreiche Psychogramme der Moskauer Emigrantenkolonie in der autobiographischen Literatur oder in neueren quellengestützten Publikationen anschaulich vermitteln.[5]
3. ein *Elitebewußtsein* und Gefühl moralischer Überlegenheit, das sich darauf berief, nicht nur unter dem Nationalsozialismus gelitten, sondern diesen auch von Anbeginn aktiv bekämpft zu haben. Das Funktionärskorps der KPD erklärte sich quasi zum Bestandteil der siegreichen sowjetischen Militärmacht und deutete die Niederlage der KPD von 1933 und das Scheitern des Widerstandes in Deutschland entsprechend um. In der Konsequenz führte dieses Selbstver-

[2] Rolf Badstübner spricht in diesem Zusammenhang von einem „merkwürdigen Amalgam", zu dem sich im Denken der SED-Führung „die Erfahrungs- und Erlebniswelten von ‚Weimar', Faschismus und Krieg" und „stalinistische Dogmen" verbanden. Vgl. R. Badstübner, Versuch, die DDR-Gründung gesellschaftsgeschichtlich zu „verorten", in: E. Scherstjanoi (Hg.), „Provisorium für längstens ein Jahr". Protokoll des Kolloquiums „Die Gründung der DDR", Berlin 1993, S. 77f.
[3] Deutlich wird dies etwa in der Perzeption der Bundesrepublik durch die SED-Führung in den fünfziger Jahren wie auch in der zur Massenmobilisierung gezielt überspitzten Weltkriegsgefahr. Auch im innenpolitischen Bereich erfolgt die Subsumtion von Konfliktpotentialen und Oppositionsbestrebungen unter die diffuse Alternative „Restauration der alten Ordnung" versus „Verteidigung der Arbeiter- und Bauernmacht".
[4] Die anhand nunmehr zugänglicher Dokumente aus der unmittelbaren Nachkriegszeit rekonstruierbaren Vorgänge in und um die illegale kommunistische Lagerorganisation im KZ Buchenwald verdeutlichen diese spezifische Mentalität in sehr brisanter Weise. Siehe dazu L. Niethammer (Hg.), „In der Angelegenheit des Genossen Ernst Busse". Zwei Dokumente aus einer SED-Untersuchung von 1946 betr. Beschuldigungen gegen führende deutsche Kommunisten im KZ Buchenwald, in BIOS 7, 1994, S. 1–45.
[5] Siehe dazu u.a. R. Müller (Hg.), Georg Lukács/Johannes R. Becher/Friedrich Wolf u.a. Die Säuberung. Moskau 1936: Stenogramm einer geschlossenen Parteiversammlung, Reinbek bei Hamburg 1991; derselbe, Die Akte Wehner. Moskau 1937 bis 1941, Berlin 1933. Zu welchen Deformationen diese Prägung führen konnte, belegt exemplarisch der Dichter und erste Kulturminister der DDR, Johannes R. Becher. Siehe dazu C. Gansel (Hg.), Der gespaltene Dichter. Johannes R. Becher. Gedichte, Briefe, Dokumente 1945–1958, Berlin 1991.

ständnis zu einer Hierarchisierung der verschiedenen Opfergruppen bis hin zur Tilgung einzelner von ihnen aus dem öffentlichen Bewußtsein der DDR.

4. ein tiefes *Mißtrauen gegenüber der Mehrheit der deutschen Bevölkerung,* die zwischen 1933 und 1945 „glücklich und zufrieden" lebte und sich durch „Deutschlands erstes Wirtschaftwunder", die Überwindung der Arbeitslosigkeit und den Verkauf von „Anrechtsscheinen auf Volkswagen" korrumpieren ließ[6]. Aus dieser Haltung resultierte u.a. auch jene politische Strategie permanenter politisch-pädagogischer und propagandistischer Beinflussung des eigenen Staatsvolkes und der Zwang zu ständiger Massenmobilisierung. Diese Tendenz ist durch die rhetorische Beschwörung der „progressiven Rolle der Volksmassen" und andere ideologische Konstrukte in der SED-Propaganda weitestgehend verschleiert. Die DDR als eine „Erziehungsdiktatur" bzw. Gesellschaft mit einem hohen Grad an politischer Durchdringung hat hier eine ihrer Wurzeln.

5. eine *Symbiose von proletarischem Habitus und kleinbürgerlicher Vorstellungswelt,* die in diesem Zusammenhang insofern von Belang ist, als über sie für die deutsche Gesellschaft typische Ressentiments gegenüber gesellschaftlichen Rand- und Außenseitergruppen und antisemitische Einstellungen auch in die kommunistische Ideologie transportiert wurden. Als Belege hierfür können die langanhaltenden Vorbehalte gegenüber einzelnen Opfergruppen (Euthanasie-Opfer, „Asoziale", Zeugen Jehovas, Homosexuelle)[7], die Denunziation resistenter Teile der Arbeiterschaft als „deklassierter Elemente" wie auch die Scheinlegitimation antijüdischer Ressentiments etwa durch den Antikapitalismus dienen (z.B. in der Frage der Rückgabe jüdischen Eigentums).

Aus dieser Sicht könnten weitere Untersuchungen, die sich der politischen Sozialisation, der Erfahrungswelt und Mentalität dieser für den „DDR-Antifaschismus" konstitutiven Führungschicht beispielsweise auf dem Wege exemplarischer biographischer Studien bzw. von Kollektivbiographien der oben skizzierten drei Grundrichtungen (Westemigration, Moskauer Exil und die KZ- und Widerstandsgeneration) zuwenden, eine wichtige Bereicherung des Bildes über die Frühgeschichte der DDR liefern. Dies umsomehr, als es sich nicht nur um die Kennzeichnung der „Produzenten" „antifaschistischer Ideologie" handelt, sondern diese Generationserfahrung – und hier hat der Begriff des „verordneten Antifaschismus" seinen Sinn – auf die gesamte DDR-Gesellschaft projiziert wurde und den Ostdeutschen den Übertritt auf die Seite des „anderen Deutschland" ermöglichte.

Vergegenwärtigt man sich die genannten Veränderungen des politischen Umgangs mit Nationalsozialismus und Widerstand, so lassen sich *zwei Grundfragen,* die im Zusammenhang mit der Debatte um das problematische Erbe des DDR-Antifaschismus nach 1989 immer wieder thematisiert wurden, differenzierter als bisher beantworten.

Die *erste* ist die Frage, ob sich der Weg von einer „pluralen VVN-Antifaschismuskultur …, wo die Juden noch zionistische Fahnen schwenken durften, der 20. Juli noch

---

6 Vgl. Persönliche Erklärung von Erich Honecker vor dem Berliner Landgericht am 3. Dezember 1992 (Wortlaut), in: Blätter für deutsche und internationale Politik, 1993, H. 1, S. 122.
   Diese in bewußter Anspielung auf die Akzeptanz der Marktwirtschaft durch die Ostdeutschen im deutschen Einigungsprozeß gehaltene Passage der Rede Honeckers spiegelt diese Mißtrauenshaltung sehr deutlich.

7 Für den Bereich des Umgangs mit der Euthansieproblematik in der DDR siehe den diskussionswürdigen Erklärungsansatz von D. Belau, Die Mentalität des Täter-Bürgers. Eine Kritik der Ethik der Industriegesellschaft. Dargestellt an der Euthanasie in Deutschland von 1933–1945 und ihrer Nichtbewältigung in der DDR/Ostdeutschland, in: Zeitgeschichte 20, 1993, S. 219–233.

existierte, die Pastoren noch mehr als nur dumme Sympis einer Widerstandsveranstaltung sein durften"[8] hin zum Legitimationsantifaschismus der DDR als eine Geschichte des Verlustes und der Deformation einer ursprünglichen vitalen und pluralen Idee beschreiben läßt. Gegen diese These lassen sich eine ganze Reihe von Belegen für die schon sehr früh einsetzende Instrumentalisierung der Widerstandstradition durch die KPD anführen, die unterstreichen, daß für die Führungsgruppe der Moskau-Emigranten um Walter Ulbricht der Antifaschismus „kaum mehr als ein Lockmittel"[9] war. Ebenso liefern frühe Quellen zur KPD-internen Diskussion über die Frage, wer als Opfer des NS-Regimes anzuerkennen ist, erschreckende Beispiele des Toleranzverlustes gegenüber anderen Opfergruppen, insbesondere den rassisch verfolgten Juden[10].

Diese Gleichzeitigkeit von Offenheit, Verlust und früher Festgelegtheit erklärt sich mit der Verschiebung politischer und gesellschaftlicher Kräftekonstellationen – einem Prozeß, in dem die Gründung der DDR und die Etablierung ihres offiziellen antifaschistischen Selbstverständnisses gewissermaßen eine Zäsur des Übergangs darstellt. Kommunistisches Sektierertum in der Opferfrage und die machtpolitische Rhetorik vom notwendigen antifaschistischen-demokratischen Konsens finden sich bereits 1945. Allerdings existieren diese in der Frühphase der SBZ in einem Kontext alternativer Politikangebote (auch und gerade innerhalb der KPD), die trotz der politischen Präferenzen der sowjetischen Besatzungsmacht über beträchtliche öffentliche Wirkungsmöglichkeiten verfügen. Im Übergang zur Gründung der DDR verschwinden diese Alternativen nicht, jedoch verfügt nunmehr eine bestimmte Linie der kommunistischen Tradition über die zunehmenden Machtmittel, die konkurrierenden Angebote zu unterdrücken bzw. zu vereinnahmen.

Diese Frage nach dem Verhältnis von offenen und geschlossenen Strukturen, nach der Kräftekonstellation zwischen herrschenden Verkrustungen und alternativen politischen Entwürfen, nach Stagnation und dynamisierenden inneren und äußeren Faktoren stellt sich für unterschiedliche Phasen der DDR-Geschichte immer wieder neu, und für verschiedene gesellschaftliche Teilbereiche jeweils anders. Die Annahme einer wie auch immer gearteten Limitierung der Wandlungsfähigkeit des politischen Systems der DDR ist damit keineswegs ausgeschlossen. Eine solche Betrachtungsweise, die auf Konflikte und gesellschaftliche Konstellationen in ihrem Wandel zielt, weist einen Ausweg aus den beiden Extrempositionen, zu denen zahlreiche zeithistorische Darstellungen zur DDR tendieren: Auf der einen Seite die Interpretation der DDR-Geschichte als einer Geschichte des Verlustes und der Deformation, die gleichzeitig die Annahme einer Art „guten Kerns" des Antifaschismus und Sozialismus impliziert,

---

[8] Vgl. L. Niethammer, Orte des kollektiven Gedächtnisses, in: Brandenburgische Gedenkstätten für die Verfolgten des NS-Regimes. Perspektiven, Kontroversen und internationale Vergleiche, hrsg. v. Ministerium für Wissenschaft, Forschung und Kultur des Landes Brandenburg in Zusammenarbeit mit der Landeszentrale für politische Bildung, Berlin 1992, S. 96.

[9] Vgl. Bender, a.a.O., S. 23.

[10] Siehe dazu O. Groehler, Integration und Ausgrenzung von NS-Opfern. Zur Anerkennungs- und Entschädigungsdebatte in der Sowjetischen Besatzungszone Deutschlands 1945 bis 1949, in: J. Kocka (Hg.), Historische DDR-Forschung. Aufsätze und Studien, Berlin 1993, S. 105–128, besonders S. 109f.

den man freilegen und tradieren könnte. Auf der anderen Seite das Postulat eines quasi
genetisch codierten Scheiterns, womit die Geschichte des realsozialistischen deutschen Staates lediglich als ein um vierzig Jahre verlängertes Ende, als „Untergang auf
Raten" erscheint[11].

Die *zweite Grundfrage* berührt die Themenstellung dieses Beitrags und darin enthaltene Annahme eines Gründungskonsens für die DDR, mit dem die Perspektive der
Opfer und Verfolgten des nationalsozialistischen Regimes in das Arsenal gesellschaftspolitisch verbindlicher und auch mehrheitlich akzeptierter Leitbilder übernommen
wurde. Diese Annahme muß zumindest in zwei Richtungen problematisiert werden.
Der im Antifaschismus präsente und in die DDR-Gesellschaft projizierte Erfahrungsgehalt ist der einer ganz bestimmten Opfer- und Verfolgtengruppe – und auch von
dieser wiederum nur ein Ausschnitt. Er ist somit in einem doppelten Sinne selektiv.

Darüber hinaus handelt es sich um eine politisch stilisierte Erfahrung und Erinnerung, die von der Realgeschichte der NS-Verfolgung und des Widerstandes, von den in
der Opposition gegen Hitler entwickelten Neuordnungsplänen wie auch von den
Schicksalen der Betroffenen oft weit entfernt ist. Andererseits hat die Erinnerung an
die NS-Verbrechen und ihre Opfer sowie an das bessere Deutschland der Widerstandsbewegung trotz dieser gravierenden Einschränkung die DDR in ihrer Frühphase weit
stärker kulturell geprägt als die frühe Bundesrepublik.[12]

Das den Antifaschismus konstituierende System von Positionen und Wertvorstellungen läßt sich in eine *historische* und eine auf das politische Selbstverständnis der
DDR gerichtete, *legitimatorische* Komponente aufgliedern.

Bei der historischen Komponente handelt es sich um ein Konglomerat von Aussagen zur Geschichte der kommunistischen Opposition gegen das NS-Regime, die auf
den folgenden Axiomen beruht[13]:

[11] Am prononciertesten wird dieser Standpunkt von Armin Mitter und Stefan Wolle in ihrer
Interpretation der DDR-Geschichte vertreten. Bereits der 17. Juni 1953 indiziert danach, „daß
die DDR ein Kunstprodukt des Kalten Krieges ohne innere Legitimation war" und sie zu
keinem Zeitpunkt „eine größere innere Konsistenz" besaß. Vgl. A. Mitter/S. Wolle, Untergang
auf Raten. Unbekannte Kapitel der DDR-Geschichte, München 1993, S. 162.

[12] Dies gilt insbesondere für die Bereiche von Literatur und Kunst, für die Prägung einzelner
Geisteswissenschaften aber auch für den Bildungsbereich. Siehe dazu Ch. Berger, Gewissensfrage Antifaschismus. Traditionen der DDR-Literatur, Berlin 1990; H. Mayer, Der Turm von
Babel. Erinnerung an eine Deutsche Demokratische Republik, Frankfurt a.M. 1991; derselbe,
Wendezeiten. Über Deutsche und Deutschland, Frankfurt a.M. 1993, hier insbesondere das
zweite Kapitel „Über deutsche Literatur nach zwei Weltkriegen". Ferner Antifa-Filme als
Nische?. Ein Gespräch mit Drehbuchautor Eberhard Görner, in: DA 26, 1993, S. 536–555. Zum
Stellenwert und den Grenzen der Auseinandersetzung mit dem Nationalsozialismus in der
Philosophie der DDR siehe H. Wilharm, Denken für eine geschlossene Welt, Hamburg 1990,
hier vor allem den Abschnitt „Antifaschismus und Irrationalismuskritik" S. 182ff. Zur Ambivalenz des Umgangs mit Nationalsozialismus und Widerstand im Bildungsbereich der frühen
DDR siehe W. Grams, Kontinuität und Diskontinuität der bildungspolitischen und pädagogischen Planungen aus Widerstand und Exil im Bildungswesen der BRD und der DDR,
Frankfurt a.M. 1990; F. Klier, Lüg Vaterland. Erziehung in der DDR, München 1990, S. 17ff.

[13] Aus der Fülle möglicher Belege siehe insbesondere F. Dahlem, Rede zum Gedentag der Opfer des Faschismus am 12. 9. 1948, SAPMO-BArch, ZPA, Nachlaß Franz Dahlem, NL 72/64,
Bl. 30–50; W. Ulbricht, In der Deutschen Demokratischen Republik wurde das Vermächtnis der

- die KPD wird als konsequenteste Kraft des Widerstandes gegen den Nationalsozialismus vorgestellt. Die Hervorhebung der Kommunisten wird dabei mit dem Hinweis begründet, daß die KPD die nationalsozialistischen Bewegung bereits seit ihrem Aufkommen in den zwanziger Jahren entschieden bekämpft habe. Darüber hinaus handle es sich bei der kommunistischen Opposition um einen politisch motivierten und organisierten Widerstand – im Gegensatz zu indivuduell, sozial oder religiös motivierten Protest- und Resistenzformen sowie zur postulierten Individualisierung etwa des sozialdemokratischen Widerstands. Die Vehemenz, mit der die Nationalsozialisten die illegale KPD verfolgten, und die hohe Zahl der Opfer aus ihren Reihen rechtfertigen zusätzlich dieses Axiom des antifaschistischen Selbstverständnisses.
- die Annahme einer ungebrochenen Kontinuität des kommunistischen Widerstandes im nationalsozialistischen Deutschland im gesamten Zeitraum von 1933 bis 1945 und seiner zentralen Anleitung durch die emigrierten Führungsgremien der Partei.
- die Wahrnehmung anderer politischer und sozialer Profile des Widerstandes sowie der unterschiedlichen Opfergruppen in einem durch die erstgenannten Axiome vorgegebenen Interpretationsrahmen. Sie wird flankiert durch eine Reihe von ideologischen Konstruktionen (Einheit der Arbeiterklasse, Volksfront, Führungsrolle der KPD etc.), mit denen diese anderen Oppositionspotentiale und Opfergruppen unter den kommunistischen Widerstand subsumiert bzw. am Maßstab kommunistischer Konsequenz bewertet werden. Hinzu kommt, daß diese Interpretation einen ordnungspolitischen Konsens innerhalb des deutschen Widerstandsbewegung behauptet, der hinsichtlich seiner Substanz äußerst abstrakt gedeutet wird („Kampf um Freiheit, Frieden und Demokratie, gegen Völkerhaß und Völkermord"), jedoch hisichtlich realpolitischer Konsequenzen auf die kommunistische Konzeption einer zum NS-Regime alternativen Gesellschaft hinausläuft.
- die Kennzeichnung des Widerstandes der Kommunisten und der mit ihnen assoziierten „besten Kräfte des deutschen Volkes" als Bestandteil der Antihitlerkoalition. Mit dieser Deutung wird der kommunistische Widerstand von einer Geschichte des Scheiterns zu einem historischen Sieg uminterpretiert.

Charakteristisch für die legitimatorische Komponente des Antifaschismus ist dabei, daß der genannte fiktive ordnungspolitische Konsens zu einem „Vermächtnis" des Widerstandes und der Opfer des NS-Regimes stilisiert wird, dessen Verwirklichung in Gestalt der Staatsgründung im Osten Deutschlands behauptet wird. Widerstand und Opfertod erhalten somit ihren Sinn nicht mehr allein aus dem historischen Kontext des NS-Regimes, sondern aus der gesellschaftspolitischen Ordnung der DDR: „Wir haben hier im Osten Deutschlands die Lehren aus der unheilvollen Vergangenheit gezogen. Das Vermächtnis der Toten (...) und die großen Ideen des antifaschistischen Freiheitskampfes sind hier Wirklichkeit geworden. Wir haben zum ersten Mal in der Geschichte unseres Volkes das feste, unzerstörbare Fundament des Humanismus und Sozialismus errichtet. ... Wir erziehen eine neue lebensverbundene Jugend, die nach dem Vorbild der antifaschistischen Widerstandskämpfer lernt und arbeitet. Die Deutsche Demokratische Republik wurde zum Vaterland für alle Deutschen, die Faschismus und Krieg hassen und in Frieden und Freundschaft mit allen Völkern leben wollen."[14] Als

---

Antifaschisten erfüllt. Rede anläßlich der Einweihung der Mahn- und Gedenkstätte Sachsenhausen (Auszug), in: Komitee der antifaschistischen Widerstandskämpfer der DDR (Hg.), Sachsenhausen, Berlin o. J., S. 14–19; Zur Geschichte der deutschen antifaschistischen Widerstandsbewegung 1933–1945, Berlin 1958, S. 4f.

[14] Vgl. R. Thälmann, Rede zur Weihe der Nationalen Mahn- und Gedenkstätte Ravensbrück, in: Komitee der antifaschistischen Widerstandskämpfer der DDR (Hg.), Ravensbrück, Berlin o. J., S. 19.

permanentes Kontrastelement benötigt diese legitimatorische Komponente die Entwicklung in der Bundesrepublik, deren Umgang mit Nationalsozialismus und Widerstand als Atipode per se wahrgenommen und gedeutet wird.

Der im antifaschistischen Selbstverständnis der DDR, in der offiziellen Interpretation der Geschichte von 1933–1945 und im staatlich vorgegebenen Rahmen der sogenannten „Traditionspflege" manifeste Typus der Erinnerung läßt sich vor allem mit den folgenden Attributen beschreiben:

Es handelt sich *erstens* um eine *weitgehend abstrakte und entdifferenzierte* Erinnerung, die in starkem Maße auf Symbole rekuriert. Diese Loslösung der Erinnerung von den konkreten Orten und Akteuren des historischen Geschehens läßt sich an zahlreichen Beispielen nachweisen. Sie spiegelt sich in der Anlage der Ende der fünfziger/Anfang der sechziger Jahre an den Orten ehemaliger Konzentartionslager entstandenen Nationalen Mahn- und Gedenkstätten der DDR, wo eine monumentalisierte großräumige Denkmalsarchitektur die Topographie des authentischen Ortes und die erhalten gebliebenen baulichen Reste überlagerte oder deren Rekonstruktion ersetzte.[15] Diesen „Verlust an Geschichtsbewußtsein" verdeutlichen ebenso die für die DDR charakteristischen dezentralen Erinnerungsformen, z.B. die große Zahl standardisierter Gedenktafeln. Martin Schönfeld hat in einer Studie zu den Tafeln in Ost-Berlin diese zurecht als Ausdruck eines „typisierten Gedenkens" beschrieben, in dem die Personen und Biographien in ein normiertes Raster hineinfallen, „das ihre Individualität nivelliert und sie zur bloßen Repräsentation des Widerstandes degradiert."[16]

Welche entscheidenen Rolle *politische Symbole* in diesem Kontext spielen, mit denen die politischen und ideologischen Botschaften insbesondere auch des Antifaschismus in das Bewußtsein des Einzelnen und verschiedene Lebensbereiche der DDR übermittelt wurden, hat der Tel Aviver Historiker Maoz Azaryahu in einer interessanten Untersuchung belegt. Auch die symbolische Form der Erinnerung an die Opfer des NS-Regimes im öffentlichen Raum – der rote Winkel, die zum Schwur erhobene Hand, die geballte Faust oder auch die vielfältigen Formen künstlerischer Stilisierung von Verfolgung und Widerstand – indiziert einen Verlust an Konkretheit: „Die Gruppe der ‚Opfer' bleibt annonym; als Einheit ist sie ein Symbol der Barbarei des Faschismus. Schon die Bezeichnung ‚Opfer' birgt eine Verurteilung des Faschismus. Das Modell, das dem zugrunde liegt, ist bekannt: Die Zugehörigkeit einer Gruppe von ‚Opfern' zu einem bestimmten offiziellen Pantheon bedeutet die Verurteilung der Ideologie des Regimes, der politischen Bewegung, die diese Gruppe zu Opfern machte. Die politische Funktion dieser Kategorie führt dazu, daß ihre Erinnerungs- und Gedenkstätten der gesamten Gruppe oder Teilen von ihnen gewidmet sind, niemals einzelnen; allein die Gruppe – das Kollektiv – vermittelt die politische Botschaft."[17]

---

[15] Siehe dazu die Empfehlungen der Expertenkommission zur Neukonzeption der brandenburgischen Gedenkstätten vom Januar 1992, in: Brandenburgische Gedenkstätten, a.a.O., S. 221ff.

[16] Vgl. M. Schönfeld, Gedenktafeln in Ost-Berlin, Schriftenreihe Aktives Museum, Bd. 4, Berlin 1991, S. 22.

[17] Vgl. Maoz Azaryahu, Vom Wilhelmplatz zu Thälmannplatz. Politische Symbole im öffentlichen Leben der DDR, Schriftenreihe des Instituts für Deutsche Geschichte der Universität Tel-Aviv, Bd. 13, Gerlingen 1991, S. 189.

Bereits in der Ikonographie der frühen VVN-Denkmäler, deren bestimmendes Symbol der rote Winkel der politischen Häftlinge war, ist diese Tendenz offensichtlich. Volkhard Knigge hat in seinen Studien zur Entstehungsgeschichte der Nationalen Mahn- und Gedenkstätte Buchenwald in diesem Zusammenhang von einer dreifachen „Ein-Deutung der Toten" gesprochen: Die Vielzahl der Opfergruppen sei zu einer einzigen der politischen Gefangenen und antifaschistischen Widerstandskämpfer entdifferenziert worden, als politische Widerstandskämpfer wurden sie zu Helden gedeutet und schließlich im Rückgriff auf das Auferstehungsmotiv mit dem Signum der Unsterblichkeit versehen.[18]

Zweitens ist die Erinnerung an Nationalsozialismus und Widerstand im Rahmen des „DDR-Antifaschismus" einer *zunehmenden Kanonisierung* unterworfen. Ein Vergleich der Forschungsprogrammatik der VVN von 1948/1949, die noch auf die gesamte Breite des Widerstandes zielte und verschiedene Formen individueller und kollektiver Resistenz thematisierte, mit den vom Deutungsmonopol des Institut für Marxismus-Leninismus geprägten widerstandsgeschichtlichen Darstellungen der fünfziger und sechziger Jahre belegt diese Verengung der Perspektive und Geschichtsglättung sehr deutlich.[19] Die Weiterungen dieses offiziellen Kanons der Widerstandsgeschichte sind dabei in erster Linie von politisch-pragmatischen Erwägungen diktiert (Westarbeit in Richtung SPD-Basis, Kirchenpolitik, außenpolitische Rücksichten, Abrüstungs- und Sicherheitspolitik in den achtziger Jahren im Sinne einer „Koalition der Vernunft".[20]

Ein *drittes* Merkmal der mit dem „Antifaschismus" verstaatlichten Erinnerung ist deren *Normierung* in einem realtiv stabilen Arsenal *öffentlicher politischer Rituale*. Diese reichen von den über Jahrzehnte mit unverändertem Szenarium durchgeführten Tagen für die Opfer des Faschismus auf dem Ostberliner Bebelplatz, in denen die Spuren der legendären Kundgebung im Berliner Lustgarten im September 1946 zur Unkenntlichkeit verblaßt waren, bis hin zu den Jugendweiheveranstaltungen, Friedenskundgebungen und Soldaten-Vereidigungen in den zentralen Gedenkstätten, die ganze DDR-Generationen in ihrer Sozialisation geprägt haben.

Die Bedeutung dieser Rituale als Sozialisationsmedien und deren Prägewirkung sind noch ungenügend untersucht. Eine Typologie des DDR-spezifischen Umgangs mit Nationalsozialismus und Widerstand muß unbedingt um diese Dimension erweitert werden. Mit der Thematisierung der „antifaschistischen Sozialisation"[21] in erfahrungs-

[18] Vgl. dazu V. Knigge, Der Steinerne Sieg. Zu Entstehungsgeschichte und Erinnerungsprogramm der Nationalen Mahn- und Gedenkstätte Buchenwald, in: Der einäugige Blick. Vom Mißbrauch der Geschichte im Nachkriegsdeutschland. 3. Buchenwald-Geschichtsseminar. Erfurt, Buchenwald, Ettersberg, Weimar 1993, S. 41.

[19] Siehe dazu J. Danyel, Bilder vom „anderen Deutschland". Frühe Widerstandsrezeption nach 1945, in: ZfG 42, 1994, S. 611–621.

[20] Siehe dazu u.a. I. Reich, Geteilter Widerstand. Die Tradierung des deutschen Widerstandes in der Bundesrepublik Deutschland und der DDR, in: ZfG 42, 1994, S. 635–643.

[21] Interessante Versuche einer autobiographischen Rekonstruktion der „antifaschistischen Sozialisation" liegen inzwischen von Monika Maron, Bernd Wittich und Wolfgang Bialas vor. Vgl. M. Maron, Ich war ein antifaschistisches Kind, in: dieselbe, Nach Maßgabe meiner Befreiungskraft. Artikel und Essays, Frankfurt a.M. 1993, S. 9–29; W. Bialas, Antifaschismus in der DDR –

und sozialisationsgeschichtlichen Untersuchungen zur DDR würde eine wirkungsge-
schichtliche Dimension des DDR-Antifaschismus faßbar, die bei der Analyse seines
politischen Gehalts und seiner Funktionen und der dazu in der Regel genutzten
Quellen aus dem Herrschaftsbereich weitestgehend ausgespart bleibt. Die offensichtlichen Grenzen politik- und ideologieorientierter Analysen unterstreichen insofern,
wie notwendig eine Forschungsprogrammatik ist, die auf das „sich wandelnde Wechsel-
wirkungsverhältnis zwischen der diktatorischen Herrschaft und den vielfältigen Weisen (...), in denen die Menschen mit ihr umgingen", sowie auf die „vergleichende
Einordnung der DDR-Erfahrung" zielt[22].

Träger dieser inszenierten Erinnerung an Nationalsozialismus und Widerstand und
der mit ihr beabsichtigten Massenmobilisierung ist ein ganzes Gefüge von Institutions-
und Organisationsformen, vom Komitee der antifaschistischen Widerstandskämpfer
(ab 1953 als Nachfolgeorganisation der aufgelösten VVN) und dessen (nach dem
Machtwechsel von Ulbricht zu Honecker wiedergegründeteten) lokalen Basisorganisa-
tionen über die Geschichtskommissionen bei den SED-Bezirksleitungen bis hin zu
den Gedenkstätten, den zahllosen Namensträgerkollektiven oder den historischen
Arbeitsgemeinschaften innerhalb der Jugendorganisationen und nicht zuletzt den
Schulen.

Lassen sich die genannten Merkmale, die die im „Antifaschismus" geronnene Form
politisch instrumentalisierter Erinnerung näher kennzeichnen, *in einem übergreifenden
begrifflichen Rahmen* bündeln?

In der neueren Literatur sind vor allem zwei Versuche auszumachen, Inhalt und
Funktionen des DDR-spezifischen Umgangs mit Nationalsozialismus und Widerstand
in einem einheitlichen Begriff zu fassen. Dabei wird der „Antifaschismus" zum einen
als „Mythos" bzw. als Bestandteil einer für die DDR charakteristischen „historischen
Mythenbildung" gedeutet. Der andere Erklärungsansatz definiert den Antifaschismus
als eine Art Ersatzreligion bzw. als „quasireligiösen Staatskult".

Die Verwendung des Mythosbegriffs in bezug auf den Antifaschismus der DDR oder
in einem weiteren Sinne der linken Bewegung im 20. Jahrhundert erfolgt häufig, ohne
daß dies methodisch reflektiert wird. Er hat so eher die Funktion eines Gleichnisses für
die mit dem Antifaschismus verbundenen politisch zweckorientierten Geschichtsdeu-
tungen oder dient der kritischen Reflexion der Selbsttäuschungen und politischen
Illusionen der deutschen Linken.[23]

Am weitesten konzeptualisiert ist dieser Ansatz bei Michael Zimmermann, der in
seiner Analyse des DDR-Antifaschismus auf den ideologiekritischen Mythosbegriff

historisch-kritische Aufräumarbeiten, in: Das Argument 35, 1993, S. 551–570; B. Wittich,
Initiationen zum Antifaschisten. Folgenreicher engagierter Antifaschismus, in: B. Rauschenbach, (Hg.), Erinnern, Wiederholen, Durcharbeiten. Zur Psycho-Analyse deutscher Wenden,
Berlin 1992, S. 180–188.
[22] Vgl. J. Kocka, Die Geschichte der DDR als Forschungsproblem, in: derselbe (Hg.), Historische
DDR-Forschung, Berlin 1993, S. 11.
[23] Siehe etwa R. Eckert, Ende eines Mythos oder Mitbringsel in das vereinte Deutschland. Der
DDR-Antifaschismus nach der Herbstrevolution von 1989, in: Brandenburgische Gedenkstätten, a.a.O., S. 86–94; A. Grunenberg, Antifaschismus – ein deutscher Mythos, Reinbek 1993.

von Roland Barthes zurückgreift.[24] In den Blick gerät dabei insbesondere jene bereits geschilderte kanonische Form der Erinnerung, die einerseits an ein historisches Real-geschehen anknüpft, dieses jedoch entdifferenziert, umdeutet und wertet: „Der My-thos reduziert die Komplexität dieser politisch-gesellschaftlichen Verhältnisse und Handlungen aber auf schlichte Evidenzen, er unterdrückt jedwede Dialektik und verwandelt Geschichte in ahistorische Essenz".[25]

Mit durchaus ähnlicher Intention, jedoch mit stärkerem Akzent auf die Formierung von Geschichtsbewußtsein verortet Alan Nothnagle den Umgang mit Nationalsozia-lismus und Widerstand in der DDR in einem übergreifenden Prozeß der historischen Mythenbildung, der eine ganze Reihe anderer Traditionsbestände umgreift. Diese Mythenbildung wird als ein Prozeß beschrieben, in dem „die SED und die ihr unterge-ordneten Institutionen bewußt und systematisch Ereignisse, Institutionen und Indivi-duen aus der deutschen Geschichte umdefinieren, als Teil einer Strategie, mit der ein bestimmtes, politisch zweckmäßiges Geschichtsbewußtsein genährt werden soll."[26]

Die Deutung des „Antifaschismus" als einer Art Religion, wie sie etwa in jüngster Zeit von Bernd Faulenbach vorgenommen wurde[27], zielt insbesondere auf dessen emotionale Bindekraft, über die eine Identifikation mit der DDR erzeugt wurde. In der Tat konnten über den permanenten Rückgriff auf die Tradition des Widerstandes gegen den Nationalsozialismus stärkere und länger anhaltende Bindungen der Bürger an den Staat erzeugt werden, als dies bei anderen Elementen der SED-Ideologie der Fall war. Ein besonderes Phänomen stellen hierbei zweifelsohne die DDR-Intellektuellen dar, deren Verhältnis zur antifaschistischen Tradition ein interessantes Thema für die Forschung sein könnten.

Darüber hinaus gerät mit diesem Ansatz insbesondere die ritualisierte Form der Erinnerung in den Blick. Verwiesen sei hier nur auf jenen mit dem Antifaschismus verbundenen Totenkult und die im Anklang an religiöse Motive gebildeten Vorstellun-gen von einer Art „Auferstehung" der toten Märtyrer in der Gesellschaft des Realsozia-lismus. Auch die mit den Gedenkveranstaltungen an die Opfer des Nationalsozialis-mus verbundene sprachliche Symbolik assoziiert den Vergleich zur starken Bildsprache der religiösen Überlieferung.

Weitesgehend übereinstimmend konstatieren beide Ansätze die legitimatorische Funktion des DDR-Antifaschismus, wie sich überhaupt die Mehrzahl der Darstellun-

---

[24] Vgl. Michael Zimmermann, Der antifaschistische Mythos der DDR, in: Mythos Antifaschis-mus. Ein Traditionskabinett wird kommentiert, Berlin 1992, S. 135–153.

[25] Ebenda, S. 138.

[26] Vgl. A. Nothnagle, From Buchenwald to Bismarck: Myth-Building and Historical Conscious-ness in the German Democratic Republic, 1945–1989, unveröffentl. Manuskript, S. 7.

[27] Vgl. den Beitrag v. B. Faulenbach, in: 30. Sitzung der Enquete-Kommission „Aufarbeitung von Geschichte und Folgen der SED-Diktatur in Deutschland" am 5. 3. 1993. Öffentliche Anhörung zu dem Thema: „Antifaschismus und Rechtsradikalismus in der SBZ/DDR", Bonn 1994, S. 10ff. An anderer Stelle spricht Faulenbach von phänomenologischen Ähnlichkeiten der antifaschistischen Heldenveehrung zum „Märtyrerkult der katholischen Kirche". Vgl. derselbe, Auf dem Weg zu einer gemeinsamen Erinnerung? Das Bild vom deutschen Widerstand gegen den Nationalsozialismus nach den Erfahrungen von Teilung und Umbruch, in: ZfG 42, 1994, S. 593.

gen zum Umgang mit Nationalsozialismus und Widerstand in der DDR auf diesen politischen Wirkungszusammenhang konzentriert.

Bislang kaum reflektiert ist eine andere politische Funktion des Antifaschismus, die eng mit der oben gestellten Frage nach einem Gründungskonsens der DDR in Gestalt einer mehrheitlich akzeptierten Vergangenheitspolitik zusammenhängt. Sie läßt sich in der These bündeln, daß der im „Antifaschismus" manifeste Umgang mit Nationalsozialismus und Widerstand in *einem spezifischen Sinn funktional* für die *gesellschaftliche Integration* der ehemaligen NSDAP-Mitglieder, Wehrmachtsangehörigen und des auch im Osten Deutschlands mehrheitsbildenden Teils der Bevölkerung war, der den Nationalsozialismus gestützt hatte. Oder anders formuliert: Die Transformation des Antifaschismus von der *konkreten Erinnerung*, von der individualisierenden (d. h. die Verantwortung und Schuld des Einzelnen thematisierenden) Aufarbeitungsstrategie hin zu einer *entdifferenzierten Bekenntnisideologie* war eine Vorraussetzung bzw. Begleitbedingung für einen relativ *spannungsfreien gesellschaftlichen Integrationsprozeß* in der Frühphase der DDR.

Diese Kollision der Opfer- und Verfolgtentradition mit der Intention der SED, einen gesellschaftspolitischen Konsens in der Frage des Umgangs mit der NS-Vergangenheit zu erzielen, der für die Mehrheit der Bevölkerung akzeptabel ist, läßt sich für den Zeitraum von 1949 bis 1953 sehr deutlich nachweisen. Die beiden entscheidenden Pole der von der SED im Sinne einer inneren Harmonisierung forcierten Entwicklung sind dabei die politische Profilierung der „Nationalen Front" und die Paralysierung der Vereinigung der Verfolgten des NS-Regimes bis zu deren Auflösung im Jahre 1953.

Die 1949 gegründete DDR befand sich in einem innen- und außenpolitischen Spannungsfeld, aus dem ein starker Druck in Richtung einer schnellen inneren Konsolidierung der Gesellschaft erwuchs. Er resultierte in erster Linie aus der Präsenz der konkurrierenden deutschen Staatsgründung im Westen, jedoch nicht minder aus der Tatsache, daß die SED in konflikt- und wendungsreicher Harmonie mit der sowjetischen Besatzungsmacht sowohl die nationale als auch die Karte des forcierten Aufbaus des Sozialismus spielte. Mit ihrer nationalen Politik erhob die SED den Anspruch, die politischen Prämissen einer Rückkehr zu einem geeinten deutschen Nationalstaat zu definieren. Insofern hatte sie ein permanentes Interesse, auf der einen Seite der Bundesrepulik die politische Legitimation abzustreiten und zum anderen die eigene Bevölkerung für den „Kampf um die Einheit Deutschlands" zu mobilisieren. Die Denunzierung der Bundesrepublik als einer bloßen Verlängerung des Nationalsozialismus war besonders in der Hochzeit des Kalten Krieges das Ziel zahlreicher, von der SED initiierter Propagandakampagnen, die dabei gezielt die Defizite des Umgangs mit der nationalsozialistischen Vergangenheit in der frühen Bundesrepublik aufgriffen und übersteigerten. Die Rolle solcher Institutionen wie der Westkommission des ZK und des Ausschusses für deutsche Einheit auf diesem Feld der deutsch-deutschen Auseinandersetzung um die NS-Vergangenheit sind ein eigenes Thema.[28]

Die Anfang der fünfziger Jahre forcierte Politik der SED zur Integration der ehemaligen Anhänger und Mitläufer des NS-Regimes spiegelt sich zum einen im gesetzgeberischen Bereich. Bereits im November 1949, also unmittelbar nach der ostdeutschen

---

[28] Siehe dazu den ausführlichen Beitrag von M. Lemke in diesem Band.

Staatsgründung, verabschiedet die DDR-Volkskammer ein „Gesetz über den Erlaß von Sühnemaßnahmen für ehemalige Mitglieder und Anhänger der Nazipartei und Offiziere der Wehrmacht". Mit dem drei Jahre später angenommenen „Gesetz über die staatsbürgerlichen Rechte der ehemaligen Offiziere der faschistischen Wehrmacht und der ehemaligen Mitglieder und Anhänger der Nazipartei vom 2. Oktober 1952 werden dann die letzten Barrieren für die Integration in die sozialistische Gesellschaft beseitigt.

Parallel zur rechtlichen Gleichstellung der ehemaligen NS-Anhänger wirbt die SED verstärkt um die sogenannten „kleinen Pg's", die sie zum einen auf die neue politische Ordnung und zum anderen für ihre nationale Offensive gegenüber der Bundesrepublik einzuschwören hoffte. Dieses Angebot zur Sühneleistung durch Mitwirkung beim sozialistischen Aufbau sollte durch den daraus erwachsenden Loyalitätsdruck zur innenpolitischen Stabilisierung beitragen. In diesem Sinne orientierte etwa Franz Dahlem auf einer Sitzung des Zentralvorstandes der VVN am 1. 4. 1951 auf eine notwendige Neuorientierung der Arbeit des Verfolgtenverbandes gegenüber den ehemaligen Anhängern des NS-Regimes mit dem Hinweis, "... daß das zentrale Problem der deutschen Politik darin besteht, die Remilitarisierung in Westdeutschland zu verhindern und die Kriegspläne der Amerikaner zum Scheitern zu bringen. Es kommt jetzt darauf an, alle Menschen zu gewinnen, die aus irgendwelchen Gründen für den Frieden sind, d. h. es muß alles getan werden, um den Kriegsvorbereitern alle Reserven wegzunehmen, aus denen sie Söldner für ihre Formationen schöpfen könnten. Für die VVN bedeutet es, keine unkluge und falsche Politik gegenüber jenen Volksschichten zu führen, die das Hitlerregime mehr oder minder aktiv mitgemacht haben, alles zu vermeiden, was die Menschen aus diesen Schichten von uns abstoßen und in die Reserve für den amerikanischen Imperialismus hineinstoßen könnte."[29] Gerade auch mit Blick auf Westdeutschland forderte Dahlem eine Verbreiterung der Arbeit, um Kriegsopfer, Umsiedler und deren Landsmannschaften, ehemalige Soldaten und Offiziere sowie die HJ-Generation anzusprechen.[30] Die Unzufriedenheit dieser Gruppen mit ihrer Situation in der Bundesrepublik sollte dabei politisch ausgenutzt werden.

Die Integrationspolitik der SED fand ihren Ausdruck ferner in bestimmten Veränderungen im Institutionen- und Organisationsgefüge der DDR. Eine besondere Rolle für die Einbindung „der Ehemaligen" in das politische System war dabei der Nationaldemokratischen Partei Deutschlands zugedacht, die neben ihrer Klientel im Mittelstand vor allem bestimmte Gruppen ehemaliger Berufssoldaten und Offiziere ansprach und ihnen mit der Tradition des Nationalkomitees „Freies Deutschland" ein Modell politischer Wandlung offerierte.[31] Zugleich war die NDPD wegen dieser Vergangenheits-

---

29 Vgl. SAPMO-BArch, ZPA, Nachlaß Franz Dahlem, NL 72/71, Bl. 91.
30 Ebenda, Bl. 94.
31 Im Vergleich zu den anderen Blockparteien ist die Geschichte der NDPD und ihre Rolle bei der Integration der ehemaligen NSDAP-Mitglieder in die DDR-Gesellschaft bislang kaum erforscht. Das inzwischen für die Forschung zugängliche Archiv der Partei hat die Quellenlage auf diesem Gebiet deutlich verbessert. Siehe dazu auch D. Staritz, National-Demokratische Partei Deutschlands (NDPD), in: M. Broszat/H. Weber (Hg.), SBZ-Handbuch. Staatliche Verwaltungen, Parteien, gesellschaftliche Organisationen und ihre Führungskräfte in der Sowjetischen Besatzungszone Deutschlands 1945–1949, München 1990, S. 374f.

komponente in größerem Maße von der antifaschistischen Vormachtpartei SED diszi-
plinierbar. Als eine Art Juniorpartner der SED wurde sie in den fünfziger Jahren gegen
immer noch aufflackernde resistente Positionen in der ostdeutschen CDU und der
LDPD ausgespielt. Die beiden letztgenannten Parteien verhielten sich eher reserviert
gegenüber der „Ehemaligen" und spielten insofern bei der Integration dieser Gruppen
in die ostdeutsche Gesellschaft keinne nennenswerte Rolle. Ein nicht geringer Teil der
ehemaligen nominellen NSDAP-Mitglieder wurde jedoch auf direktem Wege in die
politischen Strukturen integriert, indem sie ohne den Weg über die Auffangpartei
NDPD in die SED eintraten.

Allerdings lief dieser Prozeß trotz einer weitreichenden propagandistischen Flankie-
rung nicht spannungsfrei ab. Insbesondere zahlreiche ehemalige Opfer des NS-Regimes und Vertreter des kommunistischen Untergrunds verfolgten diese Öffnungsbe-
strebungen der SED-Führung und die damit verbundenen nationale Rhetorik mit
einem gewissen Unbehagen und z.T. offenem Unverständnis. Besonders innerhalb der
Mitgliederbasis stößt dieser offizielle Versöhnungskurs auf beträchtlichen Widerspruch. So konstatiert etwa der Arbeitsplan des Landesverbandes Brandenburg der
VVN für den Zeitraum Oktober–Dezember 1949: „Noch immer gibt es eine nicht
unbeachtliche Zahl von Mitgliedern und Funktionären unserer Organisation, die durch
kleinliche, gefühlsmäßig begründete Bedenken – insbesondere bezüglich der ehemaligen Pg's und der Angehörigen der NS-Organisationen – eine positive Entwicklung des
Kampfes um die Schaffung der Nationalen Front verzögern und erschweren".[32] Die
Führung der VVN verstärkt daraufhin den Druck auf die Basis, sich in den Strukturen
der Nationalen Front zu engagieren. In einer Resolution der Landesdelegiertenkonfe-
renz der VVN vom 13. 1. 1950 werden die VVN-Vorstände verpflichtet, öffentliche
Versammlungen mit dem Thema „Bedeutung des Amnestiegesetzes und Entwicklung
der Nationalen Front" durchzuführen. Auch in den Folgejahren reißen die Klagen über
„ideologische Schwächen" sowie „Unklarheiten und falsche Auffassungen in bezug auf
die nationale Frage" bei den Mitgliedern nicht ab (Delegiertenkonferenz des Landesverbandes Brandenburg der VVN am 31. 3.)[33]

Diese Spannungen resultierten nicht zuletzt aus dem spezifischen Charakter der
VVN, die mit ihrer engagierten Laienforschung zur Geschichte des Widerstandes,
ihrer politischen Bildungs- und Aufklärungsarbeit sowie der Fahndungstätigkeit nach
NS-Tätern eine konkrete Erinnerung an die nationalsozialistischen Verbrechen und
das moralische Versagen der großen Mehrheit der Deutschen verkörperte. Mit dieser
konkreten Erinnerung, die immer auch den moralischen Diskurs um Schuld beinhal-
tete, und ihrem Selbstverständnis als eine Art überparteiliches moralisches Gewissen
wirkte die Organisation eher polarisierend. Daraus erwuchsen zwangsläufig Reibungen
mit einer SED-Politik, die aus politisch-pragmatischen Erwägungen mit einer sozialistischen Schlußstrichvariante gerade auf den Abbau der polarisierenden Effekte der
Erinnerungsarbeit an den Nationalsozialismus zielte. Sie führten schließlich auch zu
der von der SED-Führung im Februar 1953 erzwungenen und ohne Beteiligung der

---

[32] Vgl. SAPMO-BArch, ZPA, V 278/4/1.
[33] Ebenda.

Mitgliederbasis beschlossenen Auflösung der VVN, die zu einem Hemmnis der Politik der „Nationalen Front" geworden war. Entsprechend spielten auch die von Franz Dahlem auf der letzten Sitzung des Zentralvorstandes der Verfolgtenorganisation am 21. 2. 1953 vorgetragenen offiziellen Sprachregelungen für die wie es damals hieß „Einstellung der Tätigkeit der VVN" auf dieses Problem an: „Die Entwicklung der antifaschistisch-demokratischen Ordnung in der Deutschen Demokratischen Republik hat zur Ausrottung aller Wurzeln des Faschismus geführt. Die Festigung der Staatsmacht in der DDR, der Übergang zur Schaffung der Grundlagen des Sozialismus, der bewaffnete Schutz der demokratischen Errungenschaften und der sozialistischen Entwicklung durch unsere Volkspolizei und die Organe der Staatssicherheit sichern für immer, daß Faschismus und imperialistische Knechtschaft im Gebiet der DDR nicht wiederkehren können. Der Kampf aber gegen die imperialistischen Kriegspläne der amerikanischen und deutschen Imperialisten, gegen die Remilitarisierung und Refaschisierung Westdeutschlands ist zu einer Angelegenheit der Gesamtheit unseres Volkes, zu einer Sache unserer gesamten Republik, ihrer Regierung, der Volkskammer und aller von der Nationalen Front des demokratischen Deutschland und der Friedensbewegung erfaßten Menschen geworden. Die Fortführung einer besonderen Organisation der antifaschistischen Widerstandskämpfer würde unter diesen Bedingungen auf die Dauer zur Absonderung und Isolierung von der breiten patriotischen Massenbewegung unseres Volkes führen."[34] Im Lichte der inzwischen verbesserten Quellenlage zur Endphase der Tätigkeit der VVN bedürfen bisherige Deutungen der Ursachen für die Auflösung, die vor allem auf interne Machtkämpfe innerhalb der SED-Führung, insbesondere zwischen Franz Dahlem (der mit der VVN über eine Art eigener Hausmacht verfügte) und Walter Ulbricht, sowie auf „ideologische Abweichungen" in der Organisation abheben,[35] der Ergänzung bzw. müssen neu überdacht werden.

Die Auflösung der VVN stellte eine entschiedende Zäsur für den eingangs beschriebenen Transformationsprozeß des Antifaschismus von der Erinnerungsarbeit der Überlebenden hin zur staatstragenden Ideologie. Gefragt war nunmehr ein Antifaschismus, der eher abstrakte Bezüge zur Geschichte von Verfolgung und Widerstand auf der einen und von Anpassung und Unterstützung des Regimes auf der anderen Seite aufwies und die Loyalität zur Politik der SED zum Kriterium der Wandlungfähigkeit für ehemalige NS-Anhänger machte. Jene *Symbiose von antifaschistischer Legitimation und integrativer Politik* erfolgte um den Preis einer weiteren Entleerung der Erinnerungsarbeit. Für die beschriebene Integrationspolitik war diese Entkonkretisierung und Entdifferenzierung im gewissen Sinne funktional. Sie erleichterte es jener ostdeutschen Bevölkerungsmehrheit, die keinerlei Erfahrungsbezug zur offiziell propagierten Widerstandstradition hatte, sich ohne Gewissenskonflikte und ohne große Brüche in ihrer bisherigen politischen Mentalität mit dem antifaschistischen Selbstverständnis

---

34 Vgl. SAPMO-BArch, ZPA, Nachlaß Franz Dahlem, NL 72/74, Bl. 18.
35 Siehe dazu J. Foitzik, Vereinigung der Verfolgten des Naziregimes (VVN), in: SBZ-Handbuch, a.a.O., S. 748f.; G. Fippel, Der Mißbrauch des Faschismus-Begriffs in der SBZ/DDR, in: DA 25, 1992, S. 1065; A. Leo, Antifaschismus und Kalter Krieg – Eine Geschichte von Einengung, Verdrängung und Erstarrung, in: Brandenburgische Gedenkstätten, a.a.O., S. 78f.

des Staates zu arrangieren bzw. es selbst zu verinnerlichen. Der gesellschaftliche
Konsens, der sich in der DDR nach 1949 herstellte, läßt sich somit als eine Art
Gesellschaftsvertrag interpretieren – ein Kompromiß, der zu einem spezifischen Inter-
essenausgleich auf dem Feld der Vergangenheitsaufarbeitung mit dem Ziel einer
inneren Konsolidierung und Harmonisierung der DDR führte. Für die überlebenden
Opfer und Verfolgten waren die abstrakte Symbolik und die Rituale der sogenannten
„antifaschistischen Traditionspflege" immer noch mit einer (ihrer) konkreten Erinnerung verbunden und vermittelten zudem den Eindruck gesellschaftlicher Wertschätzung. Für die Mehrheit der Bevölkerung war ein um die Dimension moralischer
Rigorosität entschärfter Antifaschismus eher zu akzeptieren und erleichterte den Weg
in die neue politische Ordnung.

Auch in seiner *integrativen Dimension* war der DDR-Antifaschismus somit ambiva-
lent. Zum einen spiegelt er ein Stück gesellschaftlicher Normalisierung nach einer
einschneidenden Umbruchphase mit ihren beträchtlichen sozialen und politischen
Konfliktpotentialen – hier wäre ein Vergleich zu ähnlichen Entwicklungen in der
Bundesrepublik sinnvoll und ergiebig. Zum anderen steht er für eine folgenreiche
Entwicklung, mit der ein wirklicher Bruch mit den für den Nationalsozialismus charakteristischen autoritären Prägungen und einer Mentalität politischer Subordination
versäumt wurde.

WOLFGANG BENZ

Zum Umgang mit nationalsozialistischer Vergangenheit in der Bundesrepublik

In seiner Antrittsrede am 12. September 1949 im Bundestag sagte der gerade gewählte erste Präsident der Bundesrepublik Deutschland, es sei eine „Gnade des Schicksals" beim einzelnen Menschen, daß er vergessen könne, und auch für Völker gelte dies, aber seine Sorge sei, „daß manche Leute in Deutschland mit dieser Gnade Mißbrauch treiben und zu rasch vergessen" wollten. Theodor Heuss mahnte daran anschließend, man müsse – ohne Rachebedürfnisse und Haß – das Gefühl dafür behalten, „was uns dorthin geführt hat, wo wir heute sind". Aus der Verwirrung der Seelen im Volk müsse nun eine Einheit geschaffen werden: „Aber wir dürfen es uns nicht so leicht machen, nun das vergessen zu haben, was die Hitlerzeit uns gebracht hat."[1] Mit der Sorge um Berlin und dem Bekenntnis, stellvertretend für die deutschen Brüder zu handeln, ging es weiter. Die Rede des Bundespräsidenten, der als entschiedener Hitlergegner das Dritte Reich in der inneren Emigration verbracht hatte, war symptomatisch für die Adenauer-Zeit. Man war stillschweigend einig in der Verurteilung des NS-Regimes und verwendete alle Kraft auf den Wiederaufbau des zertrümmerten Vaterlands, bzw. seines westlichen Teils, und dessen Integration in die westliche Völkergemeinschaft unter dem Schutz der Vereinigten Staaten von Amerika.

Bundeskanzler Adenauer, wie Heuss ein Gegner und Verächter der Nationalsozialisten, die ihn 1933 aus dem Amt als Kölner Oberbürgermeister gejagt und mehrfach verhaftet hatten, beschäftigte sich in seiner ersten Regierungserklärung im September 1949 – acht Tage nach Heuss' Antrittsrede – nur ganz beiläufig mit der Vergangenheit. Den „ungezogenen Reden" Rechtsradikaler dürfe man nicht zu viel Bedeutung schenken, und die wieder hervortretenden antisemitischen Tendenzen seien aufs schärfste zu verurteilen: „Wir halten es für unwürdig und für an sich unglaublich, daß nach all dem, was sich in nationalsozialistischer Zeit begeben hat, in Deutschland noch Leute sein sollten, die Juden deswegen verfolgen oder verachten, weil sie Juden sind."

Durch die Denazifizierung sei viel Unglück und Unheil angerichtet worden. Die „wirklich Schuldigen" sollten mit aller Strenge bestraft werden, aber bei aller Entschlos-

---

[1] Reden der deutschen Bundespräsidenten Heuss, Lübke, Heinemann, Scheel, eingeleitet von D. Sternberger, München 1979, S. 5-10.

senheit, aus der Vergangenheit Lehren zu ziehen, sei die Bundesregierung gesonnen, Vergangenes vergangen sein zu lassen. Der Pragmatiker Adenauer begründete die Notwendigkeit gesellschaftlichen Friedens, ehe er ausführlich auf die Probleme der Vertriebenen, der Kriegsgefangenen, der Ostgebiete und des Besatzungsstatuts einging, mit folgenden Sätzen: „Der Krieg und auch die Wirren der Nachkriegszeit haben eine so harte Prüfung für viele gebracht und solche Versuchungen, daß man für manche Verfehlungen und Vergehen Verständnis aufbringen muß. Es wird daher die Frage einer Amnestie von der Bundesregierung geprüft werden, und es wird weiter die Frage geprüft werden, auch bei den Hohen Kommissaren dahin vorstellig zu werden, daß entsprechend für von alliierten Militärgerichten verhängte Strafen Amnestie gewährt wird."[2] Die Parameter des Umgangs mit dem Nationalsozialismus durch die Mehrheit der westdeutschen Nachkriegsgesellschaft kamen in den Reden des Staatsoberhaupts und des Regierungschefs am Beginn der Bundesrepublik deutlich zum Ausdruck. Deutsche Nachkriegsgeschichte ist als Erinnerung für diejenigen, die sie in den Westzonen, der späteren Bundesrepublik, miterlebt (auch mitgestaltet) haben, positiv besetzt mit Erfahrungen, für die Begriffe stehen wie Wiederaufbau, Wirtschaftswunder und Westintegration. Im Negativen erscheint Nachkriegsgeschichte als Projektion einer von Besatzungsmächten erzwungenen „Vergangenheitsbewältigung" mit Facetten wie „Umerziehung" und „Kollektivschuld" und (als individuelle Erfahrung vieler) „Entnazifizierung".[3]

Abwehrhaltungen, Trotzreaktionen, Mißverständnisse bestimmen diesen Bereich der kollektiven Erfahrung nach dem Zusammenbruch des nationalsozialistischen Staats. Das Gefühl, schlecht oder ungerecht behandelt zu sein, wurde für die Generation, die in der Gesellschaft der NS-Herrschaft und in der nachfolgenden Demokratisierungsphase aktiv lebte, geradezu konstitutiv. Die Reaktionen der Abwehr bestanden mehrheitlich in Schweigen, und, wenn nötig, in der Beteuerung, von den Verbrechen des Hitler-Regimes nichts gewußt zu haben. Eine Minderheit bemüht sich bis zum heutigen Tag, den lädierten Nationalstolz zu reparieren durch Verweise auf Untaten der Sieger des Zweiten Weltkriegs und durch Verharmlosung oder Leugnung des Kerns nationalsozialistischer Politik, der sich in praktiziertem Rassenwahn und Herrenmenschentum, als Konsequenz daraus schließlich im Völkermord manifestierte.[4]

Anhand der Vorgänge und Mechanismen, die mit den Begriffen „Entnazifizierung" und „Umerziehung" umschrieben sind, läßt sich verdeutlichen, was gemeint ist. Von vielen Zeitgenossen wurde der von den Alliierten beschlossene und 1945 eingeleitete politische Säuberungsprozeß als Anmaßung angesehen oder als Unrecht, als ungerechtfertigte Diffamierung, jedenfalls als mißglückter Versuch, mit der nationalsozialistischen Vergangenheit von 8,5 Millionen Deutschen – so viele eingeschriebene NSDAP-Mitglieder gab es – abzurechnen.

---

[2] Die großen Regierungserklärungen der deutschen Bundeskanzler von Adenauer bis Schmidt, eingeleitet und kommentiert von K. v. Beyme, München 1979, S. 66–67.

[3] Zu den einzelnen Aspekten vgl. L. Herbst (Hg.), Westdeutschland 1945–1955. Unterwerfung, Kontrolle, Integration, München 1986.

[4] Vgl. W. Benz, Die Abwehr der Vergangenheit. Ein Problem nur für Historiker und Moralisten?, in: D. Diner (Hg.), Ist der Nationalsozialismus Geschichte? Zu Historisierung und Historikerstreit, Frankfurt 1987, S. 17–33.

Ziel der alliierten Besatzungspolitik in Deutschland war neben der Entmilitarisierung und Demokratisierung die Entnazifizierung und die Bestrafung der Kriegsverbrecher. Die Entnazifizierung betraf nach dem Beschluß der Potsdamer Konferenz den Personenkreis, der als „Parteigenossen" mehr als nominell an der Macht partizipiert hatte. Als Vorbedingung der Demokratisierung sollten besonders belastete Nutznießer und Diener des Regimes entfernt und durch politisch einwandfreie Personen ersetzt werden. Der Alliierte Kontrollrat definierte im Januar 1946 diesen Personenkreis genauer und erließ im Oktober 1946 gemeinsame Richtlinien für ganz Deutschland, nach denen die „Kriegsverbrecher", Nationalsozialisten, Militaristen und Industriellen, die das NS-Regime gefördert hatten, beurteilt und gegebenenfalls bestraft werden sollten. Fünf Gruppen wurden unterschieden: „1. Hauptschuldige, 2. Belastete (Aktivisten, Militaristen und Nutznießer), 3. Minderbelastete (Bewährungsgruppe), 4. Mitläufer, 5. Entlastete (Personen der vorstehenden Gruppen, welche vor einer Spruchkammer nachweisen können, daß sie nicht schuldig sind)."[5]

Der Entnazifizierung im eigentlichen Sinn wurden die Angehörigen der Kategorien zwei bis vier unterworfen. In der Praxis war die Entnazifizierung schon lange vor der Kontrollratsdirektive in Gang gekommen, und zwar in jeder der vier Besatzungszonen auf andere Weise. Die Briten handhabten das Problem am laxesten, in der französischen Zone gab es regionale Unterschiede, in beiden Zonen wurde die Entnazifizierung pragmatisch betrieben mit dem Ziel, die Funktionseliten auszuwechseln.

In der sowjetischen Besatzungszone wurde am konsequentesten entnazifiziert und die Prozedur am schnellsten beendet, sie stand ja auch in engem Zusammenhang mit dem Umbau des ganzen Gesellschaftssystems, wie ihn die sowjetische Besatzungsmacht betrieb. Ab Ende 1946 wurde zoneneinheitlich verfahren. NSDAP-Mitglieder, die mehr als nominell aktiv gewesen waren, wurden mit Entlassung aus öffentlichen Ämtern und anderen wichtigen Stellungen bestraft. Zusätzlich mußten, je nach Kategorie, Arbeits-, Sach- und Geldleistungen erbracht, Kürzungen der Versorgungsbezüge, Einschränkung der Versorgung hingenommen werden und die politischen Bürgerrechte wurden entzogen. Auch nominelle Nazis („Mitläufer") durften nur nachrangig beschäftigt werden. Die letzte Phase der Entnazifizierung begann in der Ostzone im August 1947, als die Sowjetische Militäradministration befahl, mit dem Ziel der baldigen Beendigung (Frühjahr 1948), die Rehabilitierung der Minderbelasteten zu betreiben. Das Ziel war mit der Räumung wichtiger Positionen im öffentlichen Dienst, der Industrie und der Wirtschaft erreicht. Im Gegensatz zu den Westzonen blieben die Entlassungen auf zwei Gebieten definitiv. Die innere Verwaltung war von ehemaligen Nationalsozialisten vollständig gesäubert worden, ebenso die Justiz. Dort hatte man 90 Prozent des Personals entlassen. Die Mühe, ganz neue Leute auszubilden, und die daraus entstehenden Engpässe nahm man bewußt in Kauf.[6]

---

[5] Kontrollratsdirektive Nr. 38 vom 12. 10. 1946, in: Amtsblatt des Kontrollrats 1946, S. 184f.
[6] Vgl. W. Meinicke, Die Entnazifizierung in der sowjetischen Besatzungszone 1945 bis 1948, in: ZfG 32, 1984, S. 968–979; H. Welsh, Revolutionärer Wandel auf Befehl? Entnazifizierungs- und Personalpolitik in Thüringen und Sachsen (1945–1948), München 1989.

In der amerikanischen Besatzungszone wurde die Entnazifizierung mit dem größten moralischen Rigorismus und dem meisten bürokratischen Aufwand betrieben. Bereits 1945 mußten Fragebogen ausgefüllt werden, in denen auf 131 Positionen sämtliche Details der beruflichen und politischen Vergangenheit zu offenbaren waren. Bis zum Frühjahr 1946 lag die Durchführung der Entnazifizierung, das heißt Prüfung der Fragebogen, Entlassung bzw. Einleitung eines Spruchkammerverfahrens, in den Händen der Besatzungsmacht, dann wurden deutsche Stellen, die Befreiungsministerien der Länder, zuständig. Allmählich setzte sich auch in der US-Zone das Rehabilitierungsstreben stärker durch.

Notwendigerweise mußte die Entnazifizierung ein Kompromiß zwischen Diskriminierung und Rehabilitierung der Nazis sein: Der Aufbau einer demokratischen Gesellschaft wäre mit Millionen von Parias nicht möglich gewesen, er war aber andererseits belastet durch das Bewußtsein, daß Funktionäre und Nutznießer des NS-Staats ungesühnt davonkamen. In der US-Zone wurde die Diskrepanz zwischen Anspruch und Wirklichkeit je länger desto größer: Dreizehn Millionen Fragebogen waren ausgefüllt worden, ein Drittel davon war von der Entnazifizierung betroffen, etwa zehn Prozent wurden von einer Spruchkammer verurteilt. Tatsächliche Strafen oder Nachteile von Dauer erlitt aber weniger als ein Prozent der zu Entnazifizierenden. Ärger gab es wegen des schleppenden Gangs der Verhandlungen; die „Spruchkammern", Laiengerichte mit öffentlichen Klägern, waren überfordert, das Denunziantentum blühte und die Nazis legten „Persilscheine" vor, bereitwillig ausgestellte Bestätigungen von Nachbarn und Kollegen, in denen ihre tadellose Haltung während des NS-Regimes bescheinigt wurde.[7]

Zahllose Einsprüche machten die Spruchkammern zu „Mitläuferfabriken", und besonders ungerecht war es, daß die harmlosen Fälle zuerst behandelt wurden. Die Aktivisten und wirklichen Nazis warteten länger: Als sie schließlich vor die Spruchkammern traten, wurde milde geurteilt. Ab Frühjahr 1948 wurde die Entnazifizierung im Zeichen von Kaltem Krieg und Wiederaufbau in der US-Zone hastig zu Ende gebracht. Diskreditiert blieb das Säuberungsverfahren in jedem Fall, auch deshalb, weil überall Fachleute durchkamen, die für bestimmte Funktionen unentbehrlich schienen. Dabei waren die grundsätzlichen Gegner einer „Entnazifizierung" sicher in der Minderzahl. Die Kritik setzte einmal an den Ungerechtigkeiten des Systems an, andererseits vor allem daran, daß die Siegermächte die Säuberung in Gang setzten, die man in gekränktem Patriotismus dann als Rachejustiz abtat.[8]

Das galt in noch viel stärkerem Maße für die Anstrengungen, die als „reorientation" oder „reeducation" von den Alliierten zur Demokratisierung der Deutschen unternommen, von den Betroffenen als anmaßender Versuch der „Umerziehung" empfunden und nach Kräften abgewehrt wurden. Dabei ging es in der Praxis um sehr erwünschte Dinge, um den Anschluß an das internationale Kulturleben nach der vom NS-Regime

---

[7] L. Niethammer, Die Mitläuferfabrik. Die Entnazifizierung am Beispiel Bayerns, Berlin/Bonn 1982.

[8] Literarischer Ausdruck dieser Haltung metaphorisch bei E. v. Salomon, Der Fragebogen, Hamburg 1951; vgl. auch S. Graff, Goethe vor der Spruchkammer, Göttingen 1951.

erzwungenen Provinzialität: Kulturoffiziere der vier Besatzungsmächte brachten Musikbetrieb und Theater wieder in Gang, vermittelten Übersetzungen ausländischer Literatur. Für Presse und Rundfunk wurden demokratische und pluralistische Strukturen entwickelt, die bis zum heutigen Tag Bestand haben. Die Schul- und Hochschulreformprogramme der Alliierten blieben zwar weithin Theorie, weil die Deutschen sich hartnäckig dagegen verwahrten, bis sie in den siebziger Jahren eine ganze Reihe der damaligen Vorschläge neu erfanden und sogar in die Tat umsetzten. Aber jetzt waren es ja deutsche Vorschläge, denen nicht das Odium der Bevormundung anhaftete. Im Gefühl der kulturellen Überlegenheit hatten sich die Deutschen gegen Anspruch und Notwendigkeit einer „Umerziehung" vor allem aufgebäumt. Demokraten wollten sie schon werden, aber am liebsten ohne Anleitung und Kontrolle durch amerikanische, sowjetische, französische oder britische Offiziere.[9]

Die Verweigerung gegenüber den Säuberungs- und Neuorientierungskonzepten der Alliierten steht in engem Zusammenhang mit der Diskussion um Schuld und Verantwortung. Über Ansätze kam diese Diskussion im ersten Anlauf unmittelbar nach dem Ende des NS-Regimes nie hinaus. Der angebliche Vorwurf einer deutschen Kollektivschuld wurde zur Metapher für alles Leid und Unrecht, das Deutschen nach dem Zweiten Weltkrieg angeblich geschah. Entsprechend energisch setzte man sich gegen den Vorwurf zur Wehr. Nicht nur ins Arsenal rechtsradikaler Propaganda gehört die These, die Alliierten hätten die „Kollektivschuld" aller Deutschen an den Verbrechen des Hitler-Regimes konstatiert, um die Bestrafung der Funktionäre als Kriegsverbrecher, die „Umerziehung" aller Deutschen, die Maßnahmen im Zuge der Entmilitarisierung wie die Demontage deutscher Industriebetriebe und wirtschaftliche Sanktionen begründen zu können. Weit über die einschlägige rechtsradikale Literatur hinaus spielt die Zurückweisung der Kollektivschuldthese eine beträchtliche Rolle, und oft wird behauptet, an den Folgen des Vorwurfs kollektiver Schuld leide das deutsche Volk immer noch. Zur Verteidigung gegen den vermeintlichen Vorwurf unternahmen manche Autoren große Anstrengungen, um auf Kriegsverbrechen der Alliierten hinzuweisen, die „jüdische Mitschuld" an der nationalsozialistischen Politik darzulegen. Vom Luftkrieg gegen deutsche Städte bis zur angeblich mörderischen Behandlung deutscher Kriegsgefangener in amerikanischem Gewahrsam reicht die Skala der Argumente. Die Mühe ist freilich schon deshalb vergeblich, weil die These von der Kollektivschuld niemals Bestandteil alliierter Politik gegenüber Deutschland gewesen ist oder zur Begründung irgendwelcher Maßnahmen herangezogen wurde.[10]

In den Nürnberger Prozessen wurden die Angeklagten nach dem Nachweis ihrer individuellen Schuld verurteilt. Im Verfahren gegen die I.G. Farben, dem sechsten Prozeß vor dem US-Tribunal in Nürnberg, war im Urteil folgendes ganz eindeutig klargestellt: „Es ist undenkbar, daß die Mehrheit aller Deutschen verdammt werden

---

9   Die Verweigerung wurde thematisiert im politischen Pamphlet: C. v. Schrenck-Notzing, Charakterwäsche. Die Politik der amerikanischen Umerziehung in Deutschland, Stuttgart 1965 (und weitere Auflagen).
10   K. Jaspers, Die Schuldfrage, Heidelberg 1946; St. T. Possony, Zur Bewältigung der Kriegsschuldfrage. Völkerrecht und Strategie bei der Auslösung zweier Weltkriege, Köln 1968; Heinrich Henkel, Kollektivschuld, in: Internationales Recht und Diplomatie 5, 1960, S. 37–52.

soll mit der Begründung, daß sie Verbrechen gegen den Frieden begangen hätten. Das würde der Billigung des Begriffes der Kollektivschuld gleichkommen, und daraus würde logischerweise Massenbestrafung folgen, für die es keinen Präzedenzfall im Völkerrecht und keine Rechtfertigung in den Beziehungen zwischen den Menschen gibt."[11]

Die Kollektivschuldthese ist also nicht mehr als ein Konstrukt der Abwehr. Der vermeintliche Vorwurf diente als willkommener Vorwand der Verweigerung. Eigene Verstrickung konnte verwischt werden durch die eifernde Zurückweisung eines Vorwurfs, der unerträglich und ungerecht gewesen wäre, hätte man ihn denn erhoben und zur Grundlage des Handelns gemacht. Zurückweisen konnte man gleichzeitig den Anspruch, Demokratie zu fördern durch Erziehung. Und im Gefühl, Unrecht zu leiden, ließ sich eine allgemeine und umfassende Schulddebatte vermeiden. Insofern war die These von der kollektiven Schuld auf der daran interessierten Seite gut erfunden und diente ihrem Zweck.

Es entstand das Schlagwort von der „unbewältigten Vergangenheit"[12] und seine pejorativ gemeinte Umkehrung, die Apostrophierung derjenigen, die keine Ruhe geben wollten, als „Vergangenheitsbewältiger". Dabei schwingt immer der Vorwurf der „Nestbeschmutzung" mit. Aber man hatte es auch als arbeitsteiliges Engagement verstanden: Einige waren als Historiker, Politologen, Pädagogen usw. bestimmt, sich mit der nationalsozialistischen Vergangenheit professionell zu beschäftigen – so entstanden das Institut für Zeitgeschichte in München oder die Forschungsstelle für die Geschichte des Nationalsozialismus in Hamburg[13] –, andere kümmerten sich in Zeitschriften und im Feuilleton der Zeitungen um das Problem. Die Mehrheit aber widmete sich bei solcher Delegation guten Gewissens dem Wiederaufbau und verstand die Reparatur der zertrümmerten Wohnungen und Arbeitsplätze als Sühneleistung. Schließlich, als sich materieller Erfolg reichlich eingestellt hatte, verbreitete sich die Gewißheit ziemlich allgemein, daß man nach solcher Aufbauleistung ein Recht darauf

[11] H. Radandt (Hg.), Fall 6. Ausgewählte Dokumente und Urteil des IG-Farben-Prozesses, Berlin 1970, S. 213.

[12] Zu Begriff und Inhalt der „Vergangenheitsbewältigung" gibt es eine ausgedehnte Literatur, in der unterschiedliche wissenschaftliche, politische und moralische Positionen vertreten sind. Anknüpfend an Martin Broszats möglicherweise mißverstandenes Plädoyer für eine Historisierung des Nationalsozialismus (Merkur 39, 1985, S. 373–385), in dem eine Entemotionalisierung des Umgangs mit der NS-Geschichte postuliert wird, widmet sich ein Sammelband mit Beiträgen unterschiedlichen Gewichts und unterschiedlicher Seriosität der Forderung nach einem „Ende der ritualisierenden ‚Bewältigungsstrategien'": U. Backes/E. Jesse/R. Zitelmann (Hg.), Die Schatten der Vergangenheit. Impulse zur Historisierung des Nationalsozialismus, Frankfurt a.M. 1990. Die Ergebnisse einer internationalen vergleichenden Konferenz zusammenfassend: W. Bergmann/R. Erb/A. Lichtblau, Schwieriges Erbe. Der Umgang mit Nationalsozialismus und Antisemitismus in Österreich, der DDR und der Bundesrepublik Deutschland, Frankfurt/New York 1995.

[13] W. Benz, Wissenschaft oder Alibi? Die Etablierung der Zeitgeschichte, in: W. H. Pehle/P. Sillem (Hg.), Wissenschaft im geteilten Deutschland. Restauration oder Neubeginn nach 1945?, Frankfurt a.M. 1992, S. 11–25; H. Schleier, Vergangenheitsbewältigung und Traditionserneuerung? Geschichtswissenschaft nach 1945, in: ebenda, S. 205–219; s.a. E. Schulin (Hg.), Deutsche Geschichtswissenschaft nach dem Zweiten Weltkrieg (1945–1965), München 1988.

habe, aus Hitlers Schatten herauszutreten und von Auschwitz nichts mehr hören zu müssen.[14]

An Gedenkstätten und Mahnmalen für die Opfer des Nationalsozialismus herrscht kein Mangel, in den Schulen ist die nationalsozialistische Vergangenheit Bestandteil des Lehrplans und in der politischen Kultur der Bundesrepublik hat das offizielle Gedenken am 9. November und in der „Woche der Brüderlichkeit", bei großen Jahrestagen usw. seinen Platz. Die Erinnerung an den Nationalsozialismus ist ritualisiert. Der offiziellen Feierlichkeit steht freilich die Tabuisierung des Themas im Alltag gegenüber. Aktive Erinnerung scheint nur noch das Bestreben einer kleinen Minderheit moralisch Engagierter, deren Frustration oft in Selbstgefälligkeit und Paranoia endet oder gar in der Attitüde gipfelt, den Holocaust einsam stellvertretend nacherleiden zu müssen. Beispiele dazu findet man in Vorworten zu Büchern und in anderen peinlichen öffentlichen Bekenntnissen. Zu dieser Haltung gehört die Anklage, es fehle der Mehrheit, die den Schlußstrich unter die Vergangenheit ziehen will, an emotionaler Betroffenheit (dieser Vorwurf trifft auch oft Wissenschaftler, die sich mit dem Nationalsozialismus, insbesondere mit dem Völkermord beschäftigen), und dazu gehört der Vorwurf an die Politiker, sie agierten lieblos Feiertagsrituale, wenn an Gedenktagen Handlungsbedarf besteht. Tatsächlich ist es beklagenswert, wie sehr Politiker in solchen Fällen von der Tagesform ihrer Redenschreiber abhängen, aber es ist doch festzuhalten, daß die Absage an den Nationalsozialismus als vergangene Realität wie als politisches Programm zur ideologischen Grundausstattung der Bundesrepublik gehört.

In den Gründertagen engagierten sich Bundeskanzler und Bundespräsident, der eine mit den Mitteln realer Politik, der andere als Mahner und Moralist bei der Bewältigung der Hypotheken des Dritten Reichs. Adenauers Part betraf die materielle „Wiedergutmachung" und den mühseligen Aufbau von Beziehungen zu Israel, zu dessen ökonomischer Grundausstattung Bonn frühzeitig einen Anteil leistete. Theodor Heuss übte das Amt des Mahnens und Erinnerns mit Würde aus. Deutscher Patriot war er allemal und davon bezog er auch seine Überzeugungskraft. Vor dem Mahnmal in Bergen-Belsen machte er das im Dezember 1952 deutlich, als er verlangte, wer hier als Deutscher spreche, müsse sich die innere Freiheit zutrauen, die volle Grausamkeit der Verbrechen, die hier von Deutschen begangen wurden, zu erkennen: „Wer sie beschönigen oder bagatellisieren wollte oder gar mit der Berufung auf den irregegangenen Gebrauch der sogenannten Staatsraison begründen wollte, der würde nur frech sein."[15]

Mit der Eloquenz und Autorität des Bundespräsidenten allein war die Auseinandersetzung mit dem millionenfachen Mord an den europäischen Juden, an Polen und

---

14 Eine moralische Position mit hohem Stellenwert im öffentlich- politischen Diskurs fixierend: R. Giordano, Die zweite Schuld oder von der Last Deutscher zu sein, Hamburg 1987; als Gegenreflex, aber mehr polemisch als wissenschaftlich argumentierend, eine Dissertation, die vor allem durch ihr publizistisches Umfeld Aufmerksamkeit erregte und Gewicht erhielt: M. Kittel, Die Legende von der „Zweiten Schuld". Vergangenheitsbewältigung in der Ära Adenauer, Berlin 1993.
15 Th. Heuss, Diese Scham nimmt uns niemand ab!, in: Bulletin des Presse- und Informationsamtes der Bundesregierung 189, 2. 12. 1952, S. 1655.

Russen, Ukrainern, Sinti und Roma freilich nicht zu leisten, und das um so weniger, als der Anlaß zu öffentlichen Bekenntnissen nur zu oft durch verwüstete Jüdische Friedhöfe oder Hakenkreuze an Synagogen geboten war. Die Reaktion auf öffentlichen Antisemitismus war immer wieder der Prüfstein im Umgang mit der Geschichte, und hier zeigten sich die Politiker gern hilflos. So bemühte sich Adenauer Weihnachten 1959, die Schändung der Kölner Synagoge zu rationalisieren und die zahlreichen Anschlußtaten in der ganzen Bundesrepublik auf ein Motiv zurückzuführen, bei dem Staatsraison und ethisches Weltbild aus konservativer Perspektive in Übereinstimmung waren: Die neonazistischen und antisemitischen Schmierereien seien von der DDR aus (man nannte sie noch „Zone") angezettelt und gesteuert, um den inneren Frieden in der Bundesrepublik zu stören. Aus der Mentalität des Kalten Krieges heraus wurden die Vergehen westdeutscher Neonazis und ihrer zahlreichen Nachfolgetäter, die den Bodensatz unverarbeiteten Geschichtsverständnisses manifestierten, zum kommunistischen Angriff auf die „Freiheitlich Demokratische Grundordnung" umgewidmet.[16]

Anfang der sechziger Jahre hatte Arnold Brecht einen praktischen Vorschlag zum Umgang mit Erinnerung, Scham und Trauer gemacht. Brecht, ehemals preußischer Spitzenbeamter, dann Emigrant und renommierter Staatsrechtler in den USA, lehrte nach 1945 auch wieder – als Gast – an deutschen Universitäten. Er gehörte als Antifaschist keineswegs zu den Unversöhnlichen: „Manchmal denke ich, es würde helfen, wenn man in Deutschland den 30. Januar jeden Jahres zum ‚Nationalen Bußtag' erklärte, zu einem Tag also, der dem Gedanken der Buße gehört – nicht für unsere persönlichen Sünden, sondern für das, was im Namen Deutschlands gesündigt worden ist." Er sei bereit, mitzubüßen, erklärte Brecht, der ein Grundbedürfnis nach Erlösung bei den Deutschen voraussetzte: „Das würde symbolisch, läuternd und befreiend etwas ausdrücken, was auf vielen Seelen lastet und nach einem kultisch allgemeinen Ausdruck zu verlangen scheint."[17]

Die Mehrheit war aber damals schon längst einig, daß der Schlußstrich unter die nationalsozialistische Vergangenheit gezogen werden müsse. Die Alternative zur Durcharbeitung der Vergangenheit sei Verjährung ohne Trauerarbeit, man warte auf das Aussterben der Täter, Mittäter und Mitläufer, schrieb Margarete Mitscherlich 1979.[18]

Das war das Jahr, in dem sich der Deutsche Bundestag abschließend mit der juristischen Verjährung der nationalsozialistischen Verbrechen beschäftigte. Das Problem hatte die Politiker insgesamt viermal bewegt, und es bleibt bemerkenswert, wie in den Debatten von 1960, 1965, 1969 und 1979 gemeinsame Grundüberzeugungen quer durch die Fraktionen artikuliert wurden. Bemerkenswert und symptomatisch war natürlich auch, daß das Thema jeweils aus formaljuristischem Anlaß, weil Regelungen unaufschiebbar waren, auf die Tagesordnung kam. Seit dem 1979 beschlossenen Ge-

---

[16] Die antisemitischen und nazistischen Vorfälle. Weißbuch und Erklärung der Bundesregierung, Bonn 1960.

[17] A. Brecht, in: H. Kesten (Hg.), Ich lebe nicht in der Bundesrepublik, München 1964, S. 32.

[18] M. Mitscherlich-Nielsen, Die Notwendigkeit zu trauern, in: Psyche 33, 1979, S. 981–990; dieselbe, Die (Un)Fähigkeit zu trauern – Deutschland 1992, in: Psyche 46, 1992, S. 406–418; T. Moser, Die Unfähigkeit zu trauern – eine taugliche Diagnose?, in: ebenda, S. 389–405.

setz gibt es keine Verjährung mehr für Mord. Dreißig Jahre nach der Konstituierung der Bundesrepublik war damit gewährleistet, daß nationalsozialistische Gewaltverbrechen wenigstens theoretisch geahndet werden können, auch wenn sie erst spät bekannt werden. Gewährleistet ist immerhin auch, daß niemand sich öffentlich im Schutz der Verjährung seiner Untaten brüsten kann, in Illustrierten, im Fernsehen, in Memoiren.

Drei Jahrzehnte lang war das Problem durch halbherzige Lösungen aufgeschoben worden. 1965, als die Frage zum ersten Mal akut wurde, war die Frist bis zum 31. Dezember 1969 verlängert worden: Das „Berechnungsgesetz" vom April 1965 hatte den Fristbeginn auf den 1. Januar 1950 verlegt mit der Begründung, zwischen dem 8. Mai 1945 und dem 31. Dezember 1949 sei der normale Fristenlauf wegen der Besatzungsherrschaft gehemmt gewesen. Trotz der Ermittlungsergebnisse der 1958 gegründeten „Zentrale(n) Stelle der Landesjustizverwaltungen zur Verfolgung nationalsozialistischer Gewaltverbrechen" in Ludwigsburg, die damals schon erkennen ließen, daß noch zahlreiche unaufgeklärte und ungesühnte Taten auf die irdische Gerechtigkeit warteten, zog sich der Gesetzgeber auch 1969 noch einmal durch einen Kompromiß (die Verlängerung der Verjährungsfrist für Mord von 15 auf 20 Jahre) bis 1979 aus der Affäre. Man hatte 1965 wie 1969 auf eine „natürliche" Lösung des Problems gehofft oder geglaubt, die Gerichte hätten bis zum jeweiligen Schlußtermin genügend Zeit zur Verurteilung aller Täter.[19]

Der Bundesminister der Justiz Ewald Bucher plädierte im März 1965 gegen eine Änderung der Verjährungsfristen, aber er stellte deshalb die moralische Obligation zur Auseinandersetzung mit der Vergangenheit nicht in Frage. Er wußte sich mit Theodor Heuss einig in der Ablehnung des Begriffs Kollektivschuld, aber er erinnerte an des ersten Bundespräsidenten Bekenntnis zur kollektiven Scham und empfahl diese Haltung als die richtige. Der Sozialdemokrat Adolf Arndt benannte am eindrucksvollsten die persönlichen Anteile am gemeinsamen Erbe im Bekenntnis; er wisse sich selbst mit in der Schuld: „Denn sehen Sie, ich bin nicht auf die Straße gegangen und habe geschrien, als ich sah, daß die Juden aus unserer Mitte lastkraftwagenweise abtransportiert wurden. Ich habe mir nicht den gelben Stern umgemacht und gesagt: Ich auch!"[20]

In der Ablehnung aller Versuche zur Schuldabwälzung oder Aufrechnung von Untaten waren sich die Parlamentarier einig und über die Einzigartigkeit der nationalsozialistischen Verbrechen herrschte Konsens. Auch der CSU-Abgeordnete Richard Jaeger, gewiß kein Mann des linken Flügels, engagierte sich ausdrücklich in diesem Sinne: „Für das zumindest in der Quantität schlimmste, was im Dritten Reich verbrochen worden ist, die Millionen Judenmorde, gibt es doch gar keine Instanz und gibt es überhaupt keine Möglichkeit, aufzurechnen; denn vom jüdischen Volk ist doch – das muß ausgesprochen werden – ein irgendwie geartetes Verbrechen an unserem Volk nicht begangen worden"[21]. Gegen den Konsens der Demokraten stemmte sich damals

---

[19] Vgl. P. Steinbach, Nationalsozialistische Gewaltverbrechen. Die Diskussion in der deutschen Öffentlichkeit nach 1945, Berlin 1981; J. Weber/P. Steinbach (Hg.), Vergangenheitsbewältigung durch Strafverfahren? NS-Prozesse in der Bundesrepublik Deutschland, München 1984.

[20] Adolf Arndt (SPD): Bundestag 10. März 1965, Stenographische Berichte, S. 8552.

[21] Richard Jaeger (CSU): Bundestag 25. März 1965, Stenographische Berichte, S. 8766.

öffentlich lediglich die rechtsradikale Publizistik. Aber dafür war sie der deutlich ausgesprochenen Verachtung der Parlamentarier sicher.

Vier Jahre später, 1969, als der Bundestag sich abermals mit der Materie beschäftigte, waren die Konstellationen unverändert. Der sozialdemokratische Justizminister Ehmke meinte, bei der Verjährungsdiskussion gehe es auch darum, dem deutschen Volk zu helfen, sich von seelischer Not und Verklemmung zu befreien: „Viele sagen heute, es müsse endlich ein Schlußstrich gezogen werden. Daran ist manches Wahre. Nur muß man wissen, womit Schluß sein soll. Es muß Schluß sein mit der unseligen These von der Kollektivschuld unseres Volkes. Es muß Schluß sein mit dem Kollektivvorwurf an dieses Volk, ein Volk von Mördern zu sein."[22] Auch der konservative CDU-Abgeordnete Adolf Süsterhenn bezog sehr entschieden Position und erklärte, daß es für ein Volk unerträglich sei, mit erkannten, überführten, für vollverantwortlich erklärten Massenmördern auf rechtsgleicher Basis innerhalb dieses freiheitlichen demokratischen Rechtsstaates zusammenzuleben. Dafür erhielt er den Beifall der Regierungsparteien.[23]

Diese Positionen waren auch zehn Jahre später, in der Verjährungsdebatte von 1979, noch nicht geräumt. Der CDU-Abgeordnete Johann Baptist Gradl bekannte sich damals von der Oppositionsbank aus zur Staatsraison: „Wer von uns könnte den Wunsch nicht verstehen, es sollte endlich Schluß sein damit, das Schreckliche immer wieder wachzurufen, zumal doch eine ganze Generation nachgewachsen ist, die persönlich überhaupt nichts mit den Verbrechen zu tun hat! Wer heute nicht älter als 50 bis 55 Jahre ist, kann persönlich gar nicht an den Verbrechen beteiligt gewesen sein. Aber wir alle, ob jung oder alt können nicht aus der Geschichte unseres Volkes aussteigen".[24] Der Sozialdemokrat Alfred Emmerlich beschwor die deutsche Verantwortung für den Nationalsozialismus und die ihm gleichartigen Gewaltsysteme, „weil der Nationalsozialismus in unserem Lande entstanden und an die Macht gekommen ist, sich der Machtmittel des deutschen Staates bedient und seine Verbrechen gegen die Menschheit in unserem Namen begangen hat."[25] Die Verantwortung der Deutschen sei aber auch deshalb besonders, weil der Nationalsozialismus mindestens in den ersten Jahren seiner Herrschaft den Beifall großer Teile des Volkes gefunden habe, auch wenn die Akklamation vieler darauf beruhte, daß der verbrecherische Charakter des Nationalsozialismus verdrängt oder verkannt wurde.

Aber der Konsens darüber, daß man den Nationalsozialismus im öffentlichen Bewußtsein halten müsse und die von den Politikern jahrzehntelang deklamierte Übereinstimmung, daß die Erinnerung an den Nationalsozialismus bewahrt bleiben müsse, um seine Wiederholung zu vermeiden, ging dann verloren. Mit der Wende vom sozialliberalen zum konservativen Regierungsbündnis 1982 in Bonn wurde allmählich ein tragendes Element der politischen Kultur der Bundesrepublik aufgegeben. Wie anders war die Besorgnis des CDU-Abgeordneten und Fraktionsvorsitzenden Alfred

---

22 Horst Ehmke (SPD): Bundestag 11. Juni 1969, Stenographische Berichte, S. 13056.
23 Adolf Süsterhenn (CDU): Bundestag 26. Juni 1969, Stenographische Berichte, S. 13556.
24 Johann Baptist Gradl (CDU): Bundestag 29. März 1979, Stenographische Berichte, S. 11564.
25 Alfred Emmerlich (SPD): Bundestag 29. März 1979, Stenographische Berichte, S. 11566.

Dregger zu erklären, der in der Haushaltsdebatte des Deutschen Bundestags im September 1986 erklärte: „Besorgt machen uns Geschichtslosigkeit und Rücksichtslosigkeit der eigenen Nation gegenüber. Ohne einen elementaren Patriotismus, der anderen Völkern selbstverständlich ist, wird auch unser Volk nicht überleben können, wer die Vergangenheitsbewältigung, die gewiß notwendig war, dazu mißbraucht, unser Volk zukunftsunfähig zu machen, dem muß widersprochen werden."[26] Die Ankündigung Dreggers war aber schon gar nicht mehr besonders originell. Der aufmerksame Zeitungsleser kannte diese und ähnliche Formulierungen aus den Federn der Vordenker längst aus der Frankfurter Allgemeinen Zeitung.

Man muß allerdings auch fürchten, daß die früheren parteiübergreifenden Bekenntnisse und Beschwörungen der Politiker in Sachen Nationalsozialismus vielfach nur oratorische Leistungen gewesen waren. Karl Jaspers, den seit 1945 die Schuldfrage intensiv beschäftigte, hat die Verjährungsdebatte analysiert. Er kam zum Schluß, daß trotz allen Ringens und Bekennens der Parlamentarier nichts gewonnen sei, weil der Bundesrepublik das gemeinsame sittlich-politische Fundament noch fehle. Es sei zum guten Ton geworden, gelte als gehörig, peinliche Dinge nun endlich zu vergessen oder doch mit Stillschweigen zu übergehen: „Man spricht gern in Allgemeinheiten. Man versteht sich auf das Nichtreden im Reden. Man vermeidet das Konkrete und nennt nicht gern beim Namen. ... Es herrschte eine Atmosphäre, die immer wieder anderes Ungesagtes im Hintergrund fühlbar bleiben ließ. Ein nicht radikaler Wille zur Wahrheit läßt dies Ungeklärte stehen, behandelt es, als ob es nicht da wäre. Aber dieser halbe Wille zur Wahrheit läßt ihn bei wohlanständigen Leuten doch als Unwahrheit erscheinen und stiftet daher in ihnen Unruhe, Abwehr und Trotz."[27]

Scham, Unsicherheit und Angst sind die vorherrschenden Gefühle im Umgang mit nationalsozialistischer Vergangenheit. Die Angst manifestiert sich logischerweise immer am Verhältnis zu den Juden. Die Kommunikation mit ihnen ist durch Tabus erschwert: Wenn Deutsche, anstatt zu sagen, daß sie den historischen Sachverhalt kennen (und bedauern), unreflektiert von „Versöhnung" sprechen und sich in verlegene „Betroffenheit" retten, dann müssen sie sich über das Unverständnis auf jüdischer Seite nicht wundern. Eine Ersatzfunktion im nicht stattfindenden Diskurs mit den Juden hat der Staat Israel, als Objekt der Zuneigung und Fürsorge, der Bewunderung im Krieg von 1967, aber auch als Hintergrund, auf den sich alte und neue Vorurteile gegen „die Juden" projizieren lassen. Der Golfkrieg lieferte dafür genügend Beispiele.[28]

Eine Art der Erlösung vom Leidensdruck der Deutschen war, zum Entsetzen vieler Historiker, die sich um die Früchte ihres ernsten Wirkens gebracht glaubten, die Fernseh-Serie „Holocaust" Ende der siebziger Jahre. Man konnte, da der Massenmord

[26] Alfred Dregger (CDU): Bundestag 10. September 1986, Stenographische Berichte, S. 17660.

[27] K. Jaspers, Wohin treibt die Bundesrepublik? Tatsachen, Gefahren, Chancen, München 1966, S. 116.

[28] Vgl. allgemein: M. Brumlik u.a. (Hg.), Jüdisches Leben in Deutschland seit 1945, Frankfurt a.M. 1988; exemplarisch: R. Ch. Schneider, Zwischenwelten. Ein jüdisches Leben im heutigen Deutschland, München 1994; siehe auch W. Bergmann/R. Erb (Hg.), Antisemitismus in der politischen Kultur nach 1945, Opladen 1990.

aus der abstrakten auf die emotional faßbare Ebene versetzt war, eine kurze Zeit lang
darüber sprechen, Leserbriefe schreiben, fragen, beteuern, betroffen sein.[29]

Deutsche und Juden nach Auschwitz – das Thema bleibt, bald fünf Jahrzehnte nach
dem Holocaust, aktuell. Demoskopen belegen immer wieder, daß der Antisemitismus
nicht verschwunden ist. Dan Diner hat das deutsch-jüdische Verhältnis als „negative
Symbiose" zu erklären versucht: Die Erinnerung an Auschwitz verursache bei Juden
ein Gefühl grenzenloser Hilflosigkeit, bei Deutschen dagegen wegen der durch die
Strategie des Vergessens nicht aufzulösenden Schuldgefühle Unbehagen bis hin zur
blinden Wut.[30]

War es diese blinde Wut, dem Überdruß an das leidige Nicht-Vergessen entsprungen,
die Ernst Nolte zu seinen Mutmaßungen über „Vergangenheit, die nicht vergehen will"
bewog? Argumentiert wurde in dem Text von 1986, der den „Historikerstreit" auslöste,
die Rede von der „Schuld der Deutschen „ übersehe allzu geflissentlich die „Schuld der
Juden", die ein Hauptargument der Nationalsozialisten war. Alle Schuldvorwürfe
gegen „die Deutschen", die von Deutschen kämen, seien unaufrichtig. Für den Historiker sei es die beklagenswerte Folge des „Nichtvergehens" der Vergangenheit, daß
gegenüber dem Nationalsozialismus die elementaren Regeln, die für jede andere
Vergangenheit in Geltung seien, außer Kraft gesetzt schienen.[31]

Der Text führte (wieder mit der Schuldmetapher im Mittelpunkt, die auch in den
Bundestagsdebatten zur Verjährung eine so große Rolle gespielt hatte) zum „Historikerstreit". Damit war im Juni 1986 eine neue Etappe der Auseinandersetzung mit dem
Nationalsozialismus erreicht. Protest erhob sich gegen Noltes Mutmaßungen. Der Philo-
soph Jürgen Habermas bezog, gefolgt von Historikern, Politologen, Publizisten, energisch Gegenposition und wies nicht nur die geschichtsphilosophischen Deduktionen
Noltes als „eine Art Schadensabwicklung" zurück, sondern führte zugleich den General-
angriff gegen alle Arten apologetischer Tendenzen in der deutschen Zeitgeschichtsschreibung, die er in Publikationen konservativer Vertreter des Fachs ausgemacht hatte.

Auf die Details des „Historikerstreits" ist hier nicht einzugehen. Festzuhalten bleibt
aber, daß es ein Disput darum war, welche Ereignisse der deutschen Geschichte als
sinnstiftend in die Tradition der Bundesrepublik einzuflechten und welche – da scham-
und schuldbesetzt – besser auszugrenzen oder durch den Vergleich mit Untaten
anderer Völker zu relativieren oder zu trivialisieren seien.[32] Zu den Wirkungen des

---

[29] P. Märthesheimer/I. Frenzel (Hrsg.), Im Kreuzfeuer: Der Fernsehfilm „Holocaust". Eine
Nation ist betroffen, Frankfurt a.M. 1979; M. Broszat, „Holocaust" und die Geschichtswissenschaft, in: VfZ 27, 1979, S. 285–298.

[30] D. Diner, Negative Symbiose. Deutsche und Juden nach Auschwitz, in: Babylon. Beiträge zur
jüdischen Gegenwart, 1987, H. 1, S. 9–20.

[31] Alle relevanten Texte in: „Historikerstreit". Dokumentation der Kontroverse um die Einzigartigkeit der nationalsozialistischen Judenvernichtung, München/Zürich 1987; vgl. auch
H.-U. Wehler, Entsorgung der deutschen Vergangenheit? Ein polemischer Essay zum „Historikerstreit", München 1988; Ch. Meier, Vierzig Jahre nach Auschwitz. Deutsche Geschichtserinnerung heute, München 1990.

[32] Ernst Nolte setzt in seinem Buch „Streitpunkte. Heutige und künftige Kontroversen um den
Nationalsozialismus" (Berlin 1993) seine Argumentation auf der Ebene dieser Publizistik fort.
Besonders bedauerlich sein dort feststellbarer Seriositätsverlust, wenn er den „radikalen Revi-

Historikerstreits gehört, daß die Grenzen zwischen Aufklärung und Verweigerung durchlässig geworden sind. Positionen des „Revisionismus", die von rechtsradikalen Apologeten Hitlers und trotzigen Leugnern nationalistischer Verbrechen – insbesondere des Holocaust – längst bezogen, aber nur außerhalb des demokratischen Spektrums artikulierbar waren, wurden in die Debatte eingeführt und gewannen Terrain. Die juristische Auseinandersetzung um die Auschwitzlüge ist ein Indiz dafür, die Verbreitung einschlägiger, pseudowissenschaftlicher Publizistik ein anderes.

Die offizielle Erinnerungskultur der Bundesrepublik hat – wohl unabsichtlich – dazu beigetragen. Zum 40. Jahrestag des 20. Juli 1944 beschwor Bundeskanzler Kohl die Erinnerung an den Widerstand als gesamtdeutsche nationale Verpflichtung: „Das Vermächtnis des deutschen Widerstandes, in allen seinen Ausdrucksformen besteht vor allem in drei Maximen. Die politischen Grundströme unseres Volkes müssen in einem fundamentalen Wertkonsens miteinanderr verbunden bleiben. Die Verantwortung für Freiheit und Würde der Menschen ist unteilbar und bezieht die ganze Nation ein. Unser nationales Selbstverständnis hat seinen festen Grund im geschichtlichen Erbe unseres Vaterlandes mit seinen Belastungen, aber auch mit seiner großen Tradition, aus der wir gewissensbildende Kraft schöpfen."[33]

Die Rede stand in der Tradition eines Legitimierungsszwangs westdeutscher Nachkriegsdemokratie, für die der bürgerlich-konservative Widerstand längst in Anspruch genommen worden war. In den Gründerjahren der Bundesrepublik dienten die Männer des 20. Juli 1944 mit ihrer Tat der moralischen Rechtfertigung der Deutschen. Die Erinnerung an den Umsturzversuch sollte nicht nur den Staat legitimieren, der sich als Vermächtnis dieser konservativen Elite verstand, sie sollten auch zu neuem Selbstbewußtsein verhelfen. Der erste Bundespräsident, Theodor Heuss, hat es in seiner Gedenkrede („Dank und Bekenntnis") zum zehnten Jahrestag deutlich ausgedrückt: „Die Scham, in die Hitler uns Deutsche gezwungen hatte, wurde durch ihr Blut vom besudelten deutschen Namen wieder weggewischt."[34]

1984 war die Suche nach der angeblich nötigen neuen Identität längst auf der Spur eines Nationalbewußtseins, und das Verlangen verbreitete sich, die guten Erinnerungen, die positiv besetzten Perioden deutscher Geschichte in den Vordergrund zu rücken, die negativen dafür beiseite zu räumen.

Die Inszenierung von Bitburg war ein Symptom egalisierenden deutschen Selbstbewußtseins. Des US-Präsidenten Reagan Deutschlandbesuch Anfang Mai 1985 diente als Anlaß, den bevorstehenden Feiern zum 40. Jahrestag des Sieges über Hitlerdeutschland – bei denen sich der Kanzler und mit ihm viele Deutsche ausgeschlossen und zurückgesetzt fühlten – ein Zeichen entgegenzusetzen. Die Staatsmänner Reagan und Kohl besuchten den Soldatenfriedhof in Bitburg (auf dem auch Angehörige der

---

sionisten" bescheinigt, Untersuchungen vorgelegt zu haben, „die nach Beherrschung des Quellenmaterials und zumal in der Quellenkritik diejenigen der etablierten Historiker in Deutschland vermutlich übertreffen" (ebenda, S. 304).

[33] Informationzentrum Berlin/Gedenkstätte Deutscher Widerstand (Hg.), Der 20. Juli 1944. Reden zu einem Tag der deutschen Geschichte, 2 Bde, Berlin 1984, 1986.

[34] Ebenda.

Waffen-SS bestattet sind) und trugen zur Nivellierung des Unterschieds von Krieg und Unrechtsdiktatur im öffentlichen Bewußtsein bei.

Des Bundespräsidenten Rede am 8. Mai 1985 im Bundestag wurde deshalb von vielen als befreiend empfunden, weil Weizsäcker unumwunden von Befreiung sprach und von den Opfern der NS-Herrschaft und die erinnerungswürdigen Ereignisse nicht dem Kriegsende unterordnete. Aber trotz seiner Bemühungen um des Konsenses und des inneren Friedens willen mit rhetorischem Einsatz das Gespenst der Kollektivschuld zu bannen und auch an deutsche Leiden und Entbehrungen der Nachkriegszeit zu erinnern, mißfiel vielen die Rede. Sie sei nicht nationalstolz genug gewesen und habe zu bußfertig geklungen.

Das Staatsoberhaupt der Bundesrepublik hatte aber nur Notwendiges eingefordert und Selbstverständliches angemahnt, allerdings war sein Appell überfällig: „Der 8. Mai war ein Tag der Befreiung. Er hat uns befreit von dem menschenverachtenden System der nationalsozialistischen Gewaltherrschaft. Niemand wird um dieser Befreiung willen vergessen, welche schweren Leiden für viele Menschen mit dem 8. Mai erst begannen und danach folgten. Aber wir dürfen nicht im Ende des Krieges die Ursache für Flucht, Vertreibung und Unfreiheit sehen. Sie liegt vielmehr in seinem Anfang und im Beginn jener Gewaltherrschaft, die zum Krieg führte. Wir dürfen den 8. Mai 1945 nicht vom 30. Januar 1933 trennen. Wir haben wahrlich keinen Grund, uns am heutigen Tag an Siegesfesten zu beteiligen. Aber wir haben allen Grund, den 8. Mai 1945 als das Ende eines Irrweges deutscher Geschichte zu erkennen, das den Keim der Hoffnung auf eine bessere Zukunft barg."[35]

Der selbstverständliche und daher zu wenig ausgesprochene Konsens der Gründerjahre der Bundesrepublik einer absoluten moralischen Verurteilung des nationalsozialistischen Regimes war inzwischen allerdings verloren gegangen.

[35] „Die Große Rede". Bundespräsident Richard von Weizsäcker vor dem Bundestag am 8. Mai 1985, in: W. Benz/D. Moos (Hg.), Das Grundgesetz und die Bundesrepublik Deutschland. Bilder und Texte zum Jubiläum 1949–1989, Gräfelfing/München 1989, S. 136–143.

MICHAEL LEMKE

Instrumentalisierter Antifaschismus und SED-Kampagnenpolitik im deutschen Sonderkonflikt 1960–1968

Ideologische Kampagnen als Instrument des „Klassenkampfes"

Die DDR führte seit ihrem Entstehen im Jahre 1949 ideologische Kampagnen. Sie betrafen verschiedene Gegenstände und Ziele, hatten aber eine „Hauptstoßrichtung": die Verhältnisse in der Bundesrepublik. Die aufwendig geführten Kampagnen nach 1948/49 widerspiegelten den konfrontativen Geist und die Mentalität des Kalten Krieges, in den sie sich als ein Instrument östlicher Propaganda einordneten; sie waren aber älter. Historisch wurzelten sie in der antikapitalistischen Politik der Sowjetunion Lenins und Stalins. Die Kampagnen der frühen UdSSR, die noch sehr sporadischer Natur waren, stellten zunächst vorrangig innenpolitische Instrumente dar. Sie erhielten mit der Herausbildung des „sozialistischen Lagers" nach 1945 stärker systemischen und außenpolitischen Charakter. Ideologische Kampagnen nahmen für das kommunistische System habituelle und für ihren „Überbau" typische Züge an. Sie funktionierten als Instrument des „Klassenkampfes". In jedem Fall sollten sie die „Volksmassen" ansprechen, sie im Sinne diktatorischer Zielsetzungen in Bewegung bringen. Ideologische Kampagnen wurden zu einem Merkmal der kommunistischen Diktatur. In dem Maße, wie sie irgend etwas fördern oder bekämpfen, konstituieren oder beseitigen sollten, beabsichtigten ihre Urheber eine Stabilisierung der kommunistischen Systeme. Die kommunistischen Führungen legten ihre Kampagnen, so sehr sie des öfteren unsinnig erscheinen mochten, rational an. Sie bezogen sich in der Regel auf konkrete, erfaßbare Gegenstände und besaßen in der Regel auch scheinbar einleuchtende Begründungen. Versucht man eine grobe Typisierung, so bleiben östliche Kampagnen im Innern und nach außen zu unterscheiden. Die außenpolitischen Kampagnen richteten sich - sachbezogen - auf Erscheinungen, Institutionen und Gegenstände im „feindlichen" Außenraum oder auf hier wirkende Personen, des öfteren auf beide Ziele zugleich. Im einzelnen wären die ideologischen Kampagnen - vor allem die des Realsozialismus nach 1945 - weiter nach ihren Inhalten und Formen, ihren Aufgaben und Zielen, ihren Akteuren und Betroffenen zu klassifizieren.

Die ideologischen Kampagnen der SED gegen die Bundesrepublik nahmen in der Kampagnenpolitik des Ostblocks eine Sonderstellung ein. Sie definierten sich im allgemeinen durch den deutschen „Sonderkonflikt", im besonderen durch den Umstand, daß die Bundesrepublik für die SED – trotz gegenteiliger Behauptungen und der gezielten Abgrenzungspolitik – in praxi nie Ausland war. Sie richteten sich zwar nach außen, blieben aber reflexiv und letztlich nach innen gekehrt. Sie griffen zwar Erscheinungen und Personen in Westdeutschland an, meinten aber in letzter Konsequenz immer die Verhältnisse in der DDR, deren Stabilisierung sie beabsichtigten. Wenngleich ideologische Kampagnen in der Regel einen konkreten Zweck zu erfüllen hatten, weil diese oder jene Absicht im Westen verwirklicht werden sollte, bildeten sie sowohl Medium als auch Umweg für die SED-Innenpolitik.

Es gehört zu den Wesensmerkmalen politisch-ideologischer Auseinandersetzung der SED mit dem „Klassenfeind", daß diese in hohem Maße kampagnenhaft geführt und – vergleicht man mit anderen realsozialistischen Staaten – die Kampagnenform im ideologisch-politischen Gesamtinstrumentarium dominierte. Dies resultierte vor allem aus der Aufeinanderbezogenheit zweier deutscher Staaten und Ordnungen, die sich gleichermaßen anzogen und abstießen, deren Führungen sich zwar nicht verstanden, aber doch in der gleichen Sprache redeten. Die deutsche „Nahtstelle" zwischen Ost und West zwang der SED die Kampagnenform geradezu auf. Denn Kampagnen waren „massenwirksam" organisierbar, ließen sich gesamtdeutsch führen und über die innerdeutsche Grenze hinweg einheitlich koordinieren. Man konnte sie relativ exakt zentral planen und kontrollieren, sie steuern und nötigenfalls korrigieren oder schnell beenden. Sie verfügten über einen ostdeutschen Apparat und westdeutsche Ausleger, über eingespielte Mechanismen und erprobte Wege.

Eine weitere Besonderheit der Kampagnen der SED lag im „nationalen" Bereich. Die deutsche Teilung prägte sie thematisch aus. Da im Unterschied zur Bundesrepublik die zur Herrschaftssicherung notwendigen wirtschaftlichen, innen- und außenpolitischen Erfolge und die damit verbundene Zustimmung der Bevölkerung zur realsozialistischen Politik weitgehend ausblieben, wandte sich die SED zwangsläufig dem deutschlandpolitischen Problemfeld zu. Zum einen besaßen deutsches Problem und Wiedervereinigung im Denken und Fühlen der Bevölkerung in beiden Teilstaaten einen hohen Stellenwert und schienen daher der SED zur Mobilisierung der „Massen" am ehesten geeignet. Zum anderen war das Problemfeld von der westlichen Seite weitgehend un- bzw. unterbesetzt. So konnte die Führung der ostdeutschen Staatspartei, obwohl sie die Wiedervereinigung – eine Zäsur ist 1951/52 auszumachen[1] – als politisches Ziel längst aufgegeben hatte, auf die Einheitspropaganda nicht verzichten, mußte sie sich gesamtnational und als Anwalt der Wiedervereinigung geben. Aber erst eine bestimmte Verbindung des „Nationalen" mit anderen ideologischen und politischen Problemkreisen (u.a. Wiederbewaffnung, Aufarbeitung des Nationalsozia-

---

[1] Vgl. M. Lemke, Die DDR und die deutsche Frage 1949–1955, in: W. Loth (Hg.), Die deutsche Frage in der Nachkriegszeit, Berlin 1994, S. 134–140 und derselbe, Die Deutschlandpolitik der DDR zwischen Moskauer Oktroi und Bonner Sogwirkung, in: J. Kocka/M. Sabrow (Hg.), Die DDR als Geschichte. Fragen – Hypothesen – Perspektiven, Berlin 1994, S. 181f.

lismus, Frieden und Sicherheit) gestaltete sich für die Kampagnen sinngebend, verlieh ihnen Richtung und Stoßkraft, vermochte Politik in Moral einzubinden und schien die Möglichkeit zu eröffnen, das Anliegen der DDR als berechtigt und sie letztlich als den rechtmäßigen deutschen Staat erscheinen zu lassen.

Bei der Untersuchung der unterschiedlichen ideologischen Aktionen der SED müssen die Entwicklungsstadien der DDR und ihrer Gesellschaft berücksichtigt werden. Wechselnde innere Bedürfnisse bestimmten weitgehend die Inhalte der Kampagnen. Die Entwicklung ihrer Zielobjekte spielte eine wichtige, aber innenpolitischen Faktoren untergeordnete Rolle. Im Mittelpunkt des Beitrags stehen die ideologischen Kampagnen der Jahre 1960–1968. In seinem Rahmen soll der Frage nachgegangen werden, in welchem Maße, mit welchen Zielen und wie die SED das Thema Antifaschismus in der Auseinandersetzung mit der Bundesrepublik politisch handhabe. Auch auf verschiedene Ergebnisse und Wirkungen der Kampagnen wird eingegangen. Gelang es der SED-Propaganda, von negativen Einzelfällen auf das Wesen der Bundesrepublik zu schließen, sie als Nachfolgestaat des Hitlerreiches zu denunzieren und den seit 1949 in Gang gekommenen demokratischen Umbruch in Staat und Gesellschaft Westdeutschlands auf eine ganz besondere Weise zu denunzieren? Die Beweisführung erfolgt an ausgesuchten Kampagne-Beispielen. Der Verfasser kann im Rahmen dieses speziellen Themas nicht explizit auf die Fragen eingehen, in welchem Umfang die Vorwürfe der SED einer westdeutschen „unbewältigten Vergangenheit", von der Tätigkeit belasteter ehemaliger Nationalsozialisten im Bonner Staatsdienst, von deutschem Neofaschismus u.a.m. Substanz besaßen. Für die Thematisierung von Antifaschismus im Kampf gegen die parlamentarischen Verhältnisse in der Bundesrepublik stellte der Umstand, daß es hier über einen gewissen Zeitraum – der eben nur konkret-historisch bestimmt werden kann – ein Defizit an Aufarbeitung nationalsozialistischer Vergangenheit gab und auch durch ihre Tätigkeit in der Zeit von 1933–1945 belastete Personen in z.T. einflußreiche Positionen gelangt waren, eine Grundbedingung dar. Bei der Untersuchung des Problems kann es vor allem nicht darum gehen, verschiedene von der SED in der Bundesrepublik angegriffene Personen, so sie tatsächlich schuldig waren, „reinzuwaschen", sondern zu zeigen, wie sie und ihre Handlungen von der SED für die politische Auseinandersetzung benutzt wurden.

Motive und Hintergründe der „antifaschistischen" Kampagnen der SED ab 1959/60

Am Ende des Jahres 1959 – Anlaß dafür boten die Beschmierungen der neuerbauten Kölner Synagoge mit Hakenkreuzen und antisemitischen Losungen[2] – deutete sich an, daß die SED-Führung gewillt war, ihre ideologischen Angriffe gegen die Bundesrepublik unter „antifaschistischem" Vorzeichen bedeutend zu aktivieren und ihnen eine

---

[2] Vgl. M. Lemke, Kampagnen gegen Bonn. Die Systemkrise der DDR und die West-Propaganda der SED 1960–1963, in: VfZ 41, 1993, S. 160. Vgl. hier insbesondere Anm. 14.

neue Qualität zu verleihen. Das Politbüromitglied Albert Norden entwickelte sich zu einem spiritus rector der zu Beginn des Jahres 1960 einsetzenden gegen die „renazifizierte Bundesrepublik" geführten neuen Kampagnen. Ihr Koordinationszentrum bildete der stabsmäßig organisierte, von Norden geleitete „Ausschuß für Deutsche Einheit". Die politischen Entscheidungen fielen jedoch im Politbüro der SED, das von ihrer Westkommission beraten wurde. Die in vielem noch „unbewältigte" deutsche Vergangenheit sollte der SED die im ideologischen Kampf wirksamste Waffe schmieden helfen. Was bereits in den fünfziger Jahren relativ sporadisch als „antifaschistische" Aktionen gegen die Verhältnisse in der Bundesrepublik geführt worden und in der politischen Tendenz bereits vorhanden war, erhielt stärker systematischen Charakter und schärfere Zielstellungen.

Dies hatte zum einen eben westdeutsche Ursachen. Verschiedene Ereignisse – einen wichtigen Anlaß bot u.a. der Eichmannprozeß – wiesen z.T. schlaglichtartig auf verschiedene Defizite der Bundesrepublik bei der Auseinandersetzung mit der nationalsozialistischen deutschen Vergangenheit hin. Bedingt durch ein ganzes Geflecht von Ursachen, das hier nicht näher untersucht werden kann, hinkte vor allem die geistige Aufarbeitung der jüngsten Geschichte der ansonsten rasanten westdeutschen wirtschaftlichen und politischen Entwicklung hinterher. Ein diesbezüglicher gesellschaftlicher Dialog fehlte noch weitgehend. Er setzte im wesentlichen ein, als die Entwicklung der Bundesrepublik und deren innere Stabilität ein bestimmtes – im ganzen schon hohes – Niveau erreichte. Jetzt fielen kritischen, vor allem in Opposition zur Politik Adenauers stehenden Kräften bedenkliche Entwicklungen schärfer ins Auge. Deren Angriffe richteten sich insbesondere gegen die Beschäftigung nazistisch Belasteter im Staatsdienst der Bundesrepublik. Man griff vor allem in der Tat bedenkliche Personalentscheidungen auf und wies so auf die Konzentration ehemaliger Funktionsträger des „Dritten Reiches" u.a. im westdeutschen Diplomatie- und Rechtswesen hin. Diese Kritik war jedoch mehr Ausdruck des wachsenden Willens, sich mit der nationalsozialistischen Diktatur aktiv auseinanderzusetzen, denn Ausdruck für ein Ansteigen nazistischer Tendenzen in der Bundesrepublik. Die Aktivierung der speziellen Kampagnen der SED besaß aber zum anderen auch und vor allem interne Beweggründe. Daß viele SED-Mitglieder antifaschistisch motiviert waren, sie verschiedene Phänomene in der Bundesrepublik mit Sorge beobachteten und die „antifaschistischen" Argumente ihrer Parteiführung für richtig hielten, scheint außer Frage zu stehen. Das muß auch bei einer folgenden Bewertung der „antifaschistischen" Kampagnepolitik berücksichtigt werden. War aber das Politbüro, das im Unterschied zur SED-Basis über Informationen zur tatsächlichen Entwicklung in der Bundesrepublik verfügte, von seinen Behauptungen nazistischer Zustände und Tendenzen in Bonn wirklich überzeugt und bemüht, diesen aus Überzeugung entgegenzuwirken? Ließ sich die SED-Führung, wie sie immer wieder behauptete, in ihrem Kampf gegen die neue westdeutsche Demokratie – vielleicht auf eine reduzierte Weise – „antifaschistisch" leiten? 1960 trat die latente Systemkrise der SED-beherrschten DDR in eine akute Phase ein. Die ökonomische und politische Situation des deutschen Oststaates verschlechterte sich dramatisch. Blieb das ohne ideologische Folgen?

Die Personifikation des Feindbildes: Konrad Adenauer

Bundeskanzler Konrad Adenauer galt im Betrachtungszeitraum als die allgemeinste Zusammenfassung und Personifizierung der Bundesrepublik. Der konservative Nazigegner, der im „Dritten Reich" zumindest zeitweilig Repressionen ausgesetzt war, bot der SED wenig Angriffspunkte, um ihn unumwunden „nazifizieren" zu können. Als Symbolfigur des neuen deutschen Staates, der sich ausdrücklich als Rechtsnachfolger eines im zweiten Weltkrieg nicht untergegangenen deutschen Reiches interpretierte, konnte Adenauer, der dem Politbüro als „Hauptfeind" des sozialistischen Aufbaus in der DDR galt, zunächst nur in der Form von Verbalinjurien diffamiert werden. So galt Adenauer der SED-Führung allgemein als der „Hitler unserer Tage", der offen den „militaristisch-faschistischen Staatsstreich" vorbereitete, um „die Reste der Demokratie zu beseitigen und die offene Diktatur der Konzern- und Bankherren zu errichten".[3] Derartige unsinnige Unterstellungen bedurften keines Beweises. Sie konnten zeitgemäß – abgestimmt auf die aktuellen Bedürfnisse der SED – variiert werden. So dominierte in der Zeit der Auseinandersetzung um eine deutsche Wiederbewaffnung in den fünfziger Jahren das Argument, Adenauer als „der Hitler von heute" wolle „in Deutschland den Bruderkrieg entfesseln".[4] In der Wahl ihrer Mittel zeigten sich die „antifaschistischen" Gegner des alten Bundeskanzlers skrupellos. 1953 – auf einem Höhepunkt des innerdeutschen Konfliktes – unterstellte die SED-Führung z.B. in Form einer perfiden Karrikatur[5] Adenauer die Vorbereitung eines neuen Völkermordes a la Auschwitz. Auf den Anspruch der Bundesrepublik auf die ehemaligen deutschen Ostgebiete Bezug nehmend, entstand das Bild von Adenauer als Aggressions- und Revanchepolitiker. „Das, was Adenauer an Revanchepolitik vertritt", so wurde auf einer gemeinsamen internen Sitzung der Politbüros von SED und KPD laut, „kann man in Hitlers ‚Mein Kampf' nachlesen."[6] Der zeitliche Bezug von nazistischen Unterstellungen in die Person und Politik Adenauers wurde u.a. auch bei der Debatte um die Atombewaffnung der Bundeswehr deutlich. Die Politik des Bundeskanzlers bedeute „die Neuauflage des Faschismus auf Atombasis", ließ Otto Grotewohl im April 1957 alle Deutschen wissen.[7] Aber erst im Zusammenhang mit der Kampagne zum Prozeß Eichmann in Jerusalem „beauftragte" das Politbüro im April 1961 Albert Norden – gleichzeitig Chef der Westkommission des Politbüros – zu prüfen, „wo in

3 Entwurf für ein Wahlprogramm der SED zu den Wahlen in Westberlin, 14. 4. 1958, in: SAPMO-BArch, ZPA, IV 2/1002/170.

4 „Soweit darf es nicht wieder kommen!" (Broschüre), hrsg. v. Zentralrat der FDJ, Berlin 1953, in: ebenda, NL 77/59, Bl. 8.

5 Sie stellt drei Gestalten vor einer Gaskammer mit Fenster dar, das den Blick auf vergaste Kaninchen freigibt. Einer der als Nazi erkennbaren Personen telefoniert: „Hallo, Adenauer, wann wollen Sie endlich Ihr Versprechen einlösen, uns dieselben Möglichkeiten wie in Auschwitz zu geben? Wie lange sollen wir noch mit Karnickeln experimentieren?", in: ebenda, Bl. 13.

6 Wortprotokoll der Beratung mit dem Politbüro des ZK der KPD. Anlage 1 zum Protokoll 19/59, Sitzung des Politbüros vom 23. 4. 1959, in: ebenda, J IV 2/2/643, Bl. 20.

7 Redemanuskript, 21. 4. 1957, in: ebenda, NL 90/224, Bl. 227.

Westdeutschland und von wem zum geeigneten Zeitpunkt veröffentlicht werden kann ein Schreiben Adenauers aus der Zeit von 1933/34 über seine Unterstützung der nazistischen Bewegung."[8] Die Angelegenheit entwickelte sich zum „Flop". Die Kampagne zur Diffamierung Adenauers als Nazisympathisant blieb mangels Glaubwürdigkeit schon in ihren Anfängen stecken.

Die neuen Ziele der politischen Kampagnen und der Fall Theodor Oberländer

Die teils internen Dokumente, teils offiziellen Verlautbarungen der SED lassen über verschiedene Zwecke an Klarheit nichts zu wünschen übrig. Ein wichtiges Ziel der Kampagnen gegen „Blutrichter", Naziaktivisten im diplomatischen Dienst, Bundeswehr und Parteien bzw. gegen Einzelpersonen in Politik und Wirtschaft u.a.m. sollte es sein, die Adenauer-Regierung zu diskreditieren, politische Krisen auszulösen und die im Verständnis der SED antifaschistischen Kräfte zu sammeln.[9] Hier zeigte sich deutlich das Bestreben der SED, mit „antifaschistischen" Argumenten zur Konstituierung einer Art Volksfront gegen die Regierung Adenauer beizutragen. Insbesondere versuchte man in Ostberlin, die Sozialdemokratie anzusprechen, die zur Herstellung der „Aktionseinheit der deutschen Arbeiterklasse" bewegt werden sollte. Gerade in diesem Zusammenhang konnte in der Öffentlichkeit nicht übersehen werden, daß die SED mit der stärkeren Hinwendung zu „antifaschistischen" Kampagneparolen ab 1960 versuchte, aktiv in die Vorbereitungen der für den Herbst 1961 angesetzten Bundestagswahlen einzugreifen. Immer neuen Aktionen lagen ausführliche politische und organisatorische Kampagnepläne zugrunde.[10] Die Führung der einzelnen thematischen oder personellen Kampagnen, die durch übergeordnete Aufgabenstellungen und Themen (Nazismus und Antisemitismus, faschistische Remilitarisierung und revanchistisch geartete Atombewaffnung der Bundesrepublik, imperialistische und koloniale Ambitionen a la Hitler, Diktatur kriegslüsterner Politiker und friedensgefährdender Monopole) verbunden und mit politischen Forderungen des Ostens, insbesondere denen der UdSSR (Friedensvertrag, Annahme des sowjetischen Sicherheitsmodells, Umwandlung Westberlins in eine „freie Stadt" u.a.m.) gekoppelt wurden, unterlag im einzelnen den Westapparaten von SED und ihrer Bündnispartner. Der Gesamtmechanismus arbeitete faktisch auf drei Ebenen: In der DDR, in der Bundesrepublik und international. Der Trend zur internationalen Ausrichtung der „antifaschistischen" Aktionen nahm nach 1960 zu. Die Westkommission beim Politbüro der SED

---

[8] Beschluß des Politbüros, Protokoll 17/61, 11. 4. 1961, in: ebenda, J IV 2/2/759, Bl. 4.

[9] „Vorschläge zur Verbesserung der Arbeit des Ausschusses für deutsche Einheit", 21. 12. 1960, in: ebenda, IV 2/2028/66, Bl. 52.

[10] Vgl. Vorschläge Ulbrichts, 15. 8. 1960. Vom Politbüro beschlossen am 23. 8. 1960. Anlage 1 zum Protokoll 37/60, in: ebenda, J IV 2/2/717, Bl. 6–9 und Sitzung des Politbüros vom 30. 9. 1960, Anlage 2 zum Protokoll 37/60, in: ebenda, J IV 2/2/718, Bl. 5–9. Vgl. auch Schreiben Nordens an Ulbricht, 11. 7. 1961, in: ebenda, IV 2/2028/3.

orientierte im Januar 1960 auf die argumentative Einbeziehung des westlichen Auslandes in die Polemik gegen restaurative Tendenzen in der Bundesrepublik, um einerseits klarzustellen, daß nur in der DDR das Potsdamer Abkommen und die alliierten antinazistischen Kontrollratsbeschlüsse verwirklicht wurden, andererseits, weil vor allem in den USA „bei weiten Kreisen (...) der Antisemitismus verhaßt ist"[11].

Um innenpolitische, vor allem ökonomische, Konsequenzen des Problems jüdischer Entschädigungen a priori zu verhindern, führte das Politbüro ins Feld, daß die Verbrechen der Nazis nicht mit materiellen Mitteln wiedergutzumachen seien. „Eine solche Haltung wäre im grunde genommen amoralisch." Die DDR könne Wiedergutmachung für Juden nur in der Durchführung des Potsdamer Abkommens und in dem Umstand erblicken, daß alle Nazis entfernt, die Schuldigen bestraft und mit der imperialistischen Politik Schluß gemacht werde.[12] Damit suchte das Politbüro „zwei Fliegen mit einer Klappe" zu schlagen, verweigerte Zahlungen der DDR und wies im gleichen Zuge darauf hin, daß in der Bundesrepublik eine echte Sühne nicht nur ausbliebe, sondern die Schuldigen des Holocaust wieder an der Macht seien.

Bereits in der ersten Großkampagne gegen den Bundesvertriebenenminister Theodor Oberländer (1959/60), der, wie Adenauer feststellte, „braun, sogar tiefbraun" war,[13] kam zum Ausdruck, daß die Vorwürfe gegen den Bonner Politiker, der des tausendfachen Judenmordes in Lwow (30. Juni bis 3. Juli 1941) beschuldigt wurde, geeignet seien, beträchtlich dazu beizutragen, „das Bonner System zu diskreditieren und die Wesensgleichheit seiner Politik mit der des Hitlerfaschismus zu dokumentieren und zu beweisen"[14].

Ein großangelegter Prozeß gegen Oberländer in der DDR sollte den antifaschistischen Charakter und damit die Rechtmäßigkeit der DDR vor allem international vor Augen führen. Hier zielte das Politbüro besonders auf die für den Mai 1960 einberufene Pariser Gipfelkonferenz, um „auch auf diesem Wege das Bonner System zu entlarven" und die DDR als wahren Rechtsstaat darzustellen.[15] So besaßen auch alle folgenden Kampagnen eine erhebliche internationale Dimension. Die DDR rang um ihre völkerrechtliche Anerkennung. So verband sie mit ihren Angriffen gegen die Bundesrepublik immer auch eigene Aufwertungsabsichten. Sie wollte vor allem als souverän gelten. Im Falle Oberländers legte Norden Ende November 1959 dem Politbüro nahe, den sowjetischen Generalstaatsanwalt zu bewegen, seine Zuständigkeit (Lwow lag in der UdSSR)

---

[11] Aktennotiz, Besprechung der Westkommission mit Norden, 9. 1. 1960, in: ebenda, IV 2/1002/8, Bl. 19.

[12] 2. Entwurf eines Schreibens, an die Jewish Nazi Victims Organization of America, undat., in: ebenda, IV 2/2028/76, Bl. 85f. Die Organisation hatte Ulbricht den Vorwurf gemacht, daß allein die DDR Wiedergutmachungen ablehne. Vgl. dazu Schreiben vom 9. 7. 1962, in: ebenda, Bl. 76. Daraufhin beauftragte dieser Norden, Franz Dahlem und einen Mitarbeiter des Komitees der antifaschistischen Widerstandskämpfer der DDR (Georg Spielmann) am 26. 7. 1962, eine Argumentation für das o.g. Schreiben auszuarbeiten. Vgl. ebenda.

[13] Vgl. H.-P. Schwarz, Adenauer. Der Staatsmann: 1952–1967, Stuttgart 1991, S. 117.

[14] Beschluß des Politbüros, Anlage 8 zum Protokoll 11/60, 15. 3. 1960, in: SAPMO-BArch, ZPA, J IV 2/2/692, Bl. 108.

[15] Ebenda, Bl. 106.

an den Generalstaatsanwalt der DDR zu delegieren.[16] Moskau stimmte dem Prozeß, über den „allerhöchst" im Präsidium des ZK der KPdSU entschieden wurde,[17] zu. Die internationale Reaktion auf die Oberländer-Kampagne stimmte das Politbüro zunächst so zuversichtlich, daß Norden vorschlug, „in Verfolg unserer Offensive gegen die aggressive Adenauer-Politik weitere Schläge dieser Art (zu) führen. Ich denke dabei an Leute wie Seebohm (Bundesverkehrsminister – M. L.), Lemmer (Gesamtdeutscher Minister – M. L.), Thedick (Staatssekretär im Bundesministerium für gesamtdeutsche Fragen – M. L.) und andere."[18]

Die SED-Propaganda und der Prozeß gegen Eichmann

Einen neuen Höhepunkt ostdeutscher Kampagnetätigkeit schuf der Eichmannprozeß in Jerusalem (März bis Dezember 1961). In ihn schaltete sich die SED auf verschiedene Art und Weise ein.[19] Internes Hauptziel der Parteiführung war nicht etwa die Aufdeckung der Verbrechen Eichmanns und des Systems, für das der Judenmörder stand, sondern das Bemühen, wie Norden an Ulbricht Ende Mai 1960 übermittelte, „den Fall Eichmann (…) maximal gegen das Bonner Regime zuzuspitzen"[20]. Diese Aufgabe erhielt einen so hohen Stellenwert, daß das Außenministerium der DDR beauftragt wurde, sich im Fall Eichmann mit den Außenministerien der sozialistischen Bündnisstaaten zu konsultieren, Aktionen abzustimmen und zu koordinieren. Die entscheidende Konferenz fand am 19. Juli 1960 in Budapest statt. Sie behandelte vor allem Fragen des taktischen Verhaltens gegenüber Israel, dem abgesprochen wurde, „sich als Vertreter der Juden im allgemeinen zu betrachten." Unter dem Einfluß der DDR-Delegation legte die Konferenz eine politische Richtlinie fest, die ein Angriff „von der Basis der antifaschistischen Front" her in drei Stoßrichtungen gebot: gegen den „westdeutschen Neofaschismus", den Zionismus und den Vatikan. Die SED vertrat im weiteren die Auffassung, daß nicht nur die an Juden begangenen Verbrechen, sondern auch die an „verschiedenen anderen fortschrittlichen Personen, Bewegungen und Patrioten" begangenen Straftaten im Vordergrund stehen müßten.[21] Dies konnte nicht die Aufgabe des konkreten Prozesses sein. Das Begehren der SED zielte offensichtlich weniger auf eine Relativierung der Vernichtung des jüdischen Volkes als auf eine Aufwertung kommunistischen Widerstandes, die für die beschlossenen „abgestuften Propagandaaktionen"[22] von Bedeutung war. So versuchte die SED in Sachen Eich-

---

[16] Vgl. Vorlage Nordens für das Politbüro, 28. 11. 1959, in: ebenda, IV 2/2028/46.
[17] Vgl. Aktennotiz Nordens, 6. 1. 1960, in: ebenda, IV 2/2028/51. Vgl. dazu auch Schreiben Nordens an den Botschafter der UdSSR in der DDR Perwuchin, 22. 3. 1960, in: ebenda.
[18] Schreiben Nordens an Ulbricht, 21. 5. 1960, in: ebenda, IV 2/2028/2.
[19] Vgl. Lemke, Kampagnen gegen Bonn, a.a.O., S. 161–165.
[20] ZK-Hausmitteilung Nordens an Ulbricht, 28. 5. 1960, in: SAPMO-BArch, ZPA, IV 2/2028/2.
[21] „Konsultationsfragen des Außenministeriums der Ungarischen Volksrepublik an die Außenministerien der Sowjetunion, Polens, der ČSSR, der DDR und Rumäniens im Zusammenhang mit der Affäre Eichmann", Anlage 4 zum Protokoll 35/60, Sitzung des Politbüros vom 16. 8. 1960, in: ebenda, J IV 2/2/716, Bl. 26.
[22] Vgl. ebenda, Bl. 30.

mann-Prozeß zwar die „vollkommenste Abgestimmtheit" zwischen den sozialistischen Bruderparteien herzustellen,[23] versuchte aber mit Erfolg, ihre politischen und ideologischen Sonderwünsche durchzusetzen. In einer Stellungnahme zu den Budapester Beschlüssen, die vor allem Fragen des gemeinsamen Verhaltens gegenüber Israel und dem Eichmann-Prozeß regelten, unterstrich das Außenministerium der DDR gegenüber dem Politbüro noch einmal das Ziel, „aus dem Prozeß gegen Eichmann im Kampf gegen den westdeutschen Neofaschismus so viel wie möglich herauszuholen." Man wolle vor allem folgende Fakten und Zusammenhänge nachweisen: „a) die von Eichmann und seinen heute noch im Bonner Staatsapparat tätigen Komplizen (Globke) begangenen Verbrechen, b) wer Eichmann von 1945 bis zu seiner Verhaftung gedeckt hat (u.a. der Vatikan – M. L.), c) daß die Politik, der Eichmann gedient hat, heute in Westdeutschland fortgesetzt wird, d) die Anstrengungen der in Westdeutschland herrschenden Kreise, um die Darlegung des gesamten Komplexes der Judenverfolgung und der Verbrechen des Faschismus zu hintertreiben; das Zusammenspiel zwischen Bonn und Israel dabei."[24] Die Idee einer internationalen Aufwertung der DDR bildete auch hier den politischen Hintergrund. Norden gab Ulbricht zu bedenken, „ob und wie die DDR in die Prozeßvorbereitung eingreifen kann. Es würde zweifellos die internationale Autorität der DDR stärken und auch für die KP Israels sehr nützlich sein, wenn wir öffentlich mit eigenem Material über Eichmann und seine heutigen Komplizen im Bonner Regime auftreten."[25] So war es folgerichtig, daß die DDR, die „noch einige Materialien zum Fall Eichmann" besitze, wie Norden Erich Honecker anvertraute, vorhatte, diese „auf möglichst hoher Ebene" den israelischen Behörden zur Verfügung zu stellen.[26] Im ganzen riet Norden zur Vorsicht: Im Zusammenhang mit dem Eichmann-Prozeß seien auch die Namen der ehemaligen Wehrmachtsgenerale Vincens Müller und Arno von Lenski, die in der DDR hohe staatliche bzw. gesellschaftliche Funktionen bekleideten, genannt worden. Beide hätten Verbindungen zu Eichmann gehabt. Im Falle von Lenskis würde seine Tätigkeit als Beisitzer am nazistischen Volksgerichtshof zur Sprache kommen. „Meines Erachtens dürfen wir es nicht soweit kommen lassen, daß wir in irgendeiner Weise bei dem Eichmann-Prozeß diskreditiert werden", schlußfolgerte Norden.[27] So taktierte die SEDFührung. In keiner Weise in den Verdacht kommend, für den Staat Israel irgendwelche Sympathien zu empfinden, wurde der Holocaust am jüdischen Volk instrumentalisiert. Die moralisch und politisch Schuldigen am millionenfachen Mord – so lautete der Kernsatz der SED auch im folgenden – seien in der Bundesrepublik nicht nur in Amt und Würden, sondern bestimmten auch deren Politik.

[23] Ebenda.
[24] Stellungnahme des Außenministeriums der DDR „zu den vom Außenministerium der Ungarischen Volksrepublik an die Außenminister der Sowjetunion, Polens, der ČSSR, der Deutschen Demokratischen Republik und Rumäniens gerichteten Konsultationsfragen im Zusammenhang mit dem Prozeß Eichmann", in: ebenda, Bl. 31.
[25] ZK-Hausmitteilung Nordens an Ulbricht, 28. 5. 1960, in: ebenda, IV 2/2028/2.
[26] Schreiben Nordens an Honecker, 27. 10. 1960, in: ebenda, IV 2/2028/1.
[27] Schreiben Nordens an Honecker, 1. 12. 1960, in: ebenda.

Die Propagandaoffensive gegen Hans Globke

Der Hauptschuldige war bald ausgemacht: Hans Globke, ehemaliger juristischer Mit-Kommentator der schändlichen Nürnberger Rassegesetze. In der Tat hatte die Berufung des ausgezeichneten Verwaltungsfachmannes Globke in die Funktion des Staatssekretärs im Kanzleramt eine fragwürdige Entscheidung dargestellt. Der Persönlichkeit und dem Wirken Globkes gerecht zu werden, fällt auch heute noch schwer. Schon zu Lebzeiten geriet ihm zum Nachteil, daß jedermann zwar seine Mitarbeit am Kommentar zu den Nürnberger Gesetzen bekannt war; aber weitgehend unbekannt blieb, daß er „den Opfern eben dieser ‚Nürnberger Gesetze' in vielen Einzelfällen mit Rat und Tat geholfen (hat)."[28] Eine differenzierte Meinung zur Rolle von Globke vertreten u. a. Klaus Gotto und der ehemaliger Kollege Globkes im Reichsministerium des Innern und späterer Hauptankläger der USA beim Nürnberger Prozeß, Robert W. Kempner.[29] Adenauer, der Globkes persönliche und fachliche Eigenschaften schätzte, war von Anfang an über die Brisanz einer Anstellung des ehemaligen Zentrumpolitikers im gehobenen Staatsdienst informiert. Bereits im Juni 1948 hatte ihn u. a. der nordrhein-westfälische Ministerpräsident Karl Arnold sowohl auf Globkes „Kommentierung der damaligen Judenerlasse" als auch auf zu erwartende Angriffe bei dessen möglicher Berufung (hier in das Düsseldorfer Innenministerium – M. L.) aufmerksam gemacht.[30] Auch im Fall Globkes galt also die geflügelte Redewendung: Kein Rauch ohne Feuer. Aber galt die im Juli 1960 unter Stabführung Nordens eingeleitete großangelegte propagandistische Offensive wirklich der Person Globkes und seinem herausgestellten Mitkommentar der nazistischen Rassegesetze oder seiner Eigenschaft, als der einfluß-reiche Ratgeber Adenauers eine Symbolfigur für die „Nazis im Amt" abgeben zu können?

Bereits die Broschürenaktion: „Globke und die Ausrottung der Juden" traf – als „Ouvertüre" der Kampagne – einen empfindlichen Bonner Nerv. Der Staatssekretär wurde von der SED eben nicht nur als einer der führenden intellektuellen Täter bezeichnet, die den Massenmord geistig vorbereitet hätten, sondern als typisch für die nazistische Unterwanderung und für die Ausprägung des Charakters der Bundesrepublik. Besonders betroffen machte die Bundesrepublik ein neu aufflammendes internationales Mißtrauen und die Skepsis gegenüber einer deutschen Demokratie, die Naziverbrechen inkonsequent zu verfolgen schien und, wie Ostberlin suggerierte, neuem Antisemitismus Vorschub leistete. Die Globke-Aktion, die sehr bald Dreh- und Angelpunkt weiterer „antifaschistischer" Kampagnen wurde, erhielt durch den Eichmann-Prozeß, der sie auch ausgelöst hatte, seine eigentliche Brisanz. In einer Pressekonferenz im Juli 1960 bezeichnete Norden Globke als den „Eichmann Bonns". Es gehörte zum Szenarium, den Bonner Politiker zum „engsten Vertrauten Himmlers" und als dessen

---

[28] Schwarz, Adenauer, a.a.O., S. 528.
[29] Vgl. zum Problem K. Gotto (Hg.), Der Staatssekretär Adenauers. Persönlichkeit und politisches Wirken Hans Globkes, Stuttgart 1980, hier insbesondere Kempners Beitrag.
[30] Schreiben Arnolds an Adenauer, 9. 6. 1948, in: Stiftung Konrad-Adenauer-Haus, Rhöndorf, Nr. 08.63.

„rechte Hand" hochzustilisieren, ihn der Ausweitung der Vernichtungsgesetze auf Österreich, die ČSR, Polen und alle von den Nazis okkupierten Gebieten und der „perfekten Zusammenarbeit mit Eichmann" zu beschuldigen. So habe Globke Eichmann u.a. die Liquidierungslisten übergeben![31] Alles das war Lüge. Sie hatte schon insofern Methode, als der Nachweis einer Komplizenschaft von Eichmann und Globke erbracht werden mußte, um die Bonner Regierung mit Hilfe des Jerusalemer Prozesses als direkt belastet darstellen zu können. Als der Beweis nicht angetreten werden konnte, dieser aber für die im Frühsommer 1961 anlaufende neue Phase des Eichmann-Prozesses auf Grund der vollmundigen Anschuldigungen der SED dringend notwendig wurde, notierte sich Norden für ein weiteres Gespräch mit Ulbricht: „Kaul (Prozeßbeobachter und Verbindungsmann der SED nach Israel – M. L.) sprach mit Genossen Gotsche (engster Vertrauter Ulbrichts, Sekretär des DDR-Staatsrates –M. L.) bereits darüber, daß in Zusammenarbeit mit Mielke (Staatssicherheitsminister – M. L.) bestimmte Materialien besorgt bzw. hergestellt werden sollten. Wir brauchen unbedingt ein Dokument, das in irgendeiner Form die direkte Zusammenarbeit Eichmanns mit Globke beweist. Kaul informierte uns, daß Gen. Ulbricht damit einverstanden sei und eine entsprechende Weisung an Gen. Mielke geben wollte."[32]

Inzwischen mahlten die DDR-Propagandamühlen auf Hochtouren. Der geschickte Psychologe Norden organisierte eine Reihe aufwendiger Pressekonferenzen, Foren und Beratungen. Der Plan einer großen an Globke festgemachten antiwestdeutschen Ausstellung („Aller Welt Feind") wurde aus Kostengründen aufgegeben, aber ein „Globke-Film" („Aktion J") in Auftrag gegeben. Sein Regisseur äußerte den Gedanken, Globke „in seiner schwarzen – SS-ähnlichen Uniform (...) in ganz Europa auftauchen (zu lassen). Alle Aktionen zur Ausrottung der Juden in Europa werden aufgeführt. Hier müssen nun Globke und Eichmann zusammengebracht werden (...). Es muß für die Zuschauer einfach zur zwingenden Logik werden, daß beide zusammengearbeitet haben."[33] „Mach wirklich schnell", wies Norden den Regisseur an, „sonst passiert es, daß Globke eher stürzt als Dein Film zur Aufführung kommt, und dann würde er seinen Hauptzweck (...) verfehlen."[34] Das geriet zu einer Hauptsorge der SED-Führung. Der Name Globke, merkte ein Vertrauter Nordens an, verschwinde zwar nicht mehr aus der westdeutschen und internationalen Presse. Es müsse aber „rechtzeitig dokumentiert werden, daß, wenn er stürzt, er durch die DDR stürzt, gegen Adenauer."[35] Indes verkalkulierten sich die Initiatoren der Kampagne. Es zeigte sich zum einen Beweisnot, zum anderen eine bei allen Anfangserfolgen letztlich ungenügende deutsche und internationale Reaktion. Norden überlegte u.a., wie in der Bundesrepublik „von gewissen Sozialdemokraten" parlamentarische Anfra-

---

[31] Vgl. ND v. 29. 7. 1960.
[32] Notiz von Norden „Zur Besprechung mit Gen. Ulbricht", undat., wahrscheinlich Juni/Juli 1961, in: SAPMO-BArch, ZPA, IV 2/2028/3.
[33] Schreiben Heynowskis an Norden: „Gedanken zu einem Film über Globke", 31. 10. 1960, in: ebenda, IV 2/2028/9, Bl. 76.
[34] Schreiben Nordens an Heynowski, 18. 1. 1961, in: ebenda, Bl. 86.
[35] Bericht der Westkommission (Rehahn) an Norden, undat., in: ebenda, IV 2/2028/21.

gen eingebracht werden könnten,[36] und er betonte den Nutzen von internationalen Protestaktionen: „Einflußreiche jüdische Organisationen, Vertreter der Hinterbliebenen der Hitleropfer" könnten in Bonn direkt vorstellig werden und insbesondere von den Regierungen der NATO-Mächte verlangen, „daß sie sich nicht länger ihre Deutschland-Politik von einer Regierung vorschreiben lassen, in der faschistische Massenverbrecher sitzen."[37] Es war nicht verwunderlich, daß die SED mit ihren antifaschistisch drapierten Anti-Globke-Argumenten auf Bündnispartner im Westen, vor allem in den Parlamenten Englands, Indiens und Israels hoffte und auch auf die Möglichkeit setzte, „französische und italienische Genossen zu entsprechenden Aktionen zu veranlassen."[38]

Ein internationaler Angriff auf die als revanchistisch und neonazistisch verteufelten Verhältnisse in der Bundesrepublik setzte jedoch zunächst die aktive Beteiligung der östlichen Verbündeten, einen „antifaschistischen Schulterschluß" gegen Bonn und Globke, voraus. Dazu drängte die SED vor allem, weil hier tatsächlich ein Beitrag zur „Einheit und Geschlossenheit" des sozialistischen Lagers geleistet werden konnte, der um so unproblematischer schien, als das in Osteuropa vorhandene Mißtrauen Bonn gegenüber wach geblieben war. Sowjetische Parteiideologen, Funktionäre und Historiker sagten wie bei der „gemeinsamen Oberländer-Schlacht" aktive Hilfe zu.[39] Auch die ČSSR und Polen versprachen und leisteten wirksame Unterstützung.[40] Nur Rumänien begann sich den SED-Wünschen zu sperren. Bei Verhandlungen brachten Vertreter des rumänischen Außenministeriums, die natürlich wußten, daß die westdeutschen Verhältnisse getroffen werden sollten, zum Ausdruck, daß Rumänien es ablehne, Globke angeblich belastendes Filmmaterial an die DDR auszuhändigen.[41] Dies verärgerte das Politbüro um so mehr, als die Bukarester Haltung ein Anzeichen dafür war, daß die wirtschaftlichen Offerten der Bundesregierung an die rumänische Führung politische Ergebnisse zu zeitigen begannen.

---

36 Schreiben Nordens an Paula Acker (Agitationskommission des ZK), 12. 8. 1960, in: ebenda, IV 2/2028/36.
37 Interview Nordens durch die Warschauer jüdische Zeitung „Folkssztimme", Dezember 1961, in: ebenda, NL 217/52, Bl. 44. Das Interview wurde gleichzeitig in fünf jüdischen Zeitschriften in Argentinien, den USA, Israel und Kanada abgedruckt.
38 Schreiben Nordens an P. Florin (Abteilung Internationale Verbindungen des ZK), 12. 8. 1960, in: ebenda, IV 2/2028/39.
39 Schreiben Besymenskys („Neue Zeit", Moskau) an Norden, 12. 10. 1960, in: ebenda, IV 2/2028/51.
40 In der Sache „Blutrichter" schien es Norden, wie er in Würdigung der Unterstützung durch die ČSSR ausführte, „daß es sich hier um ein durchaus neuartiges Musterbeispiel dafür handelt, wie durch sorgfältige Vorbereitung und gleichzeitiges koordiniertes Zuschlagen in den verschiedenen Hauptstädten Europas ein Maximum an Wirkung erreicht wird." Schreiben Nordens an den Botschafter der ČSSR in der DDR Klicka, 11. 3. 1960, in: ebenda, IV 2/2028/51. Vgl. auch Schreiben A. Deters (Sekretär des Ausschusses für deutsche Einheit) an Norden, 26. 1. 1961, in: ebenda, IV 2/2028/66, Bl. 77 und den Bericht aus Warschau an das DDR-Außenministerium, 10. 6. 1961, in: ebenda, IV 2/20/185 sowie das Schreiben Nordens an Lamberz und die Mitglieder der Westkommission Geggel und Rehahn, 11. 5. 1963, in: ebenda, IV 2/2020/5.
41 Für Ulbricht und Axen zur Kenntnisnahme: Schreiben Nordens an P. Florin, 1. 3. 1962, in: ebenda, IV 2/2028/39.

Daß es dem SED-Politbüro eigentlich nicht um Globke, sondern um die politische Diffamierung der Bundesrepublik ging, erfuhr auch die Führung der israelischen KP. Hatte sie zunächst im Glauben an ein echtes antifaschistisches Engagement der SED gegen Bonn und Globke gerichtetes Material in Israel veröffentlicht, so weigerte sie sich nun, in der DDR produzierte in englisch abgefaßte Propagandaschriften von Israel aus gegen Bezahlung in westliche Länder zu verschicken. Der israelische KP-Funktionär Meir Vilner lehnte es ab, seine Partei zum Werkzeug der SED machen zu lassen und „die ganze Sache auf ein finanzielles Gleis zu schieben": Israel sei doch kein „Postamt" der DDR.[42] Gutmeinende polnische kommunistische Parteifunktionäre rieten der SED-Führung auch ab, zur Eskalierung der Globke-Kampagne jüdische Kreise in Belgien, Frankreich und Holland anzusprechen, „weil diese mehr oder weniger ‚Wiedergutmachungsleistungen' aus Westdeutschland erhalten (haben) und sich daher an einer solchen Aktion nicht engagieren möchten." Gleichzeitig bot man der SED aber an, über persönliche Kontakte einige Labour-Abgeordnete wie Silvermann und Ziliacus, unter Umständen auch eine Gruppe linkszionistischer Ghetto-Kämpfer, zu veranlassen, „die Globke-Kampagne in Großbritannien zu forcieren."[43]

Im Januar und Februar 1962 verstärkte die SED ihre Auslandsoffensive noch einmal. In deren Folge versuchte z.B. in Italien eine Gruppe italienischer sozialistischer und kommunistischer Parlamentsabgeordneter bei Ministerpräsident Fanfani die Aberkennung eines Globke 1959 verliehenen Ordens zu erreichen.[44] Eine Reihe von Persönlichkeiten der DDR, unter ihnen Arnold Zweig, Anna Seghers und Jürgen Kuczynski, richteten im Auftrag der SED an amerikanische Tageszeitungen Leserzuschriften gegen Globke[45] u.a.m. In der zweiten Hälfte des Jahres 1962 nahm das internationale Interesse an der Globke-Kampagne – dies gilt auch für die sozialistischen Staaten – in der Tendenz ab.[46] Die Führung der SED mußte sich, um das Thema „am Kochen" zu halten, etwas einfallen lassen.

Die Idee eines Strafrechts-Prozesses gegen den Staatssekretär als „Fortsetzung des Eichmann-Prozesses" entstand offensichtlich zu Beginn des Jahres 1963 als Kopfgeburt Nordens, da die Zeit drängte.[47] Anläßlich einer neuen, für Ende März geplanten Pressekonferenz, die „Unruhe und Differenzierung in den westdeutschen Parteien verstärken und zweifellos auch zur weiteren Isolierung des Adenauer-Regimes beitragen [werde]", stellte Norden Ulbricht Anfang März 1963 die rhetorische Frage, was für einen Prozeß spreche, und beantwortete sie sodann wie folgt: „Erstens, daß wir in jedem Fall dadurch einen neuen Höhepunkt in der Kampagne gegen Globke erreichen,

---

[42] „Aktennotiz (vom 31. 1. 1963) über zwei Aussprachen mit dem Gen. Meir Vilner und einem Gen. der Parteikontroll-Kommission der KP Israels" am 26. und 28. 1. 1962, in: ebenda, IV A 2/2028/138.

[43] „Protokoll einer Beratung mit dem Gen. Barszewski", 1. 2. 1963, in: ebenda, IV A 2/2028/9.

[44] Bericht: „Zur Verstärkung der internationalen Kampagne gegen Globke ist folgendes erfolgt", 18. 2. 1963, in: ebenda.

[45] Ebenda.

[46] Vgl. u.a. Telegramm der Warschauer Botschaft der DDR an die Presseabteilung des DDR-Außenministeriums, 22. 12. 1962, in: ebenda, IV A2/2028/39.

[47] Vgl. Sitzung des Politbüros vom 19. 3. 1963, Anlage 6 zum Protokoll 7/63, in: ebenda, J IV 2/2/871, Bl. 47. Vgl. auch Material der Agitationskommission, in: ebenda, IV A2/902/112.

und zweitens, daß, wenn der zurücktritt, dann dies noch mehr auf das Konto der DDR geht und unseren Einfluß auf die westdeutschen Verhältnisse abermals (...) unterstreicht."[48] Die SED konzipierte das Verfahren als einen „Weltprozeß gegen das ganze Bonner Regime unter breitester Anteilnahme der internationalen Öffentlichkeit". Eine Vorbereitungskonferenz unter Teilnahme von Vertretern der verschiedenen Staats- und Parteiinstitutionen, der Staatsanwaltschaft und der Medien der DDR gab, nachdem ein Ermittlungsverfahren gegen Globke am 3. 4. 1963 eröffnet worden war, die „Argumentation" heraus: „Indem die DDR dafür sorgt, daß Globkes Verbrechen strafrechtlich untersucht werden, macht sie sich nicht nur zum Anwalt und Sprecher der ganzen Nation, sondern aller Völker."[49] Den eigentlichen Sinn und Zweck der spektakulären Aktion hatte Norden bereits Anfang April 1963 in Schreiben an den Generalstaatsanwalt der DDR, an die Westkommission und die Agitationskommission (Werner Lamberz – M. L.) wohl am bündigsten zusammengefaßt: Das „Wichtigste" sei die „politische Prozeßvorbereitung". Dabei sollte, so Norden, als Ziel gestellt werden, den Globke-Prozeß unbedingt auf einer politisch höheren Stufe als den Oberländer-Prozeß zu führen. „Das Verfahren muß so angelegt werden, daß eine Generalabrech-nung (Unterstreichungen im Originaltext – M. L.) mit der Bonner Bundesregierung und ihrer Politik herauskommt." Er präzisierte: Das Ganze müsse „ein Weltprozeß gegen das Bonner Unrechtssystem, ein Weltforum der Anklage gegen Bonn (werden)". Schließlich müsse mit dem Prozeß klar werden, daß die DDR ihrer nationalen Verantwortung gerecht wird, und auch dieses Verfahren zeigt, „daß und warum der DDR die Zukunft gehört."[50] Die Agitationskommission stellte entsprechende Politbüroanweisungen zu den Parteigliederungen und Staatsorganen mit einer folgerichtigen Argumentation durch: Der Prozeß werde eben auf einem Territorium geführt, „wo das Potsdamer Abkommen konsequent verwirklicht wurde."[51]

Nun begann eine der aufwendigsten Propagandaaktionen seit Gründung der DDR; sie wurde akribisch vorbereitet, jeder Fehler zu vermeiden gesucht, heikle Themen blieben ausgespart.[52] Ulbricht schaltete sich ein, gab Hinweise.[53] „Massenpolitisches" Ziel der Kampagne blieb es, „eine starke und nicht zu überhörende Bewegung zum sofortigen Rücktritt des Bonner Staatssekretärs (zu entfachen)".[54] Das Kardinalproblem des Prozesses sah Norden in der ausländischen Beteiligung.[55] Auch hielt sich die

---

[48] ZK-Hausmitteilung Nordens an Ulbricht, 11. 3. 1963, in: ebenda, IV A2/2028/9.
[49] Bericht der Westkommission (Geggel), 17. 5. 1963, in: ebenda.
[50] Schreiben Nordens an Streit, Rehahn und Lamberz, 5. 4. 1963, in: ebenda, IV A 2/2028/119.
[51] Agitationskommission, Argumentationshinweise Nr. 78, 9. 7. 1963, in: ebenda, IV A 2/902/112.
[52] Vgl. Schreiben der Westkommission (Rehahn) an Norden, 27. 5. 1963, in: ebenda, IV A 2/2028/9.
[53] Vgl. ebenda.
[54] Agitationskommission, Argumentationshinweise Nr. 86, 23. 7. 1963, in: ebenda, IV A2/ 902/112.
[55] Norden orientierte vor allem auf die Gewinnung von Beobachtern, Sachverständigen und Zeugen aus NATO- und blockfreien Staaten. Hier müßten „noch alle Hebel angesetzt werden." Es sollten auch Jugoslawien und polnische und jüdische Organisationen als Nebenkläger zugelassen werden, legte er dem Politbüro nahe. Schreiben Nordens an das Politbüro, 14. 6. 1963, in: ebenda, IV A 2/2028/9.

westdeutsche Presse weitgehend zurück. Die Mehrzahl der angesprochenen Blätter grenze „zwischen den Taten Globkes und dem Charakter des Bonner Staates noch stark ab", berichteten Nordens Vertrauensmänner.[56] Dennoch registrierte die SED mit Genugtuung – wie die Westkommission des ZK Erich Honecker mitteilte –, daß verschiedene führende Zeitungen Artikel über den Globke-Prozeß brachten, daß eine Reihe von bundesdeutschen Presseleuten in dieser Sache mit der DDR zusammenarbeitete oder – wie man im ZK hoffte – dies über die „Affäre Globke" hinausgehend perspektivisch tun würde.[57] Diese Hoffnung erfüllte sich weitgehend nicht.

„KZ-Baumeister" Heinrich Lübke

Auch die letzte, unter „antifaschistischen" Vorzeichen gegen den als „KZ-Baumeister" apostrophierten Bundespräsidenten Heinrich Lübke geführte Großkampagne personeller Art – sie bildete 1965/66 eine Art „nachhinkenden" Höhepunkt der Kampagnewelle der Jahre 1960 bis 1965 – erbrachte weder die erwartete Resonanz der westdeutschen Presse noch gar eine weitgehende Zusammenarbeit mit ihren wirklich einflußreichen Vertretern. Sie verlangten Beweise dafür, daß Lübke, der von ihnen als „kleines Licht" gesehen wurde, tatsächlich eine „Schlüsselfigur bei der Planung und Durchführung der geheimsten kriegswichtigen Rüstungsvorhaben der faschistischen Führung" gewesen sei, dabei maßgeblich den massenweisen Einsatz von KZ-Häftlingen „unter den unmenschlichsten Bedingungen organisiert (habe)" und tatsächlich Kriegsverbrechen und des „Mordes an Angehörigen fremder Staaten" schuldig sei.[58] Westliche Publizisten forderten aussagekräftiges Belastungsmaterial. Norden versuchte, vor allem die Echtheit der Unterschriften Lübkes unter Bauskizzen in einer sensationell aufgemachten Aktion zu belegen. „In dieser Sache muß etwas Spektakuläres geschehen", teilte er dem Leiter der Agitationskommission mit.[59] Den Vorwurf Lübkes und der Bundesregierung, die SED arbeite mit gefälschtem Material, wiesen die Führer der Aktion mit Strafanzeigen wegen Beleidigung zurück. Die SED-Führung sah mit den Anzeigen eine zusätzliche „eminente politische Wirkung" entstehen.[60] Ob im Fall Lübke Material manipuliert wurde, bleibt zweifelhaft. Daß es in jedem Fall „dünn" war, zeigt, daß die Generalstaatsanwaltschaft der DDR, „die mit dem MfS zusammenarbeitet", wie es hieß, Bedenken gegen die Einleitung eines Ermittlungsverfahrens gegen Lübke äußerte.[61] Die Westkommission unter der Leitung Nordens und Ulbrichts außenpolitischer Berater Gerhard Kegel waren anderer Auffassung. Sie kritisierten, daß die Lübke-Kampagne „von unseren Zeitungen viel zu schwach und inkonsequent geführt

---

[56] Ebenda.
[57] Vgl. Anlage zum Schreiben der Westkommission an Honecker, 20. 8. 1963, in: ebenda, IV A2/2028/34.
[58] Manuskript der Rede Nordens im Nationalrat der Nationalen Front, 24. 1. 1965, in: ebenda, NL 217/62, Bl. 15, 25.
[59] Schreiben Nordens an Lamberz, 1. 2. 1966, in: ebenda, IV A2/2028/8.
[60] ZK-Hausmitteilung (Max) Schmidts an Norden, 5. 8. 1966, in: ebenda.
[61] ZK-Hausmitteilung Rehahns an Norden, 20. 10. 1965, in: ebenda.

(werde)", lobten aber die „große Initiative" der Genossen der Presseabteilung des MfS.[62] Norden übermittelte Ulbricht, daß es eben notwendig sei, das vorliegende belastende Material so zu „enthüllen", daß dabei „wirklich Weltaufmerksamkeit erregt (werde)"[63] Wie sich bereits bei den vorangegangenen Kampagnen angedeutet hatte, lag hier ein wichtiges Problem. Die meisten der im Westen Angesprochenen erkannten sehr wohl die diffamierende Absicht der SED, durchschauten, daß mit ihrem Oberhaupt die Bundesrepublik getroffen werden sollte. Die vom Presseamt beim Ministerrat der DDR mit westdeutschen Journalisten geführten internen Gespräche, die zunächst hoffnungsvoll schienen, verliefen offensichtlich nicht mit dem gewünschten Erfolg. Eine Reihe von Journalisten und Politikern im westlichen Ausland hielt sich offenbar auch deshalb zurück, weil sie politische Sanktionen von Bonner Seite befürchtete. Es sei trotz verschiedener Bemühungen und vielversprechender Ansätze „keine durchschlagende Aktion (erfolgt), die dazu angetan wäre, die Angelegenheit Lübke in der großen internationalen Presse in das Spiel zu bringen"[64], berichtete die ZK-Arbeitsgruppe Auslandsinformation im Juni 1966. Koordinierte Schritte vor allem in Indien, Nepal, Burma, Kambodscha, Afghanistan, z.T. mit sowjetischer Hilfe unternommen,[65] scheiterten, und auch die SED-Aktivitäten in Italien, Frankreich und Griechenland[66] fanden wenig öffentliche Resonanz. So entstand bei den an der Lübke-Kampagne beteiligten Gremien der DDR (u.a. Nationalrat, Liga für Völkerfreundschaft, Presse und Nachrichtendienst ADN) eine „Stimmung, nur Schwierigkeiten und keine Möglichkeiten zu sehen"[67], klagte die Arbeitsgruppe. Neue Maßnahmepläne und neue Aktionen wiesen darauf hin, daß es der SED auch in diesem Fall weniger um das Verhalten von Personen in der NS-Zeit als um die Diffamierung der Bundesrepublik als faschistisch und friedensgefährdend ging. „Anti-Lübke-Komitees" in Italien, Dänemark und Norwegen, Postkarten-, Brief- und andere propagandistische Aktionen[68], initiierte und angeordnete Proteste, Pressekonferenzen, Foren und immer neue Angriffe der DDR-Medien vermochten die gewünschte Assoziation von Nazismus und Bundesrepublik außerhalb der DDR nicht in dem vom Politbüro gewünschten Umfang herzustellen.

---

[62] ZK-Hausmitteilung Rehahns an Norden, 30. 4. 1965, in: ebenda.
[63] ZK-Hausmitteilung Nordens an Ulbricht, 11. 1. 1965, in: ebenda.
[64] Streng vertraulicher Bericht H. von Bergs: „Gespräche mit westdeutschen Journalisten in der Zeit vom 3. 2. bis 7. 2. 1966 über unsere Enthüllungen zum Fall Globke", 9. 2. 1966, in: ebenda und ZK-Hausmitteilung der Arbeitsgruppe Auslandsinformation an Norden, 6. 6. 1966, in: ebenda.
[65] Vgl. Schreiben Nordens an Ulbricht, 3. 3. 1967, in: ebenda.
[66] Vgl. ZK-Hausmitteilung der Arbeitsgruppe Auslandsinformation an Norden, 6. 6. 1966, in: ebenda.
[67] Ebenda.
[68] Vgl. ZK-Hausmitteilung der Arbeitsgruppe Auslandsinformation an Norden, 16. 2. 1966, in: ebenda.

Die politischen Mechanismen der „antifaschistischen" Kampagnepolitik der SED

Eine ganze Anzahl von „antifaschistischen" Kampagnen der SED insbesondere in den sechziger Jahren richtete sich gegen bestimmte Gruppen angeblich oder tatsächlich belasteter ehemaliger Nazis in unterschiedlichen gesellschaftlichen Bereichen der Bundesrepublik. Die verschiedenen Aktionen gingen offensichtlich von der Überlegung aus, daß man, um den „Nazismus" der Bundesrepublik als Gesamterscheinung charakterisieren zu können, die Durchdringung aller wichtigen Bereiche mit Belasteten nachweisen müsse. Ein Papier der Westkommission vom Frühjahr 1960 zählte insgesamt 8250 Personen, davon 1200 „Blutrichter" im Justizwesen, 2100 Hitler-Offiziere, 600 ehemalige Polizei- und Gestapo-Führer im Bonner Innenministerium, 120 „Ribbentrop"-Diplomaten im Auswärtigen Amt, 230 „Wehrwirtschaftsführer Hitlers" in leitenden Stellen der westdeutschen Wirtschaft, 500 „berüchtigte Faschisten" an den Spitzen von „revanchistischen und militaristischen" Verbänden, 500 „Nazi-Ideologen" in führenden Positionen des Bildungswesens, 3000 „aktive Faschisten" in Schlüsselstellungen westdeutscher Ministerien auf.[69]

Nicht selten beschloß das Politbüro zunächst auf einer ganz allgemeinen Ebene „eine große nationale Kampagne gegen die unmenschlichen, faschistischen und antihumanistischen Zustände in Westdeutschland zu führen." Die Basis bildete die globale Anweisung, „alte faschistische Kriegsverbrecher", die in der Bundesrepublik als „Staat der Unmenschlichkeit" wieder entscheidende Funktionen ausübten, zu entlarven und die Bundesrepublik als „Unrechtsstaat" glaubhaft zu machen.[70] Die Methoden waren differenziert, zeichneten sich aber im ganzen – vor allem, wenn es um die deutsche Öffentlichkeit ging – durch demagogische Unterstellungen und primitive Vereinfachungen aus. „Wer die SS legalisiert, wer die mündliche und schriftliche Propaganda der Himmler-Gesellen schützt, wer die Oberländer, Globke und Konsorten in die Staatsspitze eingliedert, der ist für die antisemitischen Exzesse des Faschismus in der Bundesrepublik voll und ganz verantwortlich", referierte Norden z.B. im Frühjahr 1960. Er nannte die „Hauptschuldigen": Adenauer, Franz-Josef Strauß und Bundesinnenminister Gerhard Schröder.[71]

Konkrete Maßnahmepläne präzisierten die Einzelschritte. Sie benannten die aktuellen Gegenstände und Ziele einer „antifaschistischen" Kampagne. Dabei war – wie schon eingangs angedeutet wurde – zu beobachten, daß diese mit aktuellen politischen Erfordernissen verbunden wurde. Als z.B. die internationale diplomatische Auseinandersetzung um den Abschluß eines Friedensvertrages im 2. Halbjahr 1961 einen Höhepunkt erreichte, eskalierte die SED „die Aufklärung über die Tätigkeit der Nazi-Diplomaten im (Bonner) Auswärtigen Amt und auswärtigen Dienst."[72] Jetzt ging man

[69] Vgl. Papier der Westkommission, undat., offensichtlich März 1960, in: ebenda, IV 2/2028/21.
[70] „Maßnahmeplan zur Entlarvung und Bekämpfung des Bonner Unrechtsstaates", 1. 10. 1963, in: ebenda, IV A2/2028/5.
[71] Referat Nordens im „Berliner Ensemble", 14. 1. 1960, in: ebenda, NL 217/47, Bl. 63.
[72] Schreiben O. Winzers an Ulbricht, 1. 12. 1961, in: ebenda, NL 182/1305, Bl. 4.

in Ostberlin auch daran, Botschafter der Bundesrepublik im Ausland gezielt zu diskreditieren.[73] Der aktuelle Bezug gestaltete sich für die Bundesregierung besonders bei
der parallel verlaufenden Kampagne der DDR gegen die westdeutschen „Blutrichter"
unangenehm. Die in der Tat skandalöse Beschäftigung nazistisch belasteter Richter im
Justizdienst der Bundesrepublik geriet Bonn zur Affäre, als im Bundestag und anderen
politischen Gremien über eine Verjährung von NS-Verbrechen konträr diskutiert
wurde. Sie zu verhindern, war ein Anliegen auch der SED, für die die westdeutsche
Auseinandersetzung freilich gerade recht kam, um sie für neue antiwestdeutsche
Aktionen auszunutzen und in westdeutsche Verhältnisse einzugreifen. Das Politbüro
wußte sich eins mit der Weltöffentlichkeit, wenn es in Sachen „Blutrichter" und
Verjährung Schreiben an die UNO, Noten an die Mächte der ehemaligen Antihitlerkoalition und an internationale Organisationen richtete.[74] Die Angelegenheit wurde
um so gewichtiger, als auch an Aufklärung von Naziverbrechern interessierte westdeutsche Justizorgane die DDR um Beweismaterial ersuchten.[75]

Aber gerade hier schien es zu „hapern". Den lautstarken Beschuldigungen des
Ausschusses für deutsche Einheit folgten keineswegs immer entsprechende justiziable
Belege. „Wir dürfen der feindlichen Propaganda keineswegs die Möglichkeit einer
solchen Argumentation geben, unsere Organe seien nicht in der Lage, das angebotene
Beweismaterial vorzulegen",[76] mahnte die ZK-Abteilung Staats- und Rechtsfragen
bereits im Januar 1969 bei Norden kritisch an. Schwierigkeiten der Zusammenarbeit
zwischen Generalstaatsanwaltschaft der DDR und dem Ausschuß traten auf, als dieser
nicht gewährleistete, daß die nötigen Unterlagen auch „griffbereit" vorlagen.[77]

Dies mochte sich auch deshalb schwierig gestalten, weil verschiedene Dokumente
unter konspirativen Bedingungen beschafft wurden und das MfS – sichtbar seit Beginn
der sechziger Jahre – dabei die Feder führte. Die Staatssicherheit recherchierte über
ihre „Drähte" nicht nur gegen Diplomaten[78] und verschiedene Politiker, sondern
erhielt auch den Auftrag, die Vergangenheit anderer Repräsentanten der Bundesrepublik, u.a. Hermann-Josef Abs[79], so auf „Kriegsverbrechen" abzuklopfen, daß man
Erkenntnisse gegebenenfalls aktuell-taktisch verwenden konnte. So ging ein mögliches
ursprüngliches Anliegen, die Schuld ehemaliger in der Bundesrepublik auf verschiedenen Ebenen tätiger Nazis nachzuweisen, noch weiter zugunsten politischen Kalküls
verloren. Kampagnen begannen in verschiedenen Fällen erst dann, wenn bereits lange
intern als schuldig qualifizierte Persönlichkeiten – wie im Falle des designierten neuen
Botschafters in Indien – in ihr neues Amt gelangten. Er habe angewiesen, schrieb

---

[73] Schreiben P. Ackers an die Westkommission, undat., offensichtlich Juni/Juli 1961, in: ebenda,
      IV 2/2028/36.
[74] Vgl. Sitzung des Politbüros vom 22. 3. 1960, Anlage 7 zum Protokoll 12/60, in: ebenda, J IV
      2/2/693, Bl. 86f.
[75] Vgl. ebenda.
76 ZK-Hausmitteilung der Abteilung Staats- und Rechtsfragen an Norden, 14. 1. 1960, in: ebenda,
      IV 2/2028/46.
[77] Ebenda.
[78] Vgl. Schreiben Mielkes an Norden, 7. 3. 1961, in: ebenda, IV 2/2028/54, Bl. 170.
[79] Vgl. Schreiben Nordens an Mielke, 21. 1. 1971, in: ebenda, IV A 2/2028/118.

Norden im Herbst 1969 an Mielke, daß die Medien der DDR bis dahin (dem Amtsantritt – M. L.) Stillschweigen zu bewahren hätten. „Wenn aber die Ernennung offiziell erfolgt ist, dann müssen wir mit allen Mitteln losschlagen (...). Das wird zugleich ein recht wirksamer Schlag gegen die Rechtsgruppe der indischen Kongreßpartei sein, die jetzt auf den Bonner Kurs eingeschworen ist",[80] freute sich Norden.

Die Tendenz zu einem im wesentlichen prinzipienlosen, mit Antifaschismus kaum zu vereinbarenden politischen Taktieren, verdeutlichte sich auch durch das Ansteigen gezielter Falschmeldungen und „Bluffs". Anläßlich eines Angriffs auf die Führung der Westberliner Bereitschaftspolizei, die „Provokationen gegen die Staatsgrenze" für schuldig befunden wurde, kam die Absicht der Kampagne-Spezialisten zum Ausdruck, leitende Beamte im Westen zu verunsichern. „Angefangen wird mit dem (nazistischer Verbrechen beschuldigten – M. L.) Kommandeur der Westberliner Bereitschaftspolizei", befand die Parteiführung, „wobei wir durchblicken lassen, daß wir uns systematisch einen Nazi nach dem anderen im Westberliner Polizeiapparat vornehmen werden." Es ging in einem größeren Zusammenhang darum, „die Nervosität unter den Bonner und Westberliner Ultras zu steigern."[81] Hier schimmerte ein tagespolitisch angewandtes Prinzip des selektiven bzw. auf die eigenen Machtinteressen reduzierten Antifaschismus der SED-Führung durch: Als Nazi in der Bundesrepublik wird nur angegriffen, wer als Feind der Verhältnisse in der DDR erkannt worden ist. Die Praxis zeigte, daß ehemalige Anhänger des Nationalsozialismus in beiden deutschen Staaten, sobald sie sich ruhig verhielten bzw. für die ostdeutsche Politik eintraten, von der SED-Kritik unbehelligt blieben bzw. – traten sie für den „nationalen" Kurs Ostberlins ein – unterstützt wurden.

Der Verschleiß „antifaschistischer" Aktionen und ihre Wirkungen in der Bundesrepublik

Schon insofern stellten alle, des öfteren parallel zueinander ablaufenden Kampagnen, u.a. gegen Adenauers Regierungssprecher Felix von Eckardt und Minister Lemmer („Nazischmierfinken"), gegen Strauß und Willi Brandt („haben sich mit der SS verbündet"), gegen Bundeswehroffiziere, Diplomaten und Juristen echten Antinazismus in Frage. Umfangreiche Materialsammlungen, u.a. gegen den neuen Regierungssprecher Karl-Günter von Hase, trugen immer mehr die Züge des Vorbeugenden und von Reserve. Man sammelte „Beweise", damit „zum gegebenen Zeitpunkt", wie es hieß, gegen mißliebig Werdende, „das Feuer eröffnet werden kann".[82] Im Politbüro kursierten Blanco-Vordrucke für Pressekonferenzen pauschal zur „Entlarvung des revanchistischen

---

80 Schreiben Nordens an Mielke, 25. 11. 1969, in: ebenda.
81 Sitzung des Politbüros vom 21. 7. 1962, Anlage 7 zum Protokoll 34/62, in: ebenda, J IV 2/2/841, Bl. 101f.
82 Vorschläge der Westkommission der Nationalen Front für das Politbüro (z.H. Norden), 30. 7. 1962, in: ebenda, IV 2/2028/62, Bl. 113.

Systems in Westdeutschland", in denen der anzugreifende „Bonner Staatsfunktionär"
schon nicht mehr als Person aufgeführt, sondern namentlich – von Fall zu Fall – erst
nachgetragen werden mußte.[83] So griffen auch Formalisierung und Bürokratisierung
weiter um sich. Diesen Umstand, der zur Ineffizienz der Kampagnen beitrug, bemerk-
ten auch deren Initiatoren.

Insbesondere der halb konspirativ arbeitende Ausschuß für Deutsche Einheit –
operative Achse der SED-Kampagnenpolitik – geriet in die interne Kritik. Kader- und
Leitungsschwächen wurden herausgestellt und insbesondere die „Neigung des Genossen (Adolf) Deter (Sekretär des Ausschusses -M. L.) zu einer „wenig kollektiven,
starren, routinemäßigen Arbeitsweise" angegriffen. Insgesamt verliefen die meisten
Aktionen für die Parteiführung zunehmend unbefriedigend. „Die begonnenen Kampagnen werden nicht aus eigener Initiative ideenreich weitergeführt, um sie zum Ausgangspunkt einer konstruktiven Politik zu machen, die große Teile der westdeutschen
Bevölkerung für uns gewinnt",[84] klagte Arne Rehahn, einer der führenden Köpfe der
Westkommission dem Politbüro. Offensichtlich waren eine Reihe der an den Kampagnen Beteiligten bald wenig motiviert. Zum einen fiel es, wenn man die Hintergründe
und Mechanismen einer nach „antifaschistischem" Muster a la Politbürovorstellungen
vorgehenden Kampagnepolitik kannte, schwer, an das zu glauben, was die Parteiobrigkeit in antifaschistischer Pose öffentlich vorgab. Zum anderen ermüdeten die sich
ständig wiederholenden Kampagnen, führten schon deshalb zu moralischem Ver-
schleiß, weil alles bis ins kleinste von der Führung vorgegeben wurde und für eigene
Initiativen kaum Platz war. Skepsis kam auf. Sie war viel weniger „ideologischer" Art als
der Einsicht geschuldet, daß die erwarteten Erfolge auch ausblieben, weil ständig
„überdreht" wurde. Selbst Hermann Axen, Chef des „Neuen Deutschland", schien
verschiedene Überspitzungen des Politbüros, weil sie eben nur das Gegenteil ihrer
Absicht erreichten, verhüten zu wollen. Als sich das „ND" mit „Hartnäckigkeit"
weigerte, den angeblichen Zusammenhang von innerdeutschen Reiseanordnungen
des Innenministers Schröder mit seinen „faschistischen Urhebern" aufzuzeigen, reagierte Norden mit aller Schärfe.[85]

Eine andere, für die SED negativ wirkende Tendenz hatte – wie schon angedeutet –
ihre Ursachen in der bürokratischen Schematisierung „antifaschistischer" Aktionen.
Routine und langweilige, auch formale Wiederholungen gestalteten sich selbst für
politisch gefestigte Anhänger der SED allmählich zur ideologischen Tortur. Zudem
entwickelten verschiedene Kampagnen immer mehr Eigendynamik, implizierten den
Hang zur Verselbständigung und den Trend, eigene besondere Apparate zu schaffen,
und sie wurden im Streben nach Perfektion letztendlich immer teurer. Von Anfang an
bestand die für die SED letztlich fatale Tendenz einer „Überfrachtung" der Einzelkam-
pagnen. Es ging eben nicht nur um die „Anklage" von Bonner Politikern, deren Kurs

---

[83] Sitzung des Politbüros vom 19. 11. 1963, Anlage 1 zum Protokoll 41/63, in: ebenda, J IV 2/2/906,
    Bl. 16.
[84] Westkommission: „Vorschläge zur Verbesserung der Arbeit des Ausschusses für deutsche
    Einheit", 21. 12. 1960, in: ebenda, IV 2/2028/66, Bl. 53.
[85] Schreiben Nordens an H. Axen, 23. 1. 1961, in: ebenda, IV 2/2028/66, Bl. 53.

und des durch sie repräsentierten demokratischen Systems; man stellte die eigene Politik (und die der UdSSR) als einzige Alternative dar, trug ideologische Gemeinplätze des Kommunismus vor und suchte durch flammende Appelle „Friedens"- und „Verständigungswillige" zu einer SED-konformen Haltung zu animieren. Aber auch verschiedene Kampagnefolgen wurden nicht überdacht. So z.B. zielte die im Frühjahr 1961 durchgeführte Aktion „Unbewältigte Vergangenheit – unbewältigte Gegenwart" sowohl auf die ca 3,8 Millionen westdeutschen Erstwähler, als sie auch beabsichtigte, Auslandsstudenten, die in der Bundesrepublik studierten, zum Übertritt in die DDR zu bewegen. Als das – wenngleich in geringem Maße – geschah, „sabotierte" das Staatssekretariat für Hochschulwesen die Sache, weil es die Aufnahme von ausländischen Studenten „wegen Mangel an Studienplätzen" verweigerte.[86]

Was über den Ostberliner Kampagneapparat ausgesagt wurde, galt auch für die Tätigkeit von Helfern der SED in der Bundesrepublik, ausgenommen Kräften, die zwar zur Bonner Regierungspolitik in Opposition standen, aber der SED-Führung, die sie objektiv für ihren „Antifaschismus" ausnutzte, nichts abgewinnen konnten. Die Durchführung der DDR-Kampagnen stützte sich in der Bundesrepublik auf Hilfsorganisationen und aktive Sympathisanten der SED und auf ein gut ausgebautes Netz von ostdeutschen Instrukteuren. Auch die erfuhren tagtäglich, daß ihre Arbeit, ihr persönlicher Einsatz, in hohem Maße ineffizient war. Vielen schien bewußt geworden zu sein, daß die Ursachen dafür weniger in den z.T. rigorosen Abwehrmaßnahmen des westdeutschen Staates lagen als im Wesen der Kampagnen und in der Art und Weise ihrer Durchführung.

Dennoch zeitigten die antifaschistisch firmierten Kampagnen der SED vor allem zu Beginn der sechziger Jahre gewisse Erfolge. Immerhin wurden, wie Norden mit Genugtuung anmerkte, u.a. Oberländer, Generalbundesanwalt Fränkel und einige hohe Richter „abgeschossen".[87] Auch Bundespräsident Lübke verabschiedete sich – zermürbt – vorzeitig aus seinem hohen Staatsamt. „Die Aktionen gegen die Blutrichter, die Hitler-Generale, die Oberländer und Globke haben dazu beigetragen, die Adenauer-Regierung zu isolieren, zeitweilige politische Krisen auszulösen und die Sammlung der antifaschistischen Kräfte zu fördern",[88] resümierte die Westkommission. Dabei kam weniger die tatsächliche Wirkung der Kampagnen als ihre Zielstellung zum Ausdruck. Gewisse Erfolge verbuchte die SED im außenpolitischen Bereich. Die Verleumdung der Bundesrepublik als ein Staat der alten Nazis, der „faschistischen" Militaristen und Revanchisten fand aus wesentlich zwei Gründen im Ausland bei bestimmten politischen Kreisen Resonanz: Zum einen wirkte das Mißtrauen den Deutschen und der Abscheu gegenüber ihren Handlungen in der Zeit des Nationalsozialismus noch nachhaltig fort. Zum anderen spielte der Umstand, daß die „antifaschistisch" motivierten Angriffe der DDR im einzelnen keineswegs unbegründet waren,

---

[86] Schreiben J. Herrmanns (ZK der SED) an Norden, 30. 5. 1961, in: ebenda, IV 2/2028/11.
[87] Notiz Nordens, undat., offensichtlich Anfang 1962, in: ebenda, NL 217/55. Vgl. dazu auch Ausführungen über F. von Eckardt, Lemmer und H. Zehrer, in: ebenda, NL 217/63, Bl. 48f., 54, 58.
[88] Siehe Anm. 84.

eine wichtige Rolle. Sie nutzten sowohl die vor allem inkonsequente geistige Aufarbeitung von NS-Verbrechen als auch die internationale kritische Widerspiegelung dieses
Mankos, das aus historischen Gründen, Erfahrungen und Ängsten oft überzeichnet
wurde. Der Schaden, den die westdeutsche Demokratie durch die im wesentlichen
invektiven Aktionen nahm, hielt sich in Grenzen. Wirtschaftliche Kraft, politisches
und moralisches Ansehen der Bundesrepublik verhinderten eine – politisch wirklich
relevante – Trübung des im ganzen positiven Bildes von der Bundesrepublik im
Ausland.

Damit verfehlte die um die völkerrechtliche Anerkennung der DDR kämpfende
SED ein wesentliches Ziel: Bonner Alleinvertretungsanspruch und Hallsteindoktrin
blieben auch im „antifaschistischen" Trommelfeuer (relativ) stabil; das Thema „Nazismus in der Bundesrepublik" bewirkte eine für die SED nur ungenügende Differenzierung vor allem im internationalen „bürgerlichen Lager". Dem „lichten" Staatswesen
einer konsequent entnazifizierten DDR war die „faschistische Finsternis" in der Bundesrepublik mit der Absicht gegenübergestellt worden, die DDR – die allein Potsdamer
Abkommen und Antifaschismus realisiert habe – als legitimen, friedlichen und progressiven deutschen Staat international glaubhaft zu machen. Die SED hatte mit dem
„Antifaschismus" ein wichtiges ideologisches Element ihrer sich nach 1961 verstärken-
den Aufwertungspolitik konstituiert. Sie betreffend, griffe es zu kurz, die „antifaschistischen" Kampagnen nur als einen Ausdruck klassenkämpferischen Willens der SED zu
sehen, die Verhältnisse in der als „Feindstaat" betrachteten Bundesrepublik grundlegend wandeln zu wollen bzw. ihren Eliten irreparablen Schaden zuzufügen. Mit den im
Rahmen der Kampagnen an Bonn ergangenen Angeboten der SED, Belastungsmaterial gegen Nazis im Amt bereitzustellen und bei der Entlarvung von NS-Verbrechern zu
helfen – was auch international einen guten Eindruck machte –, bot sich eben auch eine
Gelegenheit, die Bundesregierung über offizielle Kontakte, möglicherweise Verhandlungen, dazu zu bringen, den unhaltbaren Alleinvertretungsanspruch vor aller Welt
selber in Frage zu stellen. Mit dieser Absicht beauftragte das Politbüro z. B. Generalstaatsanwalt Josef Streit im November 1963[89], einen Brief mit dem Vorschlag an den
neuen Bundeskanzler Ludwig Erhard zu schicken, einen von ihm Bevollmächtigten zur
Akteneinsicht nach Ostberlin zu entsenden.[90] Kontakte im Sinne einer Zusammenarbeit zwischen der DDR-Staatsanwaltschaft und Beamten verschiedener Justizministe-
rien der westdeutschen Länder fanden – diskret und inoffiziell – bereits seit 1960 statt.
Federführend waren aber nicht die Rechtsorgane der DDR, sondern der Ausschuß für
Deutsche Einheit[91], der sich in dieser Sache bedeckt hielt.

Aber auch in der Bundesrepublik selbst zeitigten die „antifaschistisch" geführten
Kampagnen auch und vor allem gegen Oberländer, Fränkel und Globke als die personellen „Achsen" der gezielten Propagandaaktionen eine gewisse Wirkung. Sie ist
bislang wissenschaftlich nicht untersucht worden. Das Forschungsinteresse müßte

---

[89] Siehe Anm. 83.
[90] Vgl. Schreiben Streits an Erhard, 25. 1. 1963, in: ebenda, IV A2/2028/119.
[91] Informationsbericht des Ausschusses für Deutsche Einheit, März 1960, in: ebenda, IV
      2/2028/66, Bl. 17.

besonders der Frage gelten, inwiefern der spezifische Antifaschismus der SED-Führung sowie seine von Ostberlin vorgeschobenen Ziele von bestimmten gesellschaftlichen Kräften angenommen, verinnerlicht und zum Motiv eigener oppositioneller Handlungen wurde. Als gesichert kann gelten, daß verschiedenen radikalen Gegnern der neuen Demokratie ideologische und politische „Munition" geliefert wurde. Interessant bleibt aber auch das Problem, in welchem Maße die „antifaschistische" Argumentation des Ostens Eingang in die politische Auseinandersetzung der parlamentarischen Opposition mit der Bundesregierung fand. Zwar blieb die schon damals erkennbare Absicht der SED, die Bundesrepublik generell als „nazifiziert" zu verleumden und hier Einfluß auf die politische Entwicklung zu nehmen, im ganzen erfolglos, doch beunruhigten alte Nazis in neuen Ämtern nicht nur aufmüpfige linke Intellektuelle. Auch konservative Politiker wie z. B. Rainer Barzel und Heinrich von Brentano artikulierten Unwohlsein und Kritik.[92]

Gefahr für das demokratisch-rechtsstaatliche Image der Bundesrepublik entstand weniger durch die absichtsvolle Vermischung von „Dichtung und Wahrheit" seitens der SED, die von Einzelfällen auf das Ganze schloß und immer wieder zu suggerieren versuchte, daß die Nazis für das System der Bundesrepublik ständen. Vielmehr stellte sich den Westdeutschen die Frage, ob man es nötig habe, Belastete in hohe Funktionen gelangen zu lassen.[93] Und für viele war es verwunderlich, daß man dem Osten immer wieder Vorwände für gezielte Angriffe lieferte. Diese scheiterten im Prinzip an der inneren Stabilität des Systems in der Bundesrepublik, die sich antinazistisch entwickelte. Der lange propagandistische Feldzug der SED trug – von ihr ganz ungewollt – dazu bei, das Bewußtsein der Westdeutschen für die Auseinandersetzung mit der nationalsozialistischen Vergangenheit zu schärfen, einschlägige Schwachstellen im demokratischen System aufzudecken und zu beseitigen.

Die Ursachen und der Charakter der „antifaschistischen" Kampagnen der SED von 1960–1968 (Zusammenfassung)

Die Ziele und Wirkungen der „antifaschistischen" Kampagnen gegen Bonn sagen wenig über deren inneren Ursachen aus. Die Beweggründe der SED für ihre spezifischen ideologischen Aktionen sind generell nur im Zusammenhang mit einer bestimmten Phase von Kaltem Krieg und deutschem Sonderkonflikt erklärbar. Als historische Erscheinungen blieben sie zeitbedingt und an der konkreten Entwicklung in Europa und auf deutschem Territorium gebunden. Daß sie etwa ab 1959/60 eine neue Qualität erreichten, zugespitzt „antifaschistisch" ausgerichtet wurden und noch mehr politische Aggressivität entwickelten, hatte aber DDR-spezifische Gründe.

---

[92] Vgl. Lemke, Kampagnen gegen Bonn, a.a.O., S. 172.
[93] Vgl. ebenda.

Die Entwicklung in der ostdeutschen Republik, die außenpolitisch weitgehend isoliert war, verlief seit dem Beginn der sechziger Jahre rezessiv. In der DDR entwikkelte sich aus wirtschaftlichen, innen- und außenpolitischen Gründen eine akute, alle Bereiche der Gesellschaft und des Staates erfassende, die SED und ihre Führung existentiell bedrohende Systemkrise. Sie schloß aufgrund der Ziele und Machtstrukturen der SED-Herrschaft sowohl politische und wirtschaftliche Lösungen aus, die nur über umfassende Reformen zu erreichen gewesen wären, als sich auch in diesem Stadium von Ost-West-Gegensatz, deutschem Sonderkonflikt und systeminternen Widersprüchen – im Unterschied zu 1953 – eine umfassende Anwendung innerer Gewalt bzw. „reiner" Repressivmaßnahmen verbot. Weil Lösungsmöglichkeiten wirtschafts-, innen- und außenpolitischer Art der SED nicht hinlänglich zur Verfügung standen, vor allem außenpolitische Ansätze im Zusammenhang mit dem Scheitern der sowjetischen Berlinpolitik nicht griffen, versuchte sie, der sich krisenhaft entwickelnden und zuspitzenden Situation vorrangig ideologisch gegenzusteuern. Ihre Position war in dieser Situation vorrangig defensiv, wenngleich aus Gründen revolutionärer Ansprüche und doktrinärer politischer Grund- und Leitsätze versucht wurde, dieses Handicap zu verschleiern und nach außen durch siegesgewisse Kampfparolen zu verdecken. Dieser Umstand trug zwar zur besonderen Militanz und zur Dogmatisierung der „antifaschistischen" Kampagnen bei, schloß aber operative und taktische Flexibilität nicht aus. Diese Art von Beweglichkeit, die auch im Hinblick auf verschiedene antinazistisch motivierte Zielgruppen im Westen – hier besonders Sozialdemokraten und liberale „Bürgerliche" – vonnöten war, stellte sich in der Regel als das Ergebnis verschiedenartiger in Westdeutschland, aber auch in der DDR neu entstehender Zwänge dar. Schnelle und z.T. originelle Entschlüsse gehorchten mehr der Not als sie Abbilder von geistiger Flexibilität und politischer Phantasie waren. Das Herausstellen „antifaschistischer" Themen blieb in dieser Beziehung auch ein Phänomen der geistigen Krise des Systems.

Die propagandistischen Kampagnen der SED gegen die Bundesrepublik reduzierten den Antifaschismus auf die von der Parteiführung definierte Qualität und Quantität, und sie instrumentalisierten ihn. Zum Mittel des „Klassenkampfes" gegen die Verhältnisse in der Bundesrepublik verwandelt, erhielt dieser „Antifaschismus" seine Sinngebung aber erst – wie zu sehen war – durch eine bestimmte Verbindung mit deutschlandpolitischen Themen. Diese Symbiose schuf die Möglichkeit, sich in West und Ost mit dem gegen die „nazistische" Bundesrepublik gerichteten „antifaschistischen" Kampf der SED, der auf Grund eben dieser Eigenschaft – so wurde assoziiert – wahrhaft „national" sei, ganz oder wenigstens zum Teil zu identifizieren. Beide Kampagnekomponenten, die kommunistische Deutschlandpolitik sowie der durch das politische Subjekt der SED gebrochene und instrumentalisierte Antifaschismus, wurden deshalb stark von den Bedürfnissen der innenpolitischen Situation und der Machterhaltung ausgeformt. Die „antifaschistischen" Kampagnen stellten in erster Linie auf die Stabilisierung der inneren Verhältnisse in der DDR ab.

Insofern wirkte das westlich gelegene Ziel und Aktionsfeld vor allem als Medium und „Umweg" in doppelter Hinsicht: Zum einen wollte die SED durch den Kontrast, hier Rechtmäßigkeit durch konsequenten Antifaschismus, dort moralische und politische Herrschaftsdiskreditierung durch „unbewältigte Vergangenheit", die Legitimität des eigenen Staates bei der eigenen Bevölkerung unter Beweis stellen. Entsprechende Kampagneninhalte gestalteten sich nicht nur defensiv im Sinne bloßen Ablenkens von Misere und Krise in der DDR. Sie leiteten sich vielmehr von der offensiven Absicht her, eine gesamtdeutsche sozialistische Zukunft „antifaschistisch" zu definieren. Die Ablehnung des Systems in der Bundesrepublik blieb so stets mit der perspektivgebenden Alternative DDR verbunden. Zum anderen sollten die Bürger der DDR aus dem Ausland hören, wie gefährlich nazistische Realität bzw. Tendenzen in der Bundesrepublik seien, daß sich die SED mit ihren Angriffen im Recht befinde und sie und die DDR – weil eben konsequent antifaschistisch – als Partei der Arbeiterklasse und deutscher Friedensstaat einzig legitim seien.

Innenpolitisch hatte der politische Feldzug u.a. eine Verschärfung der Bestrafungspraxis gegen nationalsozialistische Straftäter zur Folge. Das war auf eine bittere Art folgerichtig. Die SED wollte ihre eigene „antifaschistische" Konsequenz noch stärker betonen. Als z.B. die Generalstaatsanwaltschaft der DDR im Februar 1960 in einem Prozeß gegen vier wegen Mordes beschuldigter Nazis zwei Todesstrafen und zweimal lebenslänglich beantragte, sprach das Politbüro nun selbst direkt höchstes Recht: Auch gegen die beiden anderen Angeklagten sei die Todesstrafe nicht nur zu beantragen, sondern auch zu vollstrecken.[94]

Ein – wenngleich reduzierter Antinazismus – ist der SED-Führung sicher nicht prinzipiell abzusprechen. Aber um den ging es ihr im Zusammenhang mit den spezifischen Kampagnen nicht oder nur am Rande. Unter Ausnutzung von weitverbreiteten antifaschistischen Gefühlen und Haltungen, die die meisten SED-Mitglieder mit dem Großteil der Bevölkerung der DDR teilten, gelang es der kommunistischen Parteiführung, ihre propagandistischen Kampagnen bei vielen als notwendig und berechtigt erscheinen zu lassen. So darf nicht übersehen werden, daß viele Bürger in der DDR – und nicht etwa nur Mitglieder der SED – vom instrumentalisierten Antifaschismus der doktrinären Staatspartei manipuliert wurden. Antinazistische Gefühle und Überzeugungen, die auch denen nicht abzusprechen sind, die sich innerhalb der Kampagnen in echter Empörung gegen tatsächliche und vermeintliche Nazis im Dienst der Bundesrepublik engagierten, wurden von der Führung der SED zynisch mißbraucht. Es gelang ihr, über den Mechanismus „Antifaschismus" eine Reihe von Menschen begrenzt und zeitweilig an ihre Politik zu binden. Dies versprach aber eine gewisse Festigkeit und Dauerhaftigkeit nur dann, wenn diese Art von Antifaschismus als ein oder *der* Grundwert der „neuen Ordnung" in der DDR von der Mehrzahl ihrer Bürger so verinnerlicht worden wäre, daß er – als gesellschaftlicher „Überwert" hochgradig belastbar – das Versagen der SED-Politik im Innern unisono relativiert hätte. Dann wäre es dem Politbüro leichter gefallen, repressive Maßnahmen, aber auch die rabiaten Modi ihrer Kampagnen als notwendige Maßnahmen im Kalten Krieg umzufälschen, als Akte der vom Westen aufgezwungenen „Klassenauseinandersetzung", um eben Antifaschismus und andere Grundwerte (und „Errungenschaften") zu bewahren. Die Versuche der Partei- und Staatsführung der DDR, der umfassenden moralischen, ökono-

---

[94] Vgl. ebenda, S. 161.

mischen und politischen Krise der Jahre 1960 bis 1963 mit einem aufs äußerste
mobilisierten System „antifaschistischer" Mittel zu begegnen, scheiterten indessen am
Wesen der poststalinistischen Diktatur. Der Mißerfolg war vor allem deshalb vorprogrammiert, weil Inhalte und Formen der antiwestlichen Kampagnen von der Mehrzahl
der Menschen in beiden deutschen Staaten abgelehnt wurden bzw. für die meisten von
geringer Akzeptanz und Glaubwürdigkeit waren.

Herbert Olbrich

"… was wissen Se, was mir damals alles mitg'macht ham!"[1] Österreich und seine nationalsozialistische Vergangenheit

"… angesichts der Tatsache, daß die nationalsozialistische Reichsregierung Adolf Hitlers kraft dieser völligen politischen, wirtschaftlichen und kulturellen Annexion des Landes das macht- und willenlos gemachte Volk Österreichs in einen sinn- und aussichtslosen Eroberungskrieg geführt hat, den kein Österreicher jemals gewollt hat", und unter Berufung auf die Moskauer Deklaration der Alliierten vom November 1943, in der die Wiederherstellung eines selbständigen Österreich in die Liste alliierter Kriegsziele aufgenommen worden war, proklamierten am 27. April 1945 die Vertreter der neugegründeten Parteien Österreichs die Unabhängigkeit der Zweiten Republik. „In pflichtgemäßer Erwägung" des Teils der Deklaration, welcher die Mitverantwortung Österreichs am Krieg feststellte und betonte, „daß bei der endgültigen Regelung unvermeidlich sein eigener Beitrag zu seiner Befreiung berücksichtigt werden wird", kündigte man selbigen an, erklärte jedoch sofort, „daß dieser Beitrag angesichts der Entkräftung unseres Volkes zu ihrem Bedauern nur bescheiden sein kann"[2]. Damit waren, wie sich später herausstellen sollte, die Weichen für die weitere Auseinandersetzung mit der Diktatur Hitlers und dem Nationalsozialismus in Österreich bereits gestellt: Das neue Österreich sah sich in der Rolle des Opfers, dessen Menschen sich nur unter Zwang und widerwillig -„ein bisserl halt" – am Krieg Hitlers beteiligt hatten – eigentlich kaum der Rede wert, vergleicht man dies mit der ausführlichen Schilderung der „Verschleppung" des materiellen und kulturellen Reichtums Österreichs nach Deutschland.

Das Bild von Österreich als erstem Opfer nationalsozialistischer Aggression, das von der deutschen Reichsführung rücksichtslos für deren Expansionspläne eingespannt worden war, stimmte natürlich – aber es zeigte nur eine Wahrheit dieser Zeit, hob sie hervor und verdrängte die anderen Wahrheiten der Jahre vor 1945: Die Mehrzahl der Bevölkerung hatte nicht nur einiges „mitg'macht", sondern auch sehr bereitwillig mitgemacht bei der Errichtung und Ausdehnung des „Dritten Reiches". Die Beteili-

---

[1] H. Qualtinger/C. Merz, Der Herr Karl und weiteres Heiteres, Reinbek 1964, S. 18.
[2] Vgl. Proklamation der provisorischen Staatsregierung v. 27. 4. 1945, abgedr. im Staatsgesetzblatt für die Republik Österreich v. 1. 5. 1945.

gung am Eroberungs- und Vernichtungskrieg wurde als normale soldatische „Pflichterfüllung" verstanden, wobei man letzten Endes ja nur „die Heimat" verteidigt hatte
(zumindest gegen „die Russen" und Titos Partisanen). Auch die Pogrome gegen die
jüdische Bevölkerung, der Raub ihres Eigentums, ihre Vertreibung und schließliche
Ermordung waren nicht nur das Werk aus dem „Reich" eingeflogener SS- und Gestapo-
leute und einiger weniger österreichischer Nazischergen. Zumindest 1938/39 erfreute
sich diese Politik derart reger Unterstützung der nunmehrigen Volksgenossen, für die
Antisemitismus seit langem gewissermaßen zur Volkskultur gehörte[3], daß sich sogar
die Naziführung gegen die „wilden Arisierungen" wandte und anordnete, derlei dürfe
künftig nur noch „geordnet" erfolgen[4].

Mit der Proklamation war der künftige Weg des Umgangs mit dem Nationalsozialismus allerdings noch nicht endgültig festgelegt. Die als eine der ersten Regierungs-
handlungen erlassenen Verbots- und Registrierungsgesetze sowie die Ankündigung
der Beseitigung nationalsozialistischen Gedankenguts (zunächst aus Bibliotheken und
Schulbüchern) ließen die Chance zu einer umfassenden Auseinandersetzung mit der
eigenen NS-Vergangenheit durchaus bestehen, forderten sie sogar einhellig. Sie mußte
allerdings genutzt werden und würde erhebliche Anstrengungen erfordern, sowohl von
den Gründervätern und der neuen politischen Elite als auch von der Bevölkerung. Und
hier traf eine solche Forderung auf erhebliche und – wie sich herausstellen sollte –
unüberwindliche Hindernisse. Zudem hatten sowohl die Politiker als auch die Bevölkerung vorerst andere Sorgen: ein neuer Staat mußte wiedererrichtet und von den
Alliierten wie den Österreichern anerkannt werden, die Versorgung der Bevölkerung,
die Beseitigung der ärgsten Kriegsschäden und die Frage der Dauer der alliierten
Besetzung waren dringlichere Anliegen als eine Auseinandersetzung mit dem „Hitler
in uns selbst". Hier hätten, gleichsam exemplarisch für die übrige Bevölkerung, auch
die drei Gründerväter der Republik ihre persönlichen Schwierigkeiten gehabt: Karl
Renner, der sich in einem Brief an den „Sehr geehrten Genossen" Stalin als „mit den
Modalitäten einer Staatsgründung wie mit der Errichtung einer öffentlichen Verwaltung vertraut(er)" Fachmann präsentierte, hatte 1938 nicht nur zur Bejahung des
Anschluß aufgerufen, sondern auch die Annexion der Sudetengebiete in einem nicht
mehr gedruckten Buch gerechtfertigt, welches die „beispiellose Beharrlichkeit und
Tatkraft der deutschen Reichsregierung", die zusammen mit den übrigen Großmäch-
ten „ohne Krieg und Kriegsopfer, sozusagen über Nacht, (die für) das sudetendeutsche
Problem volle Lösung fand"[5], hervorhob. Leopold Kunschak, Gründer und langjähri-

---

3 Vgl. dazu etwa G. Botz/I. Oxaal/M. Pollak (Hg.), Eine zerstörte Kultur. Jüdisches Leben und
   Antisemitismus in Wien seit dem 19. Jahrhundert, Buchloe 1990. Siehe dort insbes. die Beiträge
   von Pulzer, Scheichl, Wistrich u. Pauley.
4 Gerhard Botz kam in seiner Studie „Wohnungspolitik und Judendeportation in Wien 1939–
   1945. Zur Funktion des Antisemitismus als Ersatz nationalsozialistischer Sozialpolitik" (Wien/
   Salzburg 1975) zu dem Schluß, daß ein erheblicher Teil der Wiener Bevölkerung direkt - vor
   allem über die Neuvergabe geraubter Wohnungen und Geschäfte - an ihr profitierten und an
   einer raschen Durchführung interessiert waren.
5 K. Renner, ... der Anschluß und die Sudetendeutschen ..., Wien 1938, mit einer Einführung v.
   E. Rabofsky, Wien 1988. Auf dieses Werk wird in der neueren Literatur oft eingegangen. Siehe
   z.B. A. Pelinka, Karl Renner. Zur Einführung, Hamburg 1989, S. 68.

ger Vorsitzender der Christlichen Gewerkschaften, war zwar ein entschiedener Gegner der Nazis – aber ebenso der Juden: Schon 1919 hatte er einen Entwurf für ein Gesetz „Über die Rechtsverhältnisse der jüdischen Nation" verfaßt, der eine konsequente Trennung der jüdischen Bevölkerung vom „deutschen Mehrheitsvolk" vorsah.[6] Und auch der Kommunist Koplenig hatte zur Zeit des Hitler-Stalin-Paktes zu den Verbrechen des Nationalsozialismus geschwiegen und die Auslieferung von in Ungnade gefallenen Genossen – wie dem Mitbegründer der KPÖ, Koritschoner – durch das NKWD an die Gestapo ignoriert.[7] Einfacher schien es da für alle Beteiligten, statt selbstkritisch die eigene Vergangenheit zu durchleuchten, mit der Vergangenheit (je nach Partei- und Gesinnungszugehörigkeit mit unterschiedlicher Gründlichkeit und Härte) rasch und endgültig aufzuräumen und dann unbelastet nach vorn zu blicken in ein neues Österreich.

Die Auseinandersetzung mit dem Nationalsozialismus wurde zunächst aufgrund alliierter Maßnahmen geführt, wie sie auch in Deutschland angewandt wurden. Erste Entnazifizierungsvorschriften der Regierung Renner verfügten die Entlassung aller als „belastet" geltenden Ex-Parteigenossen aus dem Staatsdienst. Verbunden damit waren für alle Nazis Sühnemaßnahmen finanzieller und materieller Art: ein Teil ihres Vermögens wurde vorläufig eingezogen, ihre geraubten Wohnungen sollten sie an die Opfer zurückgeben bzw. – in den ersten Nachkriegsmonaten – zugunsten von aus Gefängnissen und Konzentrationslagern heimgekehrten Antifaschisten räumen. Einige Berufe wie Buchhändler oder Apotheker wurden den Ex-Pg's verwehrt, nicht aber der Arztberuf – hier hätte ein entsprechendes Verbot die ärztliche Versorgung zusammenbrechen lassen. Auch von den Lehrern wurde der Großteil der „einfachen" Pg's bald wieder eingestellt – man wollte nicht auf diese Experten für Disziplin und Ordnung verzichten. Die Entnazifizierung sollte einerseits der Bevölkerung demonstrieren, daß die Zeit des Nationalsozialismus endgültig vorbei war und die neue Regierung fest im Sattel saß. Andererseits war dies alles auch als Signal an die Alliierten gedacht: Österreich sei sehr wohl in der Lage, allein und ohne störende alliierte Einmischung sein Naziproblem – und nur darum sollte es bei der Entnazifizierung gehen – zu lösen. Die Absicht der Amerikaner, auch die maßgeblichen Funktionäre des austrofaschistischen Regimes der Jahre zwischen 1934 und 1938 in die Entnazifizierungsmaßnahmen einzubeziehen, traf deshalb auf den Widerstand nicht nur der „Erben" in der Österreichischen Volkspartei (ÖVP), sondern auch der Sozialdemokraten und ließ sich nicht verwirklichen. Der Umstand, daß davon der Großteil der führenden Leute der ÖVP, die in Bund und Ländern nahezu die Hälfte aller verantwortlichen Politiker stellte, betroffen gewesen wäre, wirft nur ein Schlaglicht auf die Hypotheken, mit denen die Zweite Republik gegründet wurde.

---

6 Vgl. A. Pelinka, Zur österreichischen Identität. Zwischen deutscher Vereinigung und Mitteleuropa, Wien 1990, S. 53–54: „Kunschaks Weg wies nicht nach Auschwitz – doch die von Kunschak vertretene ‚christliche' Gesinnung half mit, die für Auschwitz notwendigen, atmosphärischen Voraussetzungen aufzubauen." (S. 54)

7 Vgl. H. Konrad, Widerstand an Donau und Moldau. KPÖ und KSC zur Zeit des Hitler-Stalin-Paktes, Wien/Zürich 1978, S. 113–117; G. Scheuer, Zur Beteiligung des KPÖ-Apparats an den stalinistischen Verbrechen, in: H. Schafranek (Hg.), Die Betrogenen. Österreicher als Opfer stalinistischen Terrors in der Sowjetunion, Wien 1991, S. 17–30.

Der Aufbau des neuen Österreich mußte von der Regierung mit einer Bevölkerung in Angriff genommen werden, die gerade zu einem österreichischen Staat keine besonders enge Bindung besaß. 1918 waren die Österreicher die Bewohner vom Rest, der von der Donaumonarchie „übrigblieb" und eigentlich zu Deutschland gehören wollte (was bis 1933 mehr oder minder offizieller Bestandteil der Parteiprogramme und der Regierungspolitik war) und daran von den Ententemächten gehindert wurde. 1933 bis 1938 versuchten Dollfuß und Schuschnigg in Gegnerschaft zu Hitlerdeutschland zwar, ein besonderes Österreichbewußtsein zu fördern, ihre Betonung der „deutschen Sendung" Österreichs erwies sich jedoch als Eigentor. 1938 erst war man, jedenfalls nach der Meinung eines Großteils der Österreicher, dann endlich im richtigen Deutschland. Die „ostmärkische" Realität im NS-Reich zeigte zwar, daß die ehemaligen Österreicher doch etwas anderes als die „Reichsdeutschen" waren. Ob man mit diesem reichlich vagen Österreichbewußtsein – das oft nur ein Neidkomplex gegenüber den Deutschen war, die nach 1938 die leitenden Posten besetzten – eine stabile Demokratie schaffen konnte, war mehr als fraglich.

Der Versuch der neuen Regierung, ein österreichisches Staatsbewußtsein (von einem österreichischen Nationalbewußtsein getrauten sich damals nicht einmal die überzeugtesten Österreicher zu sprechen) zu schaffen, traf sich mit der Absicht der Alliierten, Österreich als selbständigen, demokratischen Staat auch dadurch zu stabilisieren, daß man ihn möglichst von Deutschland trennte und durch eine gründliche „Entpreußung" die Wurzeln von Militarismus, Nationalsozialismus und Antisemitismus ausrottete. Was mit der Ausweisung aller deutschen Staatsbürger – nun nicht mehr „deutsche Brüder", sondern abschätzig „Nazibrüder" geheißen – eingeleitet wurde, waren massive Anstrengungen zur Schaffung eines neuen österreichischen Selbstverständnisses, das seine gemeinsame Vergangenheit mit Deutschland fast vollständig verdrängte und auf diesem Weg auch den Nationalsozialismus zu einem rein deutschen Problem machte. Der „Führer" mochte zwar im österreichischen Braunau geboren sein, aber zum Führer gemacht hatten ihn allein die Deutschen. Über kurz oder lang beteiligte sich der Großteil der österreichischen Kultur- und Wissenschaftsproduzenten an der Ausgestaltung des neuen Selbstverständnisses – sei es, daß man in diesem neuen Österreich tatsächlich die Chance eines demokratischen Neuanfangs sah, sei es, daß man sich in bewährter Manier auf die neuen Zeiten einstellte.

Wurde bislang in der Geschichtswissenschaft die „deutsche Sendung" des Landes betont,[8] so wurden nun Land und Leute als eine seit nahezu Urzeiten eigene Einheit dargestellt, gegenüber der Deutschland mehr als Ausland galt als etwa Ungarn oder

---

[8] Exemplarisch dafür die Arbeiten des führenden Wiener Historikers Heinrich v. Srbik, der bereits vor 1938 von Walter Frank als Vertreter einer „gesamtdeutschen Wissenschaft" in das Reichsinstitut für Geschichte des neuen Deutschland berufen worden war: Als prominentester Vertreter der „gesamtdeutschen Geschichtsauffassung", wie sie an den österreichischen Universitäten vorherrschte, hatte er sich stets für die „Schaffung eines gemeinsamen deutschen Volksbewußtseins auf der Grundlage eines gemeinsamen Geschichtsbewußtseins eingesetzt" mit dem Ziel eines gesamtdeutschen Staates. Die bis dahin den Deutschen der Habsburgermonarchie zugesprochene Aufgabe, Mittel- und Südosteuropa staatlich zu organisieren und zu beherrschen, werde dann auf das Reich übergehen. 1942 schrieb er im vierten Band seiner

selbst Italien. So griff etwa die „Geschichte Österreichs" von Eva Priester, noch in der Emigration gegen die Einverleibung Österreichs ins „Dritte Reich" geschrieben, ausdrücklich auf die Babenbergisch-Habsburgische Tradition eines Donaulandes zurück und rezipierte dabei auch die von Alfred Klahr 1937/38 entwickelte Theorie von der Existenz einer eigenständigen österreichischen Nation.[9] Auch die klassischen Darstellungen österreichischer Geschichte von Alfons Dopsch und Hugo Hantsch erschienen in ihren Neuauflagen zwar unverändert, was die Darstellung der Habsburgermonarchie anbelangte, jedoch wurden diejenigen Passagen, die sich bisher auf die „deutsche Leistung Österreichs"[10] bezogen hatten, gestrichen. Zu einem Nachdenken über die „Deutsche Katastrophe", wie dies Friedrich Meinecke versuchte, kam es unter den österreichischen Historikern (zumindest den Mandarinen der Lehrkanzeln) erst gar nicht,[11] statt dessen wandte man sich „einer idyllisierten Geschichte der Habsburgermonarchie, in die alte Groß- und Ordnungsmachtschwärmerei einflossen"[12] zu – was ja den Absichten von Regierung und Alliierten entgegenkam.

Ähnlich reagierte auch die Literatur- und Theaterszene. Zwar hatten die eifrigsten NS-Barden wie Bruno Brehm, Heimito v. Doderer oder Max Mell einige Jahre Schreibverbot, doch konnte die Mehrzahl der etwa im „Bekenntnisbuch österreichischer Dichter" vertretenen Autoren und Autorinnen weiterhin publizieren. Wer wie z.B. Gertrud Fussenegger 1938 dichtete: „Wir sagten: Deutschland/und nannten das Reich,/das uns die Seelen versengte,/brünstig im Kreis der Verschwörer./So nur, Vermummte,/durften wir dienen,/Kinder des größeren Vaterlandes" und Hitler als „Retter des Reichs" feierte,[13] konnte problemlos zu bäuerlich-religiös geprägten Themen, wie sie zur Zeit des Dollfuß-Schuschnigg-Regimes gefördert worden waren, zurückkehren. So sie überhaupt zurückkamen und nicht wie Theodor Kramer in der

---

Deutschen Einheit: „Deutschland hat die ihm seit tausend Jahren auferlegte Sendung und Führerstellung bis etwa zur alten Grenze des Abendlandes und Rußlands (je nach Wehrmachtsbericht? - H. O.) und bis zur westlichen Reichsgrenze (des karolingischen Imperiums, die in etwa mit dem Atlantikwall übereinstimmte? - H. O.) wieder auf sich genommen..."(S. 483). Zur Wiener Schule und NS vgl. G. Heiß, Von Österreichs deutscher Vergangenheit und Aufgabe, in: G. Heiß u.a., Willfährige Wissenschaft. Die Universität Wien 1938-1945, Wien 1989.

9   E. Priester, Kurze Geschichte Österreichs, Bd. 1: Entstehung eines Staates, Wien 1946; dieselbe, Kurze Geschichte Österreichs, Bd. 2: Aufstieg und Untergang des Habsburgerreiches, Wien 1949.

10 Vgl. H. Hantsch, Geschichte Österreichs von den Anfängen bis zur Gegenwart, Wien 1948; Hantsch selbst war als entschiedener Gegner des NS-Regimes 1938 sofort entlassen und verhaftet worden, vgl. Heiß, a.a.O., S. 61.

11 Die „deutsche Katastrophe" wurde von den österreichischen Historikern kaum rezipiert. Sollte es sich hierbei auch um eine Abwehrreaktion auf Meineckes Schlußfolgerungen zum Ursprung einzelner Elemente des Nationalsozialismus handeln, die nur allzu deutlich dessen österreichisches Erbe verraten - wie etwa Hitlers „grenzdeutsch-kämpferischen Form des Völkischen"? Diese, so Meinecke, sei „nicht einmal etwas spezifisch Deutsches, sondern die gemeinsame Hervorbringung aller im osteuropäischen Zwischenraum lebenden und sich gegenseitig auf die Füße tretenden Nationalitäten" (Vgl. F. Meinecke, Die deutsche Katastrophe, Wiesbaden 1946, S. 111) - handeln?

12 Heiß, a.a.O., S.60.

13 Heimkehr ins Reich. Dichtung aus Ostmark und Sudetenland 1866-1938 (Leipzig 1939), zit. nach B. Olbrich/S. Özer, Linz 1938, Linz 1988, S. 146-147.

Fremde starben oder wie Erich Fried zeitlebens im Ausland blieben, hatten Emigranten und junge Autoren es schwer angesichts des „wiederaufgewärmten ständestaat-
lichen Kulturideals"[14], das bis weit in die sechziger Jahre den öffentlichen Geschmack
bestimmte. Mochte auch die explizit antifaschistische Literaturzeitschrift „Der Plan"
die bei weitem bedeutenderen Autoren und Autorinnen versammelt haben und für die
Literaturgeschichte von größerem Interesse sein, bestimmend für den öffentlichen
Geschmack und – noch wichtiger – für die Vergabe von Fördermitteln, Sendezeiten im
Rundfunk und die Aufnahme in den Spielplan der Theater blieb jener „auf dem Boden
christlich abendländischen Geistes"[15] stehende muffelnde Lodenmantel-Konserva-
tismus, der die kritischen Fragen der Jahre 1938–1945 entweder in bedeutungsschwere
Metaphern gehüllt zu mystifizieren trachtete oder sie zur Entschuldigung und Ver-
harmlosung des damaligen Verhaltens gebrauchte. Während Ilse Aichingers Roman
„Die größere Hoffnung"(1948) nur einige tausend Stück Auflage erlebte, erschienen
die Werke der Blut-und-Boden-Autoren bald wieder in Auflagenhöhen von 100000
Stück und mehr, an den Wiener Theatern spielte man die üblichen Klassiker und
Operetten. Als man dem Publikum 1948 mit Ödön v. Horváths „Geschichten aus dem
Wienerwald" ein Stück vorsetzte, das den Zustand des Wiener Kleinbürgers kurz vor
seiner Entpuppung zum Volksgenossen aufzeigte, pfiff man das Stück aus. Gefragt war
eben nicht Aufklärung und Nachfragen, sondern „das Wahre, Gute und Schöne", wie
es auch die Lehrpläne der österreichischen Schulen wieder forderten. (Um auch hier
jede Verbindung mit dem „Reich" zu unterbinden, wurde dies den Schülern etliche
Jahre hindurch nicht im Fach Deutsch, sondern in einem Fach namens „Unterrichts-
sprache" nahegebracht.) Zeitgeschichte fand im Geschichtsunterricht der Nachkriegszeit im Regelfall nicht statt – der Untergang der Monarchie fiel in der Regel mit dem
Schulabschluß zusammen. Bürgerkrieg und Nationalsozialismus kamen lediglich in
Feierstunden an diversen Gedenktagen vor und wurden den Schülern als nunmehr
überwundene Fehler einer Vergangenheit vorgestellt, die man besser ruhen ließ.

Angesichts dieser vereinten Anstrengungen braucht es nicht zu verwundern, wenn
sich das neue Österreich nach wenigen Jahren nach außen hin – bei aller stolz
vorgezeigter Modernität – vorwiegend als ein gemütliches Bergvolk in Tracht präsentierte, das vordringlich mit diversen Operettenkonflikten beschäftigt zu sein schien:
Selbst der wildeste Rebell war (zumindest im Film) jederzeit bemüht, einen „Herrn
Baron" oder eine „Kaiserliche Hoheit" korrekt anzusprechen. Während sich in Deutschland immerhin Wolfgang Staudte und Bernhard Wicki in ihren Filmen auch mit
Nationalsozialismus und Krieg auseinandersetzten, blieb die österreichische (Wiener)
Filmproduktion monarchieverbunden. In den fünfziger Jahren gipfelte diese Welle in
den Sissy-Filmen. Der Höhepunkt an Aktualität damaligen Filmschaffens stellte die
Science Fiction-Operette „1. April 2000" (1954) dar, in der es dem österreichischen

---

[14] S. P. Scheichl, Weder Kahlschlag noch Stunde Null. Besonderheiten des Voraussetzungssy-
stems der Literatur in Österreich zwischen 1945 und 1966, in: Akten des Internationalen
Germanisten-Kongresses Göttingen 1985, Bonn 1986, S. 47.

[15] Vgl. V. Zmegac (Hg.), Geschichte der deutschen Literatur vom 18. Jahrhundert bis zur
Gegenwart, Bd. III: 1945–1980, Königstein 1984, S. 701–704.

Präsidenten im Jahr 2000 schließlich gelingt, die Alliierten zum Abzug der Besatzungstruppen zu bewegen. Dies wird allerdings nicht dadurch erreicht, daß eine nüchterne Bilanz der vergangenen 55 Jahre ergibt, daß Österreich die ihm von den Alliierten auferlegten Pflichten – Verbot des Anschlusses, Sicherung der Menschenrechte und der demokratischen Einrichtungen sowie der Rechte der kroatischen und slowenischen Minderheiten (wie sie die Präambel des Staatsvertrages forderte) – vollständig erfüllte hat, nein, vielmehr erliegt die Leiterin einer UNO-Untersuchungskommission den geballten Attacken aus präsidialem Charme und österreichischen Klischees.

Ein wichtiger, wenn nicht gar entscheidender Grund für die vehemente Betonung alles Österreichischen und die Propagierung des Bildes als Opfer des Nationalsozialismus war denn auch der Wunsch der Regierung, die Besatzungstruppen und die Aufsicht des Alliierten Kontrollrats so rasch als möglich loszuwerden. Zwar konnte die wichtigste Bedingung, die Machtübernahme durch eine demokratisch legitimierte und von den Alliierten anerkannte Regierung, bereits im Herbst 1945 erfüllt werden, doch war man sich seitens der Besatzungsmächte nicht sicher, ob diese Demokratie auch Bestand haben werde: schließlich waren die Österreicher 7 Jahre lang Gefolgsleute Hitlers gewesen, waren durch die Erziehungs- und Drillmaschinerie des „Dritten Reiches" gegangen. Neben der Rückkehr zur politischen Demokratie wurde daher auch eine deutliche Abkehr von Nationalsozialismus und Deutschnationalismus gefordert: die neue Selbstdarstellung Österreichs mit ihrer völligen Verdrängung aller Beziehungen zu Deutschland kam dem nach. Die österreichische Version des Mythos von der „Stunde Null" machte den Nationalsozialismus zu einer rein deutschen Angelegenheit, die unter den gemütlichen Österreichern nur wenige Anhänger gefunden habe und jetzt „Gott sei Dank" endgültig erledigt sei. Die mehr als eine halbe Million registrierten österreichischen Pg's galten als von Hitler „willenlos gemachte" bzw. verführte Menschen, die sich aber wieder in die österreichische Gesellschaft einfügen lassen würden.

Um den ersehnten Staatsvertrag möglichst rasch zu erhalten, war die Regierung eifrigst bemüht, den in der Moskauer Deklaration geforderten österreichischen „Beitrag zu seiner Befreiung" zu dokumentieren. Ergebnis dieser Bemühungen war das „Rot-Weiß-Rot-Buch", eine erste Erfassung des österreichischen Widerstands gegen Hitler. Neben Prozeßakten und Gestapomaterialien fanden sich hier Aussagen von Überlebenden und überraschend viele Berichte aus den dienstlich geführten Gendarmerietagebüchern. Diese waren in ihrer Mehrheit nach Kriegsende – von „Befreiung" war nur kurze Zeit die Rede – verfaßt und befaßten sich fast ausschließlich mit Ereignissen aus den letzten Kriegstagen, wobei die jeweiligen Autoren oft sichtlich angestrengt bemüht waren, den Widerstandscharakter der berichteten Aktivitäten herauszustreichen.[16] Großen Eindruck konnte man damit auf die Alliierten nicht machen – der zweite Teil des Buches erschien deshalb erst gar nicht. Damit war auch die kurze Phase beendet, in der Widerstandskämpfer und Verfolgte des NS-Regimes

---

[16] Das Rot-Weiß-Rot-Buch, Bd. 1, Wien 1946. Ein Großteil dieser Berichte fand in den achtziger Jahren Eingang in die vom Dokumentationsarchiv des Österreichischen Widerstands herausgegebene Reihe „Verfolgung und Widerstand".

größere Aufmerksamkeit und Wertschätzung erfuhren. Als die UdSSR 1947 das Gelände des ehemaligen Konzentrationslagers Mauthausen an die Regierung übergab mit dem Wunsch, es als Gedenkstätte zu erhalten, wurde dieser Auftrag einer Abteilung des Innenministeriums übertragen, die sich lange Zeit lediglich darauf beschränkte (und mangels zur Verfügung gestellter Gelder auch beschränken mußte), die Initiativen der Opferverbände bzw. die Errichtung der Denkmale im KZ-Gelände bürokratisch zu verwalten. Es dauerte bis 1970, bis in der Gedenkstätte ein Museum eröffnet werden konnte.[17] Die Erinnerung an den Widerstand und seine Ziele wurde zu einer Angelegenheit der drei Widerstandskämpfervereinigungen (der anfängliche gemeinsame Verband wurde in den ersten Jahren des Kalten Krieges aufgelöst, um nicht den Kommunisten eine Propagandaplattform zu überlassen) und mit ihnen in die politischen Parteien integriert. In der Öffentlichkeit war der Widerstand nach den ersten Friedenswochen ohnehin nicht mehr präsent, er galt seit Beginn des Kalten Krieges als etwas Verdächtiges, kommunistisch Angehauchtes – und gegen die Kommunisten mußte man um eines freien Österreich willen ja wieder kämpfen[18]. Soldatische „Pflichterfüllung" in der Wehrmacht erfuhr so eine nachträgliche Rechtfertigung, die Bereitschaft, sich kritisch mit seiner Vergangenheit auseinanderzusetzen, wurde dadurch kaum gefördert – man hatte ja, wenn auch unter falschen Fahnen, das richtige getan (wenn man auch Rücksicht darauf zu nehmen hatte, daß sowjetische Besatzungstruppen im Land standen). Für die universitäre österreichische Geschichtswissenschaft waren Widerstand und Verfolgung ohnedies kein Thema: Die ersten größeren Arbeiten hierzu verfaßte Karl R. Stadler Ende der fünfziger Jahre – und er arbeitete an der Universität Nottingham.

Innerhalb der Parteien hatten mit wenigen Ausnahmen – wie etwa der erste gewählte Bundeskanzler Leopold Figl – nicht die aktiven Widerständler oder etwa heimgekehrte Emigranten (mit Ausnahme der KPÖ, wo die Führungsspitze von der Moskauer Emigration gestellt wurde) die entscheidenden Positionen inne, sondern die Pragmatiker, welche das „Dritte Reich" in verschiedenen Formen innerer Emigration überstanden hatten: Karl Renner, Adolf Schärf und Oskar Helmer bei der SPÖ (deren ursprünglicher Namenszusatz „Sozialdemokraten und Revolutionäre Sozialisten" rasch gestrichen wurde) sowie Julius Raab in der ÖVP. Die anfängliche Hoffnung der Emigranten, rasch zurückgerufen zu werden und an verantwortlicher Stelle beim Aufbau des neuen Österreich mitzuwirken, erfüllte sich nicht. Die neuen Parteiführungen taten vielmehr alles, um Rückkehrwillige abzuschrecken, zumal wenn es sich dabei um jüdische Emigranten handelte: So wurde seitens der SPÖ „mit wenigen Ausnahmen, zu denen Bruno Kreisky zählte, … den jüdischen Emigranten die Rückkehr nach Österreich nicht nur nicht erleichtert, es wurde ihnen sogar angedeutet, daß sie eigentlich unerwünscht seien – Julius Deutsch, Otto Leichter und Josef Hindels sind dafür drei

---

[17] H. Marsalek, Die Geschichte des Konzentrationslagers Mauthausen. Dokumentation (2. Aufl.), Wien 1980, S. 344.

[18] So wurde der Oktoberstreik 1950, der sich hauptsächlich gegen das vierte Lohn/Preisabkommen der Sozialpartner richtete, auch nachträglich zu einem kommunistischen Putschversuch gemacht. Vgl. dazu M. Ludwig/K. D. Mulley u. a., Der Oktoberstreik 1950. Ein Wendepunkt der Zweiten Republik, Wien 1991.

Beispiele"[19]. Das Insistieren vor allem der sozialistischen Emigranten und Widerständler auf einer gründlichen Aufarbeitung aller beiden Faschismen, die in Österreich
geherrscht hatten,[20] hätte nach Meinung der Parteiführung die neue Republik gefährdet. Versuche, eine solche Aufarbeitung in die Wege zu leiten, wurden deshalb abge-
blockt, die lästigen Unruhestifter politisch kaltgestellt: Leichter ging enttäuscht wieder
in die Emigration, während – symptomatisch für die Behandlung des Widerstands in
Österreich bis in die sechziger Jahre hinein – Josef Hindels als „antifaschistisches
Gewissen" der SPÖ auf Partei- und Gedenktagsauftritte beschränkt wurde[21]. Andere
paßten sich an, sie akzeptierten, wie sich Bruno Kreisky in seinen Memoiren aus-
drückte, die „politische Weisheit dieser Zeit; es war die Weisheit der Alten um Renner,
aber vor allem die Schärfs. ... Österreich wieder aufzubauen ohne die mehr als 500000
registrierten Nazis – diese Vorstellung war unrealistisch. Die ‚Vaterländischen' auszuklammern, die die Diktatur nach 1934 begründet hatten, war ebenso unrealistisch. Also
mußte man sich zur Überwindung der Gegensätze durch Zusammenarbeit entschlie-
ßen."[22] Diese Zusammenarbeit in der Regierung der großen Koalition aus ÖVP und
SPÖ konnte sehr erfolgreich die Gegensätze zwischen den beiden politischen „Lagern"
überwinden. Dies geschah aber nicht durch eine selbstkritische Aufarbeitung der
Vergangenheit. Das neue Österreichbild wurde wie ein Mantel über die Vergangenheit
beider Parteien gebreitet, die Gegensätze wurden zugedeckt und kamen im politischen
Alltag nicht mehr vor (es sei denn als Zwischenrufe im Nationalrat oder eben als

[19] Vgl. A. Pelinka, Zur österreichschen Identität, a.a.O., S. 65. Pelinka hat diese Information aus
den ungedruckten Memoiren des Vorsitzenden der Sozialistischen Widerstandskämpfer, Josef
Hindels, die im DÖW aufbewahrt werden. Bruno Kreisky kann sich nur an die Amerikaner als
Hindernis erinnern – vgl. B. Kreisky, Zwischen den Zeiten, Berlin 1990, S. 404. Julius Braunthal,
Sozialdemokrat und Verfasser der Geschichte der Sozialistischen Internationalen, erwähnt in
der englischen Erstausgabe seines 1948 erschienen Buches „The Tragedy of Austria" diesen
Brief, in dem „unverblümt festgestellt (wurde), daß die Rückkehr einer großen Zahl von Juden
nach Österreich mit Besorgnis aufgefaßt werden würde" (zit. nach M. v. Amerongen, Kreisky
und seine unbewältigte Vergangenheit, Graz/Wien/Köln 1977, S. 125).
[20] Zur Auseinandersetzung um die Charakterisierung des Dollfuß-Schuschnigg-Regimes der
Jahre 1934–38 als „faschistisch" oder bloß „autoritär" vgl. E. Talos/H. Neugebauer (Hg.),
Austrofaschismus. Beiträge über Politk, Ökonomie und Kultur 1934–1938, Wien 1987. Die
Debatte hierum ist in Österreich nie eine nur wissenschaftliche, sondern stets mit politischen
Auseinandersetzungen zwischen den beiden Parteien ÖVP und SPÖ verknüpft.
[21] Auch in Österreich läßt sich damals eine gewisse „Hierarchisierung der Opfer" beobachten: Am
liebsten hatte man die Toten – die konnten zwar mahnen, aber nicht mehr stören, dann kamen
die Emigranten, die in der Fremde blieben und schwiegen, dann die, welche zurückgekommen
waren aus KZ und Emigration und nicht bereit waren, um der „Kameradschaft der Lagerstraße"
oder politischer Taktik willen zu schweigen. Josef Hindels gehörte zusammen mit Rosa
Jochmann und Simon Wiesenthal (um nur einige der bekanntesten zu nennen) zu den
letzteren. Auch in der KPÖ war das Interesse für Widerstand und Verfolgung, sofern sie sich
nicht politisch verwerten ließen, gering. Vgl. dazu H. Langbein, Darf man Vergessen? in: A.
Pelinka / E. Weinzierl (Hg.), Das große Tabu. Österreichs Umgang mit seiner Vergangenheit,
Wien 1987, S. 9.
[22] Vgl. B. Kreisky, Zwischen den Zeiten, a.a.O., S. 413. Kreisky erklärt allerdings, daß er diese
Weisheit „erst später" begriffen habe. Er hat sie mit der Aufwertung der FPÖ und ihres
Obmannes Peter, dem er trotz dessen Zugehörigkeit zu einer SS-Einheit, die in Kriegsverbre-
chen verwickelt war, stets die Stange hielt, auch selbst praktiziert.

Gedenkartikel in den Parteiorganen). Was anfänglich als notwendige gegenseitige Absolution für die Anfangs- und Aufbauphase der Zweiten Republik gelten sollte, wurde zur Dauereinrichtung und mit Beginn des Kalten Krieges mehr und mehr auch auf die ehemaligen Nationalsozialisten ausgedehnt. Die waren 1949 wieder wahlberechtigt und konnten sehr wohl das weitere Schicksal der Republik entscheidend beeinflussen.

Das Werben um diese „kleinen Nazis" begann bereits früh – schon im August 1945 bekundete Staatskanzler Renner auf einer Kabinettsratssitzung Verständnis für deren Lage: "... die Sache ist nach meinem Gefühl doch so, daß all diese kleinen Beamten, diese kleinen Bürger und Geschäftsleute bei dem seinerzeitigen Anschluß an die Nazis gar nicht weittragende Absichten gehabt haben – höchstens, daß man den Juden etwas tut –, vor allem aber nicht daran gedacht haben, einen Weltkrieg zu provozieren." Wie weit dieses Verständnis (und die mitgeschleppten antisemitischen Denkmuster) in der Regierung reichte, zeigen die von dem britischen Historiker Robert Knight herausgegebenen Wortprotokolle der Regierungssitzungen zwischen 1945 und 1952. Man machte sich – die kommunistischen Vertreter mit inbegriffen – mehr Sorgen um die Notlage der Ex-Pg's als um die versprochene Rückgabe 1938–1945 geraubten Eigentums.[23] Das 1947 auf Drängen der Alliierten verabschiedete Entnazifizierungsgesetz verschärfte zwar noch einmal die Bestimmungen der ersten Gesetze von 1945, doch schuf es mit seinen Kommissionen, an die man zwecks Streichung von der Liste registrierter Nazis appellieren konnte, ein Instrument, das sich für die Masse der „kleinen Nazis" als weit geöffnetes „Hintertürl" in die staatsbürgerliche Normalität erwies. Und es war ein echt österreichisches „Hintertürl", durch das man mit Hilfe einer „Intervention" seitens einer staatstragenden Partei wesentlich leichter durchkommen konnte als mit der Tatsache, daß man sich schon vor 1945 vom Nationalsozialismus abgewandt und womöglich im Widerstand aktiv gewesen war.[24] Die Auswirkungen des Kalten Krieges förderten zudem die rasche Ersetzung des Antifaschismus als öffentlicher Staatsraison durch den Antikommunismus, der es durch die Übernahme von Feindbildklischees a la Goebbels den Ex-Nazis zusätzlich erleichterte, sich mit der Republik zu arrangieren – und der die antifaschistische Umorientierung, wie sie 1945 einhellig (wenn auch mit sehr unterschiedlichen Zielsetzungen) angestrebt worden war, beendete[25]. Die Gründung einer „Vierten Partei" als Sammelbecken der „Ehemaligen", die seit den Natio-

---

[23] Vgl. „Ich bin dafür, die Sache in die Länge zu ziehen ..." Die Wortprotokolle der österreichischen Bundesregierung von 1945 bis 1952 über die Entschädigung der Juden, hrsg. v. R. Knight, Frankfurt a.M. 1988 – die Bemerkung Renners S. 114. Erst 1956 wurde ein erstes Gesetz über die Entschädigung der jüdischen Opfer zustande gebracht. G. Jellinek, der für die American Federation of Jews die Verhandlungen führte, charakterisierte die Haltung der Regierung wie folgt: Sie war „von Beginn an entschlossen, nichts zu geben, nicht mit uns zusammenzuarbeiten und alle unsere Bemühungen zu sabotieren. Und das ganze Parlament stand hinter ihr ... Unter solchen Umständen überhaupt einen Erfolg zu erzielen ist eine anerkennenswerte Leistung". Vgl. A. Drabek u.a., Das österreichische Judentum. Voraussetzungen und Geschichte, Wien/München 1988, S. 183.
[24] Vgl. dazu A. Massiczek, Ich war Nazi, Wien 1985.
[25] Vgl. B. Kaindl-Widhalm, Demokraten wider Willen? Autoritäre Tendenzen und Antisemitismus in der 2. Republik, Wien 1990, S. 191.

nalsratswahlen von 1949 im Parlament – erst als „Verband der Unabhängigen", seit 1954 als Freiheitliche Partei (FPÖ) – vertreten ist, besiegelte die offizielle Integration der Nationalsozialisten in die politische Landschaft der Zweiten Republik. 1957 wurden ihnen mit einer umfassenden Amnestie auch die restlichen Sühnefolgen und Berufsverbote erlassen – einen §131 wie in Deutschland brauchte man nicht, solches regelten die Koalitionspartner unter sich.

1959 betrat ein dicker Herr eine Wiener Cabaretbühne (und bald darauf auch ein Fernsehstudio) und erzählte seinen Zuschauern, was er, der Herr Karl, „alles mitg'macht" habe in seinem Leben, damals: „Alles, was man darüber spricht heute, is ja falsch … es war eine herrliche, schöne … ich möchte diese Erinnerungen nicht missen … Dabei hab i ja gar nichts davon g'habt … Andere, mein Lieber, de ham si g'sund g'stessn … Existenzen wurden damals aufgebaut … G'schäften arisiert, Häuser … Kinos! I hab nur an Judn g'führt. I war ein Opfer. Andere san reich worden. I war a Idealist (…) Wann aner si aufg'regt hat, den hab i nur ang'schaut. Glei war er stüll. Des hab i vom Führer g'lernt. I hab kane blauen Augen, aber des kan i aa."[26] Die Empörung über diese Nestbeschmutzung war einhellig und laut – der Herr Karl störte eindeutig das Bild eines freundlichen Österreich und durchbrach die Sprachregelungen – „jene finstere Zeit, als …" – , die sich für den Umgang mit der „Nazizeit" eingebürgert hatten. Zur gleichen Zeit, als in Deutschland die Auschwitz-Prozesse eine stärkere Auseinandersetzung mit der NS-Vergangenheit bewirkten, wollte man von den Leichen im eigenen Keller nichts mehr wissen. Prozesse wie der gegen Jan Verbelen, belgischer SS-Führer und Kriegsverbrecher, in Belgien zum Tode verurteilt, oder Franz Novak, verantwortlich für die Organisation der Bahntransporte nach Auschwitz, endeten mit Freisprüchen. Kritisiert wurden höchstens diejenigen, die wie Simon Wiesenthal nichts unversucht gelassen hatten, die Verbrecher wenigstens vor Gericht zu bringen.[27] Daß der Herr Karl kein Einzelfall war, zeigten kurz darauf die Vorfälle um den Wiener Universitätsprofessor und Altnazi Taras Borodajkevicz. Dessen nazistischen und antisemitischen Äußerungen in seinen Vorlesungen und in Zeitungsartikeln waren von zwei Studenten in der sozialistischen „Zukunft" angeprangert worden. Mehrere daraufhin von ihm angestrengte Ehrenbeleidigungsprozesse führten zu öffentlichen Auseinandersetzungen an der Universität, bis schließlich der ehemalige KZ-Häftling Ernst Kirchweger während einer Demonstration von einem Borodajkevicz-Fan erschlagen wurde. Sein Begräbnis wurde zur großen, auch von der Regierung mitgetragenen antifaschistischen Demonstration, Borodajkevicz wurde zwangspensioniert (eine Kündigung lehnte der Unterrichtsminister ab). Eine weitere Auseinandersetzung mit der Vergangenheit unterblieb, das offizielle Bild vom Nationalsozialismus als deutsches Problem, an dem Österreich bestenfalls in besonderen Einzelfällen beteiligt gewesen war, wurde nicht angetastet. Wo dies doch geschah, wie im 1963 gegründeten Doku-

---

[26] Qualtinger/Merz, a.a.O., S. 16–17 u. 19.

[27] Wo die Sympathien der Bevölkerung lagen, zeigte der Versuch eines Journalisten, für den inhaftierten Novak eine Straßensammlung zu veranstalten: Man gab – anders als bei der versprochenen Wiedergutmachung – reichlich. Vgl. dazu O. Bronner, „Bitte um eine Spende für Novak", in: Forum 12, 1965, S. 76–78.

mentationsarchiv des Österreichischen Widerstandes (DÖW) oder in Arbeiten verein-
zelter Historiker und Historikerinnen wie Karl Stadler, Friedrich Heer, Maria Szecsi,
Ludwig Jedlicka und Erika Weinzierl, blieb der Kreis der Rezipienten auf ein akademi-
sches Fachpublikum beschränkt[28]. Der restriktiv gehandhabte Zugang zu Archivmaterialien jener Zeit trug mit dazu bei, daß diese Themen kaum bearbeitet wurden – noch
1988 mußten die Herausgeber des Buches „NS-Herrschaft in Österreich" feststellen,
„Nichtaufarbeitung der österreichischen ‚Vergangenheit' heißt auf der wissenschaftlichen Ebene auch ganz simpel: Archivsperre!"[29] Auch die literarische Auseinandersetzung mit der braunen Vergangenheit – etwa Ingeborg Bachmanns „Das dreißigste
Jahr"(1961), die Lyrik von Paul Celan, ernst jandl und Erich Fried – erreichte nur ein
kleines Publikum in Österreich, die Masse der Bevölkerung war nach wie vor auf
„Sissy" abonniert.

   Immerhin rückte in den sechziger Jahren allmählich die Geschichte des österreichischen Widerstandes gegen Austrofaschismus und Nationalsozialismus, die bislang nur
vereinzelt und zumeist in außeruniversitären Einrichtungen wie den Bildungsreferaten
der Arbeiterkammern oder dem DÖW erforscht wurde, zunehmend ins Blickfeld auch
der universitären Forschung: 1968 erhielt mit Karl Stadler erstmals ein Widerstandsfor-
scher einen Lehrstuhl (nicht zufällig an der neugegründeten Universität Linz), die Zahl
der einschlägigen Veröffentlichungen stieg. Vor allem nach dem Beginn der „Ära
Kreisky", der Zeit sozialistischer Alleinregierung zwischen 1971 und 1983, nahm das
Interesse am Widerstand zu und wurde auch entsprechend gefördert. Die Erforschung
des Widerstands konzentrierte sich vorwiegend auf die Arbeiterbewegung und war
damit auch ein Teil der großen Welle von Darstellungen zur Arbeitergeschichte, die
Mitte der siebziger Jahre einsetzte und das traditionelle Österreichbild um eine sozialistische Facette ergänzte: neben die Lodenjanker traten Jacke und Mütze der Arbeiter,
neben Bauernkirtage und Almhütten Maiaufmärsche und Gemeindebauten. Ihren
Höhepunkt erreichte diese Welle in den beiden Ausstellungen über die Arbeiterkultur
der Ersten Republik (1981) und die Zerschlagung der Sozialdemokratie in der „Kälte
des Februar" (1984). Wenn auch damit das bisherige Selbstbildnis angekratzt wurde, in
einem blieb auch das Österreich der Arbeiterbewegung dem alten Bild verpflichtet:
Nationalsozialismus war etwas, das von „draußen" hereingekommen war, gegen das
man Widerstand geleistet hatte und das vorwiegend bei den Deutschnationalen des
bürgerlichen Lagers seine Anhänger gefunden hatte. Die Arbeiterklasse, zumal die
„Kernschichten der Arbeiterbewegung" in den Industriegebieten und großen Betrie-

---

[28] Friedrich Heers Untersuchungen über die Wurzeln des Nationalsozialismus im Katholizismus
     und Antisemitismus des alten Österreich „Gottes erste Liebe" (München 1967) und „Der
     Glaube des Adolf Hitler"(München 1968) waren aber auch in diesen Kreisen kaum bekannt. P.
     G. J. Pulzer. The Rise of Political Anti-Semitism in Germany and Austria, Cambrigde (Mass.)
     1964, die erste größere Untersuchung dieses Themas, wurde nur in einem deutschen Verlag
     1966 in Übersetzung publiziert.
[29] E. Tálos u. a. (Hg.), NS-Herrschaft in Österreich 1938–1945, Wien 1988, S. X. Dieser Zugang zu
     den Materialien ist auch heute noch nicht gesichert. Gewisse ‚sensible' Aktenbestände etwa zur
     Arisierung sind auch in den neunziger Jahren nicht ohne weiteres für Historiker zugänglich.
     Ein Archivgesetz oder gar ein ‚Freedom of Information Act' fehlen in Österreich noch immer.

ben, habe sich der braunen Ideologie gegenüber als resistent und ablehnend erwiesen. Diese These, wie sie etwa in Karl R. Stadlers „Österreich im Spiegel der NS-Akten"(1966) oder der von Hans Hautmann und Rudolf Kropf 1974 verfaßten Geschichte der österreichischen Arbeiterbewegung[30] vertreten wurde, blieb bis in die zweite Hälfte der achtziger Jahre unwidersprochen. Untersuchungen zum Thema Arbeiterschaft und Nationalsozialismus konzentrierten sich auf die Ausbeutungsmechanismen in den Betrieben, das Alltagsleben während des Krieges. Gesucht wurde nach Verweigerung und Dissidenz, hin und wieder auch nach ein bißchen Heroismus.[31] Wenn Untersuchungen zum Nationalsozialismus in Österreich unternommen wurden, so befaßten sie sich entweder mit der Parteigeschichte oder den Verwicklungen bzw. Querverbindungen zwischen bürgerlichen Kräften und Nazis. Auch hier stammte die erste umfassendere Untersuchung der Entwicklung faschistischer Bewegungen in Österreich von einem britischen Historiker: Francis L. Carsten stellte in aller Deutlichkeit klar, daß der Nationalsozialismus eben keine rein „deutsche Erfindung" gewesen war – die Traditionslinie, die er aufzeigte, führte von Schönerers Deutschnationalen, dem Antisemitismus Luegers und dem „nationalen", antisemitischen Sozialismus der deutschböhmischen Deutschen Arbeiterpartei zur Zeit der Habsburger Monarchie über Hitler und seine „Wiener Lehrzeit" hin zur NSDAP.[32]

Auf literarischem Gebiet hingegen gingen Autoren wie Thomas Bernhard mit seinen autobiographischen Romanen „Die Ursache", „Der Keller" und „Der Atem"[33] oder Hilde Spiel mit ihrem Drama „Dämonie der Gemütlichkeit" schon weiter und machten den „Hitler in uns selbst" sichtbar. Die größte Breitenwirkung erzielte die von Wilhelm Pevny und Peter Turrini verfaßte Fernsehserie „Alpensaga", die drei ihrer

---

[30] H. Hautmann/R. Kropf, Die österreichische Arbeiterbewegung vom Vormärz bis 1945. Sozialökonomische Ursprünge ihrer Ideologie und Politik, Linz/Wien 1974. Allerdings wird in ihrer Darstellung bereits die Widersprüchlichkeit der These sichtbar. So konstatieren die Autoren, daß nach einer kurzen Phase, in der sich die Arbeiterschaft „recht beeindruckt" vom Nationalsozialismus gezeigt habe, sie sich anläßlich der Sudetenkrise „entschlossen vom neuen Regime ab(kehrte)"(S. 187). Kurz darauf stellen sie jedoch die „massenweise moralische Degradierung" eben dieser Arbeiter fest: „Viele fühlten sich den Fremdarbeitern, den Russen, Polen und Juden überlegen, statt gerade an deren Schicksal zu sehen, wie tief sie selber heruntergekommen waren"(S. 188).

[31] U.a. in den Begleitbänden zu den Ausstellungen über Arbeiterkultur und Februarkämpfe; damit verbunden war auch eine Neuentdeckung von antifaschistischen Schriftstellern wie Jura Soyfer – nach dem sich u.a. eine der österreichischen Kaffeepflücker-Brigaden benannte, die in Nicaragua arbeitete. Die Suche nach Heroismus (der freilich ein anderer sein sollte, als der einer soldatischen Pflichterfüllung) war Teil des Versuchs, eine neue Österreich-Tradition zu propagieren, die sich aus der Geschichte der Arbeiterbewegung und dem antifaschistischen Widerstand herleitete – man nahm damit gewissermaßen von links her das Bild vom Opfer und Widerständler Österreich beim Wort.

[32] Vgl. F. L. Carsten, Faschismus in Österreich. Von Schönerer zu Hitler, München 1978.

[33] Die Romane erschienen zwischen 1975 und 1978 im Salzburger Residenz-Verlag, 1981 und 1982 folgten noch „Die Kälte. Eine Isolation" und „Ein Kind". 1988 zeigten die empörten Reaktionen sowohl des konservativen wie auch des sich als „liberal" definierenden Österreich auf sein Stück „Heldenplatz", wie groß die Abneigung gegen eine öffentliche Vorführung der österreichischen „Volksseele" auch im „Bedenkjahr 1988" war – vgl. dazu S. Löfler in: profil v. 14. 11. 1988 oder F. Schwabeneder in: Oberösterreichische Nachrichten v. 15. 10. 1988.

insgesamt sechs Folgen den Jahren zwischen 1933 und 1945 widmete. Sie löste zum Teil sehr heftige Reaktionen aus, doch blieben diesmal die empörten „Nestbeschmutzer!"-Rufe in der Minderzahl[34] – die Vergangenheit war, zumindest für die Generation der Nachkriegszeit, kein umfassendes Tabu mehr. Allerdings: das Hauptinteresse galt dabei dem Widerstand gegen die Diktaturen, dem „Nicht-Mitmachen" im „Dritten Reich", während das „Mitmachen" noch weitgehend unbeachtet blieb. Ernst Ungers Theaterstück „Unten durch"(1980), das den Weg einer Personengruppe – vom dem als „U-Boot" untergetauchten Juden Tannenbaum bis zum anpassungsfähigen Blockwart Böhm – aus dem „Dritten Reich" in die II. Republik zeigt, erhielt zwar eine gute Presse und wurde viel im Ausland gespielt, in Österreich hingegen nicht mehr.[35]

Ende der siebziger Jahre erschienen die ersten Arbeiten, die sich mit dem Verhältnis auch der Arbeiterbewegung zum Nationalsozialismus befaßten. Der von Helmut Konrad herausgegebene Konferenzband „Sozialdemokratie und Anschluß" diskutierte immerhin die Problematik des Deutschnationalismus in der österreichischen Sozialdemokratie, er beschränkte sich aber, was die Folgen für das Verhalten der Arbeiterschaft während des NS-Herrschaft anbelangte, noch weitgehend auf Andeutungen.[36] Österreich war und blieb vor allem Opfer des Nationalsozialismus, gegen den man, soweit es eben ging, Widerstand geleistet habe – diese mittlerweile zum Mythos gewordene These galt nach wie vor sowohl für den Zustand der Arbeiterschaft im Nationalsozialismus wie auch für das Verhalten der Österreicher insgesamt. Symptomatisch dafür sind die als Fernsehdokumentarreihe geplanten Serien „Österreich I" und „Österreich II", in denen dem Widerstand zwar endlich der ihm gebührende Platz eingeräumt wurde, das Problem, woher denn die über 500000 österreichischen Nazis auf einmal gekommen waren, aber ungelöst blieb. So läßt der Sprechertext in der Sendung über den März 1938 Nazis bis auf wenige Prominente (die zudem noch großteils Deutsche sind) anonym bleiben – „Nationalsozialisten ... Ariseure" (sind es überhaupt Österreicher?). Die neue Zeit wird von Österreichern weitgehend passiv erlebt: „Auch die Beamtenschaft wird gesäubert ... Bei Großkundgebungen werden die Beamten von Reichsbeamtenführer Hermann Neef vereidigt, dem Führer Adolf Hitler treu und gehorsam zu sein. ... Durch die Aktionen der Gestapo werden die Politiker des Landes ausgeschaltet. Mit den Verhaftungen soll jeder nur mögliche Widerstand im Keim erstickt werden".[37] Die Antworten von Zeitzeugen blieben im Rahmen des von den Historikern konstatierten „beeindruckt"-Seins. Vor allem, daß man nun nach Jahren der Not plötzlich wieder Arbeit gehabt habe und dies erst einmal wichtiger gewesen sei

---

[34] Vgl. G. Ernst/K. Wagenbach (Hg.), Literatur in Österreich. Rot ich Weiß Rot, Berlin 1979, S. 95f.

[35] E. R. Unger, Die Republik des Vergessens. Drei Stücke, Wien 1987, S. 70.

[36] H. Konrad, Sozialdemokratie und „Anschluß". Historische Wurzeln – Anschluß 1918 und 1938, Wien/Zürich 1978. Siehe ferner E. Panzenböck, Ein deutscher Traum. Die Anschlußidee und Anschlußpolitik bei Karl Renner und Otto Bauer, Wien/Zürich 1985. Auch Panzenböck bleibt auf der Ebene der Ideologen – für ihn lautet die wichtigste Frage, „ab welchem Zeitpunkt durch die objektive historische Entwicklung das Konzept überholt, ja bedenklich zu werden begann". (S. 209).

[37] Österreich I. Eine Dokumentarserie von Hugo Portisch und Sepp Riff, Folge 7: Die Heimsuchung Österreichs, in: ORF-Nachlese 7/1988, S. 16.

als alles andere, diente als Erklärung für die anfängliche Begeisterung – die Frage, ob denn nicht mehr als nur Begeisterung wegen der neuen Arbeitsstelle gewesen war, wurde von den Interviewern nicht gestellt. Deren Interesse galt weitaus mehr dem Aufspüren von Enttäuschung, beginnender Dissidenz und Widerstandshaltung.

Es bedurfte eines Handschlages, um diesen zur festen Selbstverständlichkeit gewordenen Mythos ins Schwanken zu bringen: 1985 begrüßte der FPÖ-Verteidigungsminister den ehemaligen SS-Obersturmbannführer Walter Reder, aus italienischer Kriegsverbrecherhaft entlassen, bei seiner Ankunft in Österreich mit einem Händedruck als letzten heimgekehrten Kriegsgefangenen. Die darauf folgende öffentliche Empörung bracht ans Licht, daß sich seit Ende der sechziger Jahre alle österreichischen Politiker in seltener Eintracht für die Freilassung Reders eingesetzt hatten, dessen SS-Einheit 1943 im mittelitalienischen Marzabotto durch Massenmord an der dortigen Zivilbevölkerung berüchtigt geworden war. Die Republik Österreich, gegründet aus der antifaschistischen „Kameradschaft der Lagerstraße", versehen mit dem strengsten NS-Verbotsgesetz Europas,[38] stand nun auf einmal nicht mehr so sauber da, wie sie dies immer behauptet hatte. Zumindest Reder war nicht „willenlos gemacht" gewesen, sondern bereits vor 1938 als SS-Mann nach Deutschland gegangen. Nun tauchten auch andere (wieder) auf: Jan Verbelen, Franz Novak und – stellvertretend für andere hohe NS-Funktionäre – Tobias Portschy, kurzfristiger Gauleiter der burgenländischen Nazis und Erfinder der sogenannten „Zigeunerlager". Sie alle genossen in Frieden ihre Pension und waren hochangesehene Bürger, die sich auch der Gunst hoher Politiker erfreuten – obwohl sie sich nach wie vor in einschlägigen Vereinigungen betätigten. Das 1979 erstmals erschienene Handbuch „Rechtsextremismus in Österreich", das 1981 seine fünfte Auflage erlebte, listete ein umfangreiches Netzwerk rechtsextremer und neonazistischer Organisationen in Österreich auf und vergaß auch die Partei des Verteidigungsministers nicht.

Die Debatte um den Händedruck erregte nicht zuletzt deshalb eine solche Aufregung, weil sie in einem Jahr stattfand, in dem 40 Jahre Wiedergründung der Republik und 30 Jahre Staatsvertrag mit einem „Jahr der Zeitgeschichte", an dem sich vor allem die Schulen beteiligen sollten, begangen wurden – wenn dabei statt der bereits eingespielten Thematik „Widerstand" und „NS-Alltag" nun die österreichische Verstrickung in die Verbrechen des „Dritten Reiches" (und zwar nicht nur die „großen" Kriegsverbrechen, sondern auch die „kleinen" Schweinereien des Alltags) zum Hauptthema würde, war dies der erwünschten Selbstbestätigung für den „österreichischen Weg" nicht eben dienlich. Die vornehmlich in den großen Tageszeitungen und dem Wochenblatt „profil" geführten Auseinandersetzungen über die Bewältigung des Nationalsozialismus zeigten, daß gerade an dieser Stelle ein Schwachpunkt des österreichischen Opfer-Mythos getroffen worden war. Das Schweigen über den Teil der Vergangenheit,

---

[38] Das Strafausmaß war derart hoch, daß kaum jemand nach diesem Gesetz angeklagt und noch weniger verurteilt wurden – erst der Neonaziführer Gottfried Küssel wurde 1993 wegen NS-Wiederbetätigung zu zehn Jahren Zuchthaus verurteilt. Doch auch dieses Urteil dürfte infolge der dürftigen Beweisaufnahme der Behörden in einem Revisionsprozeß zu Fall gebracht werden (Vgl. dazu profil v. 19. 9. 1994).

der nicht Widerstand oder Hinnahme, sondern Kollaboration und aktive Förderung der NS-Politik gewesen war, ließ sich nicht mehr aufrechterhalten. Die „Versöhnung" der verschiedenen politischen Lager in der zweiten Republik war nicht mehr stillschweigend akzeptierter Grundkonsens, sondern sah sich – zumindest was die Art und Weise der „Versöhnung" der ehemaligen Nationalsozialisten mit der II. Republik anging – vom kritischen Teil der Öffentlichkeit in Frage gestellt. Innenpolitische Bedeutung erhielt der Händedruck auch dadurch, daß sich nun um den Kärntner FPÖ-Politiker Jörg Haider eine rechte Gruppierung sammelte, welche sich anschickte, die mühsam aufgebaute liberale Ausrichtung der FPÖ (die damals eine Koalitionsregierung mit der SPÖ bildete) wieder rückgängig zu machen.

Ließ sich dieser Riß vorerst noch provisorisch kitten – eine Rekrutenangelobung am Gelände der Gedenkstätte Mauthausen sollte deutlich das antifaschistische Bekenntnis der Regierung (inclusive ihres Verteidigungsministers) demonstrieren –, so versetzten die Auseinandersetzungen um die Kandidatur des ehemaligen Außenministers und UNO-Generalsekretärs Kurt Waldheim für das Amt des Bundespräsidenten dem österreichischen Opfermythos endgültig den Todesstoß: Mit seiner bislang verschwiegenen Vergangenheit als SA-Reiter an der Wiener Diplomatenakademie und Offizier im Balkankrieg konfrontiert, konnte er sich zunächst an nichts erinnern. Waldheims Aussage, er habe als Soldat in verschiedenen Stäben der Wehrmacht am Balkan nur seine „Pflicht als Soldat erfüllt" und im übrigen von all den Grausamkeiten, welche für die Wehrmachtkriegsführung in Südosteuropa charakteristisch waren, nichts gesehen, entsprechende Meldungen und Befehle habe er lediglich abzuzeichnen gehabt,[39] und die Zustimmung, die seine Argumentation bei einem Großteil der Bevölkerung fand, zeigte exemplarisch den Zustand der österreichischen Kriegsgeneration auf: Man hatte diesen Teil der Vergangenheit mühsam begraben und darüber geschwiegen und hatte keine Lust, sich nun für sein damaliges Verhalten zu rechtfertigen – schon gar nicht angesichts einer „Campaign", hinter der der Kandidat weniger die SPÖ als vielmehr den Jüdischen Weltkongreß sah. Was seitens Waldheim in einem vielleicht unbeabsichtigten Reflex auf die gegen ihn gerichtete Kritik geäußert wurde, löste die erste nicht mehr zu verheimlichende Welle von Antisemitismus in Österreich nach 1945 aus: Anschläge, Drohbriefe und -anrufe gegen Angehörige der Jüdischen Kultusgemeinde zeigten, daß in Österreich ein bislang verdecktes Potential an Antisemitismus bestand, das nun an die Oberfläche drängte. Demgegenüber formierte sich die kritische Öffentlichkeit – diesmal auch unter großer Beteiligung der österreichischen Historiker und Politologen. Was der Salzburger Sozialhistoriker Gerhard Botz, der Innsbrucker Politologe Anton Pelinka und der Psychiater Erwin Ringel auf den Veranstaltungen und Kundgebungen der Waldheimgegner vortrugen, war zwar zu einem guten Teil bereits Jahre zuvor in wissenschaftlichen Publikationen geschrieben wor-

---

[39] Waldheims Aussagen „entwickelten" sich erst im Laufe des Wahlkampfes als Reaktion auf die gegen sein Nichtwissen vorgebrachten Dokumente – eine Zusammenfassung bieten der Bericht der Historikerkommission, gedr. als „profil"-Dokument, in: profil v. 15. 2. 1988, sowie verschiedene Publikationen seiner Gegner, z.B.: H. Born, Für die Richtigkeit: Kurt Waldheim, München 1987 oder B. Cohen/L. Rosenzweig, Der Waldheim-Komplex, Wien 1987.

den, wurde aber erst jetzt einer größeren Öffentlichkeit bekannt.[40] Publizistisch unterstützt vor allem von der „Kronenzeitung" (der größten österreichischen Tageszeitung, deren Spitzenjournalisten Viktor Reimann und ‚Staberl' Richard Nimmerrichter stets zuverlässige Gegner einer kritischen Aufarbeitung des Nationalsozialismus waren), konnte Waldheim aber die „Campaign" zu seinen Gunsten ausnutzen und wurde – wenn auch erst im zweiten Wahlgang – von einer großen Mehrheit gewählt. Die Diskussion um die österreichische NS-Vergangenheit konnte er damit – schon angesichts der internationalen Kritik an der Vergangenheitsbewältigung auf österreichisch – nicht zum Verstummen bringen.[41] Was der Schriftsteller Peter Turrini über sein Kärntner Heimatdorf berichtete – „Aus dem Ortsgruppenleiter wurde der neue Bürgermeister, aus dem nationalsozialistischen Lehrer der neue Schuldirektor"[42] –, war auch im übrigen Österreich zu finden, die meisten Bürger hatten sich – aus ihrer individuellen Ohnmacht gegenüber den jeweiligen neuen Herren vielleicht verständlich – stets angepaßt, mitgemacht – und ihre vorige Haltung so rasch als möglich vergessen.

Das durch die Waldheimdebatte hervorgerufene Interesse an den lange verdrängten Seiten von Österreichs NS-Vergangenheit hatte zur Folge, daß nun auch für die Erforschung von bislang weißen Flecken gebliebenen Themen Mittel zur Verfügung gestellt und Archive geöffnet wurden. Begonnen hatten damit allerdings amerikanische und britische Historiker: Robert Knight, Bruce F. Pauley, dessen „Hitler and the Forgotten Nazis" (1981) nun 1988 in deutscher Übersetzung im Bundesverlag erschien, oder Evan B. Bu-

---

40 So waren die Untersuchungen von G. Botz zum Verlauf der „Arisierungen" in Wien bereits in den siebziger Jahren erschienen – z. B. sein Buch „Wien vom Anschluß bis zum Krieg" (Wien 1978). Anton Pelinka hatte in etlichen Zeitschriftenbeiträgen die Defizite österreichischer Vergangenheitsbewältigung aufgezeigt. Die Problematik der Entnazifizierung in Österreich hatten bereits Dieter Stiefel (Entnazifizierung in Österreich, Wien 1981) und Oliver Rathkolb (US-Entnazifizierung in Österreich. Zwischen kontrollierter Revolution und Elitenrestauration, in: Zeitgeschichte, 1984, H. 9/10) untersucht. Die Kontinuität und Besonderheit des Antisemitismus nach 1945 waren Gegenstand der Arbeiten etwa von John Bunzl und Bernd Marin (Antisemitismus in Österreich, Innsbruck 1983). Erwin Ringel hatte vor allem in seinem Buch „Die österreichische Seele. 10 Reden über Medizin, Politik, Kunst und Religion (Wien/Köln/Graz 1984)" die psychologischen Voraussetzungen und Nachwirkungen des österreichischen Faschismus offengelegt.

41 Nicht mehr in Frage gestellt wurde dabei die Eigenständigkeit einer österreichischen Nation. Als 1986 Karl Friedrich Erdmann Österreich (auch für die Zeit nach 1945) in das „Handbuch der deutschen Geschichte" aufnahm und vorschlug, Österreich solle auch in dem neu zu schaffenden „Haus der Geschichte der Bundesrepublik" seinen Platz finden, wurde ihm von österreichischen Historikern entschieden widersprochen. Die Nachkriegsgeneration der österreichischen Historiker – wie auch die überwiegende Mehrheit der Bevölkerung – hatte sich aus der deutschen Geschichte bzw. Nation verabschiedet. Ein Resumee der Debatte bietet P. Malina, Von Historikern und ihren Geschichten. Der nationale Ort Österreichs in der österreichischen und deutschen Diskussion, in: O. Rathkolb u. a. (Hg.), Österreich und Deutschlands Größe. Ein schlampiges Verhältnis, Salzburg 1990, S. 93–109.

42 P. Turrini, Die Bewohner des Stammtisches (5. 6. 1986), in: Es ist ein gutes Land. Texte zu Anlässen, Wien/Zürich 1987, S. 181. Als Mitautor der Alpensaga sowie der – vom ORF nur teilweise gesendeten – „Arbeitersaga", die den Weg einer Arbeiterfamilie von der Zeit der Industrialisierung bis in die Gegenwart zum Thema hat, widmete sich Turini intensiver – und breitenwirksamer – als andere der österreichischen Vergangenheit.

key mit seiner Regionalstudie „Hitler's Hometown"(1986).[43] Vor allem die im Gedenk-jahr 1988, der fünfzigsten Wiederkehr des „Anschlusses", erschienenen Artikel und Pu-blikationen befaßten sich in ihrer Mehrheit gerade mit den Aspekten der Zeit um 1938, die nicht dem bisher gängigen Bild des Opfers Österreich entsprachen – z.B. Josef Stockingers „Zeit, die prägt" über die Arbeiterschaft in der oberösterreichischen Indu-striestadt Steyr, der auch die Anfälligkeit dieser Arbeiter für den Nationalsozialismus[44] behandelte, oder der von Emmerich Tálos mitherausgegebene Band „NS-Herrschaft in Österreich" – nach den Worten der Herausgeber „der erste Versuch österreichischer Hi-storiker und Sozialwissenschaftler, eine Gesamtdarstellung der NS-Herrschaft in Öster-reich zu wagen"[45]. Dabei zeigte sich auch in aller Deutlichkeit, daß die bisherigen Thesen über das Verhältnis von Arbeiterschaft zum Nationalsozialismus sich nicht halten ließen. War man, ausgehend von einem als selbstverständlich angenommenen fundamentalen Widerspruch zwischen Nationalsozialismus und Arbeiterbewegung, bislang der Ansicht, dieses Verhältnis sei vor allem von Konflikt, Repression und Widerstand geprägt, so zeig-te sich nun ein weitaus größerer Bereich an Integration, Anpassung – und nachheriger Verdrängung.[46] Die Gesellschaft zur Zeit des Anschlusses und der NS-Herrschaft wurde nicht mehr säuberlich geschieden (und konnte nach den vergangenen Jahren auch nicht mehr so aufgeteilt werden) in gute, aber eben „willenlos gemachte" Österreicher und zumeist anonym bleibende Nazis. Das Selbstverständnis Österreichs als Opfer des deut-schen Nationalsozialismus, von den Gründern der II. Republik zur Rechtfertigung ge-genüber den Alliierten und als Identifikationsangebot an die Bevölkerung entwickelt, war letztlich nichts anderes als der von oben initiierte und von unten dankbar aufgenom-mene Versuch, sich kollektiv von eben dieser Vergangenheit zu verabschieden. Mit die-ser Vergangenheit konfrontiert, ohne die Möglichkeit zur Flucht ins Verdrängen und Vergessen, war es nicht mehr aufrechtzuerhalten und zerbrach. Österreich war mit seiner NS-Vergangenheit in der Realität angekommen und muß sich seitdem mit der Ambiva-lenz seines damaligen – und heutigen – Verhaltens abfinden.[47] „Die Grenze zwischen Fa-schismus und Anstand verlief mitten durch die einzelnen Zeitgenossen." Günter Nen-ning, der dies 1988 im „profil" schrieb, setzte noch hinzu: „Das ist heute nicht anders".

---

[43] Knight, a.a.O; B. F. Pauley, Der Weg in den Nationalsozialismus. Ursprünge und Entwicklung in Österreich, Wien 1988; E. B Bukey, Hitler's Hometown. Linz, Austria 1908–1945, Blooming-ton/Indianapolis 1986 (1993 in deutscher Übersetzung erschienen).

[44] J. Stockinger, Zeit die prägt. Arbeiterbewegung in Steyr, Linz 1988. Zum Verhältnis Arbeiter-schaft und Nationalsozialismus siehe u.a. R. Ardelt/H. Hautmann (Hg.), Arbeiterschaft und Nationalsozialismus in Österreich. In memoriam Karl R. Stadler, Wien/Zürich 1990 (der Band ging aus einem gleichnamigen Symposium im März 1988 hervor).

[45] Tálos u.a., a.a.O., S. IX.

[46] So schildert Christian Fleck im Begleitband zur Ausstellung „Die ersten Hundert Jahre. Österreichische Sozialdemokratie 1888–1988" (Wien 1988) ausführlich, „Wie aus einem Sozi ein Nazi wurde" (S. 227ff.).

[47] Diese Ambivalenz sieht auch B. F. Pauley, Eine Geschichte des österreichischen Antisemi-tismus. Von der Ausgrenzung zur Auslöschung, Wien 1993: Einerseits war der österreichische Antisemitismus vor 1933/38 nur eine nationale Spielart eines damals überaus populären Vorurteils (S. 20), andererseits war gerade hier jene Mischung aus Antimodernismus, Demokra-tieverachtung, Autoritätsgläubigkeit und Revanchedenken vorhanden, die den österreichi-schen Antisemitismus 1938/39 sogar zum Vorreiter der NS-Judenpolitik werden ließ.

II. Vergleichsperspektiven und Forschungsprobleme in der Diskussion

BERND FAULENBACH

Die doppelte „Vergangenheitsbewältigung". Nationalsozialismus und Stalinismus als Herausforderungen zeithistorischer Forschung und politischer Kultur

Heute stellt sich in neuer Weise die generelle Frage: Wie geht die Gesellschaft des vereinigten Deutschland mit „ihren" verschiedenen „Vergangenheiten" um: mit der Geschichte der NS-Zeit und deren Vorgeschichte, mit der Geschichte der DDR und ihren historischen Kontexten und mit der Geschichte der (alten) Bundesrepublik? Wir haben es mithin mit einer mindestens doppelten, vielleicht sogar dreifachen Zeitgeschichte zu tun.[1] Das Dritte Reich und die DDR, die anders als die Bundesrepublik „Vergangenheit" sind, stellen dabei Problemkomplexe der Gegenwart dar, die keineswegs nur die zeitgeschichtliche Forschung betreffen, sondern Kernfragen der politischen Kultur, der Identität, des vereinigten Deutschland bilden und mit einer Reihe von politisch-gesellschaftlich-kulturellen Problemen verwoben sind.

Ich möchte im Kontext dieses Symposions den gegenwärtigen Problemkreis auf dem Hintergrund der bislang vorherrschenden Muster des Umgangs mit der jüngsten Geschichte beleuchten, indem ich zunächst die veränderte Konstellation anspreche, dann die Frage nach Veränderungen der Gegenwartsbedeutung der NS-Zeit aufwerfe, Probleme der „Bewältigung" der Geschichte der DDR und der kommunistischen Welt benenne und schließlich der Verschränkung der „doppelten Vergangenheitsbewältigung" nachgehe.

Bei diesen Fragen geht es mir um gesellschaftliche Haltungen, die zwar keineswegs unmittelbar den Forschungsprozeß prägen, diesen jedoch in einer Weise beeinflussen, daß umgekehrt die Tendenzen der Zeithistorie als Indikatoren für gesellschaftliche Entwicklungstendenzen herangezogen werden können. Allerdings sind doch auch die Spannungen zwischen Zeithistorie und gesellschaftlichen Tendenzen mitzusehen.

---

[1] Vgl. E. Weidenfeld (Hg.), Deutschland. Eine Nation – doppelte Geschichte. Materialien zum deutschen Selbstverständnis, Köln 1993, darin insbesondere B. Faulenbach, Probleme des Umgangs mit der Vergangenheit im vereinten Deutschland. Zur Gegenwartsbedeutung der jüngsten Geschichte, S. 175-190.

Die neue politisch-kulturelle Konstellation

Keine Frage, daß die Jahre 1989–1991 eine tiefgreifende Epochenwende darstellen, die sich auf Geschichtsbewußtsein und Geschichtskultur – wie andere Epochenwenden zeigen – auswirken wird, in welchem Ausmaß und in welchen Formen ist naturgemäß gegenwärtig noch offen. Die Gegenwartsgebundenheit historischer Erkenntnisinteressen und die dadurch geprägte Kategorialstruktur dürften unstrittig sein.

Schon die Faktizität der Auflösung der kommunistischen Welt – auch wenn deren Erbe noch weiterwirkt – ist nicht lediglich für Osteuropa, sondern auch für den Westen von erheblicher Bedeutung, war doch auch das Gegenbild der kommunistischen Welt für den Westen von einiger Bedeutung, auch wenn das Feindbild für das Selbstverständnis des Westens niemals so dominant war wie umgekehrt für den Osten und sich zunehmend auch abgeschwächt hat. Immerhin sind auch Fragen nach dem „westlichen" Selbstverständnis heute aufgeworfen.

Wir stehen offenkundig vor dem offenen Horizont der Zukunft; die veränderte Konstellation mag man als „neue Unübersichtlichkeit" charakterisieren.[2] Der Zusammenbruch der kommunistischen Welt hat das staatlich sanktionierte marxistisch-leninistische Geschichtsbild obsolet gemacht, das den Anspruch erhob, die Gesetzmäßigkeiten der Geschichte und damit den Verlauf der Geschichte zu kennen.[3] Doch auch Fukuyamas geschichtsphilosophische These vom Ende der Geschichte ist rasch von der Geschichte überholt worden.[4] Jede Form von Geschichtsphilosophie, die in die Zukunft hinausgreift, scheint unmöglich geworden zu sein.

In mancher Hinsicht erscheint die neue Konstellation, die u. a. durch Renationalisierungstendenzen gekennzeichnet ist, als Wiederkehr des 19. Jahrhunderts oder der Zwischenkriegszeit. Insbesondere ergibt sich die Notwendigkeit einer Neuorientierung für die Deutschen, die sich über Jahrzehnte mehr oder weniger (im Westen mehr und im Osten weniger) an postnationale Strukturen gewöhnt hatten, jetzt aber wieder in einem Nationalstaat leben, der freilich anders als vor 1945 eng mit den (west)europäischen Nachbarstaaten verwoben ist; die Geschichte des deutschen Nationalstaats von 1871 bis 1945 scheint wieder dichter an die Gegenwart heranzurücken. Keine Frage, daß die Deutschen – in der Mitte Europas lebend – in einer veränderten Welt ihre Rolle finden müssen, wie die Debatten über den Golf-Krieg, zur Asylfrage oder auch zur Beteiligung an der UN-Aktion in Somalia eindrucksvoll zeigen.[5] Es geht um Grundfragen des Selbstverständnisses und der politischen Kultur der deutschen Gesellschaft.

---

[2] Der Begriff der „neuen Unübersichtlichkeit" wurde von Jürgen Habermas ursprünglich für die politisch-kulturelle Konstellation der achtziger Jahre geprägt. Vgl. J. Habermas, Die Neue Unübersichtlichkeit. Kleine Politische Schriften, Bd. V, Frankfurt a.M. 1985.

[3] Vgl. B. Faulenbach, Zur Bedeutung der Umwälzungen in Mittel- und Osteuropa für das Geschichtsverständnis der deutschen Arbeiterbewegung, in: BzG 34, 1992, S. 35–42.

[4] F. Fukuyama, Das Ende der Geschichte. Wo stehen wir?, München 1992.

[5] Vgl. B. Faulenbach, „Deutsche Sonderwege". Anmerkungen zur aktuellen Diskussion über das deutsche historisch-politische Selbstverständnis, in: Comparativ 4, 1994, S. 14–30.

Im Kontext der Debatten um die politische Neuorientierung stellt die neueste Geschichte die Folie dar, die selbst in verändertem Licht erscheint. Was bedeutet die Tatsache, daß 1989/90 die Nachkriegsepoche zu Ende gegangen ist, im Hinblick auf das Geschichtsbewußtsein?

Bei der Beantwortung dieser Frage geht es um drei eng untereinander verknüpfte Komplexe: um den Charakter der historischen Phänomene, um ihre Verortung im historischen Prozeß und um ihre Gegenwartsbedeutung, um ihren „Sinn" heute. Wir behandeln in diesen Hinsichten die NS-Zeit, die DDR und den Kommunismus als zentrale Fragen, um die die „Bewältigung" der Vergangenheit kreist.

Eine neue Sicht der NS-Zeit?

Unverkennbar hat sich die Diskussion gegenüber der Zeit vor 1989 nicht unerheblich gewandelt. Helmut Dubiel hat 1991 im Hinblick auf die politische Kultur die These vertreten: „Nach der deutschen Einigung sind die von 1949 bis 1990 geltenden Formen des Bezuges auf den Nationalsozialismus in Ost und West Kandidaten für's Archiv geworden."[6] Ist unser bisheriger Umgang mit dem NS völlig überholt?

Im Hinblick auf die Zeithistorie ist zu konstatieren: Insgesamt gesehen ist das Dritte Reich gut erforscht, wobei die jahrzehntelange wissenschaftliche Aufarbeitung, anfangs von Hitler und Fragen der Außenpolitik ausgehend, zunehmend die verschiedensten staatlichen, gesellschaftlichen und kulturellen Bereiche erfaßt hat.[7] Schon vor mehr als 20 Jahren konstatierte Hans Mommsen, daß die NS-Zeit zu den am besten erforschten Epochen der deutschen Geschichte zähle.[8] Gewiß ist dieser Aufarbeitungsprozeß, der im letzten Jahrzehnt u. a. die Rolle der Medizin beleuchtet hat, nicht zu Ende. Auch gibt es immer noch erstaunliche Lücken, selbst im Hinblick auf das KZ-System und die NS-Verbrechen. Dennoch ist festzustellen, daß wir insgesamt gesehen heute über ein gesichertes Bild des Dritten Reiches, der NS-Politik, Gesellschaft und Kultur verfügen.

Zugleich jedoch ist die Interpretation der NS-Zeit in vieler Hinsicht strittig, verschiedene Ansätze konkurrieren miteinander. Inwieweit die Ansätze der „Intentionalisten" und der „Funktionalisten" tragen, darüber läßt sich immer noch streiten.[9] Charakteristisch für die neueste Diskussion ist der Streit über das Verhältnis des NS und der NS-Politik zur Moderne, d. h. über die Modernität des Nationalsozialismus. Bemerkenswerterweise treffen sich verschiedene neuere Interpretationen – wie Norbert Frei zurecht festgestellt hat – in der Betonung der relativen Modernität des Dritten Rei-

---

6 H. Dubiel, Deutsche Vergangenheiten, in: S. Unseld (Hg.), Politik ohne Projekt? Nachdenken über Deutschland, Frankfurt a.M. 1993, S. 236–249, hier S. 248.
7 B. Faulenbach, NS-Interpretationen und Zeitklima. Zum Wandel in der Aufarbeitung der jüngsten Vergangenheit, in: APZ, B 22/87 v. 30. 5. 1987, S. 19–30.
8 H. Mommsen, Nationalismus, in: Marxismus im Systemvergleich, Bd. III, Frankfurt a.M./New York 1974, Sp. 173–193, hier Sp. 173.
9 Vgl. I. Kershaw, Der NS-Staat. Geschichtsinterpretationen und Kontroversen im Überblick, Reinbek 1988, insbes. S. 125ff.

ches.[10] Dies gilt für die Interpretationen von Rainer Zitelmann und einer Reihe im Band „Nationalsozialismus und Modernisierung" versammelter jüngerer Autoren auf der einen Seite und für Karl-Heinz Roth, Götz Aly und Susanne Heim auf der anderen Seite.[11] Roth sucht die Verbrechen des Nationalsozialismus als „rationale Konsequenz eines potentiell stets mordbereiten Kapitalismus" zu interpretieren.[12] Aly und Heim glauben zeigen zu können, daß hinter dem Völkermord durchaus utilitaristisch begründbare und im Herrschaftsinteresse „rationale" Konzepte stecken; sie haben insbesondere die Rolle der Experten, von Bevölkerungswissenschaftlern beleuchtet. Auschwitz war aus ihrer Sicht „ein spezifischer Beitrag zur europäischen Moderne."[13] – Zitelmann, in seinem Ausgangspunkt sich von den genannten unterscheidend, versucht Hitler ebenfalls als Mann der Moderne und als Anhänger des Fortschrittsgedankens darzustellen.[14] Und auch bezogen auf andere Bereiche von Staat, Gesellschaft und Kultur arbeiten die Autoren um Zitelmann und Prinz Modernisierungstendenzen – teils intentionaler, teils funktionaler Art – heraus.[15] Mit diesen Ansätzen wird die NS-Zeit ein Stück weit an die Gegenwart herangerückt.

In beiden Ansätzen, insbesondere bei Aly und Heim, scheint ein gegenüber der Moderne kritischer Ansatz durch. Wie man die Frage der Modernität des Dritten Reiches beantwortet, hängt offensichtlich nicht zuletzt vom Begriff der Moderne ab, u.a. davon, ob man ihn eher normativ oder eher deskriptiv-analytisch faßt. Hans Mommsen spricht, an einem positiven Begriff der Moderne orientiert, von „vorgetäuschter Modernisierung", Geoffrey Herf von „reaktionärer Modernität".[16] Die Interpretation des Dritten Reiches ist in erheblichem Maße von der verwendeten Kategorialstruktur abhängig.

Möglich sind verschiedene Interpretionen aber auch auf Grund des spezifischen Ambivalenzcharakters des Dritten Reiches: Gerade das Ineinander, die Amalgamierung von moderner Technik und teilweise rückwärtsgewandten Zielen, von mangelnder organisatorischer Rationalität und der Simulation von Effektivität, von öffentlicher

---

[10] Norbert Frei, Wie modern war der Nationalsozialismus?, in: GG 19, 1993, S. 367–387.

[11] M. Prinz/R. Zitelmann (Hg.), Nationalsozialismus und Modernisierung, Darmstadt 1991; K.-H. Roth (Hg.), Auschwitz. Normalität oder Anomalie eines kapitalistischen Entwicklungsprinzips?, in: 1999. Zeitschrift für Sozialgeschichte des 20. und 21. Jahrhunderts, 1989, H. 4, S. 11–28; G. Aly/S. Heim, Vordenker der Vernichtung. Auschwitz und die deutschen Pläne für eine neue europäische Ordnung, Hamburg 1991. Vgl. auch Frei, a.a.O.

[12] Frei, a.a.O., S. 369.

[13] G. Aly/S. Heim (Hg.), Bevölkerungsstruktur und Massenmord. Neue Dokumente zur deutschen Politik der Jahre 1938–1945, Berlin 1991, S. 12. Vgl. dazu D. Diner, Rationalisierung und Methode. Zu einem neuen Erklärungsversuch der Endlösung, in: VfZ 40, 1992, S. 359–382.

[14] Vgl. R. Zitelmann, Hitler. Selbstverständnis eines Revolutionärs, Stuttgart 1989; R. Smelser/ R. Zitelmann (Hg.), Die braune Elite. 22 biographische Skizzen, Darmstadt 1989.

[15] Prinz/Zitelmann (Hg.), a.a.O., insbes. S. 1–20.

[16] H. Mommsen, Nationalsozialismus als vorgetäuschte Modernisierung, in: derselbe, Der Nationalsozialismus und die deutsche Gesellschaft. Ausgewählte Aufsätze, Frankfurt a.M. 1991. S. 405–427; G. Herf, Reactionary modernism. Technology, culture and politics in Weimar and the Third Reich, Cambridge 1984; vgl. auch P. Reichel, Der schöne Schein des Dritten Reiches. Faszination und Gewalt des Faschismus, München/Wien 1991.

Mobilisierung und Rückzug ins Private, von Faszination und Terror, von Völkermord und bürgerlicher Normalität sind charakteristisch für die NS-Zeit.

Die Debatte über die Frage nach der Modernität des NS ist bereits vor 1989 begonnen worden und kann nicht als Ausfluß der veränderten Konstellation gesehen werden, kommt aber jetzt in veränderte Verwertungszusammenhänge und läßt die Frage nach der Gegenwartsbedeutung des NS nicht ruhen, zumal – wie gesagt – die Deutschen wieder stärker in ihre traditionelle Rolle in der „Mitte Europas" einzurükken scheinen.

Scheinbar als lediglich historisches Phänomen erscheint der NS in der Interpretation von Ernst Nolte, der im Nationalsozialismus einen Antibolschewismus sehen will und ihn nur als Reaktion auf die radikale Linke für interpretierbar und verständlich (ja sogar teilweise gerechtfertigt) hält, womit sowohl die antisemitische als auch die antibürgerliche und antiliberale Stoßrichtung als sekundär bezeichnet werden.[17] Zwar vor 1989 entwickelt, ist nicht auszuschließen, daß diese Interpretation jetzt verstärkte Resonanz findet. Sie könnte auf dem Hintergrund der kritischen Sicht der kommunistischen Welt als partielle historische Rechtfertigung des NS aufgefaßt werden. Jedenfalls fühlt Nolte, der in seinem neuesten Buch überaus problematische Autoren in die seriöse Diskussion einführt, sich durch die neueste Entwicklung zusätzlich stimuliert.[18] Die gegenwärtige Konstellation ist nicht mehr die des „Historikerstreites".

Was die Frage der Einordnung des NS in den historischen Prozeß angeht, so sind damit verschiedene Varianten erkennbar. Der NS wird betrachtet
– als Ausfluß bestimmter pathologischer Tendenzen der Moderne,[19]
– als antimoderne Bewegung, als Derivat der Krise der Moderne, mit der Konsequenz eines „Zivilisationsbruchs",[20]
– als Gegenbewegung zum Bolschewismus und als dessen Widerpart,[21]
– als radikale Ausformung von Faschismus,[22]
– als Variante des Totalitarismus.[23]

---

[17] E. Nolte, Der europäische Bürgerkrieg 1917–1945. Nationalsozialismus und Bolschewismus, Frankfurt a.M./Berlin 1987. Vgl. auch „Historikerstreit". Die Dokumentation der Kontroverse um die Einzigartigkeit der nationalsozialistischen Judenvernichtung, München/Zürich 1987.

[18] E. Nolte, Streitpunkte. Heutige und künftige Kontroversen um den Nationalsozialismus, Berlin/Frankfurt a.M. 1993.

[19] Siehe R. Zitelmann, Die totalitäre Seite der Moderne, in: Prinz/Zitelmann, a.a.O., S. 1–20; Aly/ Heim, Vordenker der Vernichtung, a.a.O., insbes. S. 9ff.

[20] Siehe H. A. Turner Jr., Faschismus und Anti-Modernismus, in: derselbe, Faschismus und Kapitalismus in Deutschland. Studien zum Verhältnis zwischen Nationalsozialismus und Wirtschaft, Göttingen 1972, S. 157–182; Mommsen, Nationalsozialismus als vorgetäuschte Modernisierung, a.a.O.; D. Diner (Hg.), Zivilisationsbruch. Denken nach Auschwitz, Frankfurt a.M. 1988.

[21] Siehe Nolte, Der europäische Bürgerkrieg 1917–1945, a.a.O.

[22] Vgl. R. Saage, Faschismustherorien. Eine Einführung, München 1976.

[23] Siehe die Arbeiten von K.-D. Bracher, insbes. Die deutsche Diktatur. Entstehung, Struktur, Folgen des Nationalsozialismus, Köln 1969; Zeitgeschichtliche Kontroversen. Um Faschismus, Totalitarismus, Demokratie. München 1976; Totalitarismus und Faschismus. Eine wissenschaftliche und politische Begriffskontroverse, München/Wien 1980; Die totalitäre Erfahrung, München 1987. Vgl. Kershaw, a.a.O., S. 48ff.

Mit den verschiedenen Einordnungen wird der NS unverkennbar in unterschiedlicher Weise mit der Gegenwart in Beziehung gesetzt.

Allerdings wird die Gegenwartsbedeutung des NS keineswegs nur auf der Ebene des wissenschaftlich publizistischen Diskurses bestimmt. Keine Frage, daß der – freilich unterschiedlich gesehene – NS bislang für die Bundesrepublik (wie für die DDR) der jeweils wohl wichtigste negative historische Bezugspunkt war.[24] Politik und Gesellschaft definierten sich geradezu auf der Negativfolie des Dritten Reiches und seiner Verbrechen. Die politische Ordnung legitimierte sich in der Negation, in der klaren Absage an das Dritte Reich und seine verbrecherische Politik. In der DDR wurde der Kontinuitätsbruch dabei radikaler vollzogen als in der Bundesrepublik, mit der paradoxen Konsequenz, daß die DDR sich deshalb weniger für diese Zeit verantwortlich fühlte als die Bundesrepublik, die sich zunehmend als Rechtsnachfolgerin des Dritten Reiches begriff, gerade deshalb mit dem Erbe der NS-Zeit abplagte.[25]

Jetzt scheinen sich gewisse Verschiebungen anzudeuten. Unverkennbar wächst die zeitliche Distanz zum Dritten Reich. Die Zahl derjenigen, die das Dritte Reich bewußt erlebt hat, ist eine weiter abnehmende Minderheit der Bevölkerung. Die Unmittelbarkeit der NS-Geschichte schwächt sich damit ab. – Gewiß bleibt das Dritte Reich mit seinen Verbrechen ein wichtiger negativer Bezugspunkt der politischen Kultur. Doch wachsen die Tendenzen, die ihn in einem Sinne historisieren wollen, daß er in die Geschichte – wie andere Epochen – eingeordnet wird.[26] Diese Tendenz verbindet sich mit der Forderung einer „Normalisierung" im Umgang mit der deutschen Geschichte.[27]

Gegen diese Tendenzen stemmen sich Teile der Öffentlichkeit (Klaus Hartung hat von einem „linken Alarmismus" gesprochen), so daß eine erneute Polarisierung über diese Frage im öffentlichen Bewußtsein sich abzeichnet.[28] Gegenüber dem „Historikerstreit" ist die Konstellation u.a. insofern verändert, als die Problematik der DDR und des Kommunismus heute als eine zweite problematische Vergangenheit im öffentlichen Bewußtsein eine große Rolle spielt, zumal das Erbe dieser DDR einen bedeutsamen politischen Problemkomplex bildet.

Hinzu kommt etwas anderes. Zwar aktualisieren die Exzesse gegen Asylbewerber und Ausländer den Anti-Nazismus und Antifaschismus. Dennoch mag man mit Helmut Dubiel fragen, wie weit der NS als negative Utopie tatsächlich noch trägt.[29]

---

[24] Vgl. B. Faulenbach, Il problema dell'identita tedesca di fronte alla storia. Il dibattito sull'o odierna autoconsapevolezza dei tedeschi, in: Scienca Politica, 1990, H. 4, S. 3–18.

[25] Vgl. Dubiel, a.a.O.

[26] Siehe U. Backes/E. Jesse/R. Zitelmann (Hg.), Die Schatten der Vergangenheit. Impulse zur Historisierung des Nationalsozialismus, Frankfurt a.M. 1990; R. Zitelmann, Vom Umgang mit der NS-Vergangenheit, in: R. Italiaander (Hg.), Bewußtseins-Notstand. Thesen von 60 Zeitzeugen, Düsseldorf 1990, S. 69–79, insbes. S. 76.

[27] Der zeitweilige CDU-Kandidat für das Amt des Bundespräsidenten Steffen Heitmann äußerte sich in einem Interview mit der Süddeutschen Zeitung im November 1993 in diesem Sinne.

[28] K. Hartung, Wider den linken Alarmismus, in: Die Zeit, Nr. 48 v. 20. 11. 1992. Zur Kritik an der Historisierungsforderung vgl. D. Diner, Zwischen Aporie und Apologie. Über Grenzen der Historisierbarkeit des Nationalsozialismus, in: derselbe (Hg.), Ist der Nationalsozialismus Geschichte? Zu Historisierung und Historisierbarkeit, Frankfurt a.M. 1987, S. 62–73.

[29] Dubiel, a.a.O. S. 248f.

Theodor W. Adorno hatte gemeint, in die Erfahrung von Auschwitz, so schwierig sie auch zu verarbeiten sei, sei eben doch auch die „Spiegelschrift des guten Lebens" eingeschrieben.[30] Doch die Vorstellung eines aus der Anschauung des nationalsozialistischen Grauens selbst „sich unmittelbar ergebenden zwingenden Evidenzerlebnisses" ist fragwürdig geworden. Beim Golfkrieg jedenfalls beriefen sich diejenigen, die ihn als notwendig bejahten in gleicher Weise auf die Erfahrung der NS-Zeit wie diejenigen, die ihn bekämpften.[31]

Probleme der „Bewältigung" der Geschichte der DDR und der kommunistischen Welt

Anders als die Geschichte des Nationalsozialismus in Deutschland steht die Aufarbeitung der Geschichte der bolschewistischen Diktatur in Rußland – trotz der Arbeit von zahlreichen Spezialisten im Westen – eher noch am Anfang, weil erst jetzt in größerem Maße Akten zugänglich werden. Doch verändert sich nicht nur unser Bild der Sowjetunion durch die Forschung, ihre Geschichte rückt auch stärker in das Bewußtsein der Öffentlichkeit, zumal Deutschlands, wobei ihr Bild angesichts des Scheiterns dieses welthistorischen Experiments sich unverkennbar verdunkelt.[32] So wird erst jetzt das gesamte Ausmaß der Verbrechen in der Sowjetunion, insbesondere in der Zeit des Stalinismus bewußt.

Anders als in Frankreich hat der Archipel Gulag in (West-) Deutschland lange Zeit im öffentlichen Bewußtsein nur eine eher geringe Rolle gespielt. In weiten Teilen der liberalen und linken Öffentlichkeit wehrte man sich geradezu, sich mit ihm zu beschäftigen, u.a. weil man mutmaßte, dies könne zu einer Ablenkung von den Verbrechen des Nationalsozialismus, zu deren Relativierung führen. Unverkennbar ist heute diese Position nicht mehr zu halten, auch wenn sich den Deutschen die Frage der Verantwortlichkeit für die Verbrechen der NS-Zeit ungleich bedrängender stellt als für die der kommunistischen Diktatur, die jedoch ebenfalls im kollektiven Bewußtsein der Menschheit eine Rolle spielen werden.[33]

---

[30] Siehe ebenda. Zu Adorno vgl. aber auch D. Claussen, Nach Auschwitz. Ein Essay über die Aktualität Adornos, in: Diner (Hg.), Zivilisationsbruch, a.a.O., S. 54–68.

[31] Vgl. H. M. Broder/H. M. Enzensberger u.a., Liebesgrüße aus Bagdad. Die „edlen Seelen" der Friedensbewegung und der Krieg am Golf, Berlin 1991; demgegenüber: P. Glotz, Wider den Feuilleton-Nationalismus, in: Die Zeit v. 19. 4. 1991; J. Habermas, Wider die Logik des Krieges. Ein Plädoyer für Zurückhaltung, aber nicht gegenüber Israel, in: Die Zeit v. 15. 2. 1991. Bezogen auf die internationale und die deutsche Verantwortung in Jugoslawien hat sich die Diskussion anläßlich des Golf-Krieges mit gewissen Modifikationen wiederholt.

[32] Vgl. B. Faulenbach, Probleme einer Neuinterpretation der Vergangenheit angesichts des Umbruchs 1989/91 in: derselbe/M. Stadelmaier (Hg.), Diktatur und Emanzipation. Zur russischen und deutschen Entwicklung 1917–1991, Essen 1993, S. 9–18.

[33] Vgl. B. Faulenbach, Eine neue Sicht der Geschichte? Zur Diskussion über die deutschen Vergangenheiten, in: Blätter für deutsche und internationale Politik 37, 1992, H. 7, S. 809–817.

Für die internationale Forschung sind zahlreiche Aspekte der Geschichte der Sowjetunion (inclusive ihrer Außenpolitik) klärungsbedürftig. Vor allem aber stellt sich die Frage nach der Einordnung in den historischen Prozeß: Inwieweit läßt sich die bolschewistische Diktatur interpretieren

- als Ausdruck des „uralten Traums" der Linken (Nolte) oder als Konsequenz der radikalen Variante der Arbeiterbewegung,[34]
- als Entwicklungsdiktatur, die die von anderen vollzogene Entwicklung gewaltsam nachzuholen versuchte,[35]
- als Fortsetzung russischer Autokratie (oder gar asiatischer Despotie) und des zaristischen Imperialismus,[36]
- als Variante des modernen Totalitarismus?[37]

Natürlich lassen sich diese Interpretationsvarianten nur idealtypisch trennen, es kommt auf die Mischung der verschiedenen Komponenten an – darüber wird die Diskussion gehen.

Damit zusammen hängen Fragen der Periodisierung und der Entwicklung des Systems. Fraglich ist, inwieweit der Stalinismus vom Leninismus unterschieden werden kann: Ist der Stalinismus Perversion oder Konsequenz des leninistischen Diktaturmodells? Und wie wird man die Zeit nach Stalin zu qualifizieren haben? War der Anfang, die Oktoberrevolution, notwenig und sinnvoll? Und warum erwies sich das kommunistische System letztlich als reformunfähig?[38] Im öffentlichen Bewußtsein verstärkt sich unverkennbar der Trend, die sowjetische Entwicklung von Anfang an als Sackgasse zu betrachten.

Offensichtlich hat sich mit dem Ende der DDR die Perspektive auf die Geschichte der DDR verändert. War das Bild der DDR im Westen in den fünfziger und sechziger Jahren außerordentlich negativ – sie erschien als totalitäre Diktatur –, so prägte sich seit den ausgehenden sechziger Jahren eine mehr immanente Interpretation heraus, die sich gut in die Entspannungspolitik einfügte, doch Gefahr lief, die Realität der DDR aufzuhellen und partiell auch zu verkennen.[39] Inzwischen ist ein negativer Wandel, so

---

[34] Nolte, Streitpunkte, a.a.O., S. 323ff.

[35] Vgl. zu dieser Frage K. v. Beyme, Das sowjetische Modell – nachholende Modernisierung oder Sackgasse der Evolution?, in: Faulenbach/Stadelmaier (Hg.), a.a.O., S. 32–39; W. Eichwede, Stalinismus und Modernisierung, in: ebenda, S. 40–48.

[36] Vgl. zu dieser Dimension des sowjetischen Systems W. Ruge, Stalinismus – eine Sackgasse im Labyrinth der Geschichte, Berlin 1991, S. 28ff.

[37] Vgl. H. Arendt, Elemente und Ursprünge totalitärer Herrschaft, Frankfurt a.M. 1962; C. J. Friedrich unter Mitarbeit von Z. Brzezinski, Totalitäre Diktatur, Stuttgart 1957; W. Schlangen, Die Totalitarismus-Theorie. Entwicklung und Probleme, Stuttgart 1976.

[38] Vgl. zu diesen Fragen G. Meyer (Hg.), Wir brauchen die Wahrheit. Geschichtsdiskussion in der Sowjetunion, Köln 1989; Ruge, a.a.O.; D. Geyer (Hg.), Die Umwertung der sowjetischen Geschichte, Göttingen 1991; Faulenbach/Stadelmaier (Hg.), a.a.O., insbes. die Beiträge von v. Beyme, Eichwede, Orlov.

[39] Diese Interpretationslinie wurde insbesondere von Peter Christian Ludz und seiner Richtung vertreten. Vgl. H. Weber, Die DDR 1945–1986, Grundriß der Geschichte, Bd. 20, München 1988, S. 116ff. Zur seit 1989 teilweise heftigen Kritik an dieser Richtung siehe exemplarisch J. Hacker, Deutsche Irrtümer. Schönfärber und Helfershelfer der SED-Diktatur im Westen, Frankfurt a.M. 1992, S. 422ff. Siehe auch K. Schroeder/J. Staadt, Der diskrete „Charme des

etwas wie eine „Verbösung" der DDR, im öffentlichen Bewußtsein eingetreten, wobei jetzt die Geschichte der DDR vielfach von ihrem Endpunkt her gesehen wird, auch die Strukturen des Systems nun offenliegen und die Kenntnis des ganzen Ausmaßes der Stasi-Aktivitäten und Repressionsmechanismen das Bild überschattet. Die Probleme, das Erbe der DDR aufzuarbeiten, bestimmen die Sicht der DDR-Geschichte: das System organisierter Unverantwortlichkeit, das neben anderen Faktoren die rechtsstaatliche-justiziable „Bewältigung" so schwierig macht, Ausmaß und Aktivität des Stasi-Apparates (samt seiner inoffiziellen Mitarbeiter), der die ganze Gesellschaft durchdrang und heute noch nachwirkt (die psychosoziale „Bewältigung" ist überaus diffizil, letztlich wohl unmöglich), der Umgang mit den Opfern (ihre Identifizierung, Anerkennung und Entschädigung), die Auseinandersetzung mit dem ökonomischen und ökologischen Erbe usw.[40] Das sind unmittelbar politische Fragen, die in Spannung stehen zu einer – ein Minimum an Distanz voraussetzenden – differenzierten historisierenden Betrachtungsweise.

Diesen Grundtatbestand gilt es im Hinblick auf die Historiographie zu reflektieren; es handelt sich bei der DDR-Geschichte um Zeitgeschichte, „die noch qualmt" (Barbara Tuchmann).[41] Verkomplizierend tritt hinzu, daß diese existentielle Betroffenheit nur bei einem Teil (bei den ehemaligen DDR-Bürgern) vorhanden ist, bei den „Wessis" ist die Distanz größer – was zu einer Asymmetrie der Aufarbeitung führt. Gerade wegen dieser Problematik ist von der Zeithistorie zu verlangen, daß sie Erkenntnisinteressen und methodisches Instrumentarium offenlegt und ständig überprüft.[42]

Im Vordergrund des Interesses der Zeithistorie wird die Untersuchung politischer Strukturen und Prozesse stehen, zugleich ist die Aufarbeitung der Sozialgeschichte der DDR, die in enger Beziehung mit der Geschichte des politischen Systems zu sehen ist, doch in dieser nicht aufgeht, in Angriff zu nehmen, was u.a. die Untersuchung des politisch-gesellschaftlichen Verhaltens und der Mentalitäten einschließt.[43] Von der Sozialgeschichte her ergeben sich Vergleichsmöglichkeiten zur Geschichte der Bundesrepublik.

Status quo". DDR-Forschung in der Ära der Entspannungspolitik, in: Leviathan 21, 1993, S. 24–63; demgegenüber S. Meuschel, Auf der Suche nach der versäumten Tat, in: ebenda, S. 407–433. Vgl. auch H. P. Hammacher, DDR-Forschung und Politikberatung 1949–1990. Ein Wissenschaftszweig zwischen Selbstbehauptung und Anpassungszwang, Köln 1991.

[40] Mit diesen Fragen beschäftigte sich die Enquete-Kommission des Deutschen Bundestages „Aufarbeitung von Geschichte und Folgen der SED-Diktatur in Deutschland". Vgl. B. Faulenbach, „Aufarbeitung von Geschichte und Folgen der SED-Diktatur in Deutschland". Zur Arbeit der Enquete-Kommission des Deutschen Bundestages, in: Geschichtsrundbrief, Neue Folge 4, 1993, S. 14–19.

[41] B. Tuchman, Wann ereignet sich Geschichte?, in: dieselbe, In Geschichte denken. Essays, Düsseldorf 1982, S. 31–39, Zitat S. 31.

[42] Vgl. dazu H.-G. Hockerts, Zeitgeschichte in Deutschland. Begriff, Methoden, Themenfelder, in: APZ, B 29–30/93 v. 16. Juli 1993, S. 3–19.

[43] Vgl. A. Doering-Manteuffel, Deutsche Zeitgeschichte nach 1945, in: VfZ 41, 1993, S. 1–29, insbes. S. 27ff. Projekte und Ansätze sozialhistorischer Forschung der DDR enthält der jüngst erschienene Band des Forschungsschwerpunktes Zeithistorische Studien, Potsdam: J. Kocka (Hg.), Historische DDR-Forschung. Aufsätze und Studien. Berlin 1993. Vgl. ferner L. Niethammer/A. v. Plato/ D. Wierling, Die volkseigene Erfahrung, Berlin 1991.

Auch die Geschichte der DDR ist in verschiedene Perspektiven einzuordnen,

- in den Zusammenhang der kommunistischen, von der Sowjetunion geführten Welt-
  bewegung und sowjetischer imperialer Politik (ohne diese Politik ist die DDR
  undenkbar),
- in die Geschichte der Arbeiterbewegung und Arbeiterkultur in Deutschland (Groschopp hat die DDR als verstaatlichte Form bestimmter Traditionen der Arbeiterkultur definiert),[44]
- in die deutsche Gesellschafts- und Mentalitätsgeschichte unter dem Gesichtspunkt
  von Kontinuität und Diskontinuität (es stellt sich die Frage, ob bestimmte Spezifika
  der deutschen politisch-kulturellen Enwicklung, etwa das antiwestliche Syndrom der
  deutschen politischen Kultur, sich in der DDR nicht abweichend von der Bundesrepublik gehalten haben),[45]
- in die Geschichte totalitärer Systeme, in das „Zeitalter des Totalitarismus", wobei die
  Frage nach verschiedenen Phasen auf der Hand liegt,[46]
- in den Kontext des Ost-West-Konfliktes und der Nachkriegsgeschichte, was Vergleiche zur Bundesrepublik einerseits und zu den osteuropäischen Ländern andererseits
  (diese beiden Perspektiven scheinen mir besonders fruchtbar zu sein) ebenso einschließt wie eine Analyse der beziehungsgeschichtlichen Verhältnisse und ihrer
  Rückwirkung auf die inneren Strukturen.[47]

Es konkurrieren mithin verschiedene Perspektiven miteinander, die Fragen und bestimmte Interpretationsangebote implizieren: die DDR wäre demnach ein sowjetisches Protektorat, ein Geschöpf der deutschen Arbeiterbewegung, Ausdruck des
deutschen Sonderweges, Derivat des Ost-West-Konfliktes usw. Für die verschiedenen
Varianten lassen sich Argumente finden, bislang ist in der Diskussion keine der
Varianten absolut dominant.

Im Hinblick auf die DDR-Geschichte sind nicht nur viele Einzelaspekte durch
methodisch reflektierte Auswertung umfangreicher Quellenmaterialien noch aufzuarbeiten, auch die Interpretation wird auf längere Zeit noch strittig sein. Moralische
Urteile werden im öffentlichen Bewußtsein zunächst noch eine große Rolle spie-

---

[44] Siehe H. Groschopp, Überlegungen zur Kontinuität der deutschen Arbeiterbewegungskultur
in der DDR, in: W. Kaschuba u. a. (HG.), Arbeiterkultur nach 1945: Ende oder Veränderung,
Tübingen 1991, S. 123–140.

[45] Vgl. W. Lepenies, Folgen einer unerhörten Begebenheit. Die Deutschen nach der Vereinigung,
Berlin 1992, S. 71ff. Siehe auch W. J. Mommsen, Die DDR in der deutschen Geschichte, in:
APZ, B 29–30/93 v. 16. Juli 1993, S. 20–29. Die Studien des Potsdamer Forschungsschwerpunktes Zeithistorische Studien lassen den Eindruck eines erheblichen Maßes der Kontinuität
entstehen, siehe Kocka (Hg.), Historische DDR-Forschung, a.a.O., insbes. S. 21f.

[46] Vgl. E. Jesse, Der Totalitarismus-Ansatz nach dem Zusammenbruch des real existierenden
Sozialismus, in: NGFH 11, 1991, S. 983–992.

[47] Vgl. Ch. Kleßmann, Verflechtung und Abgrenzung. Aspekte der geteilten und zusammengehö-
rigen deutschen Nachkriegsgeschichte, in: APZ, B 29–30/93 v. 16. Juli 1993, S. 30–41. In den
letzten Jahrzehnten war die getrennte Darstellung der Bundesrepublik und der DDR geradezu vorherrschend. Vgl. z.B. die großangelegte fünfbändige „Geschichte der Bundesrepublik
Deutschland", hrsg. v. K.-D. Bracher u.a., Stuttgart/Wiesbaden 1981–1987.

len.[48] Auch werden Urteile auf absehbarer Zeit noch in erheblichem Maße von aktuellen Interessen beeinflußt werden, wie dies z. B. in der Auseinandersetzung über die Rolle von Historikern in der DDR der Fall ist.[49] Wir sind noch weit davon entfernt, die DDR lediglich als „Fußnote der Weltgeschichte" zu betrachten (Stefan Heym).

Das Verhältnis von Nationalsozialismus und Kommunismus, von Drittem Reich und DDR

Die Fragen der Beurteilung der NS-Geschichte und der DDR (und Bundesrepublik) sind in verschiedenen Hinsichten miteinander verknüpft, was besondere Probleme bringt, über die es nachzudenken gilt. Sie betreffen sowohl den historischen Prozeß, die adäquate Erfassung und Einordnung der verschiedenen Phänomene und ihr Verhältnis zueinander, als auch die Frage der „Bewältigung" der Vergangenheit im gesellschaftlichen Bewußtsein und in der politischen Kultur.

Für viele stellt sich die Frage der Affinität des Herrschaftssystems, wofür sich die Totalitarismustheorie anbietet, die in der westdeutschen Diskussion seit den sechziger Jahren zunehmend angefochten worden war.[50] Tatsächlich gibt es in der Herrschaftsstruktur und Herrschaftstechnik Ähnlichkeiten, auch läßt sich fragen, ob es nicht ebenfalls auf der Erfahrungsebene der Opfer, im Hinblick auf Alltagserfahrungen der Menschen, Parallelen gibt. Jedenfalls ist die Frage nach Gemeinsamkeiten und Unterschieden – trotz des Fehlens einer genetischen Dimension der Totalitarismustheorie (d.h. ihrer ahistorischen Qualität), des Ausblendens ideologischer und sozialstruktureller Unterschiede – nicht von vornherein abwegig, wie die Diskussion in Rußland und Osteuropa zeigt. Ob man wie Klaus Hornung von einem „totalitären Zeitalter" sprechen kann (so der Titel seines Buches, dessen Untertitel „Bilanz des 20. Jahrhunderts" lautet), erscheint jedoch zumindest diskussionsbedürftig.[51]

Was die Verbrechen angeht, so sind die Unterschiede zwischen Drittem Reich und DDR offensichtlich. Wie Heiner Geissler jüngst in einer Spiegel-Diskussion pointiert bemerkt hat, ist zwischen Akten- und Leichenbergen als Hinterlassenschaften zu unterscheiden.[52] Die kriminelle Energie ist nicht eigentlich vergleichbar und falls man vergleicht, dann müßten schon die stalinistische Sowjetunion und NS-Deutschland verglichen werden. Bei den Vergleichen gerade der Verbrechen wird man sehr behut-

---

48 Vgl. Faulenbach, Probleme des Umgangs mit der Vergangenheit im vereinten Deutschland, a.a.O., S. 177ff.
49 Vgl. A. Mitter/S. Wolle, Der Bielefelder Weg, in: FAZ v. 10. 8. 1993; J. Kocka, Auch Wissenschaftler können lernen, in: FAZ v. 25. 8. 1993, S. 31.
50 Vgl. Totalitarismus und Faschismus. Eine wissenschaftliche und politische Begriffskontroverse. Kolloquium am Institut für Zeitgeschichte am 24. 11. 1978, München/Wien 1980; Kershaw, a.a.O., S. 48ff.
51 K. Hornung, Das totalitäre Zeitalter. Bilanz des 20. Jahrhunderts, Berlin/ Frankfurt a.M. 1993.
52 Heiner Geißler und Arnold Vaatz im Spiegel-Streitgespräch, in: Der Spiegel 47, Nr. 38 v. 20. 9. 1993, S. 24–27, hier S. 25.

sam und differenziert vorzugehen haben, einer Tendenz zum Aufrechnen ist entgegenzuwirken.[53] Die Verbrechen des NS waren einzigartig; dies gilt freilich – wenn auch in
anderer Weise – für die stalinistischen Verbrechen. Bedeutsam für die deutsche politische Kultur ist: die deutsche Verantwortlichkeit bezieht sich auf die ersteren und sie
betrafen stärker andere Völker als das deutsche Volk (obgleich man diesen Unterschied
zu den stalinistischen Verbrechen nicht überstrapazieren sollte).

Verknüpft sind Nationalsozialismus und Kommunismus auch auf der beziehungsgeschichtlichen Ebene, denen sich die historiographische Diskussion in den letzten
Jahrzehnten eher zu wenig gewidmet hat. Noltes Definition des Nationalsozialismus
als eines verständlichen Antibolschewismus wurde schon erwähnt.[54] Die These, daß
sich beide, Bolschewismus und Nationalsozialismus, in einem „europäischen Bürgerkrieg" gegenübergestanden hätten, ist u. a. deshalb schief, weil in der Auseinandersetzung der Zwischenkriegszeit die westlichen Staaten, ideologisch gesehen Liberalismus,
Sozialdemokratie und Konservatismus, weitere Faktoren der Auseinandersetzung waren, deren Verhältnis zum Nationalsozialismus wie zum Kommunismus mitzusehen
ist.[55] Zum beziehungsgeschichtlichen Verhältnis von Drittem Reich und Sowjetunion
gehört auch der Hitler-Stalin-Pakt mit seiner antiwestlichen Stoßrichtung, die ideologisch eine neue scharfe, an die Sozialfaschismus-Agitation anknüpfende Frontstellung
der Kommunisten gegenüber der Sozialdemokratie zur Konsequenz hatte. In diesem
Zusammenhang zu nennen ist auch die Auslieferung deutscher Kommunisten durch
Stalin an Hitler und ihre Ächtung durch die Kommunisten in den Konzentrationslagern – abgesehen davon, daß Stalin – wie Hermann Weber hervorgehoben hat – mehr
führende deutsche Kommunisten umgebracht hat als die Nazis.[56] Wichtige historische
Tatbestände fügen sich somit weder in das Bild des „europäischen Bürgerkrieges" noch
in das Bild des antifaschistischen Kampfes der Kommunisten, das von diesen über
Jahrzehnte hochgehalten worden ist.[57]

Allerdings ist zu konstatieren, daß die Zahl der Opfer, die die Kommunisten im
Kampf gegen die Nationalsozialisten erbrachten, die der anderen politischen Grup-
pen, die gegen Hitler kämpften, übertraf (auch wenn sie in der Gesamtzahl der NS-
Opfer nur einen kleinen Anteil ausmachen). Dem entspricht die Tatsache, daß kein
Land mehr Menschenleben im Kampf gegen Hitler-Deutschland verloren hat als die
Sowjetunion, wobei freilich die Strategie Stalins – über die im heutigen Rußland

---

[53] Einen bemerkenswerten Versuch zu einem solchen Vergleich hat die Gedenkstätte Auschwitz
   mit der Tagung „Zwischen Auschwitz und Kolyma" vom 9.–12. 12. 1993 unternommen. (Die
   Publikation der Referate ist beabsichtigt.)
[54] Vgl. Anm. 16.
[55] Vgl. dazu B. Faulenbach, Die Bedeutung der NS-Vergangenheit für das deutsche Selbstverständnis. Weitere Beiträge zum „Historikerstreit" und zur Frage „deutscher Identität", in:
   Archiv für Sozialgeschichte 30, 1990, S. 532–574, hier S. 539f.
[56] Vgl. H. Weber, „Weiße Flecken" in der Geschichte. Die KPD-Opfer der Stalinschen Säuberungen und ihre Rehabilitierung, Frankfurt a.M. 1989.
[57] Zur Geschichte des Antifaschismus vgl. A. Grunenberg, Antifaschismus – ein deutscher
   Mythos, Reinbek 1993; B. Faulenbach, Zur Funktion des Antifaschismus in der SBZ/DDR, in:
   DA 26, 1993, S. 754–759.

intensiv diskutiert wird – einen gewissen Anteil hat.[58] Diese Opfer haben der sowjet-kommunistischen Sache in den Augen vieler Zeitgenossen – insbesondere vieler Intellektueller – besondere moralische Legitimität verschafft, die eine unkritische, ja außerordentliche positive Haltung zu Stalin und zum Stalinismus begründet hat. Nach dem Ende des sowjetischen Imperiums und des bolschewistischen Experi-ments ist die Geschichte im Lichte nun zunehmend zugänglicher sowjetischer Quel-len unter Beteiligung von Historikern aus Rußland und den anderen osteuropäischen Ländern zu überprüfen, gerade im Hinblick auf die hier angesprochenen Wechselbe-ziehungen.

In besonderer Weise historisch aufzuarbeiten ist der Antifaschismus der SBZ und DDR samt seiner Vorgeschichte, die bis in die zwanziger Jahre hinreicht, wobei davon auszugehen ist, daß er stets ein politisches Konzept war, das auch das historische Bild entscheidend prägte.[59] Dabei gilt es den Faschismus-Begriff ebenso zu untersuchen wie die damit zusammenhängenden antifaschistischen Strategien, die ursprünglich auf ein Bündnis-Konzept hinausliefen, in dem die Kommunisten die Führung hatten. Es gilt die vielfältige Verwendung des Begriffs, der sich durch Vieldeutigkeit und Instru-mentalisierbarkeit auszeichnet, von den zwanziger Jahren an historisch nachzuzeich-nen. Erwähnt sei nur die Sozialfaschismus-Theorie oder auch die Handhabung der Antifaschismus-Strategie durch die Kommunisten im Spanischen Bürgerkrieg, die einerseits den Kampf der internationalen Brigaden legitimierte, andererseits aber Stalins Kommissaren und Helfern zur Begründung der Ausschaltung von politischen Rivalen, Anarchisten, Trotzkisten und Sozialdemokraten diente. Seit den stalinisti-schen Säuberungen gab es – ohne daß damit die Motive der Antifaschisten, auch nicht aller Kommunisten, hinreichend beschrieben wären – einen Zusammenhang von Antifaschismus und Stalinismus, der sicherlich einer der Gründe dafür ist, daß der Antifaschismus bei der Auseinandersetzung mit dem Stalinismus seit den fünfziger Jahren so kläglich versagt hat. Überpointiert hat Hans-Ulrich Thamer – in Abwandlung des Horkheimerschen Diktums – gemeint: „Wer aber vom Stalinismus nicht reden will, der muß vom Antifaschismus schweigen."[60] Jedenfalls gingen von der antifaschisti-schen Tradition kaum Impulse zur Überwindung des Stalinismus aus.

In der SBZ/DDR war der Begriff von Anfang an dadurch geprägt, daß sich in der antifaschistischen Politik die Überwindung des Nationalsozialismus und der Aufbau einer sozialistischen Gesellschaftsordnung durch Errichtung der Parteidiktatur verban-den, die manche Intellektuelle wohl auch als Erziehungsdiktatur begriffen haben,

58 Vgl. S. Slutsch, Voraussetzungen des Hitler-Stalin-Paktes. Zur Kontinuität totalitärer Außenpo-litik, in: Faulenbach/Stadelmaier (Hg.), a.a.O., S. 144–158; B. Bonwetsch, Der „Große Vaterlän-dische Krieg" und seine Geschichte, in: Geyer (Hg.), a.a.O., S. 167–187.
59 Vgl. Anm. 57.
60 H.-U. Thamer, Thesenpapier zu Antifaschismus und die Auseinandersetzung mit der Ge-schichte des Nationalsozialismus in den zwei deutschen Staaten (und wie sie Bewußtsein und Identität geprägt haben), in: Getrennte Vergangenheit – gemeinsame Geschichte. Zur histori-schen Orientierung im Einigungsprozeß, Dokumentation einer Tagung der Ev. Akademie Loccum vom 13.–15. 12. 1991, hrsg. v. J. Calließ, Rehburg-Loccum 1992, S. 107–111, Zitat S. 108.

wobei die Skepsis gegenüber dem deutschen Volk offensichtlich ist.[61] Konsequenz dieses Ansatzes war, daß der Antifaschismus die SED-Politik legitimierte und die Gegner der SED vielfach in die Nähe des Faschismus rückte und ihre Ausschaltung begründete. Man denke an den 17. Juni 1953, der auf faschistische und imperialistische Aktivitäten zurückgeführt wurde. Auch die Rechtfertigung des Mauerbaus als „antifaschistischer Schutzwall" ist charakteristisch für die Instrumentalisierung des Antifaschismus zur Legitimation einer fragwürdigen Politik, auch gegenüber der Bundesrepublik. Gewiß war für viele DDR-Bürger – insbesondere junge Leute – der Antifaschismus der ernsthafte Versuch, Erfahrungen der Vergangenheit und politisches Wollen zusammenzubringen. Was das Bild der Geschichte von Verfolgung und Widerstand angeht, so ist jedoch augenfällig, daß die Opfer sehr selektiv wahrgenommen wurden; das Bild des Widerstandes war geprägt durch die Tendenz zur Enthistorisierung, Mythisierung und Monumentalisierung des kommunistischen Widerstandes.[62] Das Erinnern an diesen wurde zum Kern einer säkularisierten Staatsreligion, deren Formen – Symbole und Rituale – teilweise aus dem christlichen Bereich (Märtyrer-Kult) entlehnt waren und manche Übereinstimmungen auch mit dem NS aufwiesen (man denke an den Schlageter-Kult und ähnliches).[63]

Bedeutsam ist vor allem die Analyse der Funktion dieses Antifaschismus. Sie ist nicht zuletzt darin zu sehen, daß der „Antifaschismus" die – durch den antifaschistischen Kampf gleichsam sanktionierte – „antifaschistische" Führung der Kritik enthob, indem er sie moralisch überhöhte. Die emanzipatorischen Potentiale des Antifaschismus wurden nicht nur blockiert, der Antifaschismus diente vielmehr sogar der Legitimation der stalinistischen und poststalinistischen Strukturen. Der Antifaschismus dürfte einer der Gründe dafür gewesen sein, daß es der SED gelang, beträchtliche Teile der Intelligenz an sich zu binden – mit der Konsequenz, daß diese 1989/90 von der Entwicklung teilweise überrollt wurden.[64] In der Konsequenz dieses Antifaschismus lag, daß sich große Teile der DDR als nichtverantwortlich für den Nationalsozialismus und seine Verbrechen sahen: Hitler war – wie Peter Bender formuliert hat – gleichsam zum Westdeutschen geworden.[65]

[61] Vgl. Grunenberg, a.a.O., S. 88ff.; P. Graf Kielmansegg, Lange Schatten. Vom Umgang der Deutschen mit der nationalsozialistischen Vergangenheit, Berlin 1989, S. 25ff.; S. Meuschel, Legitimation und Parteiherrschaft. Zum Paradox von Stabilität und Revolution in der DDR 1945–1989, Frankfurt a.M. 1992, S. 79ff.

[62] Vgl. A. Leo, Antifaschismus und Kalter Krieg – Eine Geschichte von Einengung, Verdrängung und Erstarrung, in: Brandenburgische Gedenkstätten für die Verfolgten des NS-Regimes. Perspektiven, Kontroversen und internationale Vergleiche, Berlin 1992, S. 74–80. Vgl. auch U. Herbert/O. Groehler, Zweierlei Bewältigung. Vier Beiträge über den Umgang mit der NS-Vergangenheit in den beiden deutschen Staaten, Hamburg 1992, insbes. S. 29ff.

[63] In diesem Kontext kam den „Nationalen Mahn- und Gedenkstätten" in der DDR eine besondere Bedeutung zu. Vgl. B. Faulenbach u.a., Empfehlungen zur Neukonzeption der brandenburgischen Gedenkstätten, in: Brandenburgische Gedenkstätten ..., a.a.O., S. 215ff.

[64] Vgl. Meuschel, Legitimation und Parteiherrschaft, a.a.O., S. 79ff.; Faulenbach, Zur Funktion des Antifaschismus in der SBZ/DDR, a.a.O., S. 758.

[65] P. Bender, Deutsche Parallelen. Anmerkungen zu einer gemeinsamen Geschichte zweier getrennter Staaten, Berlin 1989, S. 44 ff, Zitat S. 48.

Dieser DDR-Antifaschismus ist obsolet geworden; an ihn kann in der Gegenwart nicht mehr angeknüpft werden. Seine Kritik erscheint vielmehr als Voraussetzung einer neuen Beschäftigung mit der NS-Zeit und ihrer Bedeutung in der deutschen Geschichte. Damit sind Fragen der Geschichtskultur aufgeworfen, etwa einer Neugestaltung der großen Nationalen Mahn- und Gedenkstätten der DDR, in denen sich der DDR-Antifaschismus manifestiert hat.[66]

Die Aufarbeitung des DDR-Antifaschismus hat die Wechselwirkung mit dem bundesdeutschen inkonsequenten, von Skandalen überschatteten Umgang mit dem Erbe des NS in die Betrachtung einzubeziehen, ein Umgang, dessen wissenschaftliche Aufarbeitung im Gange ist – ich erinnere nur an die soeben erschienene Arbeit von Manfred Kittel mit dem Titel „Die Legende von der zweiten Schuld", die allerdings zu Diskussionen Anlaß geben wird.[67] Auch hier spielte der Bezug auf die NS-Zeit im politisch-gesellschaftlichen Selbstverständnis stets eine sich freilich im Laufe der Zeit verändernde Rolle. Spezifika der Gedenkkultur im Westen und Osten sind zu vergleichen. Auch im Hinblick auf den Westen gilt es, die Frage der Instrumentalisierung der NS-Vergangenheit zu untersuchen, etwa im Totalitarismus-Begriff, in dem die Auseinandersetzung mit dem Nationalsozialismus teilweise eine Stoßrichtung gegen den Kommunismus erhielt, oder auch im Kampf der Generationen und im Kampf um die kulturelle Hegemonie.[68] Was bedeutete es etwa, daß im westdeutschen Bewußtsein der kollektive Haftungszusammenhang stark betont wurde, während die Identifikation mit den Gegnern Hitlers in den Hintergrund trat? Gerade die Vergleichsperspektive erscheint hier fruchtbar.

Auf Grund der unterschiedlichen Auseinandersetzung mit der NS-Zeit in der DDR und der alten Bundesrepublik differiert offenbar gegenwärtig die Bedeutung der NS-Zeit zwischen den Westdeutschen und Ostdeutschen. Philipp Lutz kommt in seiner Untersuchung des gegenwärtigen deutschen historisch-politischen Bewußtseins zu dem Ergebnis, daß die NS-Zeit im Bewußtsein der Westdeutschen eine ungleich größere Rolle spielt als bei den Menschen der früheren DDR.[69] Vieles spricht dafür, daß auch im Hinblick auf das Geschichtsbewußtsein die Zweistaatlichkeit und der Ost-West-Gegensatz heute noch in erheblichem Maße nachwirkt.

Insgesamt mag deutlich sein, daß die Geschichte des Nationalsozialismus und des Kommunismus in verschiedenen Hinsichten derart verschränkt ist, daß eine strikt isolierte Betrachtung beider Phänomene schwerlich möglich erscheint.

---

[66] Vgl. Anm. 61.
[67] M. Kittel, Die Legende von der „Zweiten Schuld". Vergangenheitsbewältigung in der Ära Adenauer, Berlin 1993. Vgl. jetzt auch J. Danyel, Die geteilte Vergangenheit. Gesellschaftliche Ausgangslagen und politische Disposition für den Umgang mit Nationalsozialismus und Widerstand in beiden deutschen Staaten nach 1949, in: Kocka (Hg.), Historische DDR-Forschung, a.a.O., S. 129–147.
[68] Vgl. dazu Brandenburgische Gedenkstätten ..., a.a.O., insbes. die Beiträge von W. Benz und L. Niethammer, S. 81ff. u. 90ff.
[69] F. P. Lutz, Verantwortungsbewußtsein und Wohlstandschauvinismus: Die Bedeutung historisch-politischer Einstellungen der Deutschen nach der Einheit, in: Weidenfeld (Hg.), a.a.O., S. 157–173; W. Weidenfeld/F. P. Lutz, Die gespaltene Nation. Das Geschichtsbewußtsein der Deutschen nach der Einheit, in: APZ, B 31–32/92 v. 24. 7. 1992, S. 3–22.

Die Verschränkung der Aufarbeitungsproblematik

Man mag fragen, ob die kritische Aufarbeitung des bisherigen Umgangs mit der NS-Geschichte nicht dazu führen wird, den Nationalsozialismus als negativen Bezugspunkt der deutschen politischen Kultur der Nachkriegsperiode aufzulösen. Dies scheint mir nicht zwangsläufig der Fall zu sein.

Zwar ist jede moderne Wissenschaft tendenziell traditionskritisch, weil sie das Selbstverständliche hinterfragt, doch wird sich die kollektive Erinnerung an die NS-Zeit als wesentliches negatives Bestimmungsmerkmal politischer Kultur bewahren lassen, wenn sich die Erinnerung an die NS-Zeit von den Tendenzen politischer Instrumentalisierung löst, die sich besonders kraß in der DDR gezeigt haben, doch auch im Westen vorhanden waren. Ulrich Oevermann hat die These vertreten, daß erst die deutsche Vereinigung der Chance einer Verarbeitung der nationalsozialistischen Zeit Bahn gebrochen habe, die nicht mehr durch Bornierungen des Kaltes Krieges und der Systemkonkurrenz blockiert werde.[70] Daran ist so viel richtig, daß bestimmte Formen der Instrumentalisierung obsolet geworden sind und eine neue Auseinandersetzung mit der NS-Zeit damit möglich ist.

Im übrigen müssen die Historiker anerkennen, daß ihre – d. h. die wissenschaftliche – Form der Auseinandersetzung mit Vergangenheit mit anderen Formen in einer gewissen Spannung steht, gleichsam konkurriert. Es gibt eben auch künstlerische, nicht verbale Formen, sich mit der Vergangenheit, etwa im Gedenken an die Opfer, in Beziehung zu setzen, Formen, die stärker subjektiv geprägt sind. Inwieweit ritualisierte Formen der Erinnerung als Teil öffentlicher Geschichtskultur sinnvolle Elemente demokratischer politischer Kultur sind, ist zu diskutieren; vermutlich wird man darauf nicht verzichten wollen und können.

Bedeutsam ist, daß die Bewältigung der zweiten Vergangenheit vielfach in Analogie zur „Bewältigung" der NS-Zeit diskutiert wird, wobei diese teils als positive, teils als negative Folie dient. Der andere Umgang der osteuropäischen Gesellschaften mit der kommunistischen Vergangenheit zeigt, daß die Aufarbeitung der DDR-Vergangenheit beeinflußt wird von der Aufarbeitung der NS-Vergangenheit.

Es gilt freilich davor zu warnen, die Unterschiede zu verkennen:

- das Dritte Reich und die DDR sind in Struktur und Dauer, auch in den Formen ihres Scheiterns keineswegs gleichzusetzen;
- die Verbrechen beider Systeme differieren erheblich;
- es gilt das Nacheinander der Phänomene zu beachten;
- anfangs spielten die Alliierten im Aufarbeitungsprozeß (Entnazifizierung) eine bedeutsame Rolle, ein funktionales Äquivalent ist heute wohl nicht vorhanden;
- die Aufarbeitung der DDR Problematik ist mitgeprägt durch die Asymmetrie zwischen „Ossis" und „Wessis". Der Kolonialismus-Vorwurf an die Adresse der Westdeutschen erleichtert in der Ex-DDR das Ausweichen vor einer Auseinandersetzung mit der Vergangenheit.

---

[70] U. Oevermann, Zwei Staaten oder Einheit?, in: Merkur 44, 1990, H. 2.

Allerdings vermag die Beschäftigung mit der „Bewältigung" der Vergangenheit nach 1945 auch positive Hinweise zu geben. Es geht in der Auseinandersetzung mit der Vergangenheit nicht nur um Abrechnung und Delegitimation, sondern auch um die Integration von Menschen in eine Demokratie, die große Gruppen nicht dauerhaft ausgrenzen kann. Auch die Einsicht, daß die Aufarbeitung ein Prozeß ist, d.h. Zeit benötigt, läßt sich aus der Anschauung der Auseinandersetzung mit der NS-Zeit gewinnen.

Zweifellos resultieren aus dem Nebeneinander zweier problematischer Vergangenheiten besondere Probleme. In Teilen der Öffentlichkeit läßt sich die Tendenz beobachten, die beiden Vergangenheiten gegeneinander zu stellen, d.h. die eine gegen die andere auszuspielen.[71] Jedenfalls – so scheint es manchmal – ist ein Teil, dies gilt auch für die Zeitgeschichte, vorrangig auf die NS-Zeit, ein anderer Teil vorrangig auf die DDR-Problematik fixiert. Dabei wird von der einen Seite auf die Einzigartigkeit der NS-Verbrechen, von der anderen Seite auf die Dringlichkeit der Aufarbeitung der DDR hingewiesen. Zur negativen Folie des gesellschaftlichen Selbstverständnis werden auf die Dauer jedoch beide Vergangenheiten gehören, wobei freilich der Prozeß der Historisierung unterschiedlich weit vorangeschritten ist; die Distanz zur NS-Zeit ist ungleich größer; diese stellt nicht mehr in analoger Weise wie das SED-Erbe ein unmittelbares politisches Problem dar, ist aber welthistorisch ungleich bedeutungsvoller. Sie ist Teil des deutschen Identitätsbewußtseins geworden, was für die DDR so noch nicht gilt. Gleichwohl ist zu erwarten, daß sich die Historisierungsprozesse wechselseitig beeinflussen.

Die Debatte um das deutsche Selbstverständnis angesichts der deutschen Geschichte ist freilich unabgeschlossen. Ich möchte es als Aufgabe der demokratischen politischen Kultur im vereinten Deutschland bezeichnen, beide Vergangenheiten im kollektiven Geschichtsbewußtsein zu bewahren und ein demokratisches Nationalbewußtsein zu entwickeln, in dem die Erinnerung an die Vergangenheiten ebenso Eigengewichtigkeit besitzt wie die Gegenwart, die immer mehr ist als die einfache Fortsetzung der Vergangenheit.

Die Schwerpunkte der zeithistorischen Forschung werden sich sicherlich verstärkt in die Periode 1945–1990 verlagern, wobei es neben Untersuchungen der getrennten Geschichten, die auch künftig legitim bleiben, immer auch – wie Christoph Kleßmann zu Recht gefordert hat[72] – um Gemeinsamkeiten und Unterschiede (in vergleichender Perspektive) und um Wechselbeziehungen gehen wird. Wie wirkten etwa spezifisch deutsche Traditionen, z.B. die des Sozialstaates, des Obrigkeitsstaates oder des Bildungsbürgertums in Ost und West nach, wie ging man mit dem nationalsozialistischen Erbe um, wie wirkten Prozesse auf der einen Seite auf die andere Seite ein und umgekehrt? Viele Fragen sind gegenwärtig offen, und von tragfähigen neuen Synthe-

---

[71] Vgl. Faulenbach, Probleme des Umgangs mit der Vergangenheit im vereinten Deutschland, a.a.O., S. 175–190, insbes. S. 186ff.; Ch. Kleßmann, Die doppelte „Vergangenheitsbewältigung", in: NGFH 12, 1991, S. 1099–1105.

[72] Ch. Kleßmann, Verflechtung und Abgrenzung, a.a.O. Vgl. auch M. Fulbrook, The Two Germanies 1945–1990. Problems of Interpretation, London 1992.

sen der Einzelergebnisse sind wir noch beträchtlich entfernt. Zugleich aber wird die Zeithistorie die NS-Zeit nicht aus den Augen verlieren dürfen, Forschungen weiterzuführen und die Ergebnisse bisheriger Forschung festzuhalten und in das Bild der Geschichte des 20. Jahrhunderts einzuordnen haben. Es wäre bedauerlich, wenn gleichsam Regressionen des Forschungsprozesses eintreten würden. Jedenfalls darf die NS-Zeit nicht durch die politisch-gesellschaftliche Aufgabe der „Bewältigung" des DDR-Erbes mediatisiert werden. Auf diesem Hintergrund kommt der Zeithistorie eine besondere Verantwortung zu.

Schlußbemerkung

Gegenwärtig kumulieren sich Probleme der Gegenwart mit Problemen im Umgang mit der Vergangenheit, wobei beider Wahrnehmung sich gegenseitig auflädt. Die Lösung zentraler Fragen der inneren Vereinigung könnte umgekehrt dazu beitragen, bestimmte Blockaden beim Umgang mit der Vergangenheit aufzubrechen. Wie es um die demokratische politische Kultur in diesem Lande bestellt ist, wird sich daran zeigen, ob die Gesellschaft sich als fähig erweist, ein kollektives Gedächtnis zu entwickeln, das vielfältige widersprüchliche Erinnerungen an die verschiedenen Vergangenheiten des 20. Jahrhunderts bewahrt, die Bedeutung der NS-Zeit dabei nicht einebnet, doch auch widerständiges und demokratisches Handeln einschließt und die tägliche Einlösung von Menschen- und Bürgerrechten in Deutschland zur permanenten Aufgabe erhebt. Darin – nicht in neuer politischer Instrumentalisierung – wäre eine Verarbeitung der Geschichte des 20. Jahrhunderts mit ihren beispiellosen Katastrophen zu sehen.

Norbert Frei

NS-Vergangenheit unter Ulbricht und Adenauer. Gesichtspunkte einer „vergleichenden Bewältigungsforschung"

Die geschichtswissenschaftliche Erforschung des Umgangs mit der NS-Vergangenheit in den beiden Nachfolgestaaten des „Dritten Reiches" steht erst in ihren Anfängen, aber ihre Tücken zeichnen sich bereits ab. Eine der Schwierigkeiten besteht darin, daß die Thematik, jedenfalls in der „alten" Bundesrepublik, über Jahrzehnte hinweg ein zentraler Topos der politischen Essayistik gewesen ist. Der Kern des Problems – definiert nicht als die zu Beginn der sechziger Jahre Dynamik gewinnende „Verdrängungsdebatte", sondern als die konkrete historisch-politische Auseinandersetzung mit den ererbten Lasten und den alliierten Vorentscheidungen seit Ende der vierziger Jahre und vor allem in den Fünfzigern – ist deshalb überlagert von vielfältigen Meinungsschichten, Deutungen und Kontroversen, durch die hindurchzudringen die Aufgabe entsprechender historiographischer Bemühungen sein muß. Die in letzter Zeit erschienenen Arbeiten zur Geschichte der „Vergangenheitsbewältigung" in der Bundesrepublik leisten dies jedoch kaum, und einige davon vermitteln im Gegenteil den Eindruck, als ob sie sich von der so lange vorherrschenden meinungsorientierten Betrachtungsweise gar nicht lösen wollten[1]. Eine Geschichtswissenschaft, die diesen Namen verdient, muß aber alles daransetzen, beim Sturm auf tatsächliche oder vermeintliche alte „Legenden" nicht neue zu produzieren. Das gilt zumal in einem Moment, in dem das für die Westdeutschen von jeher aufregende Thema durch die neugewonnene Mög-

---

[1] Das gilt insbesondere für M. Kittel, Die Legende von der „Zweiten Schuld". Vergangenheitsbewältigung in der Ära Adenauer, Frankfurt a.M./Berlin 1993, aber auch für das entsprechende Kapitel bei M. Wolffsohn, Keine Angst vor Deutschland!, Erlangen/Bonn/Wien 1990, S. 96–148, sowie für eine Reihe von Beiträgen in: U. Backes/E. Jesse/R. Zitelmann (Hg.), Die Schatten der Vergangenheit. Impulse zur Historisierung des Nationalsozialismus, Frankfurt a.M. 1990. Vgl. dagegen aber die einschlägigen Beiträge in: A. Schildt/A. Sywottek (Hg.), Modernisierung im Wiederaufbau. Die westdeutsche Gesellschaft der 50er Jahre, Bonn 1993, und soeben die vor allem auf amerikanische und britische Akten gestützte Dissertation von U. Brochhagen, Nach Nürnberg. Vergangenheitsbewältigung und Westintegration in der Ära Adenauer, Hamburg 1994 (mit Literaturübersicht), schließlich den abgewogenen Essay von P. Graf Kielmansegg, Lange Schatten. Vom Umgang der Deutschen mit der nationalsozialistischen Vergangenheit, Berlin 1989.

lichkeit des empirischen Vergleichs mit der Entwicklung in der DDR[2] – ganz zu schweigen vom Vergleich mit der hier ausgeklammerten „zweiten Bewältigung" seit 1989/90 – noch an Brisanz gewinnt.

Gerade weil die folgenden Bemerkungen[3] sich im wesentlichen auf die Entwicklung erst seit Gründung der beiden deutschen Staaten beziehen, erscheint es sinnvoll, das ihnen zugrundeliegende Phasenmodell vorab kurz zu explizieren:

1. Der Umgang mit der NS-Vergangenheit zwischen 1945 und 1948/49 war dominiert von den säuberungspolitischen Initiativen der Besatzungsmächte, die sich bei annähernd identischer Ausgangslage und nach anfänglicher partieller Kooperation (im Alliierten Kontrollrat und im Nürnberger Hauptkriegsverbrecherprozeß) rasch auseinanderentwickelten: in eine „bürokratische Säuberung" im Westen und in eine „instrumentalisierte politische Säuberung" in der SBZ[4]. Der in Ostdeutschland nach Maßgabe der SMAD im Gewand der Entnazifizierung betriebene radikale – und oft von großer Inhumanität begleitete – Elitenaustausch, der auf die Politik und die politisch kompromittierten Spitzen der übrigen Gesellschaft nicht beschränkt blieb, sondern auch in Justiz, Verwaltung, Wirtschaft und Kultur zu revolutionären Umwälzungen führte, sah im Westen nichts Vergleichbares[5].

2. Die im Folgenden zu erörternde Phase ab 1948/49 beginnt also vor dem Hintergrund tief differierender Entnazifizierungserfahrungen, ist aber charakterisiert durch ein paralleles Phänomen: Im Westen wie im Osten setzen die neugebildeten deutschen Zentralinstanzen auf soziale und politische Integration der „Entnazifizierungsgeschädigten". Nicht nur in der Bundesrepublik vollzieht sich, pointiert gesagt, eine *„Bewälti-*

---

[2] Eine anregende Skizze hierzu bietet U. Herbert, Zweierlei Bewältigung, in: derselbe/O. Groehler, Zweierlei Bewältigung. Vier Beiträge über den Umgang mit der NS-Vergangenheit in den beiden deutschen Staaten, Hamburg 1992, S. 7–27.

[3] Die folgenden Bemerkungen gehen zurück auf meine Diskussionsbeiträge während der Tagung und beanspruchen nicht mehr, als einige Gesichtspunkte möglicher Komparatistik zu benennen. Ich stütze mich dabei auf die Ergebnisse meiner im Manuskript abgeschlossenen Studie zur bundesdeutschen Vergangenheitspolitik in den fünfziger Jahren; vgl. dazu demnächst als Aufsatz: N. Frei, Bewältigungsprobleme. Zur Erforschung des Umgangs mit der NS-Vergangenheit in der Ära Adenauer, in: B. Weisbrod (Hg.), Rechtsradikalismus. Politischer Regionalismus und politische Kultur in der Nachkriegszeit, Hannover 1995.

[4] Ich folge hier einer von K.-D. Henke und H. Woller vorgeschlagenen Typologie: dieselben (Hg.) Politische Säuberung in Europa. Die Abrechnung mit Faschismus und Kollaboration nach dem Zweiten Weltkrieg, München 1991, S. 10–15.

[5] Vgl. die knappe Gegenüberstellung bei A. Bländsdorf, Zur Konfrontation mit der NS-Vergangenheit in der Bundesrepublik, der DDR und Österreich. Entnazifizierung und Wiedergutmachungsleistungen, in: APZ, B 16–17/87 v. 18. 4. 1987, S. 3–18; neue Forschungsresümees bzw. Dokumentationen für die Westzonen: K.-D. Henke, Die Trennung vom Nationalsozialismus. Selbstzerstörung, politische Säuberung, „Entnazifizierung", Strafverfolgung, in: derselbe/Woller (Anm. 4), S. 21–83; C. Vollnhals (Hg.), Entnazifizierung. Politische Säuberung und Rehabilitierung in den vier Besatzungszonen 1945–1949, München 1991; für die SBZ grundlegend: W. Meinicke, Zur Entnazifizierung in der sowjetischen Besatzungszone unter Berücksichtigung von Aspekten politischer und sozialer Veränderungen (1945 bis 1948), Diss. Berlin 1983; als neue Zusammenfassung: H. Welsh, „Antifaschistisch-demokratische Umwälzung" und politische Säuberung in der sowjetischen Besatzungszone Deutschlands, in: Henke/Woller (Anm. 4), S. 84–107.

gung der frühen Bewältigung" – auch die DDR bemüht sich nun um die staatsbürgerliche Integration der durch die antifaschistische Säuberung systematisch ausgegrenzten Gruppen, ohne ihnen deshalb freilich den früheren eigentumsrechtlichen oder beruflichen Status zurückzugeben. Das Bedürfnis, die Auseinandersetzung mit der NS-Vergangenheit abzuschließen, scheint in den fünfziger Jahren ein Kennzeichen beider deutscher Gesellschaften – und ihrer Politik – gewesen zu sein. Eine *„vergleichende Bewältigungsforschung"* bietet sich deshalb für diese Phase besonders an.

3. In der Bundesrepublik setzte gegen Ende der fünfziger Jahre – nicht zuletzt genährt durch entsprechende permanente Attacken aus der DDR – eine Diskussion über die „unbewältigte Vergangenheit" ein, die bald große Teile der Medien erfaßte und in den sechziger Jahren zur Ausbildung jener spezifischen politischen Kultur führte, die einer lebendigen, historisch-moralischen Auseinandersetzung mit der NS-Vergangenheit zentrale Bedeutung beimißt. In der DDR hingegen scheint es in dieser Zeit zu einer weitgehenden Erstarrung der antifaschistischen Geschichtserinnerung gekommen zu sein, und es wäre zu prüfen, inwieweit dazu auch die propagandistische Außenverlagerung der NS-Problematik in die Bundesrepublik beitrug.

I.

Eine vergleichende Analyse des Umgangs mit der NS-Vergangenheit, die nicht 1945, sondern die Gründung der beiden deutschen Staaten zum Ausgangspunkt nimmt, vermag durchaus bei Gemeinsamkeiten zu beginnen: Denn trotz der erwähnten fundamentalen Unterschiede bei der vorangegangenen politischen Säuberung nach den Konzepten der jeweiligen Alliierten und der gerade auch dadurch ausgelösten Ost-West-Wanderung von Teilen der im Verhältnis zur Gesamtbevölkerung politisch überdurchschnittlich korrumpierten Eliten wird man annehmen können, daß sich die Bewußtseinslage der Deutschen hinsichtlich ihrer individuellen und kollektiven Vergangenheit auf beiden Seiten des Eisernen Vorhangs auch 1949 noch nicht wesentlich unterschied. Mit anderen Worten: Hier wie dort mußte die Politik die Menschen aus einer Situation „abholen", die nicht zuletzt durch das Nachwirken ihrer bis weit in die zweite Kriegshälfte hinein außerordentlich hohen volksgemeinschaftlichen Integration gekennzeichnet war. Am Ende der Entnazifizierung stand im Osten wie im Westen notwendigerweise die nicht nur gesellschaftliche, sondern auch staatsbürgerliche Integration der einstigen Partei- oder auch nur Volksgenossen in das neuerrichtete System.

Ein genauer Vergleich der in den frühen fünfziger Jahren erbrachten Integrationsleistungen der Bundesrepublik mit jenen der DDR dürfte sich deshalb als außerordentlich fruchtbar erweisen. Ein solcher Vergleich – für den es keineswegs nur hinsichtlich der DDR an wesentlichen Vorarbeiten mangelt, der vielmehr auch über die Fragestellung der Entnazifizierungsforschung für die Westzonen hinausweist, die ja nur bis 1949 schon relativ weit gediehen ist – müßte insbesondere die jeweiligen Modalitäten und das Ausmaß der politischen Rehabilitierung des Millionenheers der „Ehemaligen" in den Blick nehmen. Gemeint ist damit nicht allein die parallele Analyse des Umgangs mit den bis Anfang der fünfziger Jahre aus zum Teil jahrelanger Internierungshaft Entlassenen (wobei die Härte, Willkür und vielfach nicht säuberungs-, sondern gesellschaftspolitischen Zielen dienende Praxis der Sowjets nur um den Preis der Verharmlosung mit jener der Westalliierten in eins gesetzt werden könnte[6]); gemeint ist mehr noch das Phänomen der „schleichenden Rückkehr" (Eugen Kogon) politisch Belasteter, das im Westen durch strafrechtliche Amnestien und pauschale Wiedereingliederungsmaßnahmen in den öffentlichen Dienst („131er"-Gesetz) erleichtert wurde, im Osten durch eine zentral gesteuerte Reduzierung des antifaschistischen Anspruchsniveaus – bei allerdings exemplarisch fortgesetzter und öffentlich demonstrierter Unnachsichtigkeit (Waldheimer Prozesse).

Die zeitliche und sachliche Parallelität dieser Maßnahmen springt geradezu ins Auge: Während der Bundestag im Dezember 1949 (als eines seiner ersten Gesetze überhaupt) einstimmig ein allgemeines Straffreiheitsgesetz verabschiedete, von dem auch Zehntausende von kleineren NS-Tätern sowie die 1945 „Untergetauchten" profitierten, und seit Frühjahr 1950 in populistischer Manier über Empfehlungen für die (ohnehin nur auf Länderebene durchzuführende) „Liquidation" der Entnazifizierung debattierte, beschloß die Provisorische Volkskammer in ihrer fünften Sitzung am 9. November 1949 auf Antrag der SED ein „Gesetz über den Erlaß von Sühnemaßnahmen und die Gewährung staatsbürgerlicher Rechte für die ehemaligen Mitglieder und Anhänger der Nazipartei und Offiziere der faschistischen Wehrmacht"[7]. Auch hinsichtlich der weiteren „Wiederherstellung der Ehre" der deutschen Soldaten gibt es auffallende Parallelen: Adenauers erste „Ehrenerklärung" datiert vom 5. April 1951 (abgegeben in der Bundestagsdebatte über das „131er"-Gesetz, das nicht zuletzt eine generöse Versorgung der ehemaligen Berufssoldaten brachte), die zweite vom 3. Dezember 1952 (abgegeben in der Debatte über den Generalvertrag und die EVG); das DDR-Gesetz „Über die staatsbürgerlichen Rechte der ehemaligen Offiziere der faschistischen Wehrmacht und der ehemaligen Mitglieder und Anhänger der Nazipartei" stammt vom 2. Oktober 1952.

Darüber hinaus gehört der Vergleich der sozialen Komposition und integrativen Funktion bestimmter, seit 1948/49 auftretender beziehungsweise genehmigter Parteien in den Zusammenhang jener offensichtlich auf beiden Seiten für unabwendbar gehaltenen und aktiv betriebenen Vergangenheitspolitik, deren Ziel die Versöhnung der seit 1945 Ausgegrenzten mit der inzwischen jeweils etablierten politischen und gesellschaftlichen Ordnung darstellte. Entsprechende Untersuchungen hätten im Westen besonders der DP und dem BHE, auch der ehemaligen „Lizenzpartei" FDP zu gelten, im Osten der Mitte 1948 gegründeten NDPD.

---

[6] Dazu jetzt im Überblick: R. Knigge-Tesche/P. Reif-Spirek/B. Ritscher (Hg.), Internierungspraxis in Ost- und Westdeutschland nach 1945. Eine Fachtagung, Erfurt 1993.

[7] Dieses und das Folgende zur DDR-Gesetzgebung nach W. Meinicke, Die Entnazifizierung in der sowjetischen Besatzungszone 1945–1948, in: ZfG 33, 1985, S. 968–979, hier zit. nach dem Wiederdruck in: R. Eckert/A. v. Plato/ J. Schütrumpf (Hg.), Wendezeiten-Zeitenwende. Zur „Entnazifizierung und Entstalinisierung", Hamburg 1991, S. 49.

II.

Unter Beschränkung auf rein funktionale Aspekte erscheint schließlich - neben dem Vergleich der praktischen Vergangenheitspolitik - sogar eine komparative Analyse der ideologischen Deutungsebenen sinnvoll. Diese könnte von der Beobachtung ausgehen, daß nicht nur der Anti-Nationalsozialismus im Westen, sondern auch der Antifaschismus im Osten, jedenfalls zu Anfang, eher als Metaphern der ideologischen Generaldistanzierung dienten denn als spezifisch aufgeladene normative Konzepte. Unter dem weiten Mantel des „Anti" konnte die bei Kriegsende zwar weit fortgeschrittene, aber noch keineswegs abgeschlossene „Trennung"[8] der nationalsozialistischen Führung von der - als ideologisches Konstrukt durchaus existenten - „Volksgemeinschaft" vorangetrieben werden, ohne daß damit eine sofortige allgemeine Verpflichtung auf westlich-parlamentarische beziehungsweise „volksdemokratische" Herrschaftskonzepte nötig wurde. Dies erlaubte eine (im Osten freilich rasch zu Ende gebrachte) Phase der „Offenheit", die den Siegermächten, vor allem aber den Besiegten, eine gewisse Zeit zur Orientierung ließ - und unter anderem die vielbeschworene (Schein-)Blüte „alternativer" Politikansätze und einer politischen Publizistik hervorbrachte, die 1948/49 dann auch im Westen verwelkte. Es wäre im einzelnen zu untersuchen, inwieweit die zunehmende Verengung und Verhärtung des Antifaschismus-Konzepts in der SBZ/DDR[9] mit der aktualisierenden Zuspitzung des anti-nationalsozialistischen Gründungskonsenses im Westen korrespondierte, aus dem dann der kämpferische Antitotalitarismus der fünfziger Jahre hervorging. Freilich dürfte dabei jener Fundamentalunterschied nicht übersehen werden, der darin liegt, daß normative Deutungskonzepte in der offenen Gesellschaft letztlich nur Angebots-, in der Weltanschauungsdiktatur jedoch verpflichtenden Charakter haben.

Kanonisierungs-, Ritualisierungs- und Instrumentalisierungsphänomene waren Anfang der fünfziger Jahre gleichwohl in den Geltungsbereichen beider Deutungskonzepte zu beobachten, und es wäre zweifellos lohnend, diesen im einzelnen vergleichend nachzugehen. Dafür böte sich keineswegs allein die in letzter Zeit verstärkt in das Blickfeld der Forschung geratene Rezeptionsgeschichte des Widerstandes[10] an; höchst bedeutsam wäre auch die komparative Untersuchung des staatlichen Umgangs mit den Gruppen der ehemals rassisch und religiös Verfolgten und der Formen des öffentlichen Gedenkens für die Opfer des NS-Regimes. Ein solcher Vergleich würde vermutlich nicht zuletzt den unterschiedlichen funktionalen Stellenwert von phasenweise scheinbar nahezu identischen Ritualisierungs- und Kanonisierungsphänomenen verdeutlichen - und damit auch die Chancen ihrer Überwindung. Diese eröffneten sich, wie die erwähnte Dynamisierung

---

8 So der Terminus von Henke (Anm. 4).
9 Vgl. dazu im Überblick: A. Grunenberg, Antifaschismus - ein deutscher Mythos, Reinbek 1993, hier S. 120-144; besonders aufschlußreich: O. Groehler, Antifaschismus - vom Umgang mit einem Begriff, in: Herbert/derselbe (Anm. 2), S. 29-40, sowie Groehlers Beitrag in diesem Band.
10 Vgl. dazu jetzt insgesamt: G. R. Ueberschär (Hg.), Der 20. Juli 1944. Bewertung und Rezeption des deutschen Widerstandes gegen das NS-Regime, Köln 1994, sowie einige der Beiträge in: P. Steinbach/J. Tuchel (Hg.), Widerstand gegen den Nationalsozialismus, Berlin 1994; außerdem P. Steinbach, „Stachel im Fleisch der deutschen Nachkriegsgesellschaft". Die Deutschen und der Widerstand, in: APZ, B 28/94, S. 3-14, und den Aufsatz von J. Danyel in diesem Band.

der Vergangenheitsdebatte in der Bundesrepublik seit Anfang der sechziger Jahre zeigte, unter den Diskursbedingungen einer pluralistischen Demokratie gewissermaßen naturwüchsig, sie waren aber, wie die Petrifizierung der bis zuletzt gültigen Antifa-Doktrin erweist, unter den Bedingungen des Realsozialismus nicht von oben zu erzwingen.

Hinsichtlich der innen- und außenpolitischen und zumal der innerdeutschen Instrumentalisierung von Antifaschismus und Antitotalitarismus in der Hochphase des Kalten Krieges ist die Nützlichkeit einer vergleichenden Analyse mit Händen zu greifen. Die jeweilige innenpolitische Instrumentalisierung löste sich in beiden deutschen Staaten von den Fragen des Umgangs mit der NS-Vergangenheit allerdings zusehends ab und fand ihren Niederschlag in der Bundesrepublik hauptsächlich im Kampf gegen die als linkstotalitär gebrandmarkten Kommunisten, in der DDR vor allem in der agitatorischen Zelebrierung des angeblich allein von ihr verkörperten „anderen Deutschland".

Auch im Blick auf die außenpolitische Instrumentalisierung des normativen „Anti" dürfte der empirisch gesättigte Vergleich eher die Unterschiede markieren: Angesichts eines bis weit in die fünfziger Jahre hinein geltenden – und anläßlich der Naumann-Affäre 1953 von den Briten mit wohltuender Wirkung realisierten – Interventionsvorbehalts der Westalliierten[11] sowie ihrer auf Dauer angelegten, nicht nur politisch-moralischen, sondern auch finanziellen Inpflichtnahme der Bundesrepublik für die Verbrechen des „Dritten Reiches" (Wiedergutmachung für Israel) kam der Erweiterung des antinationalsozialistischen Gründungspostulats zum Antitotalitarismus sicherlich auch eine gewisse Entlastungswirkung zu. Die DDR mußte gegenüber der Sowjetunion zwar hohe Reparationsleistungen erbringen, sah sich im übrigen aber, kaum überraschend, vom stalinistischen Großen Bruder vergangenheitspolitisch wenig in die Pflicht genommen. Insofern reflektierten die Differenzen in der außenpolitischen Instrumentalisierung den Unterschied zwischen der – wie Rainer Lepsius es genannt hat – „Externalisierung" der NS-Vergangenheit durch die DDR und ihrer „Internalisierung" durch die Bundesrepublik[12].

Von der ihr durch die weltpolitische Konstellation eröffneten Möglichkeit, den eigenen Anteil an der Verantwortung für das nationalsozialistische Erbe gewissermaßen zu exportieren, hat die DDR in den fünfziger und sechziger Jahren in verschiedener Hinsicht Gebrauch gemacht, am massivsten und politisch wirkungsvollsten aber wohl durch die Instrumentalisierung der NS-Vergangenheit für die Systemauseinandersetzung mit der Bundesrepublik. Dieses außerordentlich bedeutsame Feld der

---

[11] Im Januar 1953 hatte der britische Hohe Kommissar Ivone Kirkpatrick den sogenannten Gauleiter-Kreis um den ehemaligen Staatssekretär im Reichspropagandaministerium Werner Naumann verhaften lassen, der sich auf Einladung der nordrhein-westfälischen FDP-Führung gerade anschickte, die Liberalen zu unterwandern; alle Hoffnungen der Nationalisten und Nationalsozialisten auf eine große Sammlungspartei rechts von der Union waren mit diesem drastischen Eingriff zerstoben.

[12] Vgl. R. M. Lepsius, Das Erbe des Nationalsozialismus und die politische Kultur der Nachfolgestaaten des „Großdeutschen Reiches", in: derselbe, Demokratie in Deutschland. Soziologisch-historische Konstellationsanalysen. Ausgewählte Aufsätze, Göttingen 1993, S. 229–245.

Bewältigungsforschung – methodisch natürlich weit mehr Interaktions- als Vergleichs-
geschichte – ist bislang praktisch eine Terra incognita[13].

III.

Spektakulärer Auftakt der gegen die Bundesrepublik gerichteten Instrumentalisierung
der NS-Vergangenheit durch die DDR bildete der Auftritt des westdeutschen Verfas-
sungsschutzpräsidenten Otto John in Ost-Berlin, der am 20. Juli 1954 nach einer
Gedenkfeier für die Widerständler am Bendler-Block verschwunden war. Die – in der
damaligen Aufregung freilich unbemerkt gebliebene – historische Ironie der Affäre lag
in dem Faktum, daß die DDR-Führung John just in dem Moment als Kronzeugen einer
sich angeblich dramatisch verschärfenden Renazifizierung der Bundesrepublik präsentierte, da die politische Klasse in Bonn in Gestalt des Bundespräsidenten ein erstes
offensives Bekenntnis zu den vielfach noch immer als „Eidbrecher" angesehenen
Männern des 20. Juli 1944 wagte.

Der durch John gewissermaßen beglaubigte Vorwurf, Bonn habe den unbelehrten
Nationalsozialisten Tür und Tor geöffnet – eine These, an deren Kern der über den
Rückstrom von Parteigenossen in den öffentlichen Dienst und etliche Staatsämter
bestens informierte Verfassungsschutzpräsident übrigens auch nach seiner Rückkehr
in die Bundesrepublik festhielt[14] –, wurde durch Ost-Berlin in den folgenden Jahren
systematisch ausgebaut und exemplifiziert.

Unter der formalen Zuständigkeit des „Ausschusses für Deutsche Einheit" beim
Nationalrat der Nationalen Front führte die SED seit Mitte der fünfziger Jahre immer
neue Kampagnen, in denen die Bundesrepublik als „Paradies für Kriegsverbrecher"
und das auf Hitlers Generäle, Juristen und Wirtschaftsführer gestützte „Adenauer-
Regime" als Hort des Revanchismus ausgegeben wurde. Den jahrelangen Zentralpunkt
des von ZK-Mitglied Albert Norden in „internationalen Pressekonferenzen" regelmäßig erneuerten Faschismus-Vorwurfs bildete der Propagandafeldzug gegen die sogenannten Blutrichter[15]. Dabei ging es um zunächst 600, dann 800, dann 1000 und mehr
Juristen, die im Zuge der allgemeinen Rehabilitierung und der „131er"-Regelung
wieder in den Staatsdienst aufgenommen worden waren. Tonnenweise schleuste die
DDR Broschüren mit den Namen der Belasteten in die Bundesrepublik ein, um jene
personelle Kontinuität in der Justiz („von Hitler zu Adenauer") zu beweisen, die
schlechterdings unbestreitbar war. Aber die bundesdeutsche Empörung über diese
„kommunistische Agitation" stand in eklatantem Gegensatz zur Bereitschaft der

---

[13] Erste Ansätze – in einem auf die inneren Probleme der DDR abgestellten Deutungsrahmen –
jetzt aber bei M. Lemke, Kampagnen gegen Bonn. Die Systemkrise der DDR und die West-
Propaganda der SED 1960–1963, in: VfZ 41, 1993, S. 153–174.

[14] Vgl. O. John, Zweimal kam ich heim. Vom Verschwörer zum Schützer der Verfassung, Düssel-
dorf/Wien 1969, bes. S. 213–258.

[15] Im Überblick dazu jetzt Brochhagen (Anm. 1), S. 224–236; vgl. auch A. Norden, Ereignisse und
Erlebtes, Berlin 1981, S. 221–238.

Exekutive, ihren sachlichen Gehalt zu prüfen; unter Berufung auf die Unabhängigkeit der Justiz und die Zuständigkeit der Länder gab sich das Bundesjustizministerium jahrelang so desinteressiert wie nur möglich. Erst nach langem Zögern wurden, soweit die DDR-Broschüren „konkrete" Vorwürfe erhoben, Bundesrichter im Rahmen von Dienstgesprächen befragt. Wer in diesen Gesprächen bestritt oder sich nicht erinnern konnte, für den war die Angelegenheit schon erledigt.

Die Tatsache, daß die Vorwürfe „aus dem Osten" kamen, wurde nicht nur den Juristen, sondern auch etlichen anderen Staatsdienern mit ungesühnter NS-Vergangenheit fast zu einer Art von Geschenk, denn Beschuldigungen aus „Pankow" galten in der Hochzeit des Kalten Krieges geradezu als antikommunistische Auszeichnung. Wäre es den obersten Antifaschisten der DDR wirklich um die Säuberung des bundesdeutschen Justiz- und Beamtenapparates gegangen, sie hätten über der kontraproduktiven Wirkung ihrer Aktionen schwermütig werden müssen. Selbst Globke, gegen den die SED 1963 schließlich sogar einen Schauprozeß inszenierte (für dessen Vorbereitung der Staatssicherheitsdienst mit der Vorkenntnis und dem Taktgefühl primitiver Ethnologen auf Zeugensuche unter den wenigen jüdischen Bürgern der DDR gegangen war), profitierte von der Maßlosigkeit der Ost-Berliner Propaganda. Doch obwohl die beabsichtigte Destabilisierung der Konkurrenzrepublik ausblieb, waren die Anstrengungen der DDR, die sich auch auf den Jerusalemer Eichmann-Prozeß erstreckten, die Inszenierung antisemitischer Gewaltaktionen umfaßten und im Fall des angeblichen „KZ-Baumeisters" Heinrich Lübke[16] selbst die Fälschung von Dokumenten einschloß, nicht folgenlos. Besonders in den jüngeren Generationen, die die NS-Zeit als Kinder oder Jugendliche erlebt hatten, stießen die DDR-Informationen zunehmend auf Interesse, und es ließe sich gewiß belegen, daß der gegen Ende der fünfziger Jahre einsetzende vergangenheitspolitische Klimawandel in der Bundesrepublik auch ein Produkt der von außen gestifteten Unruhe war.

Solche Details zeigen: Dem Element der innerdeutschen Instrumentalisierung kam in der Entwicklung des Umgangs mit der NS-Vergangenheit in Deutschland keine geringe Bedeutung zu; eine vergleichende Historiographie hätte hier einen analytischen Schwerpunkt zu setzen. Dabei wäre dann selbstverständlich auch zu fragen, welche Rückwirkungen von dieser zunehmend aggressiveren Externalisierung der NS-Vergangenheit durch die DDR auf deren Antifaschismus-Doktrin ausgegangen sind. Während die insgesamt dürftigen Versuche aus der Bundesrepublik, im Gegenangriff auf die (durchaus beträchtlichen) säuberungspolitischen Blindstellen in der DDR hinzuweisen, an der durch das Propagandamonopol abgesicherten Dominanz des antifaschistischen Selbstbildes wohl weitestgehend abprallten, wäre im einzelnen zu untersuchen, inwiefern die Petrifizierung des DDR-Antifaschismus nicht auch Folge dieser spezifischen innerdeutschen Vergangenheitskommunikation war.

Als Arbeitshypothese wird man schon jetzt formulieren dürfen: Inmitten von „zweierlei Bewältigung" gab es nicht unbeträchtliche Gemeinsamkeiten und wechselseitige Bezugnahmen.

---

[16] Zusammenfassend dazu K. Hildebrand, Von Erhard zur Großen Koalition 1963–1969, Stuttgart/Wiesbaden 1984, S. 389.

Moshe Zimmermann

Die Erinnerung an Nationalsozialismus und Widerstand im Spannungsfeld deutscher Zweistaatlichkeit

Der Außenseiter, in diesem Fall der Israeli, hat bei der Behandlung dieses Themas den Vorteil, in Deutschland und über Deutschland aus einer anderen, keineswegs neutralen Perspektive nachdenken zu können. Schon die zwei Grundelemente des Themas – Nationalsozialismus und Widerstand – rufen bei ihm grundsätzlich andere Assoziationen hervor als beim Durchschnittsdeutschen, gleich ob aus Ost oder West: Für den jüdischen Betrachter, darunter auch für den Israeli, ist der Nationalsozialismus der Erzfeind schlechthin, die moderne Personifizierung des „Amaleks", nicht ein Teil der eigenen Verantwortung; Widerstand gegen den NS wiederum assoziiert sich bei ihm mit den vereinzelten aufständischen Aktionen von Juden gegen das „Dritte Reich" – wie z.B. der Warschauer Aufstand 1943, nicht mit dem 20. Juli 1944 und auch nicht mit dem Namen Ernst Thälmann oder mit anderen für das Schicksal der Juden kaum bedeutenden Personen oder Vorgängen. Da der Nationalsozialismus in Israel nahezu exklusiv mit dem Holocaust gleichgestellt wird, werden seine anderen Aspekte, und ganz besonders die Historisierung der NS-Zeit, wenn überhaupt, nur von Historikern berücksichtigt. Dies verengt zwar die Perspektive über die Erinnerung an Nationalsozialismus und Widerstand, verschafft aber dem nicht-israelischen Historiker einen alternativen Maßstab, um u.a. auch die Relevanz der deutschen Zweistaatlichkeit für das Thema einschätzen zu können. So relativiert dieser Blickpunkt die innerdeutsche Diskussion bzw. stellt sie in einen neuen Kontext.

Der Widerstand gegen den Nationalsozialismus, so wie er im schizophrenen deutschen Selbstverständnis verankert war, wird in Israel selbstverständlich deshalb nur als Randbemerkung zur Geschichte des Nazismus verstanden, weil dieser für den Verlauf des Holocaust keinerlei Relevanz hatte. Relevant erscheinen nur die folgenden Fakten:

- Die verschiedenen Arten der in Deutschland als Widerstand empfundenen Taten waren entweder politisch motivierte oder späte Reaktionen auf die sich verschlechternde Lage im „Dritten Reich". So oder so waren es nicht rein humane Erwägungen, die die meisten Widerständler zum Widerstand motiviert haben – schon gar nicht das Schicksal der deutschen bzw. der europäischen Juden.
- Auch der historiographische Zugang zum Thema im geteilten Deutschland war politisiert. Beide Systeme versuchten Rückhalt u.a. auch in der Geschichte des deutschen Widerstands

zu finden und haben dementsprechend das Thema im Erziehungssystem, aber auch in der Geschichtsschreibung bearbeitet. In beiden Systemen war die „Judenfrage" für das Thema Widerstand kein essentieller Gegenstand. Wie die im Mittelpunkt des in der Widerstandsforschung der Bundesrepublik stehenden Attentäter des 20. Juli die „Judenfrage" lösen wollten ist bekannt,[1] und ebenso bekannt ist die Tatsache, daß in der Behandlung des „Hitlerfaschismus" in der DDR die Juden bis kurz vor dem Untergang des Staates nur in Ausnahmefällen thematisiert wurden. Für die beiden Systeme war also das für Israelis wichtigste Thema im Rahmen des deutschen Widerstands marginal oder gegenstandslos.

Jedoch wurde das Thema „Juden" nicht allein im Kontext des Widerstandkomplexes so behandelt; auch für das umfassendere Thema Nationalsozialismus – und eigentlich in der gesamten Geschichte – blieben die Juden für Historiker und für „Konsumenten" der historischen Forschung entweder ein eher unintegrierbares Objekt (so in der Bundesrepublik) oder ein „exotisches" Thema (so in der DDR). Die Ausgrenzung der Juden – das Ziel der Antisemiten und Nationalsozialisten – ist paradoxerweise im deutschen (und europäischen) Geschichtsbewußtsein zum Teil noch bis heute vorhanden. Diesbezüglich verliert das Spannungsfeld deutscher Zweistaatlichkeit aus der Sicht des Israeli seine Bedeutung. Die relevante Frage stellt sich dann, ob die neue Bundesrepublik die Mängel aus der Zeit der Zweistaatlichkeit beseitigen kann.

Was den jüdischen Widerstand gegen das „Dritte Reich" anbelangt, ist der Unterschied zwischen der Einstellung der BRD und der DDR eher stellvertretend für den Unterschied zwischen dem westlichen und dem sozialistischen Interpretationsmuster der Geschichte zu verstehen. Im Osten, wo die Rolle der Juden in der Regel nicht thematisiert wurde, war auch der jüdische Widerstand bis auf eine markante Ausnahme kein Diskussionsgegenstand gewesen: Er ging im allgemeinen Widerstand auf. Im Westen, einschließlich Israel, wurde nach dem „heroischen" Widerstand gesucht, und der „heroische" Widerstand der Juden, wie die Geschichte der Juden überhaupt, wurde lange Zeit isoliert behandelt. Der Israeli, der den „heroischen" Aufstand bewunderte, konnte aber nicht einsehen, wieso dieses Phänomen in der Bundesrepublik unter der Rubrik „Juden", nicht unter „Widerstand", behandelt wurde.[2] Anderseits setzte die in den achtziger Jahren in der Bundesrepublik stattfindende Erweiterung des Themas Widerstand über den 20. Juli hinaus[3] auch für Israel ein Signal: Man begann im Holocaust und in seiner Vorgeschichte auch Elemente des Widerstands zu suchen[4] und so die seit 1945 herrschende Dichotomie zwischen „Shoah" und „Gwura", zwi-

---

[1] Ch. Dipper, Der deutsche Widerstand und die Juden in: GG 9, 1983, S. 349–380; D. Bankier, The Germans and the Final Solution, Oxford/Cambridge 1992.

[2] Obwohl auch in der herkömmlichen israelischen Historiographie „allgemeine" und „jüdische" Geschichte getrennt behandelt wurden und somit auch dort der jüdische Widerstand gegen den Nationalsozialismus vom deutschen säuberlich getrennt blieb. Ein Beispiel für eine diesbezügliche deutsch-israelische Zusammenarbeit liefert I. Gutman (Hg.), Enzyklopädie des Holocaust, Bd. III, 1992, S. 1582–1586.

[3] K. Kwiet, Problems of Jewish Resistance Historiography, in: Jahrbuch des Leo-Baeck-Instituts, 1979, S. 35–57; derselbe/H. Eschwege, Selbstbehauptung und Widerstand. Deutsche Juden im Kampf um Existenz und Menschenwürde 1933–1945, Hamburg 1984.

[4] Vgl. M. Zimmermann, The potential of resistance among German Jews, in: derselbe, (Hg.), Widerstand gegen den Nationalsozialismus, Jerusalem 1986, S. 121–143.

schen Holocaust und Widerstand, aufzuheben. Für diese Entwicklung in der israelischen Historiographie und Shoa-Wahrnehmung gab es aber in der Historiographie der
DDR keinerlei Anhaltspunkte. Das Verschwinden der DDR und ihrer Geschichtsschreibung – bis auf vereinzelte Ausnahmen konnte deshalb ohne Schwierigkeiten
hingenommen und die Interaktion zwischen der Geschichtsschreibung in der Bundesrepublik und Israel nach 1989 nahtlos fortgesetzt werden. Die Aufmerksamkeit, die
man in den späten Jahren der DDR jüdischen Themen geschenkt hat, war zweckorien-
tiert und zielte auf eine größere Akzeptanz der DDR in der westlichen Welt, insbesondere den USA. Allerdings muß man feststellen, daß auch in der neuen Bundesrepublik
die thematische Isolierung (bis zum Ignorieren) des jüdischen Widerstands gegen den
Nationalsozialismus noch immer zum Ausdruck kommt.[5]

Ohne die Wissenschaftlichkeit der historischen Arbeit in Israel, in der Bundesrepublik und z.T auch in der DDR in Frage zu stellen, wird es aus der Perspektive nach der
Wende von 1989 klar, daß die deutsche Zweistaatlichkeit, wie der Kalte Krieg überhaupt, für die Historiographie politische Impulse setzte. Die Diskussion um Nationalsozialismus und Widerstand, wie die meisten historischen Diskussionen, steht im
Schatten des Politischen, ist daher außerhalb der streng wissenschaftlichen Szene
leicht manipulierbar, in den beiden deutschen Staaten, im vereinigten Deutschland wie
auch in Israel. Der Historiker selbst, obwohl er sich mit dem Thema wissenschaftlich
befaßt, übt relativ wenig Einfluß auf den Verlauf der Diskussion aus, weniger als
Politiker, Medien oder Lehrer, solange er nicht selbst Teil der politischen Diskussion
geworden ist, wie z.B. Ernst Nolte. Die Zweistaatlichkeit im historiographischen
Bereich, vor allem wenn es sich um die Geschichte von Nationalsozialismus und
Widerstand handelt, scheint dieses zu bestätigen: Nationalsozialismus und Widerstand wurden, wie „Shoah" und „Gwura" in Israel, als zwei Seiten derselben Münze
begriffen, die wiederum als Spiegel für die eigene Identität fungieren. Es ging letzten
Endes um die politische und moralische Frage, wer der eigentliche Erbe des Nationalsozialismus und andererseits des Widerstands gegen den Nationalsozialismus war:
DDR und Bundesrepublik warfen sich gegenseitig vor, die NS-Diktatur fortzuführen –
für die DDR lebte der Faschisus in der Bundesrepublik fort, für die Bundesrepublik
herrschte der Totalitarismus in der DDR weiter. Darüber hinaus hielt die DDR Israel
für eine neue Variante des Faschismus, und in Israel suchte und fand man in beiden
deutschen Staaten, vor allem aber in der israelfeindlichen DDR, die Spuren des
Nationalsozialismus. Den Widerstand nahm, wie bereits erwähnt, jedes der genannten
Systeme für sich in Anspruch.

Die Wiedervereinigung hat vorgeschrieben, daß die Gleichstellung Nazismus=Hit-
lerfaschismus und somit Widerstand=Sozialismus verschwindet und an ihrer Stelle
wieder die Totalitarismustheorie, die allerdings auch in Israel die Oberhand hat, in den

---

[5] Vgl. P. Steinbach/J. Tuchel (Hg.), Lexikon des Widerstands 1933–1945, München 1994. Unter
    dem Titel „Widerstand in [nicht von! – M. Z.] Polen" ist der Aufstand im Warschauer Ghetto
    April 1943 nicht erwähnt, erst aber unter dem, allerdings vorhandenen, Titel „Widerstand von
    Juden"! Hinzu kommt, daß der Widerstand, den führende Personen im deutschen Judentum
    geleistet haben (z.B. Otto Hirsch oder Eppstein), nicht berücksichtigt wird – obwohl am Ende
    dieses Widerstands der Tod lag.

Mittelpunkt rückt. Somit wurde die Vergangenheitbewältigung zweischichtig: a. die Bewältigung der NS-Vergangenheit und b. die Bewältigung der SED-Vergangenheit.[6] Diese doppelte Vergangenheitsbewältigung verlagert nicht allein den Schwerpunkt der Forschung von der ersten zur zweiten „Schicht" – was bei Juden und Israelis als der durch die Wiedervereinigung möglich gemachte Schleichweg aus der Auseinandersetzung mit der nationalsozialistischen Vergangenheit empfunden wird –, sondern sie relativiert auch den besonderen Abschnitt der NS-Geschichte und kommt so den Wünschen von Nolte & Co. entgegen. Dabei bleibt es unbestritten, daß Analogie und Relativierung legitime historische Methoden sind, falls dadurch nicht die Verharmlosung eines so einzigartigen Phänomens wie des Nationalsozialismus beabsichtigt wird.

Die Denkmäler, historischen Museen und Geschichtsbücher im geteilten Deutschland, die an Nationalsozialismus und Widerstand erinnern, verschaffen dem Außenseiter die Bestätigung seiner Hypothesen. Die Erinnerung an die gemeinsame Vergangenheit 1933–1945 weist nicht nur auf die schizophrene Haltung der Deutschen hin, sondern auch auf die Politisierung der gemeinsamen Vergangenheit. Die Gedenkstätte Buchenwald z.B. wurde in der DDR zum Symbol des Kontrasts Nazi-Kommunist und der Gleichstellung von Widerstand und Kommunismus (verkörpert durch den dort inhaftierten Ernst Thälmann). Gegen diese Geschichtsinterpretation einer Gedenkstätte konnte sich die „alte" Bundesrepublik durch die Gestaltung „ihrer" KZ-Gedenkstätten wehren. Allerdings konnte dort die Staatsideologie nicht ohne weiteres den Historikern ihre Forschungsergebnisse vorschreiben, wenn auch z.B. die Gedenkstätten in der Stauffenbergstraße und Plötzensee den Widerstand im Sinne der Bundesrepublik präsentieren sollten. Daß es sich um eine Mischung von Politik und Erinnerungsarbeit handelt, zeigt der rasche Versuch nach der Wende, Buchenwald auch als Ort des roten Terrors nach 1945 zu gedenken. Damit sollte nicht nur die DDR-These vom Anti-Nazismus=Sozialismus verdrängt, sondern auch die Geschichte der nationalsozialistischen Konzentrationslager im Sinne der im Westen herrschenden Totalitarismustheorie relativiert werden. Die Verschiebung der deutschen „Stunde Null", die durch die Wiedervereinigung – d.h. durch den Sieg der westlichen Geschichtsinterpretation – verursacht wurde, trug erheblich dazu bei, daß die Relativierung des Stellenwerts des Nationalsozialismus, im Historikerstreit bereits angedeutet, vorangetrieben werden konnte. Daß diese Relativierung zugunsten einer Entlastung von der Bürde der NS-Vergangenheit nicht umgekehrt für härtere Maßstäbe bei der Beurteilung der eigenen Vergangenheit eingesetzt wurde, ist das Entscheidende, auch für den Außenstehenden.

Für den israelischen Außenseiter war die DDR-Interpretation eindeutig abzulehnen. Wenn im Sinne des sozialistischen Internationalismus in der Gedenkstätte Buchenwald alle Nationen aufgezählt waren, deren Angehörige im KZ inhaftiert wurden – bis auf die Juden, die nicht als Nation definiert sein durften, so ist diese Ablehnung nur allzu verständlich. Der Versuch, die Judenfrage aus der Geschichte des Nationalsozialismus thematisch auszuklammern, kommt hier am deutlichsten zum Ausdruck. So

---

6 Vgl. K. Sühl (Hg.), Vergangenheitsbewältigung 1945 und 1989. Ein unmöglicher Vergleich?, Berlin 1994.

begrüßt der Israeli nicht nur das Ende eines antiisraelischen Staates, sondern auch einer unerträglichen Geschichtsinterpretation.

Die Aufhebung der Zweistaatlichkeit und die Übernahme der Erinnerungs- und Gedenkstättenarbeit in ganz Deutschland durch die Bundesrepublik bedeutet den Erfolg der nicht-marxistisch-leninistischen Geschichtsinterpretation, birgt in sich aber – wie bereits erwähnt – die Gefahr einer Relativierung der NS-Zeit auch in Sachen Juden: Es ist zwar anzunehmen, daß das jüdische Volk bzw. die jüdische Nation in den Gedenkstätten Buchenwald, Dora-Mittelbau usw. Erwähnung finden wird. Aber das Beispiel Bergen-Belsen zeigt, wie kurz der Weg zur Relativierung im negativen Sinne auch in der alten Bundesrepublik sein konnte: Bei der Neugestaltung der dortigen Gedenkstätte wurde mit Recht auch das Schicksal der russischen Gefangenen, der Sinti und Roma und der polnischen Frauen berücksichtigt. Als aber die Geschichte Bergen-Belsens in einer Übersicht schematisch zusammengefaßt werden sollte, waren die jüdischen Opfer des KZs marginalisiert. Dieser Fehler wurde zwar korrigiert, aber der Versuch, den man in der alten und der neuen Bundesrepublik wiederholt macht, durch Relativierung das Besondere an der NS-Vergangenheit – vor allem die Einzigartigkeit der „Endlösung" – zu vertuschen oder zu nivellieren, ist nicht von der Hand zu weisen. Der bekannte Trick, Vietnam, Sabra und Shatilla etc. mit Auschwitz gleichzusetzen, wird hier auf eine feinere Art ergänzt: Bergen-Belsen war tatsächlich in den ersten Kriegsjahren ein schreckliches Gefangenenlager in dem tausende russische Soldaten umgebracht wurden. In Bergen-Belsen gab es auch das Zigeunerlager, wo Sinti und Roma ums Leben kamen. An alles soll erinnert werden. Doch das Zusammenwürfeln der verschiedenen Geschichten des Lagers hatte vermutlich die Absicht, Bergen-Belsens Sonderbedeutung zu verschleiern: Bergen-Belsen ist nämlich der Beweis für die konsequent fanatische Absicht des „Dritten Reichs", Juden zu vernichten, auch wenn diese Absicht nach Schließung des Vernichtungslagers Auschwitz, in der aussichtslosen Situation ab Ende 1944 nur improvisiert auf eine krampfhafte Art zu realisieren war.

Diese Kritik des Außenseiters könnte die „Arbeiter der Erinnerung" zum Verzweifeln bringen: Nicht nur die Erinnerungsarbeit der DDR, auch die der Bundesrepublik vor und nach der Wende, stößt auf eine ablehnende Haltung. Nichts, was die Deutschen in Sachen Erinnerung und Gedenken unternehmen, wird positiv gewertet, ist man geneigt zu behaupten. Auf dieser Behauptung beruht auch die m. E. falsche Schlußfolgerung, man sollte vielleicht die gesamte Erinnerungsarbeit aufgeben. Kritik ist nicht gleich Verneinung der gesamten Erinnerungsarbeit bzw. Geschichtsschreibung der Bundesrepublik, eher dient sie der Bestrebung, auf die potentiellen Gefahren hinzuweisen, die man vermeiden muß und kann.

Deshalb ist die vom Leiter der Hamburger Forschungsstelle für die Geschichte des Nationalsozialismus in dieser Konferenz zum Ausdruck gebrachte These, nach der die Erinnerung eher eine jüdische, für die europäische Kultur fremde Erscheinung sei, so alarmierend: Vergebung und Versöhnung wären demzufolge das geeignete und natürliche Mittel zur Vergangenheitsbewältigung gewesen. Diese These erinnert an den oft gemachten Vorwurf einer vermeintlich jüdischen Theologie der Vergeltung, die angeblich durch die Regel „Zahn um Zahn" geprägt sein soll. Dieser Versuch, die judeochristliche Art der Vergangenheitsbewältigung durch eine christlich-jüdische (oder sogar deutsch-jüdische) Dichotomie zu ersetzen, wobei allerdings das Judentum auf eine alt-neue Art aus der europäischen Kultur ausgegrenzt wird, ist zumindest verblüffend. Diese dichotomisierende Vorstellung ist scheinbar kein Zufall. Wenn im gleichen Zusammenhang der Unterschied zwischen der Vehemenz der Kommunismusabscheu (vor allem gegen die UdSSR gerichtet) nach 1989 und der Zurückhaltung in der deutschen Bevölkerung bei der Entnazifizierung nach 1945 dadurch erklärt wird, daß im Fall des Nationalsozialismus nicht das eigene, sondern eher die anderen Völker Ziel der Unmenschlichkeit waren –, so bedeutet das: a. Man denkt weiter in nationalen, nicht allgemein humanen Maßstäben. b. Die Verfolgung einer halben Million deutscher Juden darf auch jetzt noch als Angriff gegen ein fremdes Volk verstanden werden! Die Ausklammerung der deutschen Juden aus der deutschen Gesellschaft, aus dem deutschen Volk, die Abschaffung der Emanzipation, haben ja die Nazis beabsichtigt und durchgeführt. Wenn ihre Denkweise auch im Kopf der heutigen Generation in der Bundesrepublik fortlebt, dann ist die Kritik an der Art der Erinnerung und an der Gestaltung der NS- und Widerstandsgedenkstätten sogar als „Understatement" zu bezeichnen.

Die Erinnerung an Nationalsozialismus und Widerstand muß im breiteren Kontext des Gedenkens und der Erinnerung in Deutschland betrachtet werden. Daß kollektive Erinnerung und kollektives Gedenken keine „fremdartige" Auseinandersetzung mit der Vergangenheit bedeuten, zeigen die anderen deutschen Denkmäler: Die Gefallenen der verschiedenen Kriege (1813, 1870, 1914, 1939) haben noch heute ihre Denkmäler, das Völkerschlachtdenkmal in Leipzig wurde nicht mal zu DDR-Zeiten abmontiert, Bismarck steht nicht nur in Hamburg auf dem hohen Sockel, konkurrierende Museen für deutsche Geschichte in der DDR und in der Bundesrepublik waren kein Zufall, genauso wie der Wettbewerb um die Erinnerung an den „Alten Fritz". Kurz: Auch die, die angeblich die Versöhnung als Lösung der Probleme der Vergangenheit wünschten, mußten vorerst mit der Erinnerung umgehen. Man kann nicht willkürlich dort aus der Erinnerung aussteigen, wo Denkmäler zu Gedenkstätten und Mahnmälern werden, vor allem wenn sie sich auf die jüdische Komponente der eigenen Geschichte beziehen.

Fritz Klein

Ein schlimmes gemeinsames Erbe kritisch und selbstkritisch auf beiden Seiten aufarbeiten

Zum Beitrag von Olaf Groehler scheinen mir noch einige weiterführende Ergänzungen notwendig. Ich kann mich dabei nicht auf einschlägiges Quellenstudium stützen, sondern spreche aus der Sicht eines Zeitzeugen, der sich, 21 Jahre alt im Jahre 1945, der KPD/SED Anfang 1946 in der Überzeugung angeschlossen hatte, in der von dieser Partei propagierten antifaschistisch-demokratischen Politik den in seiner Radikalität angemessenen Weg heraus aus den schrecklichen Verbrechen der nationalsozialistischen Zeit zu finden. Groehler hat das Thema, wie er es sich gestellt hat, nüchtern und quellenintensiv behandelt und unsere Kenntnisse durch eine Fülle neuer, präziser Informationen bereichert. Dem, was er gesagt hat, ist grundsätzlich nicht zu widersprechen, auch wenn eine gewisse Tendenz zur Vereinfachung von Vorgängen, die sich bei noch genauerem Hinsehen wohl manchmal als noch vielschichtiger erweisen würden, einzuräumen ist. Ein Vortrag aber ist kein Buch. Unerläßlich scheint mir der nachdrückliche Hinweis, daß es ein Irrtum wäre, das große und vielschichtige Thema Antifaschismus in der DDR mit der – höchst notwendigen – Offenlegung der zur Durchsetzung ihres Führungsanspruchs vorgenommenen politischen Manöver, Intrigen und Schlimmerem der Gruppe der Moskau-Emigranten für erledigt zu halten – was sicher auch die Meinung von Groehler nicht ist.

In der Überschrift dieser Tagung ist gefragt nach dem Umgang mit Nationalsozialismus und Widerstand in beiden deutschen Staaten. Dieser Umgang aber erschöpfte sich in der SBZ/DDR natürlich nicht in den politischen Direktiven der Führung der SED. Die antifaschistische Grundorientierung dort stand für viele fest, die den Nationalsozialismus ablehnten – auch für Leute, die dem sich herausbildenden politischen System in Ostdeutschland kritisch gegenüberstanden. Der „gewöhnliche" Antifaschist sah sich in einer Gesellschaft, die laut und eindringlich die radikale Überwindung der faschistischen Herrschaft als ihr Ziel bezeichnete, auf dessen Verwirklichung zahlreiche Bestrebungen und Maßnahmen in Politik und Kultur, Volksbildung und Wissenschaft gerichtet waren. Nie gab es offiziell den geringsten Zweifel, daß der 8. Mai 1945 ein Tag der Befreiung war. An der Spitze standen – legitimerweise aus der Sicht von Antifaschisten – Menschen, die im Inland oder von außen gegen Hitler gekämpft hatten und von ihm verfolgt worden waren. Die Formel vom Ausreißen der Wurzeln des Faschismus durch gesellschaftliche Eliminierung vor 1933 in Deutschland führender Eliten, die wesentlich zum Sieg der Nazis beigetragen hatten, war in sich ja nicht

unlogisch und unterstrich die antifaschistische Entschlossenheit der ostdeutschen
Politik. Entscheidende politische Kraft dort war, wie in den anderen Zonen auch, die
Besatzungsmacht. Hier war es die sowjetische, die aus vielen Gründen alles andere als
populär war. Unbestreitbar aber hatte die Sowjetunion Stalins einen entscheidenden
Anteil an der Niederringung der Naziherrschaft gehabt, waren es ihre Soldaten, die
unter riesigen Anstrengungen und Opfern an der Hauptfront des Krieges den Sieg über
Hitler errungen hatten. Antifaschisten waren so grundsätzlich bereit, der sowjetischen
Politik einen Vertrauensvorschuß zu gewähren. Es gab – ich kann es auch heute, trotz
späterer Enttäuschung und deprimierender Enthüllungen aus früher sorgsam gehüte-
ten Archiven, nicht anders sehen – in SBZ und DDR einen echten, ehrlichen antifaschistischen Impuls, der das Leben und Handeln nicht weniger Menschen bestimmte.

Die dubiosen Machenschaften, von denen Groehler uns berichtet hat, spielten
hinter den Kulissen, blieben dem aufmerksamen Beobachter jedoch durchaus nicht
verborgen. Man registrierte mit einem gewissen Unbehagen, wie die „Moskauer" sich
in den Vordergrund schoben, wie allmählich, nach meiner Erinnerung freilich nicht so
direkt von Anfang an, wie es bei Groehler herauskommt, der innere Widerstand und
die Westemigration in den Hintergrund gedrängt wurden, grundsätzlich der Widerstand von Kommunisten überhöht dargestellt wurde. Das waren unerfreuliche Entwicklungen, die unter kritisch Gesinnten besorgt diskutiert wurden. Sie wurden aber,
wenn ich es richtig sehe, in erster Linie wahrgenommen unter dem Gesichtspunkt
fortschreitender Offenbarung der Kritikwürdigkeit einer starren, dogmatischen, über-
heblichen Führung. Die antifaschistische Grundorientierung der Gesellschaft schien
nicht, zumindest nicht direkt, in Frage gestellt durch Auseinandersetzungen, die ja mit
dem Anspruch geführt wurden, herauszustellen, wer die besten, aktivsten, ideologisch
klarsten Antifaschisten gewesen waren.

Einen vergleichbaren „Wettbewerb" gesellschaftlich dominierender Gruppen konnte
man beim besten Willen in den Westzonen und der frühen Bundesrepublik nicht
ausmachen. Wofgang Benz hat ja recht, wenn er die ständige, monotone Globke-
Polemik etwas ironisiert. Aber es gab nicht nur den Fall Globke – und ein Fall war es
immerhin. Es gab Hitlers Abwehr-General Gehlen, den ersten Chef des Bundesnach-
richtendienstes – und noch sein Nachfolger in diesem Amt war nach Gehlens Pensio-
nierung, viele Jahre nach der Gründung der Bundesrepublik, ein Mann der gleichen
Herkunft. Es gab die Richter des Volksgerichtshofes, denen kein Haar gekrümmt
wurde. Es gab Großindustrielle, wie Krupp, Flick, ter Meer und andere, die als
Kriegsverbrecher oder zumindest Schwerbelastete von alliierten Gerichten erst wenigstens zu mehrjährigen Gefängnisstrafen verurteilt, dann aber sehr schnell vorzeitig
entlassen wurden. Bis heute gibt es eine Kaserne der Bundeswehr, die nach einem der
ältesten und bis zu seinem Tode 1944 treuesten Gefolgsleute Hitlers, einem der gar
nicht so zahlreichen ausgesprochenen Nazi-Generale der Wehrmacht, benannt ist, die
„Generaloberst-Dietl-Kaserne" der Gebirgsjäger in Füssen. Der eigentliche Skandal
dabei scheint mir nicht einmal die Namensgebung, die schlimm genug ist. Sie erfolgte
im Oktober 1965 durch das Bundesverteidigungsministerium, das einem von den in
Füssen stationierten Gebirgsjägerformationen und der Kommune gestellten Antrag
folgte, in dem Dietl als „Vorbild eines Gebirgsjägeroffizieres und Gebirgssoldaten

schlechthin" bezeichnet wurde. Schlimmer finde ich den hartnäckiqen und bis heute erfolgreichen Widerstand gegen die seit Mitte der achtziger Jahre immerhin einsetzende Kritik. Einstimmig lehnte der Füssener Stadtrat im März 1988 eine Umbenennung ab. Und es handelt sich nicht nur um oberbayerische Soldaten-Folklore. Auch der in dieser Angelegenheit von Dietl-Gegnern angerufene Petitionsausschuß des Bundestages brachte im Oktober 1992 nicht mehr zustande als die lahme Erklärung, aufgrund neuerer geschichtlicher Erkenntnisse würde eine Kaserne heute nicht mehr nach Generaloberst Dietl benannt, und man empfehle dem Bundesverteidigungsministerium, „nach Möglichkeiten der Abhilfe zu suchen". Das Ministerium sucht immer noch, und der Füssener Stadtrat lehnte im April 1993 erneut die Umbenennung ab.

Nein. So notwendig und berechtigt es ist – und es ist notwendig und berechtigt –, die Pose der DDR als des einzigen kompromißlos antifaschistischen deutschen Staates kritisch zu hinterfragen und ihren diesbezüglichen Anspruch klar zurückzuweisen, so irrig wäre es, diese Kritik von der gleichsam umgekehrten Position aus zu führen, derzufolge dann echter, wirkungsvoller Antifaschismus nur in der Bundesrepublik, nichts davon aber in der DDR zu finden gewesen wäre.

Daß diese kurze Meinungsäußerung nicht die Empfehlung bedeutet, das große, wichtige, ernste und schwierige Thema unserer Konferenz in platter gegenseitiger Aufrechnung abzuhandeln, sei abschließend mit Nachdruck betont. Es geht um schlimmes gemeinsames Erbe, das, nicht zuletzt im Hinblick auf offensichtliche Überlebensspuren, wenn nicht mehr, in ganz Deutschland, nur in ehrlicher Gemeinsamkeit, kritisch und selbstkritisch auf beiden Seiten, aufgearbeitet werden kann.

WOLFGANG KÜTTLER

Auf den Inhalt kommt es an. Zum Verhältnis von Zeitgeschichtsforschung und Geschichtsdiskurs im neuvereinigten Deutschland

Die gegenwärtige Debatte um deutsche Vergangenheiten ist zweifellos von einem großen Spektrum unterschiedlicher Meinungen geprägt, die sämtlich auch öffentlich artikuliert und durch Publikationen verbreitet werden. Ihr bisheriger Verlauf zeigt jedoch in vieler Hinsicht auch, daß die Deutschen in West und Ost noch sehr weit von der Normalität eines Geschichtsdiskurses entfernt sind, der nicht nur äußerlich nach den Regeln demokratischer Pluralität abläuft, sondern der auch inhaltlich eine Vielfalt von historischen Erinnerungsformen einschließt, statt Unbequemes jeweils auszugrenzen.[1] Für mich als einen aus dem Wissenschaftsbetrieb der DDR kommenden Historiker hat diese Frage besondere Bedeutung, und zwar sowohl aus den Erfahrungen einer unter dem Ideologie- und Politikmonopol einer einzigen Partei stehenden offiziösen Geschichtsorientierung als auch in Sorge über die Folgen pauschaler historischer Abrechnung mit der DDR, ihrer Geschichte und aller damit verbundenen Ansätze historischen Denkens.

1. Zunächst geht es grundsätzlich darum, ob der deutsche Geschichtsdisput überhaupt Gegenstand besonderer Sorge sein oder nicht vielmehr als etwas ganz Normales betrachtet werden sollte. Normalität könnte ja auch dann beansprucht werden, wenn allgemein davon ausgegangen wird, daß der Umgang mit Zeitgeschichte[2] in besonderem Maße den Wirkungszusammenhang Geschichts*wissenschaft* und Geschichts*denken* als Geschichts*kultur* einer Gesellschaft[3] betrifft. Diese ist zugleich ein wesentlicher Bestandteil der politischen Kultur, vermittelt u.a. durch *„Geschichtspolitik"* als Verantwortlichkeitsbereich der Politiker *und* der Historiker[4].

---

[1] Vgl. M. Geyer, Geschichte als Wissenschaft für eine Zeit der Unübersichtlichkeit, in: K. Jarausch/M. Middell (Hg.), Nach dem Erdbeben. (Re-)Konstruktion ostdeutscher Geschichte und Geschichtswissenschaft, Leipzig 1994, S. 38ff.

[2] Vgl. H. G. Hockerts, Zeitgeschichte in Deutschland. Begriff, Methoden, Themenfelder, in: APZ, B 29–30 v. 16. 7. 1993, S. 3ff.

[3] Vgl. J. Rüsen, Geschichtskultur als Forschungsproblem, in: K. Fröhlich/ H. Th. Grütter/ J. Rüsen, Geschichtskultur, Jahrbuch für Geschichtsdidaktik, Bd. 3, Pfaffenweiler 1992, S. 39ff.

[4] Vgl. P. Steinbach, Zur Geschichtspolitik, in: J. Kocka/M. Sabrow (Hg.), Die DDR als Geschichte, Zeithistorische Studien, Bd. 2, Berlin 1994, S. 159–169.

Es gehört zu den Merkmalen der deutschen Nationalentwicklung seit Beginn des 19. Jh., daß Kontroversen um Geschichtsbilder und historische Identitäten in der Auseinandersetzung um die gesellschaftspolitische und kulturelle Grundrichtung von Staat und Nation einen sehr hohen Stellenwert besitzen. Erst recht implizieren die Chancen und Risiken der Einheit innen- und außenpolitisch Unsicherheiten des Umgangs mit größerer nationalstaatlicher Macht, was unvermeidlich auch die Auseinandersetzung um Geschichtsbilder deutscher Nationalentwicklung seit 1871 (und früher) neu aktualisiert. Dadurch wächst die Sensibilität für den Blick auf deutsche Vergangenheiten je nach Couleur auf ganz unterschiedliche Weise. Angesichts der Erfahrungen des 20. Jh. ist – verglichen mit Ländern wie England, Frankreich und den USA – dabei die Reizschwelle niedriger, von der an Streitfragen des Geschichtsdenkens unter den Verdacht geraten, daß dadurch nationale und internationale Gefahren heraufbeschworen werden.

2. Die nächste Frage ist die nach dem Platz der Auseinandersetzung um die DDR-Vergangenheit in dieser allgemeinen Problematik. Daß sich die öffentliche Geschichtsdiskussion gegenwärtig auf das Thema DDR konzentriert, hat sicher zunächst verständliche Gründe darin, daß die Trümmer des DDR- Systems „noch rauchen" und das Verhältnis zu dieser kritischen Vergangenheit unmittelbarer betroffen macht als alles andere. Dennoch wird hier mit Recht von einer „Schieflage" gesprochen.[5] Das Thema „Die DDR als Geschichte"[6] ist moralisch aufgeladen, wie jüngste Debatten zeigen, und kaum ganz sine ira et studio zu behandeln.[7] Aber auch die Rauchsignale, die vom verhängnisvollen Erbe des Nationalsozialismus aufsteigen, schrecken wieder zunehmend, und zwar nicht bloß metaphorisch, sondern als wirklicher Qualm mörderischer Brandsätze, die deutsche und internationale Öffentlichkeit auf.

Die gegenwärtige Dominanz der politisch und emotional aufgeladenen Debatte über die DDR-Geschichte hat die Auseinandersetzung mit dem Nationalsozialismus in den Hintergrund gedrängt, was seit längerem im Inland kontrovers und im Ausland vorwiegend kritisch kommentiert wird.[8] Ein Vergleich der Geschichtsdebatten in der Bundesrepublik-West 1986 und im vereinten Deutschland nach 1990 zeigt diese Verschiebung der Gewichte und des Klimas der Geschichtsdiskussion mit aller Deutlichkeit. Jüngstes Beispiel ist die Kontroverse um Ausgrenzung oder Einbeziehung der Kommunisten in die zum 50. Jahrestag des 20. Juli 1944 besonders aktualisierte Gesamtwürdigung des deutschen Widerstands.[9]

Die von der wiederbelebten Totalitarismus-Konzeption gesteuerte Perspektive der Systemähnlichkeit der „beiden deutschen Diktaturen" hat dabei sehr ungleiche Konsequenzen. Auf der einen Seite unterstützt diese Sichtweise – bei aller Rede vom „Vergleichen, aber nicht Gleichsetzen" – in der Öffentlichkeit ein undifferenziertes Verdikt über die DDR als Unrechtsstaat und -system. Auf der anderen profitieren die

---

5 Vgl. den Beitrag von B. Faulenbach in diesem Band.

6 Die Materialien vgl. in: Kocka/Sabrow, Die DDR als Geschichte, a.a.O.

7 Vgl. M. Küpper, Geschichte, Moral und Moralisieren. Potsdamer Forschungszentrum zur DDR stellt sich vor, in: Der Tagesspiegel v. 10. 6. 1993, S. 18.

8 Vgl. den Beitrag von M. Zimmermann in diesem Band.

9 Vgl. P. Steinbach, Teufel Hitler – Beelzebub Stalin?, in: ZfG 42, 1994, H. 7, S. 651ff.

lange vor 1989 einsetzenden und im Historikerstreit von 1986 besonders umstrittenen Bemühungen um eine „Normalisierung" der NS-Systemgeschichte[10] von dieser
Schieflage: die noch 1986 weithin konsensfähige Priorität der Kritik der „ersten" (Faschismus) tritt hinter der Abrechnung mit der „zweiten" deutschen Diktatur (= DDR-
Sozialismus) zurück oder wird davon auch bei Anlässen unmittelbarer Betroffenheit
überschattet. Es gab und gibt in der deutschen Geschichtsdebatte zwei verräterische
Vermengungen der innerwissenschaftlichen Reflexion über die Methode des Vergleichs mit politisch und moralisch geladenen Wertproblemen historischer Orientierung. Ist der Holocaust singulär oder eine Antwort Hitlers auf den Bolschewismus?[11]
Ist die DDR systemähnlich mit dem NS-Regime oder grundsätzlich wesensverschie-
den? In diesen beiden Fragen wurde bzw. wird der historische Vergleich, vordergründig
betrachtet, zum Kampfthema des Ringens um die deutsche Vergangenheit. Dem
Wesen der Sache nach geht es aber nur am Rande um Theorie und Methode komparati-
ver Zeitgeschichtsforschung. Die Härte und emotionale Aufladung beider Kontroversen ebenso wie ihre logischen Ungereimtheiten in bezug auf Wesen und Möglichkeiten
des wissenschaftlichen Vergleichs weisen auf Dissensprobleme hin, die größtenteils
außerhalb der methodischen Regulativen der Wissenschaft liegen. Es geht in beiden
Fällen ja letztlich nicht um die komparative Methode als solche, sondern darum, was
mit welcher perspektivischen Absicht verglichen werden soll, d. h. also um die konzeptionellen Rahmenvorstellungen, Maßstäbe und praktischen Interessen, die den jeweiligen Vergleich leiten, und auch in dieser Hinsicht hauptsächlich um die historische
Wertorientierung gegenüber Faschismus und Kommunismus. Der heutige Streit darum, was „Vergleichen, aber nicht Gleichsetzen" inhaltlich für die historische Zuordnung von DDR und NS-Regime bedeutet, hat insofern Parallelen zur 1986er Kontroverse um Singularität oder sekundäre Relativität der faschistischen Verbrechen im
Vergleich zum sowjetischen Kommunismus. Schon 1986 ging es nicht nur um das
Verhältnis der (West-)Deutschen zur schwer belasteten deutschen Geschichte im
20. Jahrhundert, sondern primär um die gesellschaftspolitische und idelle Gegen-
warts- und Zukunftsorientierung im Innern und nach außen. Das war der eigentliche
Inhalt des historischen Identitätsstreits um nationalkonservative „Normalisierung"
oder kritisch-„verfassungspatriotische" Verantwortung[12] im Umgang mit der eigenen
Geschichte. Heute wird die Last derart einseitig auf die DDR-Vergangenheit konzentriert, daß mitunter selbst die Totalitarismus-Theorie einseitig zuungunsten der DDR-
Geschichte erscheint.
    Es geht nicht darum, die eindeutige Verurteilung rechtsextremer Erscheinungen in
der Öffentlichkeit oder die nach wie vor großen wissenschaftlichen und publizistischen
Anstrengungen zur Ausandersetzung mit der NS-Vergangenheit abzuwerten und vor-
schnelle Analogien zum Schicksal der Weimarer Republik zu ziehen. Die Frage ist

10 Vgl. M. Prinz/R. Zitelmann (Hg.), Nationalsozialismus und Moderne. Eine Zwischenbilanz,
   Darmstadt 1991.
11 Vgl. „Historikerstreit". Die Dokumentation der Kontroverse um die Einzigartigkeit der nationalsozialistischen Judenvernichtung, München/Zürich 1987.
12 Vgl. D. Sternberger, Verfassungspatriotismus, Frankfurt a.M. 1990.

vielmehr, ob die selbstsichere Gewißheit, das neue einige Deutschland sei gegen ähnliche Fehlentwicklungen durch den Erfolg der westdeutschen Nachkriegsdemokratie hinreichend gefeit, sich auch auf ein entsprechend starkes Immunsystem gegen derartige Risiken berufen kann.

3. Ausgehend von diesen Disproportionen ist es nützlich, nach den ihnen zugrundeliegenden Interessenlagen im Massenbewußtsein und in der historischen Zunft selbst zu fragen. Man muß sich zunächst darüber im klaren sein, daß drei von vier zur Zeit historisch erlebnis- und orientierungsfähigen Generationen (d.h. die zwischen 1935 und 1970 Geborenen) ihre prägenden Erfahrungen ausschließlich in der Nachkriegszeit, d.h. unter den Bedingungen der deutschen Spaltung bzw. stabilisierten Zweistaatlichkeit, des Kalten Krieges und des Ost-West-Konflikts in seinen unterschiedlichen Phasen und Konstellationen gemacht haben, die durch die Eckdaten 1945, 1949, um 1965 und um 1980 markiert werden können. Erst die heute 18–25jährigen haben die Endphase und Überwindung dieser Rahmenbedingungen (1985–89 und seit 1990) als *erstes* Schlüsselerlebnis, und lediglich die nach 1980 Geborenen wachsen unmittelbar in die neuen Verhältnisse des vereinigten Deutschlands hinein. Nur die über 60jährigen haben unmittelbare Eindrücke aus der Kriegs- und nur die über 70jährigen auch aus der Vorkriegszeit.

Das Pro und Kontra der Motive sozialen Handelns wird somit noch in starkem Maße von Geschichtsbildern, Normenvorstellungen und Vorurteilen aus der Zeit des Bestehens zweier Systeme und Staaten beeinflußt, und diese Bewußtseinsstruktur wird weitertradiert, weil sie tief im Denken der Eltern und Großeltern, der Lehrer und Ausbilder der Kinder und Jugendlichen verankert ist. Außerdem ist sie auch in die publizierte wissenschaftliche und politische Literatur noch tief eingeprägt.[13] Diese wirkt zwar nur gebrochen und verformt, aber dennoch nicht unwesentlich – auch über Presse, Fernsehen und Rundfunk – auf das Massenbewußtsein. Umgekehrt werden auch die Perspektiven der Zeithistoriker von allgemeinen Bewußtseinsentwicklungen beeinflußt.

Wir haben es also mit mehrschichtigen Interessen- und Problemstrukturen des historischen Denkens über die DDR im allgemeineren Kontext des Umgangs mit deutscher Geschichte zu tun[14]:

a) Aus der Nachkriegsgeschichte stammen nicht nur Vorurteile und Klischees, sondern auch handfeste Interessenkonflikte, die zum Teil mit historischen Legitimierungen verbrämt werden. Dabei geht es um Verteidigung oder Zurückforderung von Besitzständen, die Milliardenwerte und einen großen Teil des Grund und Bodens auf dem Gebiet der SBZ/DDR betreffen. Zugespitzt kann gesagt werden, daß in dieser Hinsicht die sozialen, politischen und mentalen Folgen einer „kalten" Bürgerkriegssituation akut geworden sind, die nach 1945 mit der tiefgreifenden gesamtgesellschaftlichen Umwälzung in Ostdeutschland und ihren Neuordnungen wie auch Vertreibungen und Repressionen verbunden sind.

---

[13] Vgl. u.a. B. Giesen, Die Intellektuellen und die Nation, Frankfurt a.M. 1993.
[14] Vgl. R. Possekel, Die Geschichte der DDR in der Perspektive verschiedener Forschungsprogramme der deutschen Geschichtswissenschaft und in den Diskursen der Intellektuellen seit 1989, Projektskizze (1994), unveröff. Manuskript.

b) Der Zusammenbruch der DDR und die Bedingungen des deutschen Vereinigungs-
prozesses wirken ihrerseits wie ein Prisma, in dem sich historische Erinnerungen
jeder Art an gegenwärtigen Interessen und Zukunftsplänen – Hoffnungen wie auch
Ängsten – brechen und neu bündeln. Im Westen erfolgt dies zunächst weniger
direkt als in den „neuen Bundesländern", weil der von der Vereinigung ausgehende
Veränderungs- und Anpassungszwang völlig asymmetrisch verteilt ist und diese
Asymmetrie eher noch zunimmt.[15] Damit wird die Frage historischer Orientierung
unmittelbar zum Problem indviudeller und kollektiver Zukunftsvorstellungen. Je
länger 1990 zurückliegt, desto mehr geht es um neue Probleme in veränderten
sozialen, politischen und ideellen Konstellationen. Wie also das Neue der Nach-
wende-Situation nicht nur Verhältnisse, sondern auch Denkweisen und Motivatio-
nen umformt und in welche Richtung dieser Bewußtseinswandel verläuft, darüber
entscheidet auch die Art und Weise, wie alle Altersgruppen Geschichte und Gegenwart verbinden, und dies wiederum ist keineswegs nur und zumeist nicht einmal
primär eine Generationsfrage. Vielmehr differenziert sich dieser Prozeß nach den
Systemerfahrungen in West und Ost und in deren Rahmen wiederum nach sozialen
Klassen und Schichten, politischen Parteien und Verbänden, gesellschaftlichen
Organisationen, Kirchen, Berufsständen, nach Geschlechtern und regionaler Herkunft.

c) Mit den neuen und tradierten Problemen von Spaltung und Einheit wirken auf die
beiden erstgenannten Orientierungen weiterhin kontroverse – konservative und
linke – Bilder und Vorstellungen aus der ganzen deutschen Geschichte. Zur Differenzierung historischer Erinnerung aus den Lebenszeiten der Handelnden kommt
nämlich zusätzlich komplizierend die jeweils aktuelle Überlagerung alter Vorstellungen durch neue Erfahrungen, wodurch die vorhandene Traditionsmasse gewissermaßen wellenförmig erfaßt wird. Zum einen schafft sie Distanz zu tradierten
Geschichtsorientierungen, zum anderen bewirkt sie aber auch, daß von jeder neuen
Welle unterschwellige Tiefenschichten aus früheren Perioden mitgeführt und je
nach Umständen auch wieder an die Oberfläche gebracht werden können. Die
vielen Umbrüche und kritischen Zäsuren deutscher Nationalgeschichte sind über
die von ihnen erzeugten geschichtlichen Vorurteile und Normenvorstellungen
mehr oder weniger lebendig geblieben und dann nach 1945 jeweils durch den Filter
alternativer Systeme mit gegensätzlichen Geschichtskulturen hindurchgegangen,
mit sehr unterschiedlichen Effekten der Verstärkung, Abschwächung und Verflechtung.

Bei Identität(en) kommt es somit *inhaltlich* vor allem auf den Plural an: Wer eine
bestimmte *Identität* oder *Identitätsrichtung* als gesamtdeutsche Zielvorstellung verfolgt
oder gar staatsweit durchsetzen will, trifft eine Entscheidung gegen andere, und das ist
der eigentliche kritische Punkt. Denn letztlich ist entscheidend, welche Inhalte historischer Identität wie vertreten und akzeptiert werden. Die Sorge gilt dabei nicht der
Pluralität konservativer, liberaler und linker Geschichtskonzeptionen, sondern dem

---

[15] Vgl. W. Lepenies, Folgen einer unerhörten Begebenheit. Die Deutschen nach der Vereinigung,
Berlin 1992.

offenkundig rechts von der Mitte konzentrierten Inhalt des im Zeitgeist angelegten Trends zur „Normalisierung" der bürgerlichen Nationalgeschichte, gepaart mit unverhohlenen Diskriminierungsdisputen gegen links (mit oft ähnlich klischeehaften Antworten in der Debatte um die Ost-Intellektuellen) und einer relativierenden Einebnung des Bewußtseins der besonderen historischen Verantwortung der Deutschen, die aus den faschistischen Verbrechen und deren Wurzeln in bestimmten Fehlentwicklungen („Sonderwegen") der deutschen Nation erwächst.[16]

4. Damit kommt wieder der Zustand des Geschichtsdiskurses im Hinblick auf weitere politische, aber auch innerwissenschaftliche Konsequenzen in den Blick. Methodenwahl und Resultat der Forschung hängen in den hier zu erörternden Bereichen ziemlich direkt von Wert- und Vorurteilen über die zu untersuchende Vergangenheit ab. Wer sich darüber nicht in jeder Phase möglichst rigoros Rechenschaft ablegt, läuft Gefahr, sich im eigentlichen Sinne des viel mißbrauchten Begriffs für andere Zwecke „instrumentalisieren" zu lassen oder selbst – sei es bewußt, sei es ungewollt – den Gegenstand zu manipulieren und seine Darstellung unter falscher Flagge zu verkaufen. Die aktuelle Geschichtsdiskussion ist in dieser Hinsicht deutlich belastet: Einerseits treten Konsistenzbrüche erklärter Forschungsstrategien aus politischen Intentionen oder Rücksichten auf; andererseits – und in der Wirkung schlimmer – wird wissenschaftliche Geltung allzuoft für vordergründige tagespolitische Absichten, Konkurrenzkämpfe und auch langfristige gesellschaftliche Zielstellungen usurpiert.

Zur Zeit jedenfalls überwiegt auch in einem guten Teil der Historiker-Stellungnahmen, die keineswegs so selten sind, wie zuweilen behauptet wird[17], das Ausmalen des linkstotalitären Schreckens bei weitem die Akzentuierung der Gefahren von rechts, und zwar nicht nur bei tagespolitischen Anlässen wie Wahlkämpfen, sondern systematisch gefördert als öffentliche Dominante der „Vergangenheitsaufarbeitung", die sich ganz und gar auf die DDR konzentriert. Mehr noch: Versuche, diese Schieflage zu korrigieren, geraten schnell unter den Verdacht der Kollaboration mit ewiggestrigen Anhängern der sozialistischen Weltrevolution. Das betrifft auch differenzierende Untersuchungen, die den Status quo ante 1989 weiter beiderseits kritisch beleuchten und Elemente wenigstens partieller Bereitschaft, die Inhalte des nun totgesagten DDR-Geschichtsbildes zu prüfen, auch für die Zeitgeschichte erhalten wollen.[18]

1989/90 ist nicht bloß die Rückkehr der DDR in eine normale Nationalgeschichte westlicher Prägung durch Beitritt der neuen Bundesländern, sondern auch das Ende einer bestimmten Antwort auf 1933–45, eines alternativen Versuchs, der im Osten nach der Katastrophe bürgerlich-kapitalistischer Nationalgeschichte durch Faschismus und Krieg unternommen wurde. Hinsichtlich der weiteren Perspektiven von Geschichts-

---

[16] In diesen Punkten beschreibt der Bielefelder Historiker H.-U. Wehler in seiner Streitschrift zu den Kontroversen von 1986/1987 sehr aktuelle Tendenzen, die nunmehr Zeitgeist zu werden drohen: Vgl. H.-U. Wehler, Entsorgung der deutschen Vergangenheit? Ein polemischer Essay zum „Historikerstreit", München 1988.

[17] Vgl. A. Mitter/S. Wolle, Wenn die Geschichte in die Gegenwart drängt..., in: Der Tagesspiegel v. 25. 9. 1994, S. 3.

[18] Vgl. Artikel und Leserbriefe in der FAZ vom 10. 8., 24. 8., 25. 8., 7. 9., 9. 9., 22. 9., 2. 10. u. 4. 11. 1993.

denken und -wissenschaft in Deutschland sollten deshalb m. E. Chancen und Belastungen, die aus allen deutschen Vergangenheiten und geschichtlichen Brüchen erwachsen, erörtert und verglichen werden. Was die gesellschaftlichen Umgestaltungen und die Revision des Geschichtsbildes in der DDR nach 1949 an vorwärtsweisenden alternativen Lösungsversuchen für die Probleme der modernen Gesellschaft und des ideellen Erbes der Deutschen im 19. und 20. Jahrhundert enthielten, steht kaum noch zur Debatte – jedenfalls kaum im etablierten Geschichtsdiskurs, wo die Abrechnung mit dem DDR-Sozialismus vorherrscht.[19] Typisch dafür ist es, wenn im vereinigten Deutschland die Frage nach dem, was vom Sozialismus bleibt, häufig so gestellt wird, als gehe es um die Übernahme von Fertigteilen eines zusammengebrochenen und zerstörten Systems, statt um geschichtliche Voraussetzungen des einen Teils, die auch der andere als Erbe nicht einfach verdrängen kann, und um die gesellschaftliche Prägung von 16 Millionen Menschen, die niemand – auch wenn die Betroffenen es wollten – im Eilverfahren zu Individuen mit westlicher Sozialisation umbilden kann.

Insgesamt greifen geschichtliche Vorurteile Raum, der endgültige Gewinn des „Weltbürgerkriegs der Ideologien" habe auch die Deutschen wieder in ihre Geschichtskontinuität zurückgeführt. Mit dem Abbruch der DDR-Geschichtstradition, die bei allen Fehlentwicklungen als Alternative zu einer stark belasteten Kontinuität von Geschichtsdenken und Historiographie in Deutschland entstanden und ausgeprägt war, und mit den Akzeptanzeinbußen der seit den sechziger Jahren im Westen aufgekommenen Richtungen kritischer Sozial- und Geschichtswissenschaft ist ein Defizit an Gegengewichten abzusehen, das durch autoritär-obrigkeitsstaatliche Kontinuitäten in der Prägung der meisten Ostdeutschen eher noch gravierender wirkt. Die Ausweitung einer demokratisch-pluralen Struktur von Geschichte als Forschungsdisziplin und Lehrfach auf Ostdeutschland ist somit im soziokulturellen Kontext der allgemeinen gesellschaftlichen Probleme der Einigung wie diese selbst nicht nur chancen-, sondern auch risikoreich. Die skizzierten Probleme der „geschichtspolitischen" Orientierungen und der Funktion der Geschichte als Wissenschaft bieten Zündstoff für grundsätzliche Auseinandersetzungen, deren perspektivische Inhalte heute allzusehr noch vom Denkschema West-Ost und vom Streit um die DDR-Geschichte verdeckt werden. Außerdem stehen die Rahmenbedingungen, unter denen solche Konflikte ausgetragen werden – plural und multiperspektivisch oder wieder mit Ausgrenzung Unterlegener durch Sieger – in wichtigen Bereichen selbst noch zur Entscheidung an.[20]

---

[19] Vgl. R. Possekel, Abrechnen mit dem Realsozialismus, in: Berliner Debatte Initial, 1994, H. 5.
[20] R. Mocek, Unzeitgemäßes über „siegreiche" und „unterlegene" Kulturen, in: Berlinische Monatsschrift 2, 1993, H. 10, S. 19ff.

III. Gedenkstätten- und Erinnerungsarbeit
im historischen Kontext der Geschichte
beider deutscher Staaten

GUDRUN SCHWARZ

Zur Gedenkstätte Ravensbrück

Das Konzentrationslager

Das am 15. Mai 1939 eröffnete Frauen-Konzentrationslager (FKL) Ravensbrück war das erste speziell für weibliche Häftlinge neu erbaute Konzentrationslager.[1] Ravensbrück zählt somit zu den „modernen" Konzentrationslagern, die – wie z.B. Sachsenhausen und Buchenwald – „nach einheitlichen Gesichtspunkten errichtet worden"[2] waren. Seit Mai 1939 wurden im KZ Ravensbrück weibliche Häftlinge interniert. In der Folgezeit war es das größte für Frauen und Kinder bestimmte Konzentrationslager in Deutschland.

Wie alle anderen „neuen" KZs war auch das Frauen-Konzentrationslager Ravensbrück in unterschiedliche Distrikte und Zonen unterteilt. Auf dem Areal des Konzentrationslager befanden sich Werkstätten, Fabrikhallen, landwirtschaftliche Betriebe, Kasernen, Kantinen, Lazarette, Gefängnis, Krematorium, Häftlingslager und der SS-Verwaltungs- und Wohnbereich. Die gesamte Anlage war mit Straßennetz und Gleisanschluß ausgestattet; es war eine komplette Ortschaft für SS-Personal und Gefangene.

Das Häftlingslager bestand aus den Wohnbaracken – „Blöcke" genannt – für die weiblichen Häftlinge sowie aus Lagergefängnis („Zellenbau"), Häftlingsküche, SS-Küche, Schreibstube (Büro der SS-Oberaufseherin), Häftlingskrankenbau und Appellplatz. Im April 1941 wurde ein zweites Häftlingslager, das „kleine Männerlager" errichtet.[3]

---

[1] Frauen waren bereits vor diesem Zeitpunkt Häftlinge in Konzentrationslagern; diese KZs befanden sich alle in ehemaligen Zucht- oder Arbeitshäusern. Zu den frühen KZs siehe: G. Schwarz, Nationalsozialistische Lager, Frankfurt a.M. 1990; S. Milton, Deutsche und deutsch-jüdische Frauen als Verfolgte des NS-Staates, in: Dachauer Hefte 3, 1987, S. 3–20; K. Drobisch, Frauenkonzentrationslager im Schloß Lichtenburg, in: ebenda, S. 101–115.

[2] M. Broszat, Nationalsozialistische Konzentrationslager 1933–1945, in: derselbe u.a., Anatomie des SS-Staates, Olten-Freiburg 1965, S. 11–136, hier S. 65.

[3] Alle Angaben zu den Baulichkeiten wurden dem „Übersichtsplan des ehemaligen KZ Ravensbrück" entnommen, Dieser Plan wurde 1955 vom „Kollektiv Buchenwald" hergestellt. (Kopie vom 10. 9. 83).

Die SS-Werkstätten und der Industriehof waren zum Teil auf dem Gelände des Hauptlagers oder in einiger Entfernung zu diesem errichtet worden. Zu den SS-Werkstätten auf dem Lagergelände gehörte die „Gesellschaft für Textil- und Lederverwertung m.b.h." mit Schneider-, Kürschner-, Weber- und Strickereiwerkstätten. In der Nähe der SS-Siedlung waren die „Deutschen Ausrüstungswerke" und die Rohrmattenflechterei angesiedelt worden. Neben dem Häftlingslager lagen auch die landwirtschaftlichen Betriebe, das Krematorium und die Wäschereien.

Für den Elektrokonzern Siemens & Halske wurde ab Juni 1942 das „Siemens-Lager" errichtet. Zu diesem Lager, das direkt neben das Hauptlager gebaut worden war, gehörten die Produktionsbaracken, die Wohnbaracken für die Siemens-Angestellten und – ab Anfang Dezember 1942 – ein eigenes Häftlingslager.

Das „Jugendschutzlager" Uckermark, in unmittelbarer Nähe des Frauenkonzentrationslagers Ravensbrück, wurde am 1. Juni 1942 eröffnet. Dieses Lager war vorgesehen für weibliche Jugendliche zwischen dem 16. und 19. Lebensjahr, später bis zum vollendeten 21. Lebensjahr. Mitte Januar 1945 wurden fünf Baracken des Jugendschutzlagers Uckermark an das FKL Ravensbrück abgetreten. Bis Anfang April 1945 diente dieses Lager der SS als Vernichtungslager für weibliche Häftlinge aus Ravensbrück.

Zum SS-Verwaltungsbereich gehörten die Gebäude, in denen die Kommandantur (Büros der SS-Lagerleitung), die Politische Abteilung (Gestapo), die Zentralbauleitung der Waffen-SS und Polizei und die Materiallager der zentralen Bauleitung (Beutelager) sowie das Nachschubsammellager der Waffen-SS untergebracht waren.

Der SS-Wohnbereich, die SS-Siedlung, bestand aus den „SS-Führerhäusern", Doppelhäuser für die SS-Führer und größere Häuser für die SS-Aufseherinnen. Zum SS-Wohnbereich gehörten ebenfalls der SS-Kindergarten, die SS-Kasernen, SS-Wachblocks genannt, für die männlichen SS-Wachmannschaften, die Wohnbaracke für Zentralarbeiter und die Unterkünfte für die kasernierten SS-Aufseherinnen („Aufseherinnenbaracken") sowie die Küche für Aufseherinnen.

Die Häftlinge

Zwischen 1939 und 1945 wurden im Konzentrationslager Ravensbrück und seinen Nebenlagern schätzungsweise 132000 weibliche und zwischen 20000 und 40000 männliche Hätlinge gefangen gehalten.[4] Sie waren aus 20 europäischen Staaten verschleppt worden und gehörten 42 Nationalitäten an. Viele dieser Frauen, Männer und Kinder waren Jüdinnen oder Sinti und Roma.[5]

Schätzungsweise 92000 Häftlinge starben im Konzentrationslager Ravensbrück, seinen Nebenlagern und im Lager Uckermark. Die Hauptgründe für die hohe Sterb-

---

[4] Die genaue Anzahl aller Häftlinge zu nennen ist, da die SS vor der Räumung des KZ im April 1945 alle Unterlagen verbrennen ließ, nicht mehr möglich.

[5] Vgl. Nationale Mahn- und Gedenkstätte Ravensbrück, hrsg. v. d. NMG Ravensbrück, Fürstenberg 1988.

lichkeit im KZ Ravensbrück waren die katastrophalen hygienischen und sanitären Verhältnisse, die völlig unzureichende Ernährung, die Überlastung durch schwere, ungewohnte körperliche Arbeit, stundenlanges Appellstehen und der Terror durch die SS-Aufseherinnen und SS-Wachmannschaften.

Zur Schreckensherrschaft der SS im Konzentrationslager Ravensbrück zählten auch die medizinischen Versuche und die Zwangssterilisationen, die ab August 1942 von SS-Ärzten und einer SS-Ärztin, durchgeführt wurden sowie die Ermordung von als „arbeitsunfähig" selektierten Häftlingen im Rahmen der „Aktion 14 f 13"[6]. Sie wurden in die Euthanasie-Anstalten Bernburg und Buch sowie in das Todeslager in Auschwitz deportiert oder im Konzentrationslager selbst durch Phenolinjektionen vergiftet.[7]

Ermordet wurden in der Ende 1944 in Ravensbrück gebauten Gaskammer sowohl die im Konzentrationslager Ravensbrück selektierten weiblichen Häftlinge als auch die Frauen und Mädchen, die von Ravensbrück aus, ab Januar 1945, in das Lager Uckermark verlegt worden waren. Bis Mitte April 1945 wurden vom Lager Uckermark aus rund 5000 weibliche Häftlinge in die Gaskammer des Konzentrationslager Ravensbrück verschleppt und ermordet. Gemordet wurde im Lager Uckermark auch durch Injektionen oder durch die Verabreichung eines strychninhaltigen weißen Pulvers. Nicht bekannt ist die Zahl derjenigen Frauen und Mädchen, die vergiftet worden sind.[8]

Am 23. und 24. April 1945 wurden die Häftlinge, mit Ausnahme von etwa 3000 schwerkranken Frauen und Männern, von der SS in westlicher Richtung aus dem Lager getrieben – „evakuiert". Die evakuierten Häftlinge wurden am 3. Mai 1945 von Einheiten der sowjetischen Armee eingeholt und befreit. Die im Lager verbliebenen kranken Frauen und Männer waren am 29./30. April befreit worden.[9]

Unangemessene Nutzung

Das Häftlingslager, die Produktionsstätten und der größte Teil des SS-Verwaltungs- und Wohnbereichs sowie das Jugendschutzlager Uckermark wurden im Mai 1945 von der sowjetischen Armee übernommen. Diese rissen die meisten Baracken des Häftlingslagers ab und funktionierten es zu einem Kohle- und Tanklager um. In die SS-Siedlung zogen die Familien der sowjetischen Soldaten ein. Ein Teilnehmer des internationalen Gedenkstätten-Kolloquiums in Potsdam qualifizierte diesen Vorgang

---

6 „14f 13" war ein Aktenzeichen des Inspekteurs der Konzentrationslager beim Reichsführer-SS. Vgl. E. Klee, „Euthanasie" im NS-Staat. Die „Vernichtung lebensunwerten Lebens", Frankfurt a.M. 1983, S. 345. Als „arbeitsunfähig" definiert wurden Häftlinge mit „Körperfehlern", „geistigen Defekten" sowie Frauen und Männer, die aus politischen oder „rassischen" Gründen „unerwünscht" waren. Vgl. A. Mitscherlich/F. Mielke (Hg.), Medizin ohne Menschlichkeit. Dokumente des Nürnberger Ärzteprozesses, Frankfurt a.M. (Neuausgabe) 1985, S. 212.

7 Vgl. I. Arndt, Das Frauenkonzentrationslager Ravensbrück, in: Dachauer Hefte 3, 1987, S. 153.

8 BA, Bestand All. Proz. 8, FC 287 OF V, JAG 326.

9 Vgl. I. Arndt, a.a.O., S. 125–158.

wie folgt: „Die Sowjetunion hat der Frauen von Ravensbrück mit einem Kasernengelände gedacht ...“[10]

Nicht nur die Sowjetunion gedachte der Häftlinge von Konzentrationslagern mit
einem Kasernengelände. Konzentrationslager wurden auch auf dem Gebiet der alten
Bundesrepublik militärisch weitergenutzt oder anderweitig zweckentfremdet. So benutzt zum Beispiel die Bundeswehr noch heute Häftlingsbaracken des ehemaligen
Konzentrationslagers Esterwegen, eines der sogenannten Moorlager, als Lagerräume.[11]
Von dem früheren Konzentrationslager Flossenbürg sind heute nur noch wenige
Überreste erhalten. Die Baracken des Lagers und des SS-Bereichs wurden 1955 abgeris-
sen. An der Stelle wurden Siedlungshäuser für Flüchtlinge und Heimatvertriebene
gebaut. Außerhalb des Bereichs steht noch das Kommandanturgebäude, in dem sich
heute Wohnungen befinden. Die ehemalige SS-Siedlung wurde Privatbesitz; in die
„SS-Führerhäuser“ sind neue Bewohner eingezogen. Im ehemaligen Casino der SS-
Truppe befindet sich heute der „Gasthof Plattenberg“. In dem Steinbruch, in dem die
Häftlinge Zwangsarbeit leisten mußten, wird heute von einem privaten Betrieb Granit
abgebaut und bearbeitet. Eine der Hallen, in denen Häftlinge Teile für die Messer-
schmitt-Flugzeuge herstellen mußten, befindet sich heute ebenfalls in Privatbesitz.[12]

Die Gedenkstätte

Die „Nationale Mahn- und Gedenkstätte“ Ravensbrück wurde in den Jahren 1956 bis
1959 auf einem Teil des ehemaligen Konzentrationslagers, im wesentlichen aber vor
dem KZ, errichtet. Sie wurde am 12. September 1959 durch Rosa Thälmann, Witwe von
Ernst Thälmann und seit Beginn der fünfziger Jahre Volkskammerabgeordnete, einge-
weiht.[13] Bis zum Abzug der GUS-Truppen (1992), befand sich die Gedenkstätte
Ravensbrück quasi außerhalb des ehemaligen Konzentrationslagers. Sie bestand bis zu
diesem Zeitpunkt nur aus der Lageraußenmauer zum Schwedtsee hin, dem Kommandanturgebäude, dem Krematorium mit den Verbrennungsöfen, dem Erschießungs-
gang und dem als „Zellenbau“ bezeichneten Lagergefängnis. Künstlerisch wurde das
Gelände vor der Lageraußenmauer mit den Plastiken „Die Trauernde“ und „Die
Frauen von Ravensbrück“[14] gestaltet sowie mit den an der Lagermauer angebrachten
Erinnerungstafeln an die Länder, von denen aus die Häftlinge nach Ravensbrück
verschleppt worden waren. Mit Rosen aus dem tschechischen Dorf Lidice wurde das
Massengrab vor der Mauer bepflanzt. Auf diesem Platz wurden Jugendweihen, NVA-

---

[10] D. Hoffmann, „Vergegenständlichte Erinnerung“, in: Brandenburgische Gedenkstätten für die
      Verfolgten des NS-Regimes, hrsg. vom Ministerium für Wissenschaft, Forschung und Kultur
      des Landes Brandenburg, Berlin 1992, S. 140.

[11] S. Milton, Eine angemessene Erinnerung, in: Brandenburgische Gedenkstätten, a.a.O., S. 124.

[12] U. Puvogel, Gedenkstätten für die Opfer des Nationalsozialismus, Schriftenreihe der Bundes-
      zentrale für politische Bildung, Bd. 245, Bonn 1987, S. 103.

[13] Rosa Thälmann war zusammen mit Tochter Irma Häftling in Ravensbrück.

[14] Die Plastik „Die Trauernde“ wurde von Will Lammert konzipiert und von Fritz Cremer
      vollendet, der ebenfalls die Plastik „Die Frauen von Ravensbrück“ schuf.

Vereidigungen, Aufmärsche und Kundgebungen sowie Mahn- und Gedenkfeiern abgehalten.

Bis zur Verabschiedung der „Denkmalbereichssatzung für das ehemalige Konzentrationslager Ravensbrück" am 25. März 1993 herrschte, sowohl bei den zuständigen Behörden als auch bei dem damaligen Leiter der Gedenkstätte, große Unsicherheit darüber, welches Gebiet zum Areal des Konzentrationslagers gehörte, wo genau die Grenzen verliefen und wie das Umfeld des KZs zu gestalten sei.

Kurz nach der „Wende" wurde ein Gebiet an der „Straße der Nationen", das zum Areal des Konzentrationslagers gehört, zur Bebauung freigegeben. Gebaut werden sollten dort ein Supermarkt, ein Café und ein Autohaus. Die Pläne für den Bau des Supermarkts und des Eiscafés wurden im Oktober 1990, nach Rücksprache mit der Leitung der Gedenkstätte Ravensbrück, vom Fürstenberger Gemeinderat „einstimmig" bestätigt.[15] Die „Untere Bauaufsichtsbehörde" Gransee erteilte am 12. Dezember 1990 die Baugenehmigung. Fünf Monate später, am 13. Mai 1991, erhielt das Autohaus die Baugenehmigung. Am 15. Mai 1991, nachdem das Ausmaß der Bauarbeiten deutlich wurde, erhob die Gedenkstätte Einspruch gegen die Bebauung. Einen Monat später jedoch einigten sich Vertreter des Landes, Mitarbeiter der Gedenkstätte und ein Mitglied des Gemeinderates darauf, daß der Supermarkt – und zwar mit Auflagen – gebaut werden sollte. Auf den Bau des Autohauses und des Cafés dagegen sollte verzichtet werden. Der Bau des Supermarktes begann.

Aufgrund der Anfang Juli 1991 einsetzenden internationalen Proteste gegen die Bebauung verzichteten die Besitzer des Supermarkt auf die für August angekündigte Eröffnung. Übrig blieb ein „Rohbau", den niemand will und von dem niemand weiß, was daraus werden soll.

Die oben dargestellten Konflikte führten dazu, daß die Stadtverordnetenversammlung der Stadt Fürstenberg am 25. März 1993 eine „Denkmalbereichssatzung für das ehemalige Konzentrationslager Ravensbrück" beschloß. Mit dieser Satzung wurde ein Terrain mit folgenden Grenzen ausgewiesen: „das Gebiet südlich des Himmelpforter Weges ab Höhe der Straße vor der vormaligen Kommandantur, die Straße vor der vormaligen Kommandantur, den östlichen Uferstreifen des Schwedtsee, die gestaltete Anlage der Mahn- und Gedenkstätte Ravensbrück, die überkommenen Baulichkeiten und baulichen Relikte des ehemaligen Konzentrationslagers bis zum Eisenbahn-Stichgleis, das unmittelbar südlich des Eisenbahn-Stichgleises gelegene Gelände mit den vier Originalbaracken." Zum geschützten Denkmalsbereich gehört demnach nun: das Häftlingslager, das Gelände, auf dem sich die diversen Werkstätten sowie die Baracken für die Siemens-Produktion befanden, und die dem Häftlingslager vorgelagerte SS-Wohnsiedlung. Das Jugendschutzlager Uckermark gehört nicht zur geschützten Anlage.

15 Vgl. S. Knop, Ortsbesichtigung Ravensbrück. Der Supermarkt – ein Sakrileg. Die Verdrängung begann vor 46 Jahren, in: Wochenpost, Nr. 32/1991, S. 4–5.

Lagermuseum und Ausstellungen

Ein wichtiger Teil der Gedenkstätte Ravensbrück ist das 1984 eröffnete „Lagermuseum" im Kommandanturgebäude. Diese Ausstellung, die 1990/91 durch eine neue
veränderte ersetzt wurde, spiegelte die Vorstellungen der DDR-Geschichtsschreibung
wider: Der Nationalsozialismus wurde als „Faschismus" und dieser als „Ausdruck des
spätkapitalistischen Imperialismus" beschrieben. Als Widerstand wurde einseitig das
Handeln von Kommunistinnen benannt, andere Widerstandsformen und andere Häftlingsgruppen wurden nicht oder kaum erwähnt. Letztendlich diente die Ausstellung
zur antifaschistischen Legitimation der DDR in Abgrenzung „zur imperialistischen
Bundesrepublik".[16]

Die neue Ausstellung ist das Ergebnis der Forschungsarbeit der Mitarbeiterinnen
und Mitarbeiter der Gedenkstätte Ravensbrück. In ihr werden zum einen anhand von
Vermessungsakten, Flurkarten und Auszügen aus den Grundbüchern die Eigentums-
verhältnisse des Lagergeländes dokumentiert und zum anderen durch Dokumente
verschiedene Häftlingsschicksale dargestellt.

Rosel Vadehra-Jones, die Bundessprecherin der Vereinigung der Verfolgten des
Naziregimes, regte an, daß in „den Museen der KZ-Gedenkstätten ... auch aufge-
führt werden (sollte), was aus den Kommandanten, der Wachmannschaft und den
SS-Ärzten der Lager nach 1945 wurde. Die Prozesse gegen Angehörige des KZ-
Personals unmittelbar nach Kriegsende geben nur teilweise eine Antwort auf diese
Frage."[17] Zu wünschen wäre, daß diese Anregung aufgegriffen wird, denn Gedenk-
stätten sollten immer auch Orte sein, die uns zu einer Auseinandersetzung mit den
Tätern zwingen.

Die Gedenkausstellungen im ehemaligen Zellenbau wurden von den Ravensbrück-
Komitees sowie von den kommunistischen Parteien der verschiedenen Länder eingerichtet. Über diese und die neu dazu gekommenen Ausstellungen berichtet die Mitarbeiterin der Gedenkstätte, Monika Herzog: „Wir haben in den letzten Jahren versucht,
uns von Intoleranz, Bevormundung und Einschränkungen zur Darstellung der Problematik ‚Ravensbrück' zu lösen. (...) So entstanden beeindruckende Gedenkräume im
ehemaligen Zellenbau des KZ Ravensbrück (...) Hier konnten die Länder, die in
Ravensbrück Häftlinge zu beklagen haben, ihre Gedenkräume, ihre Sicht auf Ravensbrück vorstellen. Diese Arbeiten begannen ohne Vorschriften und Beauflagung schon
1985 und konnten für die obere Etage 1990 abgeschlossen werden. (...) Fünf Gedenkräume wurden durch die Mahn- und Gedenkstätte Ravensbrück konzipiert und gestaltet (...) Es waren die Gedenkräume für Albanien, Griechenland, Luxemburg, Spa-
nien und Rumänien. Die Neugestaltung des internationalen Gedenkraumes erfolgte
1989/90. Und erst hier wurden erstmals auch Aussagen zu deutschen Häftlingen
getroffen. Dieser internationale Gedenkraum sollte laut Konzeption aus den achtziger

---

[16] Vgl. Empfehlung zur Neukonzeption der brandenburgischen Gedenkstätten, in: Brandenburgische Gedenkstätten, a.a.O., S. 245.
[17] R. Vadehra-Jones, Stellungnahme zur Empfehlung der Kommission, in: Brandenburgische
Gedenkstätten, a.a.O., S. 166.

Jahren der Raum für Deutschland werden. Das es aber zwei deutsche Staaten gab, kam dieser Raum nicht zustande."[18]

Nach dem Fall der Mauer wurden im ehemaligen Zellenbau Gedenkräume für die Opfer, „die in den vergangen Jahrzehnten nicht im entsprechenden Rahmen gewürdigt wurden" eingerichtet.[19] Fertiggestellt wurden im Sommer 1990 der „Raum der Besinnung", 1991 kamen der „jüdische Gedenkraum" und der „Gedenkraum für die Vertreter und Angehörigen des 20. Juli" dazu. Gedenkräume für die Mitglieder des christlichen Widerstandes gegen den Nationalsozialismus und die Bibelforscher wurden 1992 eröffnet.

Zu wünschen wäre, das auch ein Gedenkraum für Häftlinge eingerichtet wird, die – wie beispielsweise Margarete Buber-Neumann – sowohl in der Sowjetunion als auch in Nazideutschland verfolgt wurden. Margarete Buber-Neumann, die als Emigrantin in der Sowjetunion verhaftet und in ein Lager eingesperrt worden war, wurde nach ihrer Auslieferung an Deutschland in das Konzentrationslager Ravensbrück eingeliefert. Nach ihrer Ankunft im Konzentrationslager wurde sie von den kommunistischen Kadern im Lager geschnitten und als „Trotzkistin", d.h. als „Konterrevolutionärin und Volksfeindin" geächtet.[20]

Archiv, Bibliothek und historische Abteilung

Während die Gedenkstätte Buchenwald bereits 1965 eine Bibliothek erhielt und 1971 das „Buchenwald-Archiv" als Dokumentensammlung zur Geschichte der KZs ausgestaltet und mit einer Forschungsabteilung versehen wurde (die mit den Buchenwaldheften über eine regelmäßig erscheinende Publikation verfügte), blieben Anstrengungen in dieser Richtung in der Gedenkstätte Ravensbrück bis zum Fall der Mauer eher bescheiden. Zwar wurden im Archiv in Ravensbrück ebenfalls Dokumente gesammelt, wichtige Dokumente zur Geschichte des Lagers befanden sich aber in anderen Archiven. Auch wurde erst nach 1984 daran gedacht eine umfassende Bibliothek, die Lehrern und anderen Interessierten zugänglich sein sollte, zu errichten. Erst 1990 wurde für die Bibliothek und das Archiv ein Leseraum sowie ein Seminarraum eingerichtet.

Die Historische Abteilung der Gedenkstätte Ravensbrück kann bislang nicht als „Motor" einer Forschung über Frauen in Konzentrationslagern bezeichnet werden. Die hauptsächliche Aufgabe der Mitarbeiterinnen und Mitarbeiter der Gedenkstätte war – wie eine Mitarbeiterin im Gespräch berichtete – die Betreuung der ehemaligen Häftlinge, nicht aber die Erforschung der Geschichte des Frauen-Konzentrationslagers.

---

[18] Positionspapier von Monika Herzog, Mitarbeiterin der Gedenkstätte Ravensbrück, vorgetragen bei der Anhörung zur „konzeptionellen Neugestaltung der brandenburgischen Gedenkstätten" am 14. Oktober 1992 in Potsdam.

[19] Nationale Mahn- und Gedenkstätte Ravensbrück. Gedanken zur weiteren Tätigkeit und Entwicklung der Mahn- und Gedenkstätte Ravensbrück (Positionspapier) vom 2. 3. 1990.

[20] Vgl. M. Buber-Neumann, Als Gefangene bei Stalin und Hitler, Köln 1952.

Frauen in Konzentrationslagern und anderen Lagern waren aber ebensowenig Thema der westdeutschen Forschung, auch nicht der Frauenforschung. Ein Ergebnis dieser nicht stattgefundenen Forschung ist, daß Ravensbrück immer noch und immer wieder als das „einzige" Frauenkonzentrationslager beschrieben wird. So auch in der „Empfehlung zur Neukonzeption der brandenburgischen Gedenkstätten" vom Januar 1992: „Ravensbrück war das einzige Frauen-KZ im Lagersystem der SS; Uckermark war neben Mohringen eines von insgesamt nur zwei ‚Jugendschutzlagern'".[21] Beide Aussagen sind falsch: Zum einen war Ravensbrück ganz und gar nicht das einzige Frauen-KZ, und zum anderen hatten die Nationalsozialisten insgesamt drei „Jugendschutzlager" eingerichtet. Das dritte dieser „Jugendschutzlager" war in Lodz (Polen), eingerichtet worden.

Neben dem FKL Ravensbrück gab es vier weitere Frauen-Konzentrationslager, die als gesonderter Teil eines Konzentrationslager bestanden: Im März und August 1942 wurden das „Frauenkonzentrationslager Auschwitz" und das „Frauenkonzentrationslager Lublin-Majdanek", im April und Juni 1943 das „Frauenkonzentrationslager Bergen-Belsen" und das „Frauenkonzentrationslager Herzogenbusch" eröffnet. Für alle vier Lager gilt, daß der Titel „Frauenkonzentrationslager" die offizielle Bezeichnung der SS für dieses Lager war.

Daneben gab es Konzentrationslager, die sowohl aus einem Männerlager als auch aus einem Frauenlager bestanden, die offizielle SS-Bezeichnung lautete hier „Frauenlager". „Frauenlager" gab es im Konzentrationslager Stutthof (ab Januar 1941), im Konzentrationslager Riga-Kaiserwald (ab März 1943), im Konzentrationslager Kaunas in Litauen, im Konzentrationslager Vaivara bei Reval in Estland (beide ab September 1943), im Konzentrationslager Mauthausen (ab Oktober 1943) und im Konzentrationslager Krakau-Plaszow (ab Januar 1944).

Obwohl es diese fünf Lager mit der offiziellen Bezeichnung „Frauenkonzentrationslager" und weitere sechs Lager mit dem Titel „Frauenlager" gab, also insgesamt 11 Konzentrationslager, in denen weibliche Häftlinge gefangenengehalten wurden, wird Ravensbrück als das einzige Frauenkonzentrationslager bezeichnet. Wie kommt das? Ich kann mir dies nur durch folgenden Umstand erklären: Ravensbrück war das „einzige" Frauen-Konzentrationslager, in dem nur nicht-jüdische („arische") Häftlinge gefangen gehalten werden sollten. Die bis Oktober 1942 in Ravensbrück internierten 552 jüdischen Frauen wurden auf Befehl des Reichssicherheitshauptamtes, der lautete, „Ravensbrück judenfrei zu machen", nach Auschwitz deportiert.[22] In den Frauenkonzentrationslagern im „Osten" waren dagegen die Mehrzahl aller inhaftierten Frauen und Mädchen Jüdinnen sowie nicht-jüdische Frauen aus den besetzten Gebieten. Viele dieser jüdischen Frauen und Mädchen trafen ab Februar 1944 mit den ersten Evakuierungstransporten aus den Konzentrationslagern „im Osten" im KZ Ravensbrück ein.

Es ist nötig, bei der Erforschung der Konzentrationslager den Blick Richtung „Osten" zu lenken, um die Lager, die in den besetzten Ländern im Osten eingerichtet

---

[21] Empfehlung zur Neukonzeption der brandenburgischen Gedenkstätten, in: Brandenburgische Gedenkstätten, a.a.O., S. 249.
[22] Der Befehl galt auch für die Männer-Konzentrationslager.

worden waren und die Häftlinge, die dort interniert und ermordet wurden, nicht zu vergessen. Notwendig ist der Blick nach Osten auch, um – wie Dan Diner erklärte – sich zu vergegenwärtigen, daß die Konzentrationslager auf deutschem Boden nur einen Ausschnitt aus der Welt der nationalsozialistischen Lager darstellten, „allerdings einen verhältnismäßig weniger dramatischen. Der Kontrast zu den Vernichtungslagern jedenfalls ist drastisch. Da aber am Ort der Konzentrationslager nicht allein die Spezifika des Ortes didaktisch zur Geltung kommen können und sollen, sondern der Ort und seine Spezifika immer auch für das Ganze stehen müssen, wird auch und gerade bei einer wahrheitsgemäßen Rekonstruktion des Ortes ein Geschichtsbild als Ganzes zwangsläufig verfälscht. Die Haftbedingungen und der Terror der Konzentrationslager verdecken den Schrecken der Vernichtung im Osten."[23]

Die Gedenkstätte Ravensbrück hat jahrzehntelang die Frauen „vergessen", die nicht zum kleinen erlesenen Teil der kommunistischen Widerstandskämpferinnen gehörten, hat somit alle anderen in Ravensbrück inhaftierten Frauen unsichtbar gemacht. Die Forschung in West- und Ostdeutschland hat alle Frauen vergessen, die in den anderen Frauenkonzentrationslagern bzw. Frauenlagern der Konzentrationslager interniert waren – dort gequält und umgebracht wurden.

Ausblick

Gedenkstätten oder Denkmäler sind oft die „bedrückenden Beispiele für die Vergeblichkeit des Erinnerns. Gedenken kann ohne Gedächtnis funktionieren und die dabei einstudierten rhetorischen Rituale können von einer Sprachlosigkeit bestimmt werden, die eine Erinnerung an die Opfer in schweigende Distanz überführt."[24]

Ich stelle mir vor, daß die Gedenkstätte Ravensbrück nicht das „bedrückende Beispiel für die Vergeblichkeit des Erinnerns" sein muß, sondern als „Nachdenkstätte" ein Ort des Erinnerns, des Nachdenkens, der Vermittlung werden kann. Ich wünsche mir, daß die Gedenkstätte Ravensbrück – ausgestattet mit genügend Geld – zu einer Stätte wird, die grundlegende Forschungen zu dem Problemkreis Frauen und Lager leistet – und zwar sowohl zu den verfolgten Frauen als auch zu den Frauen, die als KZ-Wärterin, Funkerin, Sekretärin, etc., auf seiten der Verfolger handelten.

Die Gedenkstätte Ravensbrück sollte zu einem Ort werden, an dem darüber geforscht, diskutiert und nachgedacht wird, was es für Frauen bedeutet, die Konzentrationslager – also auch das Frauen-Konzentrationslager Ravensbrück – als Problem dieser Gesellschaft, Zivilisation und Kultur zu betrachteten. Hier sollte reflektiert werden, daß der Völkermord inmitten einer modernen, rationalen Gesellschaft konzipiert und durchgeführt wurde, in einer hochentwickelten Zivilisation und im Umfeld

---

[23] Vgl. D. Diner, Nach-Denken über Gedenkstättenpolitik, in: Brandenburgische Gedenkstätten, a.a.O., S. 152.

[24] T. Wobbe, Das Dilemma der Überlieferung. Zu politischen und theoretischen Kontexten von Gedächtniskonstruktionen über den Nationalsozialismus, in: dieselbe (Hg.), Nach Osten, Verdeckte Spuren nationalsozialistischer Verbrechen, Frankfurt a.M. 1993, S. 15f.

außergewöhnlicher kultureller Leistungen, und daß Frauen Teil dieser modernen Gesellschaft und hochentwickelten Zivilisation sind und waren.[25] Geforscht und diskutiert werden sollte über alle Frauen, die Opfer der rassistischen nationalsozialistischen Politik wurden und auch über den Anteil, den Frauen an der Durchführung des Völkermordes hatten.

[25] Vgl. Z. Baumann, Die Moderne und der Holocaust, Hamburg 1992.

BODO RITSCHER

Die NKWD/MWD-„Speziallager"
in Deutschland. Anmerkungen
zu einem Forschungsgegenstand

Ein neues Aufgabenfeld für NS-Gedenkstätten?

Die Enttabuisierung der Geschichte der sowjetischen Nachkriegslager auf dem Gebiet der ehemaligen DDR bzw. das damit einhergehende „erneute" öffentliche Interesse für diesen Teil der Nachkriegshistorie in den alten Bundesländern bedeutet für den Gedenkstättenbereich weit mehr als die nunmehrige deutliche Präsentation bislang staatlich verschwiegener historischer Sachverhalte. Die Formulierung Gedenkstättenbereich zielt dabei primär auf jene KZ-Gedenkstätten, auf deren Gelände sich nach 1945 sowjetische „Speziallager" befunden hatten, also zuvörderst Buchenwald und Sachsenhausen, aber auch auf die Gedenkstätte Lieberose.

Es kann kein Zweifel bestehen, daß hier Fragen aufgeworfen wurden und werden, deren Beantwortung die Tätigkeit aller NS-Gedenkstätten berührt. Man denke an die „Nachnutzung" von Dachau und Neuengamme oder an das Problem der Strukturierung von Verantwortung bzw. Mitverantwortung für die NS-Verbrechen in der deutschen Bevölkerung.

Die unmittelbar betroffenen Gedenkstätten sahen sich mit dem Einsetzen der öffentlichen Kontroverse im Frühjahr 1990 vor folgende Probleme gestellt:

- Die Aufdeckung immer neuer schrecklicher Fakten, namentlich die Darstellung zahlreicher Massengräber in den Medien, löste in Verbindung mit anderen Kritikpunkten die bislang schwerste Legitimationskrise dieser Gedenkstätten aus. Sie dauert an und kann nur durch einen umfassenden inhaltlichen Umgestaltungprozeß überwunden werden, dessen Abschluß erst in der zweiten Hälfte der neunziger Jahre möglich sein wird.
- Die Klärung der Frage, in welchen Formen und Relationen Erinnerung an diesen Orten nunmehr stattfinden soll. Dazu liegen für Buchenwald und Sachsenhausen Empfehlungen von eigens berufenen Historikergremien vor, die inzwischen auf breite Akzeptanz im politisch-parlamentarischen Raum verweisen können.[1] Allerdings zeigte sich auch sehr bald, daß

---

[1] Vgl. Zur Neuorientierung der Gedenkstätte Buchenwald. Die Empfehlungen der vom Minister für Wissenschaft und Kunst des Landes Thüringen berufenen Historikerkommission, Weimar-Buchenwald 1992; Brandenburgische Gedenkstätten für die Verfolgten des NS-Regimes. Perspektiven, Kontroversen und internationale Vergleiche, Berlin 1992.

trotz vielstimmiger Zustimmungsbekundungen von einer positiven Aufnahme dieser Orientierung durch alle Opfergruppen nicht die Rede sein kann.

Die Umsetzung dieser Empfehlungen, in erster Linie die Einrichtung von ständigen Ausstellungen über die sowjetischen Nachkriegslager, warf die Frage nach den bestehenden, insbesondere historiographischen Voraussetzungen auf. Es zeigte sich, daß gewissermaßen Basisarbeit zu leisten war. Deshalb forderte z.B. die für Buchenwald eingesetzte Historikerkommission bereits auf ihrer ersten Zusammenkunft: „Für die endgültige Gestaltung einer Gedenkstätte zum Speziallager 2, für eine Ausstellung bzw. Dokumentation sind weitere Aufklärungen und langfristige Forschungsarbeit notwendig."[2]

In diesem Zusammenhang erwies es sich als erforderlich, einen Überblick über Forschungsstand und -desiderata zu erarbeiten. Da nichts in dieser Richtung vorlag und auch an keiner akademischen Einrichtung entsprechende Analysen angelaufen waren, suchten die Gedenkstätten, diese Aufgabe eigenständig zu lösen. Dabei verbot sich eine Reduzierung des Horizonts auf die „eigene" Einrichtung schon deshalb, weil etwa im Unterschied zur Geschichte der Nazi-Konzentrationslager grundlegende, übergreifende Monografien vollständig fehlten – nicht zuletzt infolge der jahrzehntelangen Unmöglichkeit, Zugang zu den entsprechenden sowjetischen Quellen zu erlangen.

Im folgenden Beitrag wird der Versuch unternommen, die Dimension der Aufgabe zu umreißen. Natürlich kann sie nicht allein von Gedenkstätten gelöst werden und in der Zwischenzeit haben sie akademische Partnereinrichtungen gefunden. Trotzdem wäre es unrealistisch zu erwarten, daß nun gewissermaßen mundgerechte Forschungsergebnisse serviert werden würden. Geradezu exemplarisch zeigt sich an diesem Thema, daß effektive Gedenkstättenarbeit eine Einheit darstellen muß aus Sammlungstätigkeit, wissenschaftlicher Aufarbeitung von historischen Sachverhalten und öffentlicher (wissenschaftlicher, musealer und pädagogisch-betreuerischer) Präsentation.

Entstehung, Dimensionen, Strukturen

Wer sich zur Herausbildung der sowjetischen „Spezial"- oder Sonderlager äußert, sollte das Betrachtungsfeld unmißverständlich umreißen. Nicht wenige Autoren beschränken sich auf Feststellungen der Art, daß es nach dem Kriege sowjetische Konzentrations-, Internierungs-, „Spezial"- oder Sonderlager gegeben habe. Hinsichtlich ihrer Zahl schwanken die Angaben im Regelfall zwischen 10 und 15. Bereits diese Unschärfen verdeutlichen, wie unvollkommen der Kenntnisstand bis vor kurzem war und in vielerlei Beziehung noch heute ist.

Der amtliche Begriff Sonder- oder „Speziallager" des NKWD/MWD besitzt zunächst keine andere qualitative Bestimmtheit, als daß er Lager bezeichnet, die für eine

---

[2] Zur Neuorientierung…, a.a.O., S. 11.

spezifische, zeitlich begrenzte Aufgabe eingerichtet worden waren. Aus den einschlägigen Quellen geht hervor, daß es z. B. auch „Spezlager"[3] für die Unterbringung von Deutschen gab, die während der letzten Kriegsphase (zumeist auf sowjetischem Territorium) Zwangsarbeit leisten mußten. Dieser Terminus fand schließlich für Einrichtungen Verwendung, die in einen anderen historischen Kontext gehören – etwa Lager, die der sowjetische Geheimdienst der eigenen Bevölkerung zudachte, und zwar unabhängig von den Kriegs- und Nachkriegsereignissen. Eine lediglich vom Namen ausgehende Definition wäre – bezogen auf das System der NKWD/MWD-Lager als Ganzes – auch deshalb unzureichend, da sie gleichermaßen für die Kriegsgefangenenlager oder für die „Überprüfungs- und Aussonderungslager" zuträfe. Die arbeitsteilige Funktion dieser drei Lagerformen darf in ihren Grundzügen als bekannt gelten, jedoch erfolgte in der Praxis keine scharfe Trennung. So wurden z. B. Tausende von Internierten nach Sibirien zum Arbeitseinsatz geschickt und kehrten von dort als Kriegsgefangene heim.

Bislang ist der Forschungsgegenstand auch in territorialer Beziehung nicht so klar abgegrenzt, wie das im ersten Moment scheint. Die geographische Zuordnung „in Deutschland" besitzt angesichts des Charakters und insbesondere der Schlußdynamik des Zweiten Weltkrieges die Funktion einer Hilfskonstruktion. Handelt es sich um das gesamte Besatzungsgebiet westlich der UdSSR-Grenze, ist der sowjetisch besetzte Teil Deutschlands (bezogen auf die Grenzen von 1937) oder die Sowjetische Besatzungszone (SBZ) im engeren Sinne gemeint? Die SBZ bildet in der Literatur häufig den Bezugsrahmen, was durchaus legitim ist. Damit sollte jedoch keine Verkürzung des Entstehungszusammenhangs verbunden sein, wie auch darauf zu achten wäre, daß individuelle Lebensläufe nicht gleichsam zerstückelt werden. Persönliches Erleben deckt sich nicht zwangsläufig mit späteren Grenzziehungen.[4]

Schließlich bedeutet die Bezifferung „10–15 Lager" strenggenommen, die zum selben Zweck genutzten Gefängnisse auszuklammern. Abgesehen davon, daß für manche der Hafteinrichtungen die Begriffe Lager und Gefängnis alternierend Verwendung fanden (Bautzen, Torgau), existierten unter der Verantwortung derselben Behörde ausgesprochene Gefängnisse wie Strelitz und Berlin-Lichtenberg.

Um sich nicht in definitorisch-terminologischen Unschärfen zu verheddern, scheint es unverzichtbar, Entstehungs- und Funktionszusammenhänge genauer zu untersuchen. Obzwar sich aus den Akten belegen läßt, daß wesentlich früher beim NKWD eine „Verwaltung für die Angelegenheiten von Kriegsgefangenen und Internierten" (GUPVI) eingerichtet worden war, liegt der Beginn der Lagergeschichte im engeren Sinne Anfang 1945.

Bekannt ist die Existenz eines Befehls von Lavrentij Berija, Volkskommissar für innere Angelegenheiten der UdSSR und Generalkommissar der Staatssicherheit, vom

---

[3] „Spezlager" war das im Bereich des NKWD/MWD gebräuchliche Kurzwort für „Speziallager".
[4] In zahlreichen Fällen wurden Personen (insbesondere aus dem Berliner Raum) zunächst in ein Lager auf dem Gebiet der (späteren) SBZ eingewiesen. Dem schloß sich die Überstellung in ein „Spezlager" in den (späteren) polnischen Westgebieten und endlich die Rückführung in die Sowjetische Besatzungszone an; z. B. Weesow – Landsberg – Buchenwald.

11. Januar 1945, der die Einweisung von Inhaftierten in verschiedene Lager regelte. In einem Berija-Befehl vom 22. 2. 1945 heißt es unter Punkt 1: „Zivilpersonen (keine Staatsbürger der UdSSR), Angehörige anderer feindlicher Organisationen, Leiter auf Gebiets-, Stadt- und Kreisebene, Bürgermeister, Leiter großer Wirtschafts- und Verwaltungsorganisationen, Zeitungs- und Zeitschriftenredakteure, Autoren antisowjetischer Veröffentlichungen und andere feindliche Elemente sind in Internierungslager ... einzuweisen."[5]

Es dürfte kein Zufall gewesen sein, daß Berija am 11. Januar 1945 Anordnungen zum Umgang mit den verschiedenen Gefangenenkategorien erteilte. Am Tag darauf begann jene Großoffensive der Roten Armee, in deren Gefolge sich die Kampfhandlungen immer mehr auf das Territorium des Deutschen Reiches verlagerten. Im Bereich der einzelnen Fronten der Roten Armee wurden „Speziallager" eingerichtet, die dem jeweiligen Frontbevollmächtigten des NKWD zugeordnet waren. Im Mai 1945 unterstanden den Bevollmächtigten von fünf Fronten insgesamt 28 Lager und Gefängnisse; unberücksichtigt lokale Untersuchungshaftanstalten, etwa die sogenannten GPU-Keller. Mit Ausnahme von zwei Lagern befanden sie sich allerdings nicht an Orten, die später zur SBZ gehörten – sondern die im heutigen Rußland (seinerzeit Ostpreußen) und Polen sowie (in einem Fall) in der Slowakei lagen. Das änderte sich indes rasch: Es vollzog sich gewissermaßen eine Westwanderung der „Speziallager".

Über die größte Anzahl von Lagern verfügte die 1. Belorussische Front. Sie befanden sich Anfang Mai 1945 in bzw. bei Lembertów, Lódz, Poznan, Danzig, Kraków, Schneidemühl, Schwiebus, Landsberg, Fürstenwalde und Werneuchen.[6]

Ende Juni/Anfang Juli 1945 waren diese „Spezlager" bereits zur Hälfte auf dem Gebiet der Sowjetischen Besatzungszone in Deutschland disloziert (Tabelle 1).

Tabelle 1

Admin. Nr.	Bezeichnung des Lagers	Ortslage	Leiter des Lagers
1	Lémbertów	Lémbertów	Major Sazikov
2	Posen	Posen	Oberstleutnant Orlov
3	Hohenschönhausen	Berlin	Hauptmann Čumačenko
4	Landsberg/Warthe	Landsberg	Major Nikitin
5	Ketschendorf	Fürstenwalde	Major Andreev
6	Frankfurt/O.	Frankfurt/O.	Major Seleznev
7	Weesow	Werneuchen	Major Kostûchin
8	Schneidemühl	Schneidemühl	Major Lavrent'ev

[5] B. Ritscher, Zur Herausbildung und Organisation des Systems von Speziallagern des NKWD der UdSSR in der sowjetischen Besatzungszone Deutschlands im Jahre 1945. Dokumentation, in: DA 26, 1993, S. 726.
[6] Da Achim Kilian als vorangegangenen Standort des „Speziallagers Nr.1 Mühlberg" Rémbertów ermittelte, handelt es sich bei der Schreibung Lémbertów möglicherweise um einen Fehler im Dokument. Der Wechsel zwischen deutschen und polnischen Ortsbezeichnungen entspricht den verwendeten Archivalien.

Hinzu kamen die Gefängnisse Bautzen (später als „Speziallager" geführt) und Strelitz (in Neustrelitz).

Die Hafteinrichtungen unterstanden der „Abteilung Spezlager" der 1. Belorussischen Front, die Oberst S. M. Sviridov befehligte. Sie nahm ihren Sitz in Fürstenwalde, unweit von Berlin.

Bereits der Juli 1945 brachte weitere erhebliche Veränderungen. Die Realisierung der alliierten Abkommen über die Aufteilung Deutschlands in vier Besatzungszonen und wohl auch die sowjetische Politik in bezug auf die deutschen Ostgebiete bildeten den Hintergrund für eine umfassende Neustrukturierung. Im Befehl 00780 vom 4. Juli 1945 wies der Volkskommissar für innere Angelegenheiten der UdSSR L. P. Berija an, die Apparate der NKWD-Bevollmächtigten der 2. und 3. Belorussischen sowie der 1. und 4. Ukrainischen Front aufzulösen. Der bisherige Bevollmächtigte für die 1. Belorussische Front erhielt die Bezeichnung „Bevollmächtigter des NKWD für die Gruppe der Sowjetischen Besatzungstruppen in Deutschland". Diese Aufgabe bekam der Stellvertretende Volkskommissar für innere Angelegenheiten der UdSSR Generaloberst I. A. Serov übertragen. Serov, außerdem Kommissar der Staatssicherheit 2. Ranges, firmierte in Deutschland als Stellvertreter des Obersten Chefs der Sowjetischen Militäradministration für Fragen der Zivilverwaltung.[7]

In analoger Weise erhielt die bisher der 1. Belorussischen Front angegliederte Verwaltungsbehörde die Bezeichnung „Abteilung Spezlager des NKWD der UdSSR auf dem Territorium Deutschlands" und wurde nach Berlin verlegt. Chef blieb weiterhin Oberst Sviridov.

Die Veränderungen erschöpften sich keineswegs in Umbenennungen. Im heutigen Polen befindliche Einrichtungen nahm das NKWD spätestens Ende August/Anfang September 1945 aus dem Verantwortungsbereich der „Abteilung Spezlager" heraus. Das schloß nicht aus, wie z. B. im Falle von Landsberg, daß sie selbst noch eine Zeitlang weiterexistierten. An ihre Stelle traten neue „Speziallager". Andere Lager, etwa Weesow, sind bei Beibehaltung ihrer „Ordnungsziffer" sozusagen geographisch verschoben worden.

Im wesentlichen fanden diese Veränderungen im September 1945 ihren Abschluß (Tabelle 2).

Die Stelle des Lagers Nr. 6 Frankfurt/Oder nahm später Jamlitz (bei Lieberose) ein. Jamlitz soll gleichfalls im September 1945 entstanden sein: Aktenbelege fehlen vorerst. Nicht genau bekannt ist weiterhin der Zeitpunkt, zu dem das „Speziallager" 10 in Torgau eingerichtet wurde. Folgt man den Untersuchungen von K. W. Fricke, wäre das in einschlägigen Dokumenten als „Durchgangsgefängnis für verurteilte Sowjetbürger und Deutsche" bezeichnete „Speziallager" möglicherweise erst im Mai/Juni 1946 entstanden.[8] Jüngere Forschungen sind in dieser Frage gleichfalls unscharf, belegen aber die unmittelbare Kontinuität zwischen dem Gefängnis Nr. 7 und dem „Spezialla-

---

[7] Vgl. GARF, fond 9401, op. 12, d. 178, l. 14 (1945).
[8] Vgl. K. W. Fricke, Politik und Justiz in der DDR. Zur Geschichte der politischen Verfolgung 1945–1968. Bericht und Dokumentation, Köln 1990, S. 79.

Tabelle 2

Admin. Nr.	Bezeichnung des Lagers	Ortslage	Leiter des Lagers
Lager			
1	Mühlberg	Neuburxdorf	Hauptmann Samojlov
2	Buchenwald	Weimar	Hauptmann Matuskov
3	Hohenschönhausen	Berlin	Hauptmann Čumačenko
4	Bautzen	Bautzen	Oberst Kazakov
5	Ketschendorf	Fürstenwalde	Major Andreev
6	Frankfurt/O.	Frankfurt/O.	Major Seleznev
7	Sachsenhausen	Oranienburg	Major Kostûchin
8	Torgau	Torgau	Major Lavrent'ev
9	Fünfeichen	Neubrandenbg.	Major Šarov
Gef.			
5	Strelitz	Neustrelitz	Major Skviro
6	Lichtenberg	Berlin	Major Sazikov
7	Frankfurt/O.	Frankfurt/O.	Major Bekšenev

ger" Nr. 10.[9] Insofern scheint es gerechtfertigt, die Zeit von Frühjahr bis Frühherbst 1945 als die Periode der Formierung des Systems der „Speziallager" in Deutschland zu kennzeichnen.

Die 15 Lager bzw. Gefängnisse auf dem Territorium der späteren DDR, von denen allerdings maximal zwölf gleichzeitig existierten, reduzierten sich innerhalb von zwei Jahren (d.h. bis zum Frühjahr 1947) auf sechs – Bautzen, Buchenwald, Sachsenhausen, Mühlberg, Fünfeichen und Torgau. (Die in manchen Veröffentlichungen zu findende Angabe, daß bis März 1947 beide Torgauer Lager aufgelöst worden seien, entspricht nicht den Tatsachen.) Die Hälfte von ihnen, nämlich Mühlberg, Fünfeichen und Torgau, schloß die Besatzungsmacht ein reichliches Jahr später, im Frühherbst 1948.

Während die Reduktionen bis 1947 sowohl eine Folge der extrem hohen Sterblichkeit waren als auch Zentralisierungstendenzen widerspiegelten, hing die Schließung von Fünfeichen, Torgau und Mühlberg primär mit der Entlassung von ca. 28 000 Internierten im Juli/August 1948 zusammen. Demgegenüber standen relativ geringe Zugänge, fast ausschließlich im Bereich der SMT-Verurteilten. Letztere befanden sich bis dahin in der Minderzahl, stellten nun aber die deutliche Mehrheit der Insassen.[10]

Damit veränderte sich das spezifische politische Gewicht der „Speziallager". Zu prüfen wäre, inwieweit sich Verschiebungen in ihrer Funktion ergaben. Jedenfalls unterstand die Abteilung „Spezlager" in Berlin seit dem 9. August 1948 der GULAG. (Über besonders wichtige Fragen behielt sich jedoch weiterhin I. A. Serov die Entscheidung vor.) Die fortbestehenden Lager erhielten die Nummern 1–3, in der Reihenfolge Sachsenhausen, Buchenwald und Bautzen.

[9] Vgl. J. Lipinsky, Speziallager Torgau: Verwaltung im Spiegel sowjetischer Akten, in: Das Torgau-Tabu. Wehrmachtsstrafsystem, NKWD-Speziallager, DDR-Strafvollzug, hrsg. v. N. Haase/ B. Oleschinski, Leipzig 1993.

[10] Vgl. G. Finn, Die politischen Häftlinge in der Sowjetzone 1945–1959 (Reprint), Köln 1989, S. 64.

Die Auflösung der letzten „Speziallager" erfolgte im Frühjahr 1950. Nachdem sich das Politbüro des ZK der KPdSU (B) bereits auf seiner Sitzung vom 31. 10. 1949 mit der Auflösung der „Speziallager" befaßt hatte, folgten am 30. Dezember formelle Beschlüsse des Politbüros und des Ministerrats der UdSSR. Über die exakten Motive für diese Entscheidung gestattet die Aktenlage gegenwärtig keine Aussagen. Gewiß spielte der Druck des Westens eine wichtige Rolle, aber auch der Wunsch, die neugegründete DDR von der Hypothek der Lager zu entlasten.

Die seit September 1992 im Staatsarchiv der Russischen Föderation mehr und mehr zugänglichen Akten ermöglichen aber nicht nur, ein genaueres Bild vom Umfang und der zeitlichen Existenz der „Spezlager" zu gewinnen. Das trifft gleichermaßen für ihre Belegung zu.

Neben Schätzungen und Berechnungen, die hauptsächlich auf die fünfziger Jahre zurückgehen, standen bis vor kurzem lediglich Zahlen aus dem sogenannten Diestel-Material von 1990 zur Verfügung. Die deutsche Öffentlichkeit beargwöhnte sie von Anfang an – nicht zuletzt deshalb, weil die der Dokumentation beigefügte Erklärung des Innenministeriums der UdSSR mehr Exkulpation denn Aufklärung erwarten ließ. Das MdI teilte den Amtskollegen in Ostberlin mit: „Sowjetische Archivdokumente belegen, daß in den genannten Lagern in der Zeit ihres Bestehens von 1945 bis 1950 122 671 Deutsche einsaßen, von denen 45 262 wieder auf freien Fuß gesetzt wurden, 14 202 Häftlinge wurden dem MdI der DDR übergeben. 12 770 Personen wurden in die UdSSR gebracht. 6680 Personen wurden in Kriegsgefangenenlager überführt. 212 Häftlinge flüchteten. In der gesamten Zeit verstarben nach vorhandenen Angaben 42 889 Personen infolge von Krankheit, vor allem in den Jahren 1945–1947. Durch das Militärgericht wurden 756 Personen zum Tode verurteilt."[11]

Diese Angaben schönen die Realität in ganz erheblichem Maße. Zum einen bezieht sich das Material auf die genannten zehn Lager. Damit fallen nicht nur alle außerhalb der SBZ gelegenen Haftanstalten heraus (z. B. das große Lager Landsberg), sondern auch Weesow, Frankfurt, Strelitz und Lichtenberg. Zum anderen war nur von inhaftierten Deutschen die Rede. Offen blieb die Dimension eingewiesener Nicht-Deutscher.

Inzwischen freigegebenen Archivdokumenten läßt sich entnehmen, daß der sowjetische Sicherheitsdienst 34 706 Bürger der UdSSR und 460 weitere Ausländer in die „genannten" Hafteinrichtungen verbrachte. In der zentralen Kartei, deren Eintragungen vom 15. Mai 1945 bis zum 1. März 1950 reichen, sind also 157 837 Menschen registriert. Einstweilen läßt sich nicht abschätzen, in welchem Umfang die Inhaftierungen vor dem 15. Mai 1945 in diese Zahlen eingegangen sind. Zu vermuten ist, daß dies allenfalls bei Personen geschah, die Mitte Mai 1945 Insassen eines Lagers in der SBZ waren oder danach wurden (bis dahin Verstorbene oder Entlassene würden also aus der Statistik herausfallen). Die Gesamtziffer dürfte folglich deutlich über 157 000 liegen,

---

[11] Vgl. Denkschrift (des Innenministeriums der UdSSR), in: Materialien zur Pressekonferenz des Stellvertreters des Ministerpräsidenten und Ministers des Innern, Dr. Peter-Michael Diestel, am 26. 7. 1990 um 11.00 Uhr im MdI. Die Differenz zwischen den Einzelangaben und der Gesamtsumme resultiert offenbar aus einem Schreibfehler. Im Originaldokument werden 112 Geflüchtete angegeben.

wobei bürokratische Fehlleistungen oder Verschleierungspraktiken gar nicht in die Betrachtung einbezogen worden sind.[12]

Hinsichtlich der Sowjetbürger deutet vieles darauf hin, daß der Aufenthalt in den „Speziallagern" der SBZ nur eine relativ kurze Durchgangsphase auf dem Weg in entsprechende Lager der UdSSR darstellte. Für die Kürze des Verbleibs spricht u. a. die sehr niedrige Sterblichkeit im Vergleich zu den Deutschen und zu den anderen Ausländern.

Eine Statistik vom 1. Juli 1947 gibt Auskunft über die Insassen, die aus Drittstaaten kamen. Sie weist zu diesem Zeitpunkt 268 Personen aus, darunter 120 SMT-Verurteilte. Die Aufstellung besagt, daß Bürger aus fast allen größeren europäischen Ländern, darüber hinaus China, Indien, Japan und den USA, in die „Spezlager" eingeliefert worden waren. Das NKWD/MWD beschuldigte sie zumeist der Spionage für Deutschland, der Zugehörigkeit zur Gestapo bzw. SS und sonstiger aktiver Betätigung für den Nationalsozialismus.[13]

Nach wie vor ist die Strukturiertheit des sowjetischen Administrations- bzw. Repressionsapparates unzureichend dokumentiert, was für die Untersuchung der „Speziallagerproblematik" zusätzliche Probleme aufwirft. Gegenwärtig kann man von hier aus die Vielfalt der Unterstellungen, Zuordnungen, Wechselbeziehungen in bezug auf den Gesamtkomplex sowjetischer „Speziallager" eher erahnen denn überschauen. Die institutionellen Verflechtungen ließen sich (nicht zuletzt unter dem Gesichtspunkt der Quellenproduktion) auf vier Ebenen bringen:

Erstens wären die zentralen politischen Entscheidungsinstanzen zu nennen – konkret Stalin, das Politbüro, der Ministerrat. Bislang ausgewertete Quellen besagen, daß grundlegende Weichenstellungen auf höchster Ebene erfolgten. Bereits veröffentlicht ist ein Brief Wilhelm Piecks an J. W. Stalin vom 19. 9. 1949, in dem der Wunsch nach Auflösung der Lager zur Sprache kam.[14] Beachtung verdient weiterhin die Auskunft des Stellvertretenden Innenministers I. A. Serov vom Februar 1948, daß über die „Art und Weise der Inhaftierung des Spezkontingents im Ministerrat der UdSSR entschieden wird".[15] In Kürze kann mit der Edierung weiterer Dokumente zu dieser Problematik gerechnet werden.

Zweitens ist auf die Weisungs- und Berichterstattungsstränge zum NKWD/MWD hinzuweisen. Hauptsächlich betrifft das:

a) die „Ministerebene" (Berija, Kruglov);
b) den Stellvertretenden Innenminister und Sicherheitschef der SBZ (Serov);
c) die Hauptverwaltung für Angelegenheiten der Kriegsgefangenen und Internierten (Petrov);

---

[12] Vgl. GARF, fond 9409, op. 1, d. 3, l. 43; weiterhin: B. Ritscher, Die Abteilung Spezlager. Anmerkungen zur Struktur und zum Funktionsbereich einer NKWD/MWD-Behörde in Deutschland, in: Das Torgau-Tabu..., a.a.O., S. 143.

[13] Vgl. GARF, fond 9409, op. 1, d. 140, l. 67/68.

[14] Vgl. D. Staritz, Die SED, Stalin und die Gründung der DDR. Aus den Akten des Zentralen Parteiarchivs, in: APZ, B 5/91, S. 12.

[15] Zit. nach B. Ritscher, Spezlager Nr. 2 Buchenwald. Zur Geschichte des Lagers Buchenwald 1945 bis 1950, Weimar-Buchenwald 1993, S. 86.

d) die Hauptverwaltung Lager, bes. ab 1948 (Dobrynin);
e) die 1. Spezabteilung des NKWD/MWD in Moskau (Kuznecov).

Drittens besitzen wir kaum konkrete Kenntnisse über die Behörden, die Verhaftungen vornahmen bzw. befugt waren, Personen in die Lager einzuliefern. Das ist freilich ein eigenes Thema, aber ohne Grundinformationen über ihre Struktur und Arbeitsweise läßt sich weder aus gesellschaftlicher noch individueller Perspektive ein geschlossenes Bild zeichnen. Erste Konturen scheinen auf aus dem bislang ausgewerteten Moskauer Aktenmaterial. So enthält das Buchenwalder „Lagerjournal" zu jedem registrierten Insassen einen Vermerk, welches „Sicherheitsorgan" die Verhaftung vornahm. Eine vorläufige Sichtung erbrachte, daß zumeist die Operativen Gruppen bzw. Sektoren des NKWD/MWD einwiesen. Erheblich sind aber auch Überstellungen durch die Smerš (d.h. die militärische Abwehr), die (jedenfalls zeitweise) eine Abteilung des Volkskommissariats für Verteidigung darstellte.

Viertens: Eher als Verwaltungsstrang läßt sich die Ebene der Beziehungen zwischen der Abteilung „Spezlager" einerseits und der SMAD sowie der Gruppe der sowjetischen Streitkräfte in Deutschland andererseits ansehen. Obzwar die Abteilung „Spezlager" zumindest längere Zeit offiziell als Einrichtung der SMAD geführt worden ist, dürfte der Sicherheitsbereich der Sowjetischen Besatzungszone ein weitgehendes Eigenleben geführt haben. Eine Reihe von Zeichen deuten in diese Richtung. Belege für eine nennenswerte Einflußnahme der SMAD auf die Lager tauchten dagegen bislang nicht auf.

Möglichkeiten, Ergebnisse und Defizite der Forschung

Das Bedingungsgefüge für Forschungen über die sowjetischen „Speziallager" verbesserte sich seit Beginn der neunziger Jahre rasch; dieser Vorgang dauert an. Andererseits bedeutet dies, die Meßlatte für konkrete Untersuchungsergebnisse höher zu legen.[16] Die gewandelte Situation ergab sich nicht nur aus der (vorerst begrenzten) Öffnung Moskauer Archive – in Deutschland selbst entstanden neue Forschungsvoraussetzungen.

Erstens bestehen weitaus größere Möglichkeiten, Zeitzeugen zu befragen. Das meint nicht nur den Umstand, daß wahrscheinlich die Mehrheit der ehemaligen Lagerinsassen im Osten verblieben war, also ein erheblicher Teil der Überlebenden erst jetzt in Forschungsaktivitäten einbezogen werden kann. (Dieser Personenkreis ist natürlich seit der Auflösung der Lager ganz erheblich zusammengeschmolzen, aber keineswegs klein.) Bei vielen der in den Westen geflüchteten Betroffenen blockierten zunächst Alltagsprobleme die Auseinandersetzung mit der eigenen Lebensgeschichte, oder man hielt sich mit Blick auf noch in der DDR wohnende Verwandte oder Freunde zurück.

---

[16] Diese Aussage intendiert keine Abwertung und schon gar keine generelle Infragestellung früherer Untersuchungsergebnisse. Unabdingbar ist, das bisherige Wissen zu den neuen Erkenntnissen in Bezug zu setzen und gegebenenfalls zu korrigieren. Das zählt freilich zu den Binsenwahrheiten wissenschaftlichen Arbeitens und verdient nur deshalb Erwähnung, weil sich im Alltagsbewußtsein hartnäckig die Vorstellung hält, Geschichte ließe sich festschreiben.

Wohl aus den gleichen Gründen bildeten sich in der Bundesrepublik im allgemeinen keine spezifischen Organisations- und Kommunikationsstrukturen zwischen früheren Insassen der einzelnen Lager heraus bzw. blieben in Ansätzen stecken. Zumindest hinterließen sie in der Literatur keine Spuren. Derartige Initiativgruppen entstanden erst nach der „Wende" und, soweit das zu überschauen ist, hauptsächlich in Ostdeutschland bzw. auf Initiative Ostdeutscher. Eine nicht zu unterschätzende Rolle spielte in diesem Zusammenhang, daß nun der Ort des Geschehens als Bezugspunkt dienen konnte.

Zweitens stehen der Forschung Schritt für Schritt Akten zur Verfügung, die von deutschen staatlichen Institutionen in der SBZ/DDR angelegt worden sind (Innenministerien, Polizei, Justiz u. a.). Zwar lassen sich auf diese Weise keine internen Lagervorgänge erschließen, aber unverzichtbare Kenntnisse über die Wechselwirkung zwischen der ostdeutschen Gesellschaft und den Lagern gewinnen.

Drittens: Eine ähnliche Relevanz besitzen Unterlagen nichtstaatlicher Organisationen (Parteien, Jugendverband, Kirchen, Rotes Kreuz, Kampfgruppe gegen Unmenschlichkeit und weitere). Nicht alle Zugangsbeschränkungen gerieten in Wegfall, doch öffnet sich der wissenschaftlichen Arbeit ungleich mehr Material als noch vor wenigen Jahren. Es steht zu hoffen, daß sich dieser Prozeß fortsetzt, und zwar nicht nur im Bereich der früheren DDR.

Viertens: Der Zugang zu personenbezogenen Daten verschiedener Provenienz erlaubt eine annähernde Rekonstruktion der Lagerpopulation, was allerdings äußerst aufwendig und mit vielen Klippen versehen ist.

Fünftens gestattet die Freigabe der entsprechenden Archivalien durch ehemalige westliche Besatzungsmächte, vergleichende Untersuchungen auf den Weg zu bringen, auf die eine seriöse Geschichtsforschung nicht verzichten kann.[17]

Bereits dieser grobe Überblick dürfte einen Eindruck vermitteln, wie sehr sich die Möglichkeiten der Forschung erweitert haben. Auch die nähere Betrachtung der Literatur zum Thema „sowjetische ‚Speziallager' in Deutschland" (im Bereich der Hochschulschriften konnte ich bislang lediglich vier Examensarbeiten ermitteln; Dissertationen sind im Entstehen) ergibt eine Reihe interessanter Feststellungen:

Erstens: Der Umfang der Publikationen, das soll der Vollständigkeit halber Erwähnung finden, ist nach wie vor als bescheiden einzustufen. So übertreffen vergleichsweise die deutschsprachigen Titel über das KZ Buchenwald die Gesamtliteratur zu den „Speziallagern" erheblich. (Allein mit dem Verweis auf die Abstinenz der DDR ist das kaum zu erklären, entstand doch im Ostteil des Landes nur ein kleiner Teil der deutschsprachigen Buchproduktion.) Literatur zu diesem Thema blieb bislang eine innerdeutsche Angelegenheit. Veröffentlichungen im Ausland, die über Beiträge in Tageszeitungen, Illustrierten o.ä. hinausgehen, sind bislang von dem Amerikaner J. Noble bekannt, der selbst Insasse mehrerer „Speziallager" war.

Zweitens: Ordnet man die Titel nach dem Erscheinungszeitraum, zeichnen sich zwei klare Schwerpunkte ab – die fünfziger und die (frühen) neunziger Jahre.

---

17 Vgl. R. Knigge-Tesche/P. Reif-Spirek/B. Ritscher (Hg.). Internierungspraxis in Ost- und Westdeutschland. Eine Fachtagung, Erfurt 1993.

In den fünfziger Jahren dominierten Schriften, die im Umfeld der „Kampfgruppe gegen Unmenschlichkeit" (G. Birkenfeld, H. Just, G. Finn) und des Ostbüros der SPD (Denkschriften) entstanden.[18] Außerdem veröffentlichte das Gesamtdeutsche Ministerium mehrere politische Dokumentationen. Obzwar diese Veröffentlichungen eher als Kampfschriften, denn als wissenschaftliche Untersuchungen anzusehen sind und im Selbstverständnis ihrer Verfasser auch so gedacht gewesen sein dürften, liegt deren Informationsgehalt in der Regel deutlich höher als bei den Publikationen der „Zwischenjahrzehnte". (Ausdrücklich auszunehmen von dieser Wertung ist die 1979 erstmalig erschienene Arbeit von K. W. Fricke „Politik und Justiz in der DDR".)

Seit 1990 wuchs das Schrifttum zum Thema „„Speziallager' in der SBZ" rasch an. Es dürfte bereits jetzt umfangreicher als die Gesamtliteratur der vier Jahrzehnte zuvor sein, mit Sicherheit gilt das für die „bedruckten Seiten". Daraus einen parallelen Kenntniszuwachs abzuleiten zu wollen, wäre vorschnell. Nicht wenige Verfasser strickten die Buchpublikationen mit „heißer Nadel", insbesondere in den Jahren 1990/91; teilweise wurden Zeitzeugenberichte und andere Dokumente lediglich mit kurzen Vor- und Zwischentexten versehen. Das gilt etwa für die Titel von H.-H. Gatow, U. Greve und A. Preissinger.[19] Mehrheitlich rezipierten die in jener Zeit auf den Markt gelangten Veröffentlichungen den Kenntnisstand, in Teilen auch die politische Diktion der frühen fünfziger Jahre. Da in der DDR eine Auseinandersetzung mit diesem Thema unterdrückt worden war bzw. seit den sechziger Jahren auch in der Bundesrepublik die Beschäftigung mit den sowjetischen Lagern in den Hintergrund geriet, erreichten Buchtitel wie die genannten ein relativ umfängliches Publikum. Möglicherweise wirkte sich fördernd aus (ohne bestimmte qualitative Unterschiede zwischen den einzelnen Autoren einebnen zu wollen), daß leserverschreckenden Differenzierungen und Problematisierungen im Regelfall kein allzugroßer Raum zugebilligt wurde.

Drittens: Disproportionen springen ins Auge, wird die Frage nach der Art, gewissermaßen dem Genre der vorliegenden Publikationen gestellt. Den ersten Hauptteil bilden Erinnerungsberichte, zumeist von Einzelautoren. Einbezogen werden können hier Briefpublikationen und ähnliche Texte. Herauszuheben ist die Veröffentlichung der Erinnerungen von E.-E. Klotz (aus dem Nachlaß), nicht nur wegen ihres Umfangs.[20] Klotz, der ausdrücklich auf Kogons „SS-Staat" Bezug nahm, leistete mehr als reine Erlebnisschilderung. Da sich Kogons Analyse wesentlich aus den im KZ Buchenwald selbst gesammelten Erfahrungen speiste, lassen sich beide Titel für einen qualifizierten Vergleich nutzen. Bemerkenswerte Rückblicke unternahm A. Agafonow, wobei

---

[18] Vgl. u.a. G. Birkenfeld, Der NKWD-Staat. Aus den Berichten entlassener KZ-Insassen, in: Der Monat 2, 1950, H. 18; H. Just, Die sowjetischen Konzentrationslager auf deutschem Boden 1945–1950, hrsg. v. der Kampfgruppe gegen Unmenschlichkeit, o.O. 1952; Finn, a.a.O.; Die Straflager und Zuchthäuser der Sowjetzone. Gesundheitszustände und Lebensbedingungen der politischen Gefangenen, hrsg. v. Vorstand der SPD, Bonn 1955. (Sopade-Informationsdienst; Denkschriften; 55)

[19] Vgl. H.-H. Gatow, Vertuschte SED-Verbrechen. Eine Spur von Blut und Tränen, Berg am See 1990; U. Greve, Lager des Grauens. Sowjetische KZs in der DDR nach 1945, Kiel 1990; Adrian Preissinger (Hg.), Todesfabriken der Kommunisten. Von Sachsenhausen bis Buchenwald, Berg am See 1991.

[20] Vgl. E.-E. Klotz, So nah der Heimat. Gefangen in Buchenwald 1945–1948, Bonn 1992.

zumindest spurenartig Sichtweisen der sowjetischen Seite aufscheinen, was dann auch offenkundige Differenzen zu anderen Darstellungen erbrachte.[21] Ansonsten liegen keinerlei Memoiren, Niederschriften, Tagebuchaufzeichnungen etc. von sowjetischen Bewachern vor.

Der zweite Hauptteil besteht aus publizistischen Arbeiten. Die Publikationen weisen eine beträchtliche qualitative Spannweite auf. Die differenzierteste, problemorientierteste Arbeit dürfte das erwähnte Buch von K. W. Fricke sein, das im Unterschied zu den meisten anderen Veröffentlichungen über einen soliden Quellennachweis verfügt. Im Fehlen eines solchen Nachweises, was zweifelsohne mit dem Charakter der Schriften zu tun hat, liegt das Hauptproblem bei der wissenschaftlichen Nutzung der publizistischen Literatur, so informativ sie im einzelnen sein mag.

Im Zusammenhang damit ist es unverzichtbar hervorzuheben, daß es Publizisten und nicht Historiker waren, die zumindest versucht haben, das Thema „Speziallager" immer wieder öffentlich zu machen. Namentlich Gerhard Finn und Karl Wilhelm Fricke widmeten sich dieser Aufgabe über Jahrzehnte; beide nicht zuletzt im Gefolge konkreter persönlicher Erfahrungen, die auch an den Namen Buchenwald geknüpft sind.

Nahezu vollständig fehlt das biographische Genre – autobiographische Arbeiten ausgeklammert. Während beispielsweise über deutsche politische Häftlinge der Konzentrationslager zahlreiche Biographien und biographische Skizzen vorliegen, gibt es solche Schriften über Insassen der sowjetischen „Speziallager" praktisch nicht. Den Gründen für dieses Defizit kann hier nicht nachgegangen werden. Mir scheint, daß es nicht zufällig besteht. Um so dringender sind fundierte lebensgeschichtliche Untersuchungen, die es ermöglichen, den Platz des Lageraufenthaltes in einer individuellen Biographie zu verorten.[22]

Die Frage nach schöngeistiger Literatur, die das Thema „Speziallager" aufgreift, erbringt dagegen keine Fehlmeldung, doch reicht ein schmales Bord, um die Titel einzustellen. Über ihre Hafterlebnisse als SMT-Verurteilte in Bautzen bzw. Sachsenhausen berichteten W. Kempowski und E. Müthel. Unter dem Titel „Jedem das Seine" veröffentlichte W. Kleinhardt, selbst in Buchenwald interniert, 1982 einen Roman, der offenbar begrenzte Resonanz erfuhr. Einem Roman von P. Pöttgen, er behandelt die Geschichte Buchenwalds von 1937 bis 1945 und von 1945 bis 1950, war ein ähnliches Schicksal beschieden. (Während die gesellschaftliche Debatte über die sowjetischen „Speziallager" zu Beginn der neunziger Jahre mit einer Renaissance früher historisch-politischer Schriften einherging, gab es das in bezug auf schöngeistige Titel nicht. Mehr noch: die Belletristik spielte in dieser Diskussion keine Rolle.[23]) Das aus meiner Sicht eindrucksvollste literarische Zeugnis stammt aus der Feder von Uwe Johnson. Auf

[21] Vgl. A. Agafonow, Erinnerungen eines notorischen Deserteurs, Berlin 1993. A., in Charkow geboren, schildert seine bewegte Biographie, die ihn u. a. in das Konzentrationslager Buchenwald, in das „Speziallager" Buchenwald (als „Stabsleiter der inneren Verwaltung") und in den „GULAG" führte.

[22] Vgl. A. v. Plato, Sowjetische Sonderlager in SBZ und DDR, in: BIOS 5, 1992, H. 2.

[23] Hier besteht ein grundlegender Unterschied gegenüber der UdSSR, wo insbesondere Romane und Erzählungen die Diskussion über das „GULAG"-System in Gang brachten.

wenigen Seiten schilderte er die Realität des Lagers Fünfeichen – nicht vorausset-
zungslos, aber auch nicht beschönigend.[24] Zu erwähnen sind schließlich Gedichtveröf-
fentlichungen in diversen Anthologien bzw. im Selbstverlag.

Arbeiten mit wissenschaftlichem Anspruch liegen im wesentlichen erst seit den
neunziger Jahren vor. Eine Überblicksdarstellung, verbunden mit einem Problemauf-
riß, gaben Ende 1990 P. Erler/W. Otto/L. Prieß in der Zeitschrift „Beiträge zur Geschichte der Arbeiterbewegung".[25] H. Weber und A. Graf äußerten sich auf einer
Potsdamer Konferenz über die Brandenburgischen NS-Gedenkstätten sehr problem-
orientiert zum Gesamtthema.[26] Eine ausführliche Bestandsaufnahme unternahm
H. Dahms 1992 in einer schriftlichen Hausarbeit, blieb aber vornehmlich im Deskripti-
ven stecken.[27]

Über ein Teilproblem, die gesellschaftliche Wahrnehmung der „Speziallager" in der
Öffentlichkeit beider deutscher Staaten bis Anfang der fünfziger Jahre, gewährt die
Magisterarbeit von Helga Schatz Auskunft.[28] Einige Anmerkungen zur Tätigkeit der
Abteilung „Spezlager" sind in dem Sammelband „Das Torgau-Tabu"[29] zu finden,
allerdings auf dem Stand meines ersten Moskauer Archivaufenthaltes. Es läßt sich, was
übergreifende Untersuchungen anbelangt, nur auf kleinere Arbeiten oder Studien zu
Teilfragen verweisen. Eine wissenschaftliche Gesamtdarstellung gibt es bislang nicht,
nicht einmal als Versuch.

Die sichtbarsten, qualitativ überzeugendsten Fortschritte konnten bei der Aufarbeitung der Geschichte einzelner Lager erzielt werden. Das erklärt sich unschwer aus
bestehenden Bedürfnissen und Strukturen.

Wissenschaftlich angelegte Überblicksdarstellungen liegen vor für Buchenwald
(B. Ritscher), Fünfeichen (G. Finn/D. Krüger), Mühlberg (A. Kilian) und Sachsenhausen (B. Kühle/W. Titz).[30] Der erwähnte Sammelband über Torgau leistet das noch
nicht, enthält aber zahlreiche Informationen zu den „Speziallagern" 8 und 10, die Jan
Lipinsky bei seinen Archivstudien in Moskau einholen konnte.

Mit Ausnahme von Bautzen sind damit wissenschaftliche Untersuchungen über
jene Lager vorhanden, die am längsten existierten, d. h. zumindest bis 1948. Nüchtern-

---

[24] Vgl. U. Johnson, Jahrestage. Aus dem Leben von Gesine Cresspahl, Leipzig 1993.

[25] Vgl. P. Erler/W. Otto/L. Prieß, Sowjetische Internierungslager in der SBZ/DDR 1945 bis 1950,
in: BzG 32, 1990, H. 6.

[26] Vgl. Brandenburgische Gedenkstätten für die Verfolgten des NS-Regimes…, a.a.O.

[27] Vgl. H. Dahms, Die sowjetischen Sonderlager in der SBZ/DDR 1945–1950. Schriftliche Hausarbeit im Rahmen der Ersten Staatsprüfung für das Lehramt für die Sekundarstufe II, dem
Staatlichen Prüfungsamt Köln vorgelegt von Henrike Dahms, Bonn 1992.

[28] Vgl. H. Schatz, Die sowjetischen Speziallager in der SBZ und der DDR und ihre gesellschaftliche Wahrnehmung bis Anfang der fünfziger Jahre. Magisterarbeit am Historischen Seminar
der Universität Hannover, Hannover 1992.

[29] Vgl. Ritscher, Die Abteilung Spezlager…, a.a.O.

[30] Vgl. Ritscher, Spezlager Nr. 2 Buchenwald…, a.a.O.; D. Krüger/G. Finn, Mecklenburg-Vor-
pommern 1945 bis 1948 und das Lager Fünfeichen, Berlin 1992; A. Kilian, Einzuweisen zur
völligen Isolierung. NKWD-Speziallager Mühlberg/Elbe 1945–1948. Mit einem Vorwort v.
Hermann Weber, Leipzig 1993; B. Kühle/W. Titz, Speziallager Nr. 7 Sachsenhausen 1945–1950,
Berlin 1990.

heit gebietet festzustellen, daß es sich bei den Einzelstudien um Zwischenergebnisse handelt, was schon der Gesamtstand der Aufarbeitung nahelegt. Eine Sonderstellung nimmt das in seiner zweiten Auflage gleichfalls einige Akten des Staatlichen Archivs der Russischen Föderation verwertende Buch von A. Kilian insofern ein, als sich in ihm wissenschaftliche Darstellung und Zeitzeugenschaft mischen.

Dagegen bewegte sich bei den „kleineren", vergleichsweise kurz existierenden Lagern nur wenig – obwohl einige von ihnen Gesamtbelegungsziffern von über 10000 Menschen aufwiesen. In einigen Fällen liegt das Kenntnisniveau geringfügig über Null, z.B. bei Frankfurt/Oder. Während für die relativ gut erforschten „Speziallager" überdies personelle, z.T. strukturelle Voraussetzungen zu bestehen scheinen, die eine Weiterarbeit ermöglichen, lassen sich für die anderen solche Bedingungen nicht ausmachen. Die Beseitigung dieser Desiderata gebieten nicht nur fachliche, sondern auch moralische Erwägungen, knüpfen Betroffene doch häufig an die primitiven „kleinen" Lager besonders schlimme Erlebnisse.

Weitgehende Defizite existieren schließlich im Bereich wissenschaftlicher Dokumentationen, doch zeichnet sich Änderung ab. Ende 1992 kam ein Kooperationsprojekt zur Erschließung, Erforschung und Auswahlübersetzung des Gesamtbestandes der Verwaltungsakten der sowjetischen „Speziallager" in Deutschland zwischen dem Staatlichen Archiv der Russischen Föderation Moskau, dem Institut für Geschichte und Biographie an der Fern-Universität in Hagen und dem Historischen Institut der Universität Jena zustande, dem mittlerweile die Gedenkstätten Buchenwald und Sachsenhausen beigetreten sind. Fördermittel stellen die Volkswagen-Stiftung, das Land Thüringen und das Land Brandenburg zur Verfügung. Das Kooperationsprojekt beinhaltet die Ausrichtung von drei Konferenzen in Jena, Moskau und Lüdenscheid. Vorgesehen ist die Herausgabe mehrerer Dokumenten- und einiger Studienbände, an deren Erarbeitung sich die Gedenkstätte beteiligen wird.[31]

Gemessen an den Bedürfnissen wissenschaftlicher Arbeit kann die Dokumentierung bzw. der Zugang zu Häftlingsberichten nicht befriedigen. Durchaus vorhandene Sammlungen stehen der Nutzung aus unterschiedlichen Gründen eingeschränkt oder gar nicht offen. Dieses Manko vermögen Sammelpublikationen nur partiell auszugleichen. Größere Auszüge aus Zeitzeugenberichten publizierten G. Birkenfeld, H. Just und K. W. Fricke. Eine Auswahl von Berichten, die fast alle wichtigen „Speziallager" einschließt, legen M. Klonovsky/J. v. Flocken in dem Band „Stalins Lager in Deutschland" vor.[32] Verlegt wurden Sammelbände, in denen die Thematik „sowjetische ‚Speziallager'" einen Teilaspekt ausmacht. Ein Beispiel liefert das Buch „Zwischen Waldheim und Workuta".[33] Eine interessante, überzeugende Darstellungsform entwickelte

---

[31] Vgl. Speziallager 2 1945–1950. Eine Bilanz der Arbeit der Gedenkstätte. Gedenkstätte Buchenwald, Arbeitsstelle „Speziallager 2", Weimar-Buchenwald 1993, S. 6f.

[32] Vgl. J. v. Flocken/M. Klonovsky, Stalins Lager in Deutschland 1945–1950. Dokumentation, Zeugenberichte, Berlin/Frankfurt a.M. 1991.

[33] Vgl. Zwischen Waldheim und Workuta. Erlebnisse politischer Häftlinge 1945–1965. Ges. u. bearb. v. S. Binski mit einer Einleitung v. K. W. Fricke, hrsg. v. der Vereinigung der Opfer des Stalinismus e.V., Bonn 1967.

G. Agde mit seiner Arbeit „Sachsenhausen bei Berlin" – einer Art Lesebuch.[34] Umfassende, systematische Dokumentationen zur Geschichte einzelner Lager oder des Lagersystems fehlen weitgehend. Am nächsten kommen diesem Anspruch die Sammelbände „Das gelbe Elend", „Buchenwald – Recht oder Rache" sowie ".. und nachts Kartoffeln schälen".[35]

Die hier vorgenommene Bestandsaufnahme geriet notwendigerweise grob und fragmentarisch. Unterstützung verdient eine Initiative von Andreas Graf, den Stand der Aufarbeitung der Geschichte der sowjetischen „Speziallager" zum Gegenstand einer Fachtagung zu machen. Insgesamt bedürfen die Kommunikationsstrukturen zwischen den in diesem Bereich Tätigen einer Verbesserung.

Das gilt um so mehr, da die Erweiterung der Kenntnisse über die sowjetischen Lager offene Probleme deutlicher konturierte. Verkürzt ließe sich sagen, daß das Detailwissen erheblich anwuchs, während die Voraussetzungen für die Beantwortung vieler „großer" Fragen nach wie vor unbefriedigend sind. Für die Zukunft besteht weiterhin erheblicher Klärungsbedarf. Die nachfolgend aufgeführten zwölf Forschungsfelder vermögen das Gesamtgebiet nur zu umreißen. Sie benötigen Vertiefung und Ergänzung.[36]

Erstens: Inwieweit können die Internierungslager in den vier Besatzungszonen als Ausdruck eines gemeinsamen alliierten Willens angesehen werden? Wie ist die Stellung der Internierung im Beziehungsgeflecht von allgemeiner Sicherheitspolitik (Inhaftierung möglicherweise gefährlicher Deutscher), nichtjustizieller Ahndung politischer Verantwortung (im weiteren Sinne) im Dritten Reich und der Vorbereitung der justiziellen Verfolgung von Straftaten während des NS zu verorten? Wie kam die Kontrollratsdirektive 38 zustande? Inwieweit enthielt sie einen Konflikt zwischen sicherheitspolitischen, gesellschaftpolitischen und rechtspolitischen Zielvorgaben? Welcher Bewertungsmaßstab wäre diesbezüglich zugrundezulegen? Welchen politisch bedingten Veränderungen war die Haltung der westlichen Alliierten unterworfen? In welchem Zusammenhang und vor welchem Informationshintergrund begann die westalliierte Kritik an den sowjetischen „Speziallagern"?

Zweitens: Welchen Wandlungen war die sowjetische Deutschlandpolitik ausgesetzt und wie wirkten sie sich auf die Lager aus? Welche politischen Entscheidungs- resp. Befehlsstränge existierten in diesem Zusammenhang? Wie gestaltete sich in den verschiedenen Phasen sowjetischer Deutschlandpolitik von 1945–1950 die Relation von sicherheits- und gesellschaftspolitischen Zielsetzungen und Maßnahmen?

Drittens: Wie ordneten sich die Lager in das Spannungsverhältnis von Entnazifizierung und Sowjetisierung (Antifaschismus – Stalinismus) ein? Wie war das Verhältnis

---

[34] Vgl. G. Agde, Sachsenhausen bei Berlin. Speziallager Nr. 7. 1945–1950. Kassiber, Dokumente und Studien, Berlin 1994.

[35] Vgl. Das gelbe Elend. Bautzen-Häftlinge berichten. 1945–1953. Mit einem Dokumentenanhang, hrsg. v. Bautzen-Komitee, Berlin 1992; H. Müller (Hg.), Recht oder Rache? Buchenwald 1945–1950. Betroffene erinnern sich, Frankfurt a.M. 1991; E. Hartenstein, ... und nachts Kartoffeln schälen. Verfolgt, verschwiegen, verdrängt. Frauenberichte aus Nachkriegslagern. Annäherung an ein Kapitel DDR-Vergangenheit. Mit einem Vorwort v. E. Loest, Berg am See 1992.

[36] Vgl. Erler/Otto/Prieß, a.a.O., S. 733f.

von „politischer Isolation" und der Ahndung persönlicher Schuld? Inwieweit läßt sich ein konkreter Zusammenhang zwischen strukturellen Reformen in der SBZ (z.B. Verwaltungsreform, Schulreform, Justizreform) und dem Personenkreis, der in die Lager verbracht wurde, erkennen? Welche Veränderungen, Übergänge und Brüche sind von 1945–1950 auszumachen?

Viertens: Welchen Stellenwert besaßen die Lager im Gesamtkomplex der politischen Repression in der SBZ? Gab es klare arbeitsteilige Strukturen oder dominierten Zufall und Willkür?

Fünftens: Welcher Personenkreis wurde in die Lager verbracht? Wie war die Häftlingsgesellschaft politisch, sozial, kulturell, altersmäßig und geschlechtlich strukturiert? Welche Veränderungen lassen sich im Laufe der Jahre erkennen? Wie stellt sich diesbezüglich das Verhältnis von Internierten und SMT-Verurteilten dar? Wie ist die Relation von Lagerintention und Lagerrealität zu bewerten? Wie war die Beziehung von Planmäßigkeit und Zufälligkeit (z.B. Rolle von Denunziationen bei der Einlieferung)? Wie sind die einzelnen Interpretationsmodelle der sowjetischen Verhaftungsstrategie[37] vor dem Hintergrund einer Analyse der Häftlingsgesellschaft zu beurteilen? Welche tatsächlichen Dimensionen nahmen die Einlieferungen in die „Speziallager" an?

Sechstens: Wie eng gestaltete sich das Zusammenwirken von sowjetischen und deutschen Behörden in bezug auf die „Speziallager"? Welche Rolle spielte die SED? Gab es Spannungen zwischen Führung und Parteibasis in dieser Frage? Was wurde von „deutscher Seite" angestrebt und was „in Kauf genommen"?

Siebentens: Wie sind der Charakter und die Funktion der sowjetischen „Speziallager" im Verhältnis zu anderen Lagerformen/-typen einzuschätzen (westalliierte Internierungslager; NS-Konzentrationslager; GULAG-Lager)? Welche methodische Basis müßte den vergleichenden Untersuchungen zugrunde liegen?

Achtens: Wie ist das Verhalten der verschiedenen NKWD/MWD-Instanzen zu bewerten? Wie gestaltete sich das Verhältnis von Personal und Insassen in den einzelnen „Speziallagern"? Welche Rolle spielten in diesem Zusammenhang Funktionshäftlinge und Zuträger? Wie ist angesichts der konkreten Formen des Massensterbens personelle Verantwortung zu bestimmen? Läßt sich ein einfaches Täter-Opfer-Schema verwenden?

Neuntens: Realisierte sich in dem Massensterben insbesondere der Jahre 1946/47 eine Vernichtungsstrategie? Falls ja, vor welchem Hintergrund setzte sie ein und weshalb wurde sie nicht fortgeführt? Woraus erklärt sich die drastische Lebensmittelkürzung im November 1946? War die weitgehende Beschäftigungslosigkeit in den Lagern Ausdruck einer demonstrativen Abgrenzung von KZ-Verhältnissen, technisch-pragmatischer Entscheidungen oder einer gleichfalls auf Vernichtung zielenden Zermürbungstaktik? Welche Dimensionen erlangte die Sterblichkeit in den Lagern? Welche Möglichkeiten bestehen, die MWD-Statistiken zu verifizieren?

Zehntens: Wie entwickelte und veränderte sich das Lagersystem als Ganzes? Wie ist die Beziehung der einzelnen Lager zueinander und zum Gesamtsystem? Wie äußerte

---

[37] Vgl. B. Ritscher, Spezlager ..., a.a.O., S. 34f.

sich das Verhältnis von „gleicher Wesensart" und „relativer Autonomie" (Archipel-GULAG-Effekt) in den jeweiligen „Speziallagern"? Welche Gemeinsamkeiten und welche Differenzen gab es:

- im Bereich der internen Strukturen (Verwaltung, Strukturierung der Häftlingsgesell-schaft);
- bei den Lebensverhältnissen – im weitesten Sinne;
- hinsichtlich der geistigen und kulturellen Situation der Insassen;
- in bezug auf das Verhalten der Betreiber?

Inwieweit sind im Komplex der „Speziallager" in Deutschland arbeitsteilige Strukturen erkennbar?

Elftens: Wie wurden die „Speziallager" von der Öffentlichkeit in Ost und West verarbeitet? Welche Wandlungen lassen sich dabei in einzelnen Perioden ausmachen (zur Zeit der Existenz der Lager; die Nachgeschichte während des „Kalten Krieges"; die Phase der Entspannungspolitik; die Zeit seit dem Zusammenbruch des „Realsozia-lismus")? Wie verhielten/positionierten sich in diesem Zusammenhang wichtige ge-sellschaftliche Struktureinheiten (Parteien, Verbände, Kirchen, Medien u. a.)? Welche Öffentlichkeitspräsenz erreichte das Thema in den verschiedenen sozialen Klimape-rioden?

Zwölftens: Welche lebensgeschichtlichen Wirkungen zeitigten die Lager bei den Überlebenden?

- Gesundheitliche (einschließlich psychischer) Schädigungen;
- Erfahrungen sozialer (Re-)Integration bzw. Desintegration (Ausbildung, Berufsaus-übung, Sozialstatus);
- Förderung bzw. Verhinderung von politischen Einbindungen;
- Auswirkungen in religiös/weltanschaulicher Hinsicht.

Welche Differenzierungen lassen sich hierbei zwischen Ost und West, älteren und jüngeren Jahrgängen, Männern und Frauen, ehemaligen NS-Parteigängern und Nicht-nazis ausmachen? Welche Konsequenzen für die Familien hatten die Einlieferungen von Angehörigen in Lager bzw. deren Tod? Wie lange „begleitete" die Lagerzeit gesellschaftlich ehemalige Insassen, die in der DDR verblieben waren (Überwachung, berufliche Nachteile, sonstige Beschränkungen)? Wie bewerten Betroffene den Stel-lenwert der Lagerzeit für ihre weitere Lebensgestaltung?

Gewiß besteht kein Mangel an Interpretationsmustern. Mir scheint, daß wirklich solide, durch Quellen und sozialwissenschaftliche Erhebungen gestützte, also Bestand versprechende, Antworten erst am Ende einer längeren wissenschaftlichen Wegstrecke zu erwarten sind. Die Gedenkstätten könnten, nicht zuletzt durch ihre Möglichkeiten in bezug auf vergleichende Untersuchungen, in diesem Prozeß an Profil und Substanz gewinnen – auch und nicht zuletzt im Interesse der Darstellung der Geschichte der NS-Konzentrationslager. Stolpersteine auf dem Weg sind schwerlich zu übersehen; sie lassen sich als Herausforderung begreifen.

GÜNTER MORSCH

Von Denkmälern und Denkmalen.
Von Gedenkstätten
und Zeithistorischen Museen[1]

Vorrede

Als ich mich vor ein paar Jahren mit einem rheinischen Industrie- und Denkmalpfleger über die Schwierigkeiten unterhielt, in – wie ich es formulierte – „Industriedenkmälern" Museen für Industrie- und Sozialgeschichte einzurichten, bemerkte ich ein verärgertes Stirnrunzeln bei ihm. Da ich ein blutiger Anfänger war, ließ sich dieser international bekannte Fachmann für Industriedenkmalpflege herab, mich in die Geheimnisse der Pluralbildung in der Denkmalpflege einzuweihen. Er erklärte mir den Unterschied von Denkmalen und Denkmälern.

Sind nämlich unter ersteren, den „Denkmalen", die mehr oder weniger authentisch überlieferten historischen Selbstzeugnisse zumeist baulicher Natur gemeint, so versteht der Versierte unter „Denkmälern" dagegen jene oft figürlichen, historische Ereignisse, Personen oder Themen interpretierenden Darstellungen.

Dieser sehr wichtige, sachliche Unterschied, dessen phonetische Erkennbarkeit wir uns für den Plural erkämpft haben, fällt kläglich im Singular wieder in sich zusammen: der Begriff des „Denkmals" ist von seiner Bedeutung her ununterscheidbar. Nun gibt es, was den uns interessierenden Gegenstandsbereich anbelangt, einen Alternativbegriff, den ich aber mit voller Absicht nicht ein Synonym nennen will: das „Mahnmal". Nur der Verdeutlichung wegen will ich ihn daher mitbenutzen.

Wie ein Denkmal (sprich: Mahnmal) entsteht
und was das für Folgen für das Denkmal hat

Zwischen 1951 und 1961 entstanden in der DDR in einer großen gemeinsamen Anstrengung von Opferverbänden, Staat und Bevölkerung die drei wichtigsten Gedenkstätten: Buchenwald, Ravensbrück und zuletzt, als Gedenkstätte der Hauptstadt,

---

[1] Für Hinweise und Gespräche danke ich Frau Dr. Köpp und Frau Dr. zur Nieden.

Sachsenhausen. Zwar fand nur für Buchenwald ein Wettbewerb statt, doch machten sich die Verantwortlichen durchaus viele Gedanken, was die Zielsetzung und Ausgestaltung der Gedenkstätten betraf. Soweit das bei dem heutigen Stand der Forschung bereits erkennbar ist, wurden die vorgefundenen Gelände der ehemaligen Konzentrationslager, auf denen sich lediglich kleinere Mahnmale in ansonsten stark verwilderten, unzerstörten, riesigen Arealen befanden, als einheitliches Ensemble in die Neugestaltung einbezogen und beplant. Auffallend ist allerdings, daß man nur ganz bestimmte Areale und Bereiche der Konzentrationslager, vorwiegend Teile des ehemaligen Häftlingslagers mit dem Appellplatz als Mittelpunkt, ins Auge faßte. Die zu einem KZ wesentlich dazugehörigen Teile der Produktionsbetriebe oder der SS-Verwaltung dagegen wurden ohne die bei uns heute üblichen Skrupel vorwiegend durch Polizei und Armee weitergenutzt. Bei der Gestaltung der Gedenkstätte orientierte man sich ersichtlich an den Vorbildern der großen Friedhofsanlagen des Ersten Weltkrieges. Im Vordergrund bei der Gestaltung der Gedenkstätten stand also von Anfang an die Errichtung großer Plätze für ritualisierte Totenfeiern und Manifestationen antifaschistischer Gesinnung. Von Anfang an galt die Quelle nichts, die Interpretation dagegen alles.

Die Rekonstruktion oder auch Erhaltung des authentischen Denkmals wurde nur von Minderheiten, in der Regel ehemalige Häftlinge, vertreten, von staatlicher Seite jedoch dezidiert abgelehnt. In Sachsenhausen waren fast alle Gebäude des Lagers bis 1952 erhalten. Noch heute ist unklar, wer der kasernierten Volkspolizei den Befehl gab, große Teile, darunter auch das Krematorium – den Ort, an dem die Massenerschießungen stattgefunden hatten –, abzureißen. Inwieweit war dieser Entschluß durch die Umnutzung des Lagers als sowjetisches Speziallager begründet? Als Karl Schirdewan, ehemaliger Sachsenhausen-Häftling und damals noch wichtiges Politbüromitglied, 1954 die ausdrückliche Anweisung gab, die noch nicht abgerissenen Gebäude, zumal die Häftlingsbaracken des 1. Ringes, zu erhalten, setzte sich der kommandierende Oberstleutnant einfach darüber hinweg. Wer gab ihm diese Befugnis? Mehr noch – allgemein wurde es als höchstes erstrebenswertes Ziel angesehen, die, wie es in der maßgeblichen Denkschrift des Architekten-Teams hieß, „Überwindung der SS-Herrschaft durch Abtragen und Abräumen der Reste und durch eine planmäßige Gestaltung zum Ausdruck zu bringen". „Der Sieg des Humanismus über die Barbarei", so stellte auch der Architekt des Ministeriums für Aufbau fest, „muß mit Mitteln der Kunst in diesem Raum zum Ausdruck gebracht werden", und damit meinte er durchaus wörtlich, daß der Sieg des Antifaschismus seinen Ausdruck im Schleifen der baulichen NS-Zeugnisse, gerade auch in den ehemaligen Konzentrationslagern, ausdrücken müsse.

Daß sich der Denkmals-(sprich Mahnmals-)bau dezidiert gegen Unterdenkmalstellung der verbliebenen Bausubstanz richtete, realisierte sich z. B. in der großen parkähnlichen Gestaltung der Gelände, die die bebaute originale Substanz absichtlich außerhalb der Gedenkstätte beließ und die laut eigenen Aussagen das Ziel verfolgte, die durch die Nazi-Bauten geschändete Natur – alle drei Konzentrationslager waren in großen Wald- und Naturschutzgebieten errichtet worden – wiederherzustellen. Zitat aus dem Gutachten der Architekten Deiders, Kutzat und Tausendschön: „Die SS zerstörte die Schönheit der Landschaft, es ist unsere Pflicht sie wieder herzustellen. Die Gedenkstätte muß zum Anziehungspunkt einer parkartigen Landschaft werden."

Zentrum der Gedenkstätte Sachsenhausen wurde ein monumentales Mahnmal – hier ist der Begriff einmal angebracht – an der Spitze eines riesigen Feierplatzes, der von Anfang an als Feld für Massenveranstaltungen, (in Sachsenhausen plante man für 60000 Menschen, größte Veranstaltung war die Einweihung 1961 mit angeblich mehr als 200000 Beteiligten) angelegt worden war. Um den Zu- und Abgang (erneut gegen den Widerstand der Häftlingskomitees, die den alten Lagereingang nutzen wollten) der tausenden von Teilnehmern sicherzustellen, wurden künstliche Zugänge geschaffen, das alte originale Lagertor verschlossen und die Zugangswege erheblich verbreitert, wobei man verbliebene originale Baracken und Gebäude beseitigte. Auch dies erfolgte gegen den Widerstand wichtiger Häftlingsvertreter, die – in Übereinstimmung mit den Fachleuten vom Museum für Deutsche Geschichte – den alten Lagereingang nutzen wollten.

Auch die von der SS mit Absicht in Nachahmung barocker Vorbilder eines Panoptikums angelegte Dreiecksform, die ungehinderte Sicht- und Schußlinien von einem einzigen großen Wachturm aus ermöglichte, riegelte das Kollekiv aus Architekten und Landschaftsplanern durch eine bogenförmige Mauer ab, in die Betonabdrücke der ehemaligen Häftlingsbaracken eingebaut wurden. Dabei war man sich durchaus bewußt, daß in dieser auf dem Turm A ausgerichteten KZ-Architektur sich die weltanschaulichen Ideen der SS in einzigartiger, reiner Architektursprache widerspiegelten. Das 40 Meter hohe und 8 Meter breite Mahnmal stellten sie bewußt dem Turm A entgegen, diesem bekannten Gebäude der ehemaligen SS-Lagerverwaltung, um durch die Monumentalität des Mahnmals den Sieg der Opfer, bzw. der Roten Armee, über die Täter zum Ausdruck zu bringen. Selbst das „schmutzige Grau" des Wachturms wurde durch eine bewußte Dunkeltönung in seiner Düsternis künstlich verstärkt. Um so lichter erschien das in heller Farbe gestaltete Mahnmal, das als einziges durch eine Lücke in der durch Kreuzelemente gestalteten Mauer vom Appellplatz wahrgenommen werden kann.

Die Gedenkstätten wurden, um dies noch einmal zusammenfassend zu betonen, also mit voller Absicht als großes, geschlossenes und einheitliches Denkmal (im Sinne von Mahnmal) des Antifaschismus geschaffen, das dezidiert die möglicherweise erhaltenen Denkmale überdecken, überformen und beseitigen sollte.

Das Mahnmal im Denkmal und was es ausdrücken soll

An der Spitze des Lagerdreiecks von Sachsenhausen steht am Ende der Mittelachse, die vom ehemaligen Eingang des Lagers durch den Turmbau A über den Appellplatz verläuft, der breits erwähnte, in der Grundfläche dreieckige Obelisk, an dessen oberen Ende 18 riesige rote Dreiecke in Form der ehemaligen Winkel politischer Gefangener angebracht sind. Vor dem Obelisk steht eine gleichfalls übergroße Figurengruppe des Bildhauers René Graetz, die einen sowjetischen Soldaten darstellt, dessen ausgebreitete Arme zwei Häflinge umfangen.

Obelisk und Skulptur, dies braucht wohl nicht weiter ausgeführt werden, drücken die einseitige, parteiliche Sicht der DDR-Staatsführung aus, wie überhaupt Denkmäler, wie Jochen Spielmann schon in den achtziger Jahren für BRD und DDR gleichermaßen festgestellt hat, „vorwiegend die allgemein geltenden und das heißt herrschenden Gesellschaftsvorstellungen verdeutlichen". Sie eröffnen also weniger die Einsicht in historische Vorgänge, sondern manifestieren und zementieren die aktuelle Interpretation. Insoweit wirken sie – zumindest teilweise – offenen, spontanen und aktiven Lernprozessen entgegen, die man doch eigentlich anstoßen will.

Ihre Instrumentalisierung für einseitige politische Staatsdoktrinen wird vollends deutlich, betrachtet man die ritualisierten Veranstaltungen, für die sie als Ort benutzt werden. In der DDR, speziell auch in Sachsenhausen, wuchs im Laufe der Jahre nicht nur die Anzahl der Gedenktage an, sondern es vermehrten sich vor allem die Rituale, die mit dem authentischen Ort nichts oder kaum mehr etwas zu tun hatten, wie 1. Mai-Feiern, Jugendweihen, Aufnahmefeiern zur FDJ, Soldatenvereidigungen und sogar Immatrikulationsveranstaltungen.

Dies alles hatte mit dem historischen Geschehen nur noch wenig zu tun, die Denkmale waren zu Staffagen der Denkmäler verkommen. Lernprozesse im Sinne eines historischen Verstehens konnten so kaum noch initiiert werden; ich glaube, es wurde eher das Gegenteil erreicht. Um die Vermutung zu belegen, will ich nur nüchterne Zahlen nennen. Die vor der Wende jährlichen Besucherzahlen von über 400000 Menschen haben sich inzwischen halbiert. Der drastische Besucherrückgang verbirgt jedoch eine ebenso einschneidende Sturkturverschiebung. Von den 200000 Besuchern jährlich kommt nur noch eine kleine Minderheit aus den Dörfern und Städten der ehemaligen DDR.

Wie aus DDR-Denkmälern nach der Wende DDR-Denkmale wurden und was das für Folgen für die NS-Denkmale haben kann

Die sogenannte „Station Z" ist ein zentraler, bedeutender Ort der Gedenkstätte, wurden dort doch weit über 10000 Häftlinge, vorwiegend russische Kriegsgefangene, mit Hilfe eines mechanisierten Verfahrens ermordet. Außerdem befanden sich hier die Krematorien. Eine Gaskammer, über deren genaue Funktion wir noch wenig wissen, befand sich darin. Hunderte von vorwiegend ungarischen Juden wurden noch in den letzten Wochen vor Kriegsende in der „Station Z" getötet.

Über der „Station Z" erhebt sich eine riesige, offene, lediglich auf 8 Säulen ruhende Halle mit einem massiven, schweren Dach aus Eisenbeton, das durch eine viereckige Öffnung Licht auf eine darunter stehende Skulpturengruppe des Bildhauers Grzimek fallen läßt. Problematisch an dieser riesigen Totenhalle ist auch, daß sie sich gegenüber dem Häftlingslager öffnet, in das Gelände hineinragt. Tatsächlich aber lagen das Krematorium sowie die anderen Tötungseinrichtungen jenseits der das Häftlingslager umgebenden Mauer. Jeder Häftling, der mit dem Lastwagen auf Umwegen hinter diese Mauer gefahren wurde, ahnte, was ihm bevorstand.

Dieses Dach ist inzwischen durch die Korrosion der Eisenträger auf längere Sicht vom Einsturz gefährdet. Die für die Sanierung notwendigen Finanzmittel belaufen sich auf mehr als 2 Millionen DM und würden den gesamten Jahresetat an Bauinvestitionsmitteln der Stiftung „Brandenburgische Gedenkstätten" verbrauchen. Das gleiche gilt in etwas abgewandelter Form für alle DDR-Neubauten der Gedenkstätte Sachsenhausen, insbesondere auch die bereits erwähnte Kreuzmauer um den Appellplatz.

Der Denkmalpfleger des Landes Brandenburg hat nun in klarer Erkenntnis des historischen Gesamtcharakters der Gedenkstätte für das Areal einschließlich der darauf befindlichen Bauten den Denkmalschutz ausgesprochen. D.h. nun, daß die von der DDR errichteten Denkmäler (im Sinne von Mahnmalen) möglicherweise zu Denkmalen der DDR-Geschichte und des DDR-Antifaschismus erklärt werden. Dadurch treten nun, um das Maß der Verwirrung voll zu machen, die Denkmale unterschiedlicher historischer Phasen zueinander in Konkurrenz, und es steht zu befürchten, daß die Erhaltung des Denkmäler-Denkmals, wie schon bei der Gründung der Gedenkstätte geschehen, auf Kosten der Erhaltung und Rekonstruktion des historischen Denkmals „Konzentrationslager" geschieht.

Dies kann man an der „Station Z" beispielhaft verdeutlichen. Auf Grund der ungehinderten Witterungseinflüsse drohen die letzten Reste der Grundmauern und der Krematorien zu verfallen. Dies ließe sich nur durch eine geschlossene Überdachung verhindern, die darüber hinaus den entscheidenden Vorteil hätte, daß den Besuchern am Orte das ansonsten kaum verständliche, furchtbare Geschehen dort erklärt werden könnte. Eine solch notwendige Halle ist aber wohl mit dem Charakter der offenbar als monumentale Grabeshalle gedachten Überdachung unvereinbar. Aufgrund des insgesamt stark ruinösen Zustands der meisten Gebäude, Denkmale ebenso wie Denkmäler, wird man nicht umhin können, Prioritäten zu setzen. Wem kommt dabei oberste Priorität zu: dem Schutz der Quelle oder dem Schutz der Interpretation der Quelle?

In unserer Zeit verwandeln sich selbst kleinste Abschnitte in historische Phasen. Offenbar schreitet die Historisierung der Gegenwart so schnell voran, daß das gerade noch Unmittelbare sich schon wenig später in ein Denkmal zu verwandeln scheint. Verständlich ist es daher, wenn versucht wird, allzu schnelle Zeitabläufe zu fixieren. So gewinnen die den Denkmalen zugefügten „Wunden" auf einmal einen Stellenwert, der den des Denkmals zu überflügeln droht. Aus dieser Misere will man gelegentlich herausfinden, indem Veränderungen einander selbst kommentierend aneinandergereiht werden: So wird die historisch falsche Inschrift auf einem Gedenkstein nicht einfach ersetzt, sondern zum historischen Dokument einer bestimmten Auffassung erklärt, die allerdings durch eine relativierende und korrigierende Dokumentation ergänzt wird. Diese wird schließlich selbst zum Ausdruck eines bestimmten Zeitabschnitts usw., eine paradoxe Aneinanderreihung von sich gegenseitig kommentierenden Denkmälern (im Sinne von Mahnmalen), durch deren anschwellende Geschwätzigkeit die ursprüngliche Quelle am Reden gehindert wird. Die „Denkmäler in progress", wie ich sie nennen will, würden, das ist zu befürchten, irgendwann beseitigt werden, da sie die Gesellschaft sonst durch ihre ausufernden Begriffe von Geschichtlichkeit erdrücken könnten. Quelle einerseits und Interpretation der Quelle andererseits müssen also in ein vernünftiges Verhältnis zueinander gesetzt werden.

Gedenkstätten als zeitgeschichtliche Museen der Jahre 1933 bis 1989

Wie kann dieser kaum noch für den Besucher, der die Gedenkstätte betritt und sich an einem authentischen Ort wähnt, durchschaubare Knoten entwirrt und die übereinander- und durcheinanderliegenden Schichten historischer Abläufe und ihre sichtbaren Folgen deutlich gemacht werden? Im Grunde hat die Musealisierung der Gedenkstätte selbst spätestens nach der Wende begonnen. Die Gedenkstätte ist als Denkmal (im zweifachen Wortsinn) ein Exponat, das selbst der vielfachen Erklärung bedarf.

Darüber hinaus haben sich heute die Sichtweisen auf den Nationalsozialismus völlig geändert. Es bedarf keiner ständigen ritualisierten Gedenkfeiern mehr für die inzwischen schon dritte Generation der Besucher. Die Gedenkstätten als Orte rituellen Sich-Vergewisserns und Sich-Erinnerns mögen sicher noch für die Überlebenden Opfer eine Bedeutung haben, die sich jedoch nach der zunehmenden Auflösung des antifaschistischen Ideologems immer stärker diversifiziert. Die einzelnen Opfergruppen, vor allem die von der kommunistischen Sicht sträflich vernachlässigten Opfer der rassistischen NS-Politik, suchen keine gemeinsamen Denkmäler mehr auf, sondern wollen offenbar nach Gruppen getrennte Orte des Gedenkens. Dies ist nur allzu verständlich, denn die großen, vereinnahmenden Manifestationen bieten kaum Raum für Trauer, die sich immer eher Individuen zuwendet. Dagegen hielten dies die Planer der Gedenkstätte Sachsenhausen sogar ausdrücklich für falsch, da die Einzelschicksale, wie man meinte, nicht so tief beeindruckten wie das Massenschicksal. Alles dies sehen wir heute anders.

Die fällige, völlige Neukonzeptionierung der Gedenkstätte Sachsenhausen darf nicht geschichtslos mit dem vielfach verschränkten Denkmal- und Mahnmalcharakter umgehen. Sie muß versuchen, hinter den Denkmälern der DDR-Geschichte die Denkmale wieder zum Vorschein und zur Geltung zu bringen, was aufgrund der völligen undokumentierten Neugestaltung nach 1955 und der schwer nachvollziehbaren Zerstörungen davor einen erheblichen Aufwand erfordert. Eine unkritische Adoption oder Übernahme der Konzepte anderer schon bestehender Gedenkstätten ist daher kaum möglich. Das von uns entwickelte dezentrale und integrative Gesamtkonzept stellt den Versuch dar, anknüpfend an die Erwartungen der Besucher den Ort als historisches Denkmal wieder zum Ausgangspunkt der Erklärung und Vermittlung zu machen, seine Überformung vorsichtig zurückzunehmen, sie jedoch in die inhaltliche Darstellung mit einzubeziehen. Aus diesem Grund wird die Gedenkstätte noch vor der Neukonzeption der KZ-Ausstellung die eigene Geschichte zum Gegenstand einer neuen Ausstellung sowie Publikation machen, die integraler Bestandteil des neuen Museums werden wird.

JÜRGEN ZARUSKY

Die KZ-Gedenkstätte Dachau: Anmerkungen zur Geschichte eines umstrittenen historischen Ortes

Das Konzentrationslager Dachau war das am längsten bestehende Konzentrationslager des Dritten Reichs. Es wurde als erstes „reguläres" nationalsozialistisches Konzentrationslager am 22. März 1933 eingerichtet und als vorletztes der großen Lager vor Mauthausen am 29. April 1945 befreit. Seine Geschichte spiegelt nahezu alle Stadien und Facetten wider, die das Verhalten des NS-Regimes gegenüber seinen Gegnern und den zu Minderwertigen gestempelten Menschengruppen kennzeichnen. In ähnlicher Weise reflektiert die Auseinandersetzung mit dem historischen Ort des ehemaligen Konzentrationslagers den Umgang der deutschen Gesellschaft, aber auch der amerikanischen Besatzer und der international zusammengesetzten Gruppe der ehemaligen Häftlinge, mit der menschlichen, materiellen und moralischen Hinterlassenschaft des NS-Regimes.

Das KZ Dachau wurde am 22. März 1933 unter der Regie des damaligen Münchner Polizeipräsidenten Heinrich Himmler installiert. Das Lager diente dazu, die kommunistischen, militant-sozialdemokratischen und anderen entschiedenen Gegner des sich etablierenden NS-Regimes im Münchner und südbayerischen Raum aufzunehmen, die in den Gefängnissen und Zuchthäusern keinen Platz mehr fanden.[1] In zwei großen reichsweiten Verhaftungswellen vom März/April und vom Sommer 1933 wurde das Potential eines breiteren politischen Widerstands von links dezimiert, demoralisiert und letztlich im Mark getroffen. In Bayern befanden sich bis Mitte April bereits 5400 Menschen in Schutzhaft, im Juli noch 4152. Insgesamt gab es zu diesem Zeitpunkt im Reich fast 27 000 Schutzhäftlinge. Im KZ Dachau, das für die Aufnahme von 5000 Häftlingen gedacht war, wurde bereits Ende Dezember 1933 die Häftlingsnummer 4821 ausgegeben.

---

[1] Eine wissenschaftliche Gesamtdarstellung der Geschichte des Konzentrationslagers Dachau liegt nicht vor. Einen Überblick gibt G. Kimmel, Das Konzentrationslager Dachau. Eine Studie zu den nationalsozialistischen Gewaltverbrechen, in: M. Broszat/E. Fröhlich (Hg.), Bayern in der NS-Zeit. Herrschaft und Gesellschaft im Konflikt, Bd. II. München, Wien 1979, S. 349–413. Die Frühgeschichte des Lagers beschreibt H.-G. Richardi, Schule der Gewalt. Die Anfänge des Konzentrationslagers Dachau 1933–34. Ein dokumentarischer Bericht, München 1983.

Der Standort des Konzentrationslagers Dachau war das Gelände einer ehemaligen Pulverfabrik des Ersten Weltkriegs in der Dachauer Nachbargemeinde Prittlbach (sie wurde am 1. April 1939 eingemeindet). Die Dachauer Stadtväter hatten schon während der Weimarer Republik, als Dachau zeitweilig die höchste Arbeitslosenrate des gesamten Reiches aufwies, auf eine neuerliche Nutzung des Geländes gedrängt, jedoch ohne Erfolg. Heinrich Himmler hat das Areal möglicherweise gekannt, da er in den zwanziger Jahren wenige Kilometer entfernt in Oberschleißheim ein landwirtschaftliches Praktikum absolviert hatte.

Das Wachpersonal des KZ Dachau wurde bis zum 11. April von der Bayerischen Landespolizei gestellt; sehr bald aber wurde es durch SS-Formationen abgelöst. Unter dem ersten SS-Lagerkommandanten Hilmar Wäckerle begann der Terror. Es kam zu einer ganzen Reihe von Morden an Häftlingen, doch die Ermittlungen beherzter Münchner Staatsanwälte konnten unter den herrschenden politischen Voraussetzungen nur mit der Einstellung des Verfahrens enden. Nur Wäckerle mußte am 26. Juni 1933 dem SS-Oberführer Theodor Eicke weichen. Das KZ blieb jedoch rechtsfreier Raum. Eicke war es, der Dachau zur „Schule der Gewalt" (Richardi) machte. Am 1. Oktober 1933 erließ er eine Disziplinar- und Strafordnung für das Lager, die einen ausgefeilten Katalog von Strafen beginnend mit Arrest- und Prügelstrafen (in der Regel 25 Stockhiebe) bis hin zur Todesstrafe vorsah, all dies ohne Rücksicht auf juristische Instanzen und bestehende Rechtsvorschriften. Die einzige relevante Instanz außerhalb des Lagers, die bei schwereren Strafen gehört werden mußte, war Polizeipräsident Himmler.

Eicke entwickelte zugleich „Erziehungsgrundsätze" für die Wachmannschaften. Oberster Grundsatz war, daß die Häftlinge, die stets und durchweg als gefährliche Staatsfeinde geschildert wurden, mit äußerster, aber disziplinierter und unpersönlicher Härte zu behandeln seien. Jede Form von Toleranz oder Mitleid mit den Gefangenen wurde als Schwäche gebrandmarkt.

Im Windschatten Himmlers, der es sehr schnell schaffte, sich den gesamten Polizeiapparat des Reiches unterzuordnen, stieg auch Eicke auf. Mitte 1934 wurde er zum Inspekteur der Konzentrationslager und Führer der Totenkopfverbände (also der SS-Wachmannschaften) ernannt. Das, was er in Dachau entwickelt hatte – dazu gehörte auch die typische bauliche Gestalt der KZs mit Mauern, Stacheldraht, Wachtürmen und den diversen Funktionsgebäuden, die administrative Gliederung sowie das System der von der SS gelenkten Häftlingsselbstverwaltung –, wurde nun zum Modell für alle Konzentrationslager im Reich.

Der Aufstieg Himmlers und der SS war wesentlich durch den Bedeutungsverlust der SA nach dem sogenannten „Röhm-Putsch" vom 30. Juni 1934 ermöglicht worden. Durch die Ermordung Röhms – die von Eicke und einem Helfer ausgeführt wurde – und einer beträchtlichen Anzahl seiner Gefolgsleute wurde die allzu selbständige SA in ihre Schranken gewiesen und das Bündnis Hitlers mit den konservativen Eliten, insbesondere der Wehrmacht, die Röhms Truppen als gefährliche Konkurrenz empfunden hatte, gefestigt. Gleichzeitig wurde eine Reihe anderer Regimegegner ermordet. Eine der Exekutionsstätten war das Konzentrationslager Dachau, wo 17 Menschen getötet wurden, unter ihnen Fritz Gerlich, der in seiner Zeitung „Der gerade Weg" vor der Machtübernahme einen entschiedenen publizistischen Kampf gegen die Nazis geführt hatte.

Die Festigung des NS-Regimes manifestierte sich in der Entlassung von 400 Häftlingen im Zuge einer „Weihnachtsamnestie" Anfang Dezember 1933 und einer weiteren Amnestie zum Jahrestag der nationalsozialistischen Machtübernahme in Bayern im März 1934. Zugleich wurde die Lagerbevölkerung aber durch eine neue Gruppe erweitert. Ab November 1933 wurden monatlich zusätzlich zu den politischen Gefangenen sogenannte „Arbeitsscheue" in das Lager Dachau eingewiesen. Im Jahre 1934 betrug ihre Höchstzahl rund 400. Das Lager erfuhr somit eine Funktionserweiterung. Es war nicht mehr nur Repressionsinstrument gegen politische Gegner, sondern auch Instrument der nationalsozialistischen Sozialhygiene – ein Mittel, gesellschaftliche Probleme auf faschistische Art zu lösen. Verstärkt ab 1937 wurden dann auch sogenannte „Asoziale", Homosexuelle und Zigeuner in die Lager eingewiesen.

Obwohl sich die NS-Diktatur festigte und sich dank der schnellen Überwindung der Weltwirtschaftskrise in Deutschland ab Mitte der dreißiger Jahre einer wachsenden Zustimmung unter der Bevölkerung erfreuen konnte, wurden die Konzentrationslager nicht funktionslos. So wurde das KZ Dachau in den Jahren 1937/38 um- und ausgebaut und erhielt die Gestalt, von der die heutige Gedenkstätte zeugt. Mit dem Abflauen der Weltwirtschaftskrise und dem Einsetzen der Rüstungskonjunktur wuchs den Konzentrationslagern eine weitere Funktion zu, die bis zum Kriegsende noch erheblich an Bedeutung gewinnen sollte: Die KZs wurden zu Arbeitskräftereservoirs und Produktionsstätten. Die SS gründete eigene Firmen, wie etwa die „Deutsche(n) Erd- und Steinwerke", oder vermietete Häftlinge als Arbeitskräfte an Privatfirmen. Mit dieser Entwicklung wuchs insbesondere im Zweiten Weltkrieg die Zahl der Außenlager, die nahe den jeweiligen Produktionsstätten errichtet wurden. So brachte es das KZ Dachau auf ca. 170 Außenkommandos. Von den über 65 000 Gefangenen, die Ende April verzeichnet wurden, arbeiteten fast 38 000 in Außenlagern. Die KZs begannen zu wuchern und spannten sich wie ein Netz über den gesamten nationalsozialistischen Machtbereich.[2]

Bis zum Frühjahr 1938 waren die Lager im wesentlichen nur von Deutschen bevölkert. Doch mit dem Anschluß Österreichs kamen auch die ersten politischen Opponenten von dort nach Dachau. Und als im November 1938 der nationalsozialistische Antisemitismus mit der sogenannten „Reichskristallnacht" seinen sichtbarsten Höhepunkt in sogenannten Friedenszeiten erlebte, wurden in die KZs Buchenwald, Sachsenhausen und Dachau über 30 000 jüdische deutsche und österreichische Männer eingewiesen, die in den folgenden Monaten, wenn sie Glück hatten, sich zur Auswanderung erpressen und auch den einen oder anderen Vermögenswert in den Händen der SS ließen, nach und nach wieder entlassen wurden. Die genaue Zahl der im Zuge der „Kristallnacht" nach Dachau eingelieferten Juden beträgt 10 911.

---

[2] Als Überblick über die Entwicklung des KZ-Systems nach wie vor wegweisend der Beitrag von M. Broszat, Nationalsozialistische Konzentrationslager 1933–1945, Anatomie des SS-Staates, Bd. 2, München 1982, S. 11–133. Einen Überblick über die Geschichte der Konzentrationslager enthält auch die Strukturanalyse von W. Sofsky, Die Ordnung des Terrors: Das Konzentrationslager, Frankfurt a.M. 1993.

Mit dem Beginn des Zweiten Weltkriegs wurde die Lagerbevölkerung international.
Die Entwicklung ihrer Zusammensetzung spiegelt die Entwicklung der nationalsozialisti-
schen Eroberungspolitik wider. In diesem Zusammenhang ist auch die zeitweilige Räumung des Lagers von September 1939 bis Februar 1940 zu sehen, in der es als Ausbil-
dungslager für Einheiten der Waffen-SS fungierte. Anfang 1940 übernahm die SS-eigene
Firma „Deutsche Ausrüstungswerke" die Schlosserei, Tischlerei, Sattlerei und andere
Betriebe, die innerhalb des Lagers entstanden. Im April kamen die ersten Transporte mit
Häftlingen aus dem besetzten Polen an. Die verstärkte Mobilisierung der Arbeitskräfte in
den Konzentrationslagern für die Kriegsproduktion setzte im Jahre 1942 ein, nachdem
der als Blitzkrieg konzipierte Angriff auf die Sowjetunion steckengeblieben war und
deutlich wurde, daß die riesige Armee, die zu diesem Zweck aufgestellt worden war, nicht
so schnell demobilisiert werden könnte. Der Überfall auf die Sowjetunion hob die
Radikalisierung des NS-Regimes auf eine neue Stufe. Er war von vornherein als Vernichtungskrieg konzipiert. Das Verhungernlassen großer Teile der Bevölkerung war einge-
plant. Befehle, alle gefangengenommenen Politkommissare der Roten Armee, alle Juden
und sonstigen „untragbaren Elemente" zu erschießen, waren vorbereitet und wurden
durchgeführt. Auch das KZ Dachau war ein Schauplatz dieser Vernichtungspolitik. Ab
Oktober 1941 wurde dort, zunächst im Hof des Bunkers, dann auf dem SS-Übungsschieß-
platz nahe dem Dorf Hebertshausen eine nicht mehr genau zu bestimmende Zahl sowjetischer Kriegsgefangener exekutiert. Mit Sicherheit waren es aber mehrere Tausend. Das
Ende dieser Exekutionen brachte erst die Erkenntnis, daß das Dritte Reich für die eigene
Kriegsproduktion auf die Arbeitskraft der sowjetischen Gefangenen angewiesen war.

Vor allem sie wurden aber auch als „Menschenmaterial" für kriegsmedizinische
Experimente benutzt, die seit 1941 im KZ Dachau durchgeführt wurden. Dazu zählen
die Unterkühlungs- und Unterdruckversuche, die insbesondere mit dem Namen des
SS-Arztes Rascher verbunden sind, und die in mindestens 80 Fällen bis zum Tod der
Versuchspersonen durchgeführt wurden. Es zählen dazu die Malariaversuche des
Professors Claus Schilling, der noch vor dem amerikanischen Militärgericht beteuerte,
nur der Wissenschaft gedient zu haben, und bat, ihm die Gelegenheit zu geben, seine
Ergebnisse niederzuschreiben. Weiter zählen dazu Phlegmoneversuche, die mindestens 17 Todesopfer gefordert haben. Obwohl in dem zweiten, 1942 errichteten Krematorium des KZ Dachau auch eine Gaskammer eingebaut wurde, scheint diese nicht
benutzt worden zu sein. Weit über 3000, vor allem kranke und schwache Dachauer
Häftlinge wurden jedoch zu der Vergasungsstätte Schloß Hartheim bei Linz – einem
der Orte, wo die Ende 1939 begonnene systematische Ermordung von Geisteskranken
und Behinderten durchgeführt worden war – transportiert und dort getötet.

Das rasante Wachstum des Lagers und die sich abzeichnende Niederlage Deutschlands im Krieg schlug sich ebenfalls in der Lagergeschichte nieder, etwa in so banalen
und für die alltägliche Lebenssituation der Häftlinge doch so entscheidenden Fakten,
wie der immer engeren Belegung der Pritschen. Ende 1942 kam es im Lager zu einer
Bauch- und Flecktyphusepidemie. Eine zweite Epidemie brach Ende 1944 aus. Zu
dieser Zeit spiegelte das Lager die Agonie des NS-Regimes. Aus vielen KZs der
besetzten Gebiete, die sich nicht mehr halten ließen, wurden Häftlinge nach Dachau
zurückgebracht. In den letzten Tagen des Lagers wurden dann auch Marschkolonnen

aus dem Lager Dachau selbst Richtung Süden in Gang gesetzt. Viele derer, die nicht mehr die Kraft hatten, mitzumarschieren, wurden einfach am Wegrand erschossen. Als am 29. April amerikanische Truppen das Lager befreiten, fanden sie vor seinen Toren einen Eisenbahnzug mit Hunderten von Leichen vor – einen Häftlingstransport aus Buchenwald.

Allein das KZ Dachau, nur eine von vielen ähnlichen Einrichtungen des nationalsozialistischen Deutschland, ist schon ein Gebirge des Todes, geraubter Lebenschancen und vielfach unbewältigten, vielleicht unbewältigbaren Leides. Die Auseinandersetzung mit der Geschichte der KZ-Gedenkstätte kann daher aufgefaßt werden als die Frage nach den Versuchen, mit diesem Leid umzugehen, das seinen historisch-konkreten Ort in Dachau hat. Wie sich in der Geschichte des Konzentrationslagers die gesamte Entwicklung des Dritten Reichs spiegelt, so spiegeln sich in der Geschichte dieses historischen Ortes auch Art und Weise des Umgangs mit der NS-Vergangenheit im allgemeinen. Dachau ist hierbei ein besonderer Brennpunkt, nicht zuletzt wegen der Namensgleichheit von Lager und Stadt, die viele Bürger der Stadt immer wieder zu oft schmerzhaft empfundenen Konfrontationen führt. An keinem Ort der Bundesrepublik wird einem das Verdrängen so schwer gemacht wie hier.

Als die amerikanischen Soldaten auf ihrem Weg Osten und Süden die in West- und Mitteldeutschland gelegenen KZs befreiten, wurden sie mit dem Inferno der Endphase des „SS-Staates" konfrontiert und standen fassungslos vor dem, was sie zu sehen bekamen. Noch Anfang Mai kam auf Initiative General Eisenhowers eine Gruppe von Herausgebern und Chefredakteuren der bedeutendsten amerikanischen Zeitungen nach Deutschland, um sich mit eigenen Augen von den Zuständen in Buchenwald und Dachau zu überzeugen. Die daraus resultierende Berichterstattung machte Dachau zu einem weltweit bekannten Begriff.[3] Amerikanische und polnische Zeitungen berichteten auch von ungerührten Reaktionen der Dachauer Bevölkerung, die achtlos an den Leichen Erschossener vorübergegangen sei, die an der zum Lager führenden Straße lagen. Für die Amerikaner war es unbegreiflich, daß die Bevölkerung der Stadt über zwölf Jahre neben dem Lager gelebt hatte, ohne sich durch die dortigen Geschehnisse herausfordern zu lassen. Die Historikerin Sybille Steinbacher, die das Verhältnis von Stadt und Lager gründlich untersucht hat[4], zeichnet in etwa folgende Entwicklungslinie: In den Jahren 1933/34 habe es vielfache wirtschaftliche Beziehungen zwischen dem Lager und Dachauer Geschäftsleuten gegeben, die zu einem spürbaren wirtschaftlichen Aufschwung in dem besonders krisengeschüttelten Dachau geführt hätten. Diese Beziehungen seien jedoch mit der Umstellung der SS auf weitgehende Selbstversorgung zum Erliegen gekommen. „Als die finanziellen Gewinne aus dem Lager ausblieben," schreibt Sybille Steinbacher, „zog sich die Bevölkerung in schweigende

---

[3] Mit der internationalen Reaktion auf die Befreiung des KZ Dachau und die dadurch offenkundig gewordenen Greuel beschäftigen sich die Aufsätze von H. Weiß, Dachau und die internationale Öffentlichkeit: Reaktionen auf die Befreiung des Lagers, in: Dachauer Hefte 1, 1985, S. 12–38, und N. Frei: „Wir waren blind, ungläubig und langsam: Buchenwald, Dachau und die amerikanischen Medien im Frühjahr 1945, in: VfZ 35, 1987, S. 385–401.

[4] Siehe S. Steinbacher, Dachau. Die Stadt und das Konzentrationslager in der NS-Zeit. Die Untersuchung einer Nachbarschaft, Frankfurt a.M. 1993.

Privatheit und politische Indifferenz zurück."⁵ Diese Indifferenz war es, die auch über 1945 hinauswirkte und die sich in der von den amerikanischen Beobachtern so empört registrierten Gleichgültigkeit äußerte. Zwar unterstützten insbesondere ab 1942/43, als KZ-Häftlinge in kriegswichtigen Betrieben der Stadt eingesetzt wurden, Dachauer Bürger und vor allem Bürgerinnen die Häftlinge mit kleineren, aber durchaus riskanten Hilfeleistungen – vom Zustecken von Brot bis zum Briefschmuggel –, doch war dies wie in ganz Deutschland eine Minderheit.

Die erste Reaktion der Amerikaner auf die Gleichgültigkeit, auf die sie stießen, ähnelte der, mit der manchmal jungen Hunden Sauberkeit beizubringen versucht wird: Man stößt sie mit der Schnauze in den Kot, den sie auf dem Wohnzimmerteppich hinterlassen haben. So wurde eine Gruppe prominenter Dachauer Bürger zwangsweise durch das Lager und das Krematorium geführt, was bei den Betroffenen einen tiefen Schock auslöste. Dachauer NSDAP-Funktionäre und Bauern wurden gezwungen, die Tausenden, zum Teil schon in Verwesung übergegangenen Leichen zu begraben, die die amerikanischen Truppen vorgefunden hatten. Dachauer Frauen mußten die Waggons des Transportzuges reinigen, auf den die Amerikaner bei der Befreiung des KZ gestoßen waren und der ebenfalls voller Leichen gewesen war. In Rundfunksendungen, Filmen und gedruckten Publikationen wiesen die amerikanischen Besatzungsbehörden in Deutschland auf die KZ-Greuel hin, wobei in der Anfangszeit nie der Hinweis fehlte „This is your guilt".

Doch die Mehrzahl der Dachauer wie der Deutschen überhaupt verstand diesen Satz nicht. Sie hatten das doch nicht gewollt und nicht gewußt, und diejenigen, die vor sich selbst zugaben, daß sie mehr gewußt hatten, als die lauten Verteidigerstimmen es proklamierten, verwiesen auf ihre Angst, selbst ins KZ zu kommen, wenn sie aus diesem Wissen Konsequenzen gezogen hätten. In einem Kapitel seines berühmten Buches „Der SS-Staat", das unter dem Titel „Gericht und Gewissen" im April 1946 auch als Aufsatz in den „Frankfurter Heften" erschien, analysierte der Soziologe und langjährige Buchenwald-Häftling Eugen Kogon, wie die heftigen und pauschalen Vorwürfe der alliierten Propaganda dazu beitrugen, die deutsche Stimme des Gewissens zu ersticken. Aber wäre sie ohne den alliierten Einfluß erwacht? Man kann es nicht wissen, aber stärkste Zweifel erscheinen angebracht. Kogon jedenfalls mußte Ende 1945 feststellen: „Die Konzentrationslager sind nur eines der grausigen Fakten, um die das deutsche Gewissen kreisen müßte. Gerade von ihnen will das Volk nichts mehr hören."⁶

Kennzeichnend für diese Konstellation ist, daß es die US-Army war, die der Stadt Dachau im Mai 1945 die Verpflichtung zur Errichtung eines angemessenen Denkmals am Leiten, dem Ort der Massengräber, auferlegte, und typisch ist auch, daß dieses Denkmal – ein tempelartiger Rundbau in dessen Inneren die Landeswappen der Häftlingsnationen abgebildet sind – erst 1951 fertiggestellt wurde und die für 1952 geplante offizielle Einweihung erst verschoben und dann endgültig vergessen wurde.

Gelände und Gebäude des ehemaligen KZ Dachau dienten nach der Repatriierung

---

⁵ Ebenda, S. 230.
⁶ Vgl. E. Kogon, Der SS-Staat. Das System der deutschen Konzentrationslager, München 1946, S. 325f.

der Häftlinge zunächst ab Juli 1945 den Amerikanern als Internierungslager für Kriegs-verbrecher und NS-Funktionäre. Nach dem Prozeß gegen die Hauptkriegsverbrecher in Nürnberg fand hier eine Serie von insgesamt 119 Gerichtsverhandlungen statt, in der unter anderem der ehemalige Kommandant des KZ Dachau Martin Gottfried Weiss und der Malariaforscher Schilling zum Tode verurteilt wurden.[7]

Nach Abschluß der Prozesse im September 1948 gaben die Amerikaner das Gelände an den bayerischen Staat zurück, der hier ein Lager für Flüchtlinge und Vertriebene einrichtete. Zuvor hatte es im bayerischen Landtag auch ganz andere Überlegungen zur Verwendung des Geländes gegeben. In einer einstimmig angenommenen Resolution vom 16. Januar 1948 war die Staatsregierung aufgefordert worden, mit der amerikani-schen Militärregierung in sofortige Verhandlungen über die Freigabe des Lagergeländes zu treten, damit dort ein Arbeitslager für „asoziale Elemente" errichtet werden könne. Es klingt kaum glaublich und ist doch eine Tatsache - ein frappierendes Beispiel für die Intensität und das Tempo, die kollektive Verdrängungsprozesse annehmen können.

Eineinhalb Jahre später wurde das Sicheinrichten in der Verdrängung auf ziemlich makabre Weise gestört: Beim Sandabbau am Dachauer Leitenberg, wo Tausende verstorbener Häftlinge begraben waren, wurden menschliche Knochen freigelegt, die einem in Dachau lebenden ehemaliger Häftling bei einem Spaziergang im August 1949 auffielen. Der Entdecker informierte die lokale Gruppe der Vereinigten der Verfolgten des Naziregimes, die sich wiederum an die internationale Öffentlichkeit wandte. Ob-wohl sich später herausstellte, daß das geöffnete Grab in keinem Zusammenhang mit dem KZ stand, machte der Vorgang doch auf den ungepflegten Zustand der benachbar-ten letzten Ruhestätte der KZ-Opfer aufmerksam. Es kam zu einer Welle weltweiter Empörung über die Vernachlässigung der KZ-Gräber in Deutschland, die insbesondere in Frankreich große Resonanz hatte. Die langfristige Folge war, daß die Verpflichtung zur Aufrechterhaltung und Pflege der Gräber der Kriegs- und KZ-Opfer in die Pariser Verträge über die Beendigung des Besatzungsregimes vom 23. Oktober 1954 aufge-nommen wurden. Eine analoge Bestimmung hat im übrigen auch Eingang in das Vertragswerk der 2+4-Verhandlungen über die deutsche Einheit gefunden.

Trotz dieser vertraglichen Regelung trat im Zuge des ökonomischen Wiederaufbaus und des Kalten Krieges die Erinnerung an die erst kurz zurückliegende NS-Epoche weit in den Hintergrund. Signifikant dafür war in Dachau, daß im Mai 1953 nach publizistischen Angriffen auf die 1950 von dem ehemaligen Häftling Erich Preuss im Krematoriumsgebäude eingerichtete Ausstellung auf Beschluß der bayerischen Staats-regierung entfernt wurde. Das war nur der Beginn weiterer Attacken. 1955 stellte der Dachauer Landrat und Landtagsabgeordnete Heinrich Junker im Maximilianeum die Forderung, das ehemalige Krematorium solle für die Öffentlichkeit geschlossen wer-den. Und bei einer Bauernversammlung im Rahmen des Dachauer Volksfestes im Sommer desselben Jahres erklärte der damalige bayerische Landwirtschaftsminister Josef Baumgartner unter Berufung auf seine Herkunft aus dem Dachauer Land und seine eigene Inhaftierung durch die Nazis, die Verbrechen der unseligen Nazi-Jahre

---

[7] Zu den Dachau-Prozessen siehe die Studie von R. Sigel, Im Interesse der Gerechtigkeit. Die Dachauer Kriegsverbrecherprozesse 1945–1948, Frankfurt a.M. 1992.

könnten nicht durch die Besichtigung des Krematoriums gutgemacht werden. Deshalb müsse dieses beseitigt werden, um der Diffamierung der Dachauer Bevölkerung ein Ende zu machen. Der amerikanische Historiker Harold Marcuse spricht in diesem Zusammenhang vom „myth of victimization", von der Selbststilisierung der Dachauer Bevölkerung zu Opfern.[8]

Etwa zur gleichen Zeit, als sich diese Ereignisse abspielten, entstand aber auch neue Bewegung unter den ehemaligen Häftlingen, die schließlich zur Gründung der KZ-Gedenkstätte Dachau führte.[9] Unmittelbar nach der Befreiung war es für die Häftlinge zunächst das wichtigste gewesen, wieder einen Sitz im normalen Leben zu finden. Als sich einige Jahre später Bestrebungen regten, dem Vergessen entgegenzuarbeiten, waren die Voraussetzungen dafür nicht einfach, da eine tiefe politische Kluft die kommunistischen und die nichtkommunistischen Häftlinge trennte. Das diplomatische Geschick einiger Beteiligter und nicht zuletzt die massive Mobilisierung ehemaliger Konzentrationslagerhäftlinge verschiedener Lager im Jahre 1955, zehn Jahre nach der Befreiung, ebneten dann aber doch der Gründung des Internationalen Dachaukomitees in Brüssel im November 1955 den Weg. In ersten Forderungen sprach sich das Komitee nur für den Erhalt der wichtigsten Baulichkeiten des ehemaligen Lagers und für die Pflege des Friedhofs am Leitenberg aus, forderte ferner eine internationale Verwaltung des Lagergeländes und die Errichtung eines Denkmals auf einem vom Komitee zu wählenden Platz. In einem zehn Jahre währenden Prozeß, der ohne die Rolle, die einige sehr verschiedenartige charismatische Persönlichkeiten darin spielten, kaum denkbar war, kam es schließlich zur Gründung der KZ-Gedenkstätte Dachau. Dieser Prozeß verlief nicht ohne Gefährdungen: So konnte etwa im Juli 1957 mit knapper Not der Abbruch der Wachtürme des ehemaligen KZ verhindert werden, den die bayerische Baubehörde plante.

Eine der wesentlichsten und schwierigsten Voraussetzungen war natürlich die Räumung des Lagergeländes durch die dort lebenden Flüchtlinge, die erst im April 1965 vollständig erreicht wurde. Damals erhielt die Gedenkstätte die Gestalt, die sie auch heute noch hat, und die nicht ohne Kritik geblieben ist. Auf dem Areal der Gedenkstätte sind von den Originalgebäuden das Wirtschaftsgebäude, die Wachtürme, das Eingangstor – das sogenannte „Jourhaus", das „Bunker" genannte Lagergefängnis und die beiden Krematorien erhalten geblieben. Die Mauer und der Stacheldrahtzaun wurden rekonstruiert. Die Baracken wurden jedoch alle abgerissen. Nur zwei wurden

---

[8] Vgl. dazu H. Marcuse, Nazi crimes and identity in West Germany: Collective memories of the Dachau concentration camp, 1945–1990. Ann Arbor (Diss. University of Michigan) 1992.

[9] Die Darstellung der Geschichte der Gedenkstätte folgt im wesentlichen den Arbeiten von H. Marcuse, Das ehemalige Konzentrationslager Dachau: Der mühevolle Weg zur Gedenkstätte 1945–1968, in: Dachauer Hefte 6, 1990, S. 182–205; derselbe, Nazi crimes and identity in West Germany, a.a.O.; derselbe, Die museale Darstellung des Holocaust an Orten ehemaliger Konzentrationslager in der Bundesrepublik 1945–1990, in: B. Moltmann u.a. (Hg.), Erinnerung. Zur Gegenwart des Holocaust in Deutschland-West und Deutschland-Ost, Frankfurt a.M. 1993, S. 79–97. Vgl. außerdem den Aufsatz von B. Distel, Umgang mit dem Widerstand heute – am Beispiel der Arbeit an der Gedenkstätte des ehemaligen Konzentrationslagers Dachau, in: H. Siefken/H. Vieregg (Hg.), Resistance to National Socialism: Arbeiter, Christen, Jugendliche, Eliten, Nottingham 1993, S. 165–172.

rekonstruiert, die Lage der anderen 32 durch symbolische Betonfundamente angezeigt. Die Funktion der einzelnen Baracken, die Konsequenzen, die es für Häftlinge hatte, Bewohner einer bestimmten – etwa einer weit von der Küche entfernten – Unterkunft zu sein, bleiben unklar. Gärten, Kaninchenställe, das Desinfektionshaus für Kleider und andere Sondergebäude wurden ebenfalls zerstört und nichts verweist auf sie. Harold Marcuse ist zuzustimmen, wenn er feststellt: „Der kumulative Effekt dieser Entscheidungen ist, die vielfältige und widersprüchliche Hölle des KZ Dachau auf ein ziemlich steriles, eindimensionales Bild zu reduzieren.“[10]

Ein Versuch, diesen Eindruck aufzubrechen und das Grauen des KZ in künstlerischer Form darzustellen, ist das Internationale Mahnmal, das 1967 von dem Belgrader Künstler Glid Nandor geschaffen wurde. Die monumentale Bronzeskulptur dominiert den ehemaligen Appellplatz und zeigt im Stacheldraht hängende ausgemergelte Häftlingsgestalten.

Einige der Stellen, an denen sich früher Funktionsgebäude befanden, werden heute von den religiösen Gedenkstätten am Nordende des Lagergeländes eingenommen, deren jüngste die 1994 unweit des Krematoriumsgeländes errichtete russisch-orthodoxe Kapelle ist.

In der Mitte, am Endpunkt der Lagerstraße, befindet sich die katholische Todesangst-Christi-Kapelle, die 1960 im Zusammenhang mit dem Eucharistischen Weltkongreß in München und unter maßgeblichem Einfluß des Münchner Weihbischofs und ehemaligen Dachau-Häftlings Johannes Neuhäusler errichtet wurde. Unmittelbar dahinter an der Lagermauer befindet sich das 1963/64 eingerichtete Karmelitinnen-Kloster. Sowohl die bauliche und künstlerische Gestaltung der Todesangst-Christi-Kapelle als auch die Tätigkeit des kontemplativ ausgerichteten Karmel weisen kaum direkte Bezüge zum historischen Geschehen am Ort auf.

Östlich der katholischen Kapelle steht die 1966 fertiggestellte jüdische Gebetsstätte, deren Entstehung auf die Anregung durch die katholischen Aktivitäten einerseits und die Entdeckung des Holocaust als eines zentralen Elements jüdischer Identität in den sechziger Jahren andererseits zurückzuführen ist.

Westlich der Todesangst-Christi-Kapelle befindet sich die evangelische Versöhnungskirche. Sie ist die einzige der drei religiösen Gedenkstätten, an der ein Priester und seit einigen Jahren auch ein Diakon arbeitet. Bei dem Bau der 1965 fertiggestellten Kirche wirkten Freiwillige der Aktion Sühnezeichen mit. Seit 1979 arbeiten Sühnezeichen-Freiwillige auch kontinuierlich im Rahmen der Versöhnungskirche. Sie führen Gruppen durch die Gedenkstätte, organisieren Ausstellung und Veranstaltung. Dies ist ein Ausdruck einer seit den späten siebziger Jahren entstandenen neuen Qualität im Umgang mit dem historischen Ort des ehemaligen Konzentrationslagers. Didaktische Absichten, die Vermittlung der Erfahrung von Widerstand und Verfolgung unter dem NS-Regime an neue Generationen gewannen immer mehr an Bedeutung. Diese Entwicklung fiel zusammen mit einem stark erhöhten Interesse an dieser Thematik in der deutschen Gesellschaft, die insbesondere unter den unbelasteten und relativ unbefangenen Jüngeren zu verzeichnen war und auch noch ist.

---

[10] Vgl. H. Marcuse, Nazi Crimes, a.a.O., S. 299.

Dies bedeutet keineswegs, daß die KZ-Gedenkstätte heute eine gesellschaftlich selbstverständlich akzeptierte Einrichtung wäre. Sie bleibt ein Stein des Anstoßes, nicht nur für die rechtsextremen Republikaner, die seit einigen Jahren die Forderung nach der Zerstörung der Gedenkstätte in die Formel kleiden, sie solle durch „ein würdiges Denkmal" ersetzt werden. Die Schwierigkeiten des Umgangs mit der NS-Vergangenheit wurden insbesondere in dem Konflikt um das Projekt einer internationalen Jugendbegegnungsstätte deutlich, der in den achtziger Jahren der beherrschende Streitpunkt der kommunalen Debatte in Dachau war, aber weit darüber hinaus auch in der internationalen Öffentlichkeit wahrgenommen wurde.[11] Der Förderverein Internationale Jugendbegegnungsstätte Dachau (jetzt: Förderverein für internationale Jugendbegegnung in Dachau), ein Bündnis von ehemaligen Verfolgten, Jugendorganisationen, diversen politischen Gruppierungen und historisch Interessierten trieb dieses Projekt gegen erbitterte Widerstände der lokalen CSU voran. Diese führte dagegen ins Feld, mit einer solchen Einrichtung werde der Ruf Dachaus geschädigt, Dachau dürfe nicht zum Zentrum der Vergangenheitsbewältigung werden, auf das alle anderen Städte Deutschlands ihre historische Verantwortung abladen würden, und sie verdächtigte die Initiatoren, sie wollten die KZ-Gedenkstätte als Resonanzboden für ein linksideologisches Schulungszentrum mißbrauchen. Immer wieder wurde auch das seit mittlerweile elf Jahren durchgeführte Internationale Jugendbegegnungszeltlager, das als eine Art Modell für das Konzept einer „Pädagogik der Begegnung" fungiert, nach Kräften behindert. Wegen der großen Resonanz, die die Idee einer internationalen Jugendbegegnungsstätte fand, in der junge Menschen aus verschiedenen Ländern, mit unterschiedlichen politischen oder Glaubensüberzeugungen sich gemeinsam mit der NS-Vergangenheit und ihrer Bedeutung für ihre jeweilige Gegenwart auseinandersetzen können, war die Dachauer CSU schließlich Ende der achtziger Jahre gezwungen, auf einen von Vertretern der CSU-Landtagsfraktion entwickelten Kompromiß einzuschwenken und der Gründung eines internationalen Jugendgästehauses zuzustimmen, das von einer Stiftung getragen wird. In deren Vorstand sind der Freistaat Bayern sowie Stadt und Landkreis Dachau vertreten. Gesellschaftliche Organisationen wie die Verfolgtenverbände, der Bayerische Jugendring, die Kirchen und die israelitischen Kultusgemeinden sowie die Gewerkschaften wurden in einen Beirat ohne Entscheidungsrechte abgedrängt. Die Vorarbeiten für die Errichtung des Jugendgästehauses gehen im übrigen so langsam voran, daß bei vielen Beobachtern der Eindruck entstanden ist, dahinter stehe politische Absicht. Ob die Zustimmung der Dachauer CSU zum internationalen Gästehaus auch einen Bruch mit der irrtümlichen Auffassung bedeutet, man könne eine traumatische Vergangenheit einfach vergehen lassen, ohne sich mit ihr auseinanderzusetzen, wird sich in der Zukunft erweisen.

---

[11] Der Konflikt um das Projekt „Internationale Jugendbegegnungsstätte Dachau", der in Marcuses Arbeit kurz behandelt wird, hätte wegen seines exemplarischen Charakters eine eigene Darstellung verdient. Allerdings ist die Entwicklung noch nicht abgeschlossen. Die Konfliktkonstellation wird dargestellt in J. Zarusky, Dachau fürchtet um sein Image, in: Tribüne. Zeitschrift zum Verständnis des Judentums, Heft 95, 1985, S. 122–124; derselbe, Staatlich gelenkte „Geschichtsarbeit"?, in: ebenda, Heft 105, 1988, S. 35–40.

Frank Dingel

Das Prinz-Albrecht-Gelände:
Ein Ort deutscher Geschichte

Es gibt in Berlin kaum einen zweiten Ort, an dem sich Zeitgeschichte in ihrer Widersprüchlichkeit so verdichtet wie an der Grenze zwischen den Bezirken Kreuzberg und Mitte, entlang der Verbindung zwischen Stresemann- und Wilhelmstraße. Das kurze Stück Straßenland, das um 1900 angelegt wurde, um die Sackgassensituation aufzuheben, die im Westen bis zum Kunstgewerbemuseum, dem heutigen Martin-Gropius-Bau, reichte und im Osten bis zum Hotel „Vierjahreszeiten", dem späteren „Hotel Prinz-Albrecht", ist auch heute wieder umstritten. Zwar steht nicht die Existenz der Straße selbst zur Diskussion, wie noch um die Jahrhundertwende, als in einer modern anmutendenden Argumentation eingewandt wurde, daß sie das einheitliche Grünareal von Ministergärten und Prinz-Albrecht-Park zerschneide,[1] sondern nur noch ihre Namensgebung, aber dieser Streit zeigt brennglasartig die Schwierigkeiten, mit deutscher Geschichte angemessen umzugehen. Noch heißt die Straße Niederkirchnerstraße, benannt nach einer kommunistischen Widerstandskämpferin, die 1944 im Konzentrationslager Ravensbrück umgebracht worden ist. Bis 1951 trug sie den Namen des Prinzen Albrecht. Zu den Problemen der Wende und des Anschlusses der DDR an die BRD gehört es, daß der siegreiche Kapitalismus sich mit „kommunistischen" Straßennamen nicht abfinden kann. Der einfachste Weg ist die Wiedereinsetzung des alten Namens, zumal der 1872 gestorbene Preußenprinz nicht viel Schlimmes angerichtet hat. Trotzdem wird dieser naheliegende Ausweg nicht gewählt: Prinz-Albrecht-Straße weckt eben nicht mehr die Erinnerung an einen Hohenzollernprinzen, der 1830 in den Besitz des Palais an der Wilhelmstraße 102 gekommen ist und der in der Folgezeit dem ganzen Gelände zwischen Wilhelmstraße, Anhalterstraße, Königgrätzer Straße (heute Stresemannstraße) und eben Prinz-Albrecht-Straße seinen Namen vermacht hat, sondern die Bezeichnung „Prinz-Albrecht-Straße" ruft unweigerlich die Assoziation an die Geheime Staatspolizei hervor, die 1933 die ehemalige Kunstgewerbeschule als zentrales Dienstgebäude übernahm und zum Kernstück des nationalso-

---

[1] Vgl. A. Bekiers/K.-R. Schütze, Zwischen Leipziger Platz und Wilhelmstraße. Das ehemalige Kunstgewerbemuseum zu Berlin und die bauliche Entwicklung seiner Umgebung von den Anfängen bis heute, Berlin (West) 1981, S. 55ff.

zialistischen Verfolgungsapparates wurde. Prinz-Albrecht-Straße 8 war nicht nur die
Adresse des Geheimen Staatspolizeiamtes (Gestapa), sondern auch die Postanschrift
des Reichssicherheitshauptamtes, in dem am 27. 9. 1939 Geheime Staatspolizei, Krimi-
nalpolizei und Sicherheitsdienst (SD) der SS zusammengefaßt wurden. Seit dem
20. April 1934 residierte Himmler im Zimmer 102 des Gestapa, zunächst als Stellvertretender Chef (d.h. dem „Gründer" der Preußischen Geheimen Staatspolizei, dem
Preußischen Ministerpräsidenten Hermann Göring nachgeordnet) und „Inspekteur"
der Gestapo, d.h. auch zuständig für die außerpreußischen politischen Polizeien, dann
ab 1936 als Chef der gesamten deutschen Polizei[2].

Himmlers Doppeleigenschaft als „Reichsführer-SS" und oberster Polizist des deutschen Reiches machten die Prinz-Albrecht-Straße 8 nicht nur zur Zentrale des Poli-
zeiapparates, sondern auch zur derjenigen des SS-Staates. Hier war der ca. 100 Mitarbeiter umfassende Persönliche Stab Himmlers untergebracht; das Reichssicherheitshauptamt war nicht nur eine staatliche Behörde, sondern zugleich eines der zwölf
Hauptämter der SS. Insgesamt hatte das Reichssicherheitshauptamt im Jahre 1942 in
Berlin ca. 3400 Mitarbeiter, den Persönlichen Stab eingeschlossen, von denen ca. 1500
in den Gebäuden auf dem sog. Prinz-Albrecht-Gelände arbeiteten[3] – neben der ehemaligen Kunstgewerbeschule als Sitz der Gestapo sind das „Hotel Prinz Albrecht" (Prinz-
Albrecht-Straße 9) zu nennen, das ab 1934 zunächst SS-Intitutionen aufnahm (u.a. das
SS-Personalhauptamt) und später zur organisatorischen Schaltstelle des RSHA wurde,
sowie die Häuserzeile an der Wilhelmstraße zwischen Prinz-Albrecht- und Anhalter
Straße, unter der das Prinz-Albrecht-Palais (Wilhelmstraße 102) als Dienstsitz Heyd-
richs, zunächst als Chef des SD und ab 1939 als Chef des RSHA, besonders herausragte.

Mit dem Krieg wurde die Doppelstruktur von SS und Polizei auch auf die besetzten
Länder übertragen. Die dem RSHA in Berlin unterstehenden „Befehlshaber der Sicherheitspolizei und des SD" übten die Funktionen einer politischen Polizei in den
eroberten Gebieten aus, die Himmler direkt unterstehenden „Höheren SS- und Poli-
zeiführer" hatten die Aufgabe, die verschiedenen Polizeiaktivitäten zu koordinieren,
wozu nicht nur die Sicherheitspolizei (d.h. die Zusammenfassung von Gestapo und
Kripo), sondern auch die Ordnungspolizei zählte. In der Ordnungspolizei waren die
Sparten der Polizei zusammengefaßt, die nicht Gestapo oder Kripo waren, also Schutz-
polizei, Verkehrspolizei usw.

Das RSHA war nicht nur Träger der polizeilichen Repression, sondern auch Voll-
strecker des nationalsozialistischen Vernichtungswillens. Eines der wesentlichen Motive für die von Heydrich einberufene „Wannsee-Konferenz" am 20. 1. 1942 war die
Absicht, sich die Federführung bei der sogenannten „Endlösung der Judenfrage" zu
sichern. Der Genozid an den europäischen Juden war zu diesem Zeitpunkt schon im
vollen Gange, durchgeführt von den sogenannten „Einsatzgruppen", die vom RSHA
aufgestellt wurden.

Das „Prinz-Albrecht-Gelände" hat also nicht nur eine nationale, sondern eine europäische Bedeutung. Um so überraschender ist es, daß ein Ort von solch historischer

---

[2] Vgl. Geschäftsverteilungsplan des Gestapa vom 25. 10. 1934, BA Bestand R 58/840.
[3] Vgl. Mitarbeiterverzeichnis des RSHA, Stand Mai 1942, BA Bestand R 58/927.

Wirkmächtigkeit nach 1945 aus dem kollektiven Gedächtnis der Stadt vollkommen verschwinden konnte.

Man ist versucht zu meinen, diese „Vergessensleistung" sei allein dem politischen Westteil der Stadt anzulasten, denn zweifellos lag das Prinz-Albrecht-Gelände im Westteil der Stadt (wenn auch geographisch, vom Bezirk Mitte aus gesehen, im Süden), und dieser Sachverhalt wurde durch den Bau der Mauer am 13. 8. 1961 nachdrücklich unterstrichen. Die Mauer stand auf der ehemaligen Prinz-Albrecht-Straße und drängte das Gelände in eine unattraktive Stadtrandlage. Es wurde zwar sukzessive planiert, war aber der Bodenspekulation weitgehend entzogen. So hat die zynisch „antifaschistischer Schutzwall" genannte Grenzbefestigung immerhin erreicht, daß das Gelände nicht endgültig verplant wurde und ab 1987 allmählich zu einem Ort des Nachdenkens umgestaltet werden konnte.

Die Mauer trennte das ehemalige zivile Regierungsviertel des „Dritten Reiches" vom ehemaligen Regierungsviertel des SS-Staates ab, ob aber Minister oder SS-Obergruppenführer: Beide waren Täter, und es verweist auf eine gesamtdeutsche Gemeinsamkeit in zwei deutschen Staaten, daß der Täterkomplex in der Erinnerungsarbeit hüben wie drüben nicht thematisiert worden ist. Damit ist nicht die juristische Aufarbeitung der Verbrechen gemeint, bei der die DDR insgesamt gesehen konsequenter war als die BRD, sondern die Beschäftigung mit dem Herrschaftssystem selbst. Dafür war die Zeit nach 1945 nicht günstig. Die Politik verlangte von der Wissenschaft etwas anderes: Bereitstellung von Material, aus dem ein dem jeweiligen Bündnissystem angepaßtes Bild vom „anderen Deutschland" entwickelt werden konnte, als dessen „Testamentsvollstrecker" der jeweilige Staat sich dann präsentierte. So war die Entwicklung in den beiden deutschen Staaten, trotz krasser Unterschiede im Inhaltlichen, im Formalen nicht ganz unähnlich. Beide benutzten den Widerstand als Mittel zur Identitätsstiftung des eigenen Staates, beide waren an genauer historischer Beschreibung nur insoweit interessiert, als sie zur Ikonenbildung taugte, und wir wissen nicht erst seit Stefan Heyms „König-David-Bericht", daß exakte Wissenschaft und politische Verwertung kurz über lang in Konflikt geraten müssen. Das mochte in der DDR offensichtlicher sein als in der BRD, aber der jüngste Streit um die Gedenkstätte Deutscher Widerstand zeigt, daß die Möglichkeit, die historische Wissenschaft für politische Zwecke in Dienst zu nehmen auch „westlichen" Politikern nicht unbekannt ist.

Diese Grundkonstellation war der Erforschung des Unterdrückungsapparates nicht günstig. Gerhard Paul hat jüngst darauf aufmerksam gemacht, daß es durchaus im Interesse der Widerstandsgruppen lag, die Gestapo als omnipotent darzustellen.[4] Eine solche Annahme lenkt natürlich von den selbstquälerischen Fragen nach dem eigenen Versagen ab. Es ermöglicht, und dies scheint mir noch wichtiger zu sein, einem ganzen Volk die Lebenslüge, Opfer einer brutalen Diktatur gewesen zu sein und dabei den eigenen Anteil zur Aufrechterhaltung der Diktatur zu „übersehen", die aktive Rolle bei der Verfolgung von Minderheiten zu verdrängen. Die Forschungen von Robert Gella-

---

[4] So auf der von der „Berliner Gesellschaft für Faschismus und Weltkriegsforschung e.V." am 11. Mai 1993 veranstalteten Tagung „Herrschaft und Alltag. Forschungsprobleme der Sozialgeschichte 1933 bis 1945", vgl. den Tagungsbericht in IWK 29, 1993, H. 2, S. 220.

tely haben gezeigt, daß die Durchsetzung der Rassenpolitik der Nazis wesentlich durch die Unterstützung der Bevölkerung ermöglicht wurde.[5]

Die Frage nach dem Unterdrückungsapparat impliziert schließlich auch die Frage nach Kontinuitäten, die Frage nach den Menschen, mit denen ab 1933 diese Maschinerie aufgebaut wurde, und was aus diesen Menschen nach 1945 geworden ist. Dieses Problem bewegte in Westdeutschland nur Minderheiten und Außenseiter. Für das gesellschaftliche System, das ideologisch auf einer Verständigung zwischen dem (eher konservativen) Widerstand um den 20. Juli 1944 und den anpassungsfähigen Funktioneliten des Dritten Reiches beruhte, waren Fragen nach dem Herrschaftssystem des „Dritten Reiches" dysfunktional. Für die DDR stellte sich das Täterproblem ebenfalls nicht. Es wurde sozusagen nach Westen „ausgebürgert".

So ist es nicht weiter verwunderlich, daß die Orte, an denen sich die Zentralen des Hitlerschen Reiches befunden hatten, nicht Ausgangspunkt für Reflexionen geworden sind, nicht zu „Denkorten" umgestaltet wurden, sondern verschwanden. Wo Aufklärung ausgeschlagen wird, macht sich Mythos breit. Nicht die (gesprengte und überbaute) Reichskanzlei beflügelt die Phantasie der Zuschauer, sondern die darunter liegenden Bunker, historisch unwichtig, aber von schaurigem Reiz. Ähnlich erging es dem „Prinz-Albrecht-Gelände". Zunächst erinnerte gar nichts auf der abgeräumten Fläche an die Zentralen von SS, Gestapo und Reichssicherheitshauptamt, dann Anfang der achtziger Jahre Stelltafeln, die auf die „Folterzellen" der Gestapo hinwiesen. Hier wurde der Unterdrückungsapparat auf einen eher marginalen Aspekt reduziert und der Wirklichkeit noch etwas nachgeholfen, indem das angesprochene Geschehen in die „Keller", d. h. in das im Sockelgeschoß gelegene sog. „Hausgefängnis" des Gestapa verlegt wurde. Dadurch entstand zwar das publikumswirksame Bild einer mittelalterlich anmutenden (Folterkammer, Burgverlies) Tyrannis, lenkte aber den Blick vom Wesentlichen ab.

Es soll hier nicht geleugnet werden, daß im Gestapa gefoltert wurde. Die von den Beamten so genannte „verschärfte Vernehmung" wurde zur Informationserpressung bei den Verhören angewandt, die zumeist in den Vernehmungszimmern im dritten Stock des Gestapa stattfanden. Exzessive Ermittlungsmethoden unter Mißachtung jeglichen Menschenrechts gehören zwar zur Gestapo, machen aber nicht ihr Wesen aus und geben uns keine Anhaltspunkte für Unterscheidungsmerkmale zu anderen autoritären Polizeiorganisationen.

Die Macht der Geheimen Staatspolizei beruhte im wesentlichen auf zwei Dingen: Sie konnte ohne richterliches Urteil Menschen in ein Konzentrationslager einweisen lassen, auch dann, wenn diese Menschen von einem Gericht freigesprochen worden waren oder ihre Strafe schon verbüßt hatten. Und sie konnte zweitens sicher sein, daß niemand ihre Handlungen nachprüfte: Das verwaltungsgerichtliche Kontrollverfahren war im dritten Gestapo-Gesetz von 1936 ausdrücklich außer Kraft gesetzt worden.[6] Die

---

[5] R. Gellately, The Gestapo and German Society. Enforcing Racial Policy 1933–1945, Oxford 1990, dt. München 1993.
[6] Zur „Schutzhaft" vgl. G. Werle, Justiz-Straftrecht und polizeiliche Verbrechensbekämpfung im Dritten Reich, Berlin/New York 1989, S. 533–576; K. Drobisch/G. Wieland, System der NS-Konzentrationslager 1933–1939, Berlin 1993.

juristische Aufgabe, die den Staatsrechtlern des „Dritten Reiches" gestellt wurde, war nicht leicht. Sie mußten die rechtliche Bindungslosigkeit der Gestapo rechtlich begründen. Die „Lösung" bestand darin, wie der spätere prominente Kommentator des Grundgesetzes Theodor Maunz herausfand, in der normsetzenden Qualität des „Führerbefehls", der seinerseits wiederum nur eine Chiffre für die nationalsozialistische Weltanschauung war. Bewegte sich die Polizei im Rahmen dieser Weltanschauung, dann handelte sie rechtmäßig, bewegte sie sich außerhalb, dann handelte sie unrechtmäßig.[7]

Die Gestapo und die Polizei insgesamt hatten also die Aufgabe, im Rahmen ihres, für diese Aufgabe großzügig bemessenen Kompetenzbereiches für die Durchsetzung der nationalsozialistischen Weltanschauung zu sorgen. Diese, zunächst etwas trivial erscheinende Feststellung ist für den weiteren Fortgang der Überlegungen nicht ganz unwichtig, weil bei dieser Betrachtungsweise sich der Gestapobeamte von einem Lehrer im „Dritten Reich" nicht unterscheidet. Das Nachdenken über die Geheime Staatspolizei führt damit notwendigerweise zu einem Nachdenken über die Gesellschaft zwischen 1933 und 1945 insgesamt. Eine Konzentration auf die Gestapomethoden hingegen bekommt bei aller Radikalität der Aussage oft einen apologetischen Ton. Folter, Mord, Erpressung usw. gehörten nicht zum Repertoire des normalen nationalsozialistischen Volksgenossen, und so fiel es ihm auch leicht, sich nach 1945 davon zu distanzieren, Gestapo und SS als die faulen Stellen des Systems zu diagnostizieren und alle Verantwortlichkeit auf sie abzuschieben. Die Empörung über die Herren in den schwarzen Uniformen und den dunklen Ledermänteln wusch den Empörten zugleich rein, und dies war zumeist auch der Sinn der Empörung, wenn sie nicht vom einem Opfer kam.

Wir hatten es schon weiter oben angedeutet: Die Gestapo arbeitete nicht in einem luftleeren Raum, sondern war auf die Mithilfe der Bevölkerung angewiesen. Und diese Mithilfe wurde ihr in überreichem Maße zuteil. Gestapogeschichte kann man nur als Gesellschaftsgeschichte schreiben.

Orte der Täter laden nicht zur Erinnerungsarbeit ein, es werden keine Denkmale errichtet. In der hohen Zeit des Denkmalbaus im neunzehnten Jahrhundert dienten Denkmale der Festigung der von den herrschenden Klassen gewollten nationalen Ideologie. Dies galt im Prinzip auch für die Kriegerdenkmale der Weimarer Republik.[8] Auch da, wo sie einen kritischen Ton anschlugen, waren sie noch Einladung zur Identifikation. Nach 1945 differenzierte sich die Erinnerungsarbeit. Es gab die Fortschreibung des Kriegerdenkmaltypus, oft durch bloßes Hinzufügen der neuen Namen zu denen des Ersten Weltkrieges. Dieses war eine provozierende Gedankenlosigkeit, denn die im zweiten Weltkrieg gefallenen deutschen Soldaten waren zu Opfern gewordene Täter. Wer oder was, so mußte man nun fragen, erinnert an die Opfer dieser Täter?

---

[7] Vgl. Th. Maunz, Gestalt und Recht der Polizei, Hamburg 1943. Maunz zitiert auf S. 26 zustimmend Werner Best: „Solange die Polizei diesen Willen der Führung vollzieht, handelt sie rechtmäßig; wird der Wille der Führung übertreten, so handelt nicht mehr die Polizei, sondern begeht ein Angehöriger der Polizei ein Dienstvergehen."

[8] Vgl. G. Armanski, „Und wenn wir sterben müssen", Hamburg 1988.

Zunächst einmal niemand und nichts. Die kollektive Identifikation mit dem Schicksal der Wehrmacht schloß die Einbeziehung der Opfer dieser Wehrmacht aus. Die Fähigkeit, Opfern und Tätern zugleich am selben Ort zu gedenken, war erst einer späteren Phase der Bundesrepublik vorbehalten.

Lobbyarbeit der Überlebenden und außenpolitische Notwendigkeiten erzwangen dann im Westen die großen KZ-Gedenkstätten. Die „Nationalen Mahn- und Gedenkstätten" der DDR standen, bei ungleich progessiverem Inhalt, in der Tradition der staatlichen Großdenkmale des 19. Jahrhunderts. Trotz aller Kritik im einzelnen muß man festhalten, daß die Gedenkstätten an die Opfer des Nationalsozialismus in der Denkmalsgeschichte einen großen Schritt nach vorne bedeuteten. Der dem Denkmal bis dahin innewohnende affirmative Grundzug war durchbrochen, der deutsche Betrachter des Denkmals, in der Regel kein Opfer des Faschismus, konnte sich ehrlicherweise nicht mit den Opfern identifizieren. Das Denkmal bekam zum ersten Mal etwas mit Denken zu tun.

Welche psychischen Barrieren sich dem Denken nach wie vor entgegensetzen zeigt allerdings die in dieser Zeit, den sechziger und siebziger Jahren, meistgebrauchte Formel: „Den Opfern der Gewalt"[9]. Dies war noch nicht in dem Sinne zu verstehen, daß, wie in den achtziger und neunziger Jahren bei den Diskussionen um ein zentrales Mahnmal in Bonn und um die Neue Wache in Berlin, Opfer und Täter unter das gleiche Schicksal subsummiert werden sollten,[10] sondern diese Formulierung bezog sich ausschließlich auf die Opfer des Nationalsozialismus, machte aber in ihrer Unschärfe deutlich, daß man davor zurückschreckte, die Verursacher der Gewalt konkret zu benennen.

Alle Beobachtungen, die wir bislang gemacht haben, laufen auf ein Ergebnis hinaus: die Tabuisierung des Täterkomplexes. Es war daher ein glücklicher Umstand, daß im Jahre 1987 die zentrale Ausstellung zur 750-Jahrfeier der Stadt Berlin im sogenannten „Martin-Gropius-Bau" stattfinden sollte. Bei dem mit erheblichen Mitteln restaurierten „Martin-Gropius-Bau" handelte es sich um das 1877–81 errichtete Kunstgewerbemuseum, an das östlich anschließend von 1901–1905 die Kunstgewerbeschule gebaut wurde, die ab 1933 als Zentrale der Geheimen Staatspolizei genutzt wurde. Im Jahre 1986 befand sich auf dem Gelände des Gestapa und der SS-Zentrale „Hotel Prinz-Albrecht" eine Erdverwertungsfirma. Auf dem Gebiet des ehemaligen Prinz-Albrecht-Palais und einem Teil des Prinz-Albrecht-Parks, der nach dem Krieg abgeholzt und sich durch Wildwuchs wieder zu einem Robinienwäldchen entwickelt hatte, betrieb Harry Toste, auch bekannt als „Straps-Harry" ein Autodrom, seinem zweiten wirtschaftlichen Standbein neben einer Transvestiten-Show („Dreamboys Lachbühne"). Die Gegend am „Martin-Gropius-Bau" war mit einem Wort schrill und so gar nicht geburtstagsfeierlich.

---

[9] Vgl. insgesamt dazu U. Puvogel, Gedenkstätten für die Opfer des Nationalsozialismus. Eine Dokumentation, Schriften der Bundeszentrale für politische Bildung, Bd. 245, Bonn 1987.

[10] Th. Lutz/J. Spielmann, Synopse „Mahnmal für die Opfer des Krieges und der Gewaltherrschaft" in Bonn, hrsg. von Aktion Sühnezeichen/Friedensdienste e.V., Berlin o.J.; D. Büchten/ A. Frey (Hg.), Im Irrgarten deutscher Geschichte. Die Neue Wache 1818 bis 1993, Berlin 1993; S. Heimann, Symbolische Politik am Beispiel der Diskussion um die Neue Wache in Berlin oder: Zum politischen Gebrauch eines Symbols, unveröff. Ms., Berlin 1994.

Es mußte also etwas geschehen, und zwar unter Berücksichtigung der historischen Bedeutung dieses Ortes. Die historische Relevanz des Geländes war seit der im noch nicht vollständig restaurierten Gropius-Bau durchgeführten Preußen-Ausstellung und vor allem nach dem – bezeichnenderweise gescheiterten – Wettbewerb um die Gestaltung des „Prinz-Albrecht-Geländes" 1983 einer breiteren Öffentlichkeit (wieder) bekannt und konnte also nicht negiert werden. Die schließlich gefundene Minimallösung (gemessen an aufwendigen Gestaltungskonzepten für das Gelände) erwies sich auch als die beste: Dokumentation der Geschichte des Ortes in der Ausstellung „Topographie des Terrors" sowie Erschließung des Geländes durch Informationstafeln und Ausgrabung von Fundamenten der ursprünglichen Bebauung. Als besonders interessant erwies sich die Entdeckung eines Teils der Zellenböden des sogenannten Hausgefängnisses, an denen die Umfunktionierung der ehemaligen Bildhauerateliers in Gefängniszellen im Jahre 1933 noch gut ablesbar waren.[11]

Die Interpretation von Geschichte ergibt sich nicht nur aus dem Auffinden von Quellen und ihrer mehr oder minder scharfsinnigen Interpretation, sondern auch aus dem Blick, den die jeweilige Gegenwart auf die Vergangenheit wirft. BRD und DDR haben, wenn auch auf verschiedene Weise, ihre Gesellschaftsordnungen als Antwort auf das „Dritte Reich" verstanden, dessen Erbe sie antreten mußten. Dieser Sachverhalt spiegelt auch die Rezeption des „Prinz-Albrecht-Geländes" seit 1987 wieder. Vor dem Fall der Mauer zeichnete sich in Ost- und Westdeutschland eine gewisse Konvergenz in den Anschauungen über das „Dritte Reich" ab. Die schroffen Gegensätze der fünfziger und sechziger Jahre wichen im Laufe des Entspannungsprozesses einer unterschiedlichen Akzentsetzung. Dialog wurde wieder möglich. Im Westen wurden die Kommunisten als Widerstandskämpfer „entdeckt", die Rolle des Kapitals bei der Machtübertragung an Hitler war seit der Studentenbewegung auch im akademischen Bereich Diskussionsthema. In der DDR begann eine Neubewertung der Offiziersverschwörung des 20. Juli 1944. Nichtkommunistische Widerstandsgruppen kamen stärker zu ihrem Recht als es in den Jahrzehnten zuvor der Fall gewesen war. Ausdruck dieser Entspannungspolitik war die Tatsache, daß die „Topographie des Terrors" zu Beginn des Jahres 1988 als erste West-Berliner Ausstellung in der damaligen Hauptstadt der DDR gezeigt werden konnte und anschließend noch in Buchenwald und in Brandenburg. Das Publikum in Ost-Berlin interessierte sich kaum für Erich Honecker, der als Insasse des sogenannten „Hausgefängnisses" auch in der Dokumentation vorkommt, dafür um so mehr für Robert Havemann, der ebenfalls in der Prinz-Albrecht-Straße 8 inhaftiert war. Heute, nach dem Fall der Mauer und dem Anschluß der DDR an die Bundesrepublik, ist Havemann keine Sensation mehr, dafür aber Honecker. Die Ausstellung ist die gleiche geblieben, die Umstände haben sich jedoch radikal gewandelt. Dieser Wandel stellt die Wissenschaft und diejenigen, die sich die Vermittlung von Wissenschaft zur Aufgabe gemacht haben, vor eine nicht geringe Bewährungsprobe. Sie müssen der Versuchung widerstehen, sich den politischen

---

[11] Zur Zeit liegen die Ausgrabungen der Zellenböden unter einer Schutzschicht aus Sand. Sie sollen in Zusammenhang mit der Errichtung eines Besucherzentrums und einer Gesamtkonzeption für das Gelände wieder sichtbar gemacht werden.

Zumutungen einfach anzupassen. Das, was oben als vorsichtige Konvergenz zwischen Ost und West beschrieben wurde, war ja nicht politisch manipuliert, sondern ein durch die Politik zwar ermöglichter, nicht aber determinierter, zudem unabgeschlossener Dialog. Wenn der eine, zugebenermaßen durchaus schwierige Dialogpartner jetzt ausgefallen ist, kann das nicht bedeuten, daß man nun zu den politisch motivierten Monologen der fünfziger Jahre zurückkehrt. Die Rückverwandlung historischer Orte in Weihestätten und die Verbannung der Dokumentationen in Museen, wie gelegentlich schon diskutiert, würde ein Rückfall in vorkritische Zeiten und einen Verlust an historischer Erkenntnis bedeuten.

Historische Aufklärung ist nicht an geschönten Bildern, sondern an der Wirklichkeit interessiert, soweit sie rekonstruierbar ist. Dieses sollte sich nicht nur in Büchern niederschlagen, sondern auch im Stadtbild. Wenn zu Anfang von dem „Prinz-Albrecht-Gelände" als verdichteter Zeitgeschichte die Rede war, so war auch die Existenz der Mauer damit gemeint. Daß heute an dieser Stelle noch ein Stück Mauer steht, ist keineswegs selbstverständlich. Linke wie Rechte, wenn auch aus unterschiedlichen Motiven, hätten sie gerne verschwinden sehen, und um ein Haar wäre dies auch geschehen. Man wäre mit der Mauer ebenso verfahren wie Jahrzehnte zuvor beim Abriß des Gestapo-Gebäudes: Wo nichts ist, ist nichts gewesen.

Es reicht jedoch nicht aus, sich nur für die Erhaltung historisch wichtiger Spuren einzusetzen. Man muß sich auch die Frage stellen, wie sie interpretiert werden können. Insofern war der Einwand ernstzunehmen, den letzten Rest Mauer ausgerechnet als nördliche Begrenzung des Prinz-Albrecht-Geländes stehen zu lassen, könne nur im Sinne der Totalitarismus-Theorie interpretiert werden, wonach Nationalsozialismus und Kommunismsus als wesensgleich anzusehen seien. Um das Ensemble also stimmig zu machen, bedarf es nur noch einer weiteren, leicht zu realisierenden Maßnahme, nämlich der Beibehaltung des Straßennamens „Niederkirchnerstraße" mit entsprechender Erläuterung, wer Käthe Niederkirchner war. Der Besucher der Gegend wird sich dann fragen, warum die Straße, auf der die Mauer quasi als Denkmal steht, nach einer Kommunistin benannt ist. Er wird zu dem Schluß kommen, daß dies nur zulässig ist, wenn Nationalsozialismus und Kommunismus nicht gleichgesetzt werden. Es wird ihm vielleicht auch der Gedanke kommen, daß Antifaschist sein noch lange nicht bedeutet, immer das Richtige zu tun, daß man richtige Einsichten auch so manipulieren kann, daß man Negatives produziert. Wie immer auch die Assoziationsketten unseres imaginären Besuchers sein werden: Sie haben ihren Ausgang genommen an einem scheinbaren Widerspruch, an einem Stück nicht geglätteter Geschichte. Dies, denke ich, ist eine der produktivsten Formen historischen Lernens und eine der billigsten dazu.

ANNETTE LEO

„Stimme und Faust der Nation …" – Thälmann-Kult kontra Antifaschismus

Über den Thälmann-Kult nachzudenken oder zu reden, ist eigentlich langweilig. Ein armseliges, dürftiges Thema, das mit wenigen Gedanken auskommt. Der Kult schafft stets etwas Glattes, Unangreifbares. Aus einem lebendigen Menschen mit all seinen Widersprüchen und Brüchen wird eine Legende, ein Mythos. Sein Leben wird aus seinem eigentlichen historischen Zusammenhang gelöst und in einen neuen, den kultischen Zusammenhang gestellt, in dem er funktionieren soll. Denn Kult, Mythos hat immer etwas mit einer Wirkungsabsicht zu tun, ganz gleich ob, er von oben verordnet oder von unten getragen wird.

Ich hätte mir vor zehn/fünfzehn Jahren noch nicht träumen lassen, daß ich mich monatelang ernsthaft mit der Person Thälmanns beschäftigen würde. Der KPD-Vorsitzende, der mich als Vorbild durch mein Pionier- und FDJ-Leben begleitet hat, schien mir zwar eine achtenswerte Person zu sein – man war ihm Achtung schuldig, allein schon wegen der Tatsache, daß er 1944 von den Nazis ermordet worden war –, aber gleichzeitig war er langweilig und fehlerlos, ein Märtyrer, hoch auf dem Sockel, unerreichbar. Der Kult, der in der DDR mit der Person Thälmanns betrieben wurde, die Pflichtveranstaltungen, die Pflichtlektüre, hemmten auch das Interesse an den historischen Vorgängen.

Das änderte sich 1989/90, als mit Herrschaft der SED auch die allmächtige und allein gültige Version der Geschichte verschwand. Die Vergangenheit „verlebendigte" sich, weil sie in die öffentliche Diskussion geriet. Der Streit um das monumentale Thälmann-Denkmal im Ostberliner Stadtbezirk Prenzlauer Berg ist ein Beispiel dafür. Zwei Jahre lang, von 1991–1993, arbeitete ich in einem kleinen Stadtbezirksmuseum sozusagen Auge in Auge mit diesem Denkmal und fühlte mich von diesem Anblick provoziert, über den historischen Thälmann und seine Legende nachzudenken und nachzuforschen. Nachzuforschen war nun möglich geworden, weil seit 1990 im SED-Archiv die Akten zugänglich sind, die den Menschen und Parteivorsitzenden Thälmann von seinem Sockel herunterholen, die belegen, was viele schon immer gewußt haben, die ein sehr widerspruchsvolles Bild der Kommunistischen Partei der zwanziger und dreißiger Jahre zeichnen. Der Werdegang Ernst Thälmanns an der Spitze dieser Partei ist wie ein Symbol für die Entwicklung – in seiner Zerrissenheit zwischen Apparatschik

und Volkstribun, der Abhängigkeit von seinen Beratern und von der Moskauer Führung, den politischen Fehlleistungen und der Blindheit gegenüber der Wirklichkeit, vor
allem gegenüber dem heraufziehenden Nationalsozialismus. Aus den Dokumenten
tritt uns auch ein einsamer und verzweifelter Mensch entgegen, der sich im Gefängnis
von seinen Genossen verlassen fühlt und der das Gefühl nicht los wird, daß er nur noch
als Märtyrer, als Symbol gebraucht wird. Aber von dieser spannenden lebendigen
Geschichte, die wahrscheinlich erst geschrieben werden kann, wenn auch die Akten in
Moskau ausgewertet sein werden, soll heute hier nicht die Rede sein. Die Wirklichkeit
interessiert hier nur insofern, als sie vom Mythos, vom Kult verfälscht und verschwiegen wurde, um das Bild eines Führers zu schafffen, das seinen Nachfolgern politischen
Nutzen bringen sollte.

Elemente eines Thälmann-Kultes gab es schon vor 1933. Analog zum Stalin-Kult
und auch zum Führerkult der Nazis wurde der Vorsitzende schon zu Lebzeiten mit
einer Aura umgeben. Da gab es die Legende vom mitreißenden Redner, die Legende
vom tapferen Kämpfer im Hamburger Aufstand, die eigentlich hätten auf recht wackli-
gen Füßen stehen müssen, weil es doch genug Menschen gab, die das Gegenteil hätten
bezeugen können. Aber solche Legenden haben auch ihr Eigenleben, ihre eigene
Dynamik. Sie hielten sich nicht zuletzt deshalb, weil die Menschen daran glauben
wollten. Margarete Buber-Neumann schreibt in ihren Erinnerungen „Von Potsdam
nach Moskau" über Thälmanns Reden: „Das erste Mal wollte ich meinen Ohren nicht
trauen. Ich war erschüttert von dem Niveau seiner Reden. Sie schienen mir wie ein
Gemisch aus primitivem Gefasel und mißverstandenem marxistischen Jargon zu sein.
Aber dann sah ich die Gesichter der Arbeiter, die in meiner Nähe standen. Ich sah, wie
ihre Blicke an seinem Munde hingen, obwohl sie bestimmt ebensowenig wie ich
begriffen, was er eigentlich sagen wollte. Da fühlte ich mich nicht mehr berechtigt, ihn
zu kritisieren, denn schließlich hatte ‚Teddy', wie sie ihn nannten, ja nur als Transport-
arbeiter begonnen und wenig Möglichkeiten gehabt, sich weiterzubilden ... Quälend
wurde es erst am nächsten Tag, wenn ich die Berichte der Parteipresse las. Dort wurde
seine Rede auch noch mit lobenden Adjektiven bedacht, obwohl ich mich gerade vom
Gegenteil hatte überzeugen können. Aber auch das mußte sicher seinen Grund haben,
denn man brauchte Teddy eben, weil er der populärste aller KP-Führer war, weil die
Masse der kommunistischen Arbeiter in ihm den echten Vertreter ihrer Klasse sah."[1]

Nach seiner Verhaftung 1933 wurde Ernst Thälmann vor allem im Ausland zu einem
Symbol für die verfolgte deutsche Arbeiterbewegung. Er stand für die vielen, die ohne
Richterspruch in Gefängnisse und KZs gesperrt, die mißhandelt oder gar erschlagen
wurden. Das Bild, das von ihm auf den Solidaritätsversammlungen entworfen wurde,
hatte immer weniger mit der Person Thälmanns, mit seiner tatsächlichen politischen
Rolle in der Weimarer Republik zu tun. Als die KPD 1935 auf der Brüssler Konferenz
einen Kurswechsel vollzog und sich von der bis dahin vor allem von Thälmann
repräsentierten Linie des Kampfes gegen die Sozialdemokratie und die Weimarer
Republik distanzierte, wurde die Schuld für diese verfehlte Politik auf seine Anhänger

---

[1] M. Buber-Neumann, Von Potsdam nach Moskau, Stationen eines Irrweges, Berlin 1990,
S. 109f.

Heinz Neumann, Herrmann Remmele, Fritz Schulte und Herrmann Schubert geschoben.[2] Die mehr als zehn Jahre während Zuchthaushaft und schließlich 1944 seine Ermordung machten aus Thälmann vollends einen Märtyrer, dessen politische Handlungen jeglicher Befragung entzogen waren.

Trotzdem war 1945, nach der Befreiung Deutschlands vom Nationalsozialismus, zunächst ein Thälmann-Kult nicht zu beobachten. Die KPD bemühte sich noch um ein antifaschistisches Bündnis. Sie war in Nachkriegsdeutschland eine Kraft unter vielen, und ebenso wurde auch Thälmann als einem der vielen Opfer des Nationalsozialismus Respekt bekundet. Das hatte nicht nur mit den Rücksichten auf die Anti-Hitlerkoalition zu tun, sondern auch mit der Vereinigung von KPD und SPD. Für die meisten Sozialdemokraten war Thälmann natürlich keine Symbolfigur, mit der sie sich identifizierten. Für sie stand der KPD-Vorsitzende eher für den Roten Frontkämpferbund, für Krawalle, Schlägereien mit Sozialdemokraten und eine wütende Feindschaft zur SPD. Und in der Anfangsphase signalisierten die Kommunisten noch, daß auch sie aus den Fehlern der Vergangenheit gelernt hätten, daß nun beide Parteien gemeinsam etwas Neues beginnen würden.

Die Figur Thälmanns wurde erst wieder wichtig, als der Kalte Krieg begann, der antifaschistische Konsens zerbrach und als in der Sowjetischen Besatzungszone die Kommunisten sich innerhalb der Gruppe der Widerstandskämpfer und Verfolgten und auch innerhalb der SED offen zur dominierenden Kraft erklärten und ihre Tradition quasi den anderen überstülpten. In den Jahren 1949 und 1951 setzte ein Kult um Ernst Thälmann ein, bei dem dieser symbolisch für die führende Rolle der KPD im Widerstandskampf stehen sollte, für die führende Rolle auch, die die SED in der neugegründeten DDR durchsetzte. Das Fundament dieses Kultes war eine verfälschte und umgewertete Geschichte der KPD der zwanziger und dreißiger Jahren. Es mußte verschwiegen werden, daß Ernst Thälmann 1924 den Parteivorsitz erlangt hatte als Mitglied der später geschmähten ultralinken Fraktion um Ruth Fischer und Arkadi Maslow. Es mußte verschwiegen werden, daß er 1928 von der Mehrheit des ZK von seiner Funktion suspendiert worden war, weil er eine Korruptionsaffäre eines Hamburger KP-Funktionärs und Freundes Wittdorf gedeckt hatte, und daß er erst durch einen Brief aus Moskau wieder in sein Amt gehoben wurde. Verschwiegen wurde auch, daß 1928 die Widersacher seiner Politik als sogenannte Rechte aus der Partei ausgeschlossen worden waren – die einzigen, die ein realistisches Konzept zur Verhinderung des Nationalsozialismus anzubieten hatten. Verschwiegen werden mußten auch die politisch verheerenden Auswirkungen der sogenannten Sozialfaschismusthese der Komintern, der wütende Kampf der KPD gegen die Sozialdemokratie, die 1931 bis zum gemeinsamen Volksentscheid von Nationalsozialisten und Kommunisten gegen die Preußische Regierung führte.

Der Mythos machte aus Ernst Thälmann den unfehlbaren, weitsichtigen Politiker, der die Partei zusammenschweißte und die Feinde der Partei entlarvte und entmachtete. Der Mythos machte aus der KPD „die einzige Partei, die dem Hitlerfa-

---

[2] Im Zuge der Stalinschen Säuberungen wurden Neumann, Remmele, Schubert, Schulte und andere bald darauf verhaftet und umgebracht.

schismus vom ersten bis zum letzten Tag organisierten Widerstand entgegensetzte"[3].
In dem Maße wie die Widerstandskämpfer aus dem bürgerlichen, dem sozialdemokratischen, dem christlichen Lager als Feinde und Verräter diffamiert wurden und ihren
Platz im Kanon der offiziellen Erinnerung verloren, rückte die Person Ernst Thälmanns
an ihre Stelle. Er wurde zum Symbol des Antifaschismus, zum Symbol der Unfehlbar-
keit der kommunistischen Partei. Wer an diese Legende rührte, der griff das Herzstück
der Legitimation der SED an. Bis zum Ende der DDR waren Thälmann-Kult und
Macht der Partei unauflöslich miteinander verbunden.

Hierzu einige Beispiele: Etwa bis 1951 wurden Entwürfe für ein internationales
Mahnmal des Widerstands in Berlin diskutiert. Auf dem Berliner Marx-Engels-Platz
sollte eine große Weltkugel aufgestellt werden, die die Insignien der FIAPP, der
internationalen Organisation der Widerstandskämpfer und Verfolgten, trug. Diese
Vorstellungen wurden rasch von den Plänen abgelöst, auf dem damaligen Thälmann-
Platz in Berlin-Mitte ein würdiges Denkmal des KPD-Vorsitzenden zu errichten. (Dazu
kam es allerdings nicht, weil die Vorarbeiten für das Denkmal sich bis zum Mauerbau
1961 hinzogen.) Bei den alljährlich im September veranstalteten großen Gedenkkund-
gebungen für die Opfer des Faschismus trat 1950 an die Stelle der Fahnen der Nationen
der Antihitlerkoalition ein großes Thälmann-Bild über der Tribüne.

In einem Rundbrief an alle Mitglieder der VVN des Bezirkes Halle, der wahrscheinlich Ende 1952 verfaßt wurde, heißt es: „Die ehemaligen Widerstandskämpfer müssen
befähigt werden, mit höchster Entschlossenheit nach dem Vorbild Ernst Thälmanns
alles für das Glück unseres Volkes einzusetzen."[4] Nun betrachteten aber längst nicht
alle Widerstandskämpfer Thälmann als ihr Vorbild. Da mußte schon ein wenig nachgeholfen werden. Im Versammlungsprotokoll der SED-Organisation einer Schule im
Vogtland von 1950 fand ich einen Passus, wo eine Feier zum Gedenktag der jungen
Widerstandskämpfer heftig kritisiert wurde, weil „der Name des größten Widerstandskämpfers Ernst Thälmann überhaupt nicht erwähnt wurde"[5]. 1951 griff der SED-
Parteivorstand in die Straßenumbenennungen lenkend ein, weil nach Meinung einiger
führender Genossen zu viele Straßen nach den Geschwistern Scholl benannt wurden
und zu wenige nach Ernst Thälmann. Tatsächlich setzte kurz darauf eine Welle von
Straßenumbenennungen ein, in deren Verlauf jede große und kleine Stadt und fast
jedes Dorf eine Thälmannstraße bzw. einen Thälmannplatz bekamen.

In dieser Zeit entstanden auch die Entwürfe für die Gestaltung der KZ-Gedenkstätte
Buchenwald. Der Platz vor dem Krematorium, wo Thälmann erschossen worden war,
wurde zu einem der wichtigsten Orte der künftigen Gedenkstätte erklärt. Jahrzehntelang waren die jährlichen Gedenkfeiern in Buchenwald vor allem Feiern zu Ehren von
Ernst Thälmann. Im Lagermuseum war ein ganzer Raum dem KPD-Vorsitzenden
gewidmet. Die Erzählung von der heimlichen Gedenkfeier der Häftlinge der Desinfek-
tionsbaracke wenige Tage nach seiner Ermordung wurde wie eine christliche Apo-

---

[3] Vgl. Geschichte der deutschen Arbeiterbewegung, Bd. 5, Januar 1933 bis Mai 1945, hrsg. v.
Institut für Marxismus-Leninismus beim Zentralkomitee der SED, Berlin 1966, S. 436.
[4] SAPMO-BArch, ZPA, V 278/1/2, Bl. 73.
[5] SAPMO-BArch, ZPA, IV 2/905/104, Bl. 89.

stelgeschichte überliefert. Die Geschichte des Todes von Ernst Thälmann und Rudolf Breitscheid, verbunden mit der Geschichte der Selbstbefreiung, machten aus Buchenwald einen der bedeutsamsten Orte, an dem Antifaschismus und Führungsanspruch der SED miteinander verschmolzen.

Mit Hilfe des Thälmann-Kultes gelang es, den Widerstand gegen das Nazi-Regime als Teil des Kampfes der Arbeiterklasse um ihre Befreiung darzustellen, als dessen Krönung schließlich die DDR entstanden war. Indem Thälmann eine führende, eine überragende Rolle in der deutschen Geschichte zugeschrieben wurde, bescheinigte sich die SED diese Rolle in der damaligen Gegenwart selbst. Die Eigenschaften, mit denen Thälmann in Gedenkschriften, Zitatensammlungen, Filmen, Liedern usw. charakterisiert wurde, waren: Weisheit, Voraussicht, Autorität, Führungsqualitäten, Einblick in die gesellschaftlichen Gesetzmäßigkeiten – das waren eben die Eigenschaften, die die Partei für sich beanspruchte. Gleichzeitig wurden ihm auch andere Qualitäten zugeschrieben wie: Treue, Standhaftigkeit und Glaubensfestigkeit, die man sich von den idealen Untertanen, vom Volk, von den gehorsamen Parteisoldaten wünschte.

Ein Satz von Ernst Thälmann, den er 1944 im Gefängnis schrieb, wurde sehr häufig als Zitat verwendet: „Treu und fest im Glauben, stark im Charakter und siegesbewußt im Handeln, so und nur so werden wir unser Schicksal meistern und unsere revolutionäre Pflicht für die große historische Mission, die uns auferlegt ist, erfüllen und dem wirklichen Sozialismus zum endgültigen Sieg verhelfen können."[6] Was Thälmann in seinem Satz noch als Forderung formuliert – so muß man sein –, wird auf einer Thälmann-Gedenkstele in Dresden bereits im Sinne des Mythos abgewandelt. Dort steht: „Wir wollen treu, fest, stark und siegesbewußt im Handeln sein wie Ernst Thälmann."

Thälmann wurde den Kindern und Jugendlichen des Landes als Vorbild präsentiert, dem sie nacheifern sollten. 1952 bekam die Pionierorganisation Thälmanns Namen verliehen. „Ernst Thälmann ist mein Vorbild. Ich gelobe zu lernen, zu arbeiten und zu kämpfen wie es Ernst Thälmann lehrt. Ich will nach den Gesetzen der Thälmann-Pioniere handeln. Getreu unserem Gruß bin ich für Frieden und Sozialsmus immer bereit" – so lautet das Gelöbnis, das jedes Kind bei seinem Entritt in die Organisation ablegte und das auf der ersten Seite des Mitgliedsausweises abgedruckt war. Wie die Verehrung für den Helden in Identifikation mit Partei und Staat umgemünzt wurde, läßt sich an den Pionieraufträgen ablesen, die in jedem Schuljahr zentral an die Grundorganisationen erteilt wurden und das jeweilige Erziehungsziel formulierten: So heißt es im Pionierauftrag 1952/53 „Thälmannpionier sein bedeutet Liebe und Treue zu unserem Präsidenten Wilhelm Pieck, der die Sache Ernst Thälmanns in Ehren fortsetzt, Liebe und Treue zur Partei der Arbeiterklasse, die das Banner Ernst Thälmanns zum Siege führt ... Für den Sieg der gerechten Sache des Volkes das Höchste einzusetzen, ist die Ehre der Thälmannpioniere ... werdet so kluge, willensstarke und harte Kämpfer, wie Ernst Thälmann es war."[7] Im Schuljahr 1954/55 wurde an alle

---

[6] Vgl. E. Thälmann, Antwort auf Briefe an einen Kerkergenossen, Berlin 1961, S. 8.
[7] Seid bereit für die Sache Ernst Thälmanns. Dokumente und Bilder der Pionierorganisation „Ernst Thälmann", Bd. III, September 1952 bis Januar 1963, Berlin 1972, S. 10.

Pioniere die Forderung gerichtet: „Die Kinder Ernst Thälmanns zittern nicht, wenn
ihnen eine Gefahr droht. Sie lieben ihr Volk und ihre Heimat und vertrauen auf ihre
Kräfte. Die Kinder Ernst Thälmanns zögern nicht, wenn es gilt, der Heimat zu helfen.
Sie erfüllen froh ihre Pflicht gegenüber dem Volk beim Lernen und in der Arbeit und
sind treue Helfer aller Werktätigen."[8] In dem Programm der Vorbereitung zur Jugend-
weihe für das Jahr 1958/59 heißt es unter Thema 8 „Das neue Leben erfordert neue
Menschen: 1. Jugendstunde: Wahres Heldentum. Ziel der Thematik: Das wahre
Heldentum dient dem Fortschritt der Menschheit. Das Leben und Wirken bewährter
Kämpfer für Frieden und Sozialismus in Vergangenheit und Gegenwart verpflichtet,
ihnen nachzueifern ... An eindrucksvollen und begeisternden Beispielen ist wahres
Heldentum zu zeigen. Aus dem Kampf E. Thälmanns, Wilhelm Piecks und Walter
Ulbrichts."[9]

Die von mir zitierten Beispiele stammen alle aus den Anfangsjahren, aber im
wesentlichen blieben die Grundbestandteile des Kultes bis zum Ende der DDR
erhalten, nur hier und da verfeinert und geglättet. In den fünfziger Jahren wurde noch
manches Foto grob gefälscht – wie z. B. das Foto von der Kundgebung im Januar 1933
vor dem Liebknechthaus in Berlin, wo alle KPD-Funktionäre wegretuschiert waren, die
später in Ungnade gefallen bzw. von Stalin umgebracht worden waren, bis letztlich auf
der langen Tribüne nur Thälmann, Ulbricht und Schehr übrigblieben. In den achtziger
Jahren zeigte man das Foto im Original, aber im Untertext wurden nur die Personen
erwähnt, die in der Parteigeschichtsschreibung nicht tabu waren[10]. Später gelangten
auch Fotos zur Veröffentlichung, die vorher nicht gezeigt worden waren, wo Thälmann
zum Beispiel zusammen mit den ebenfalls von Stalin ermordeten Willi Leow und Leo
Flieg einen Aufmarsch des Roten Frontkämpferbundes abnimmt. Auf der Rückseite
solcher Fotos konnte man im Fotoarchiv des Instituts für Marxismus-Leninismus aber
den Hinweis lesen: Flieg und Leow namentlich nicht nennen. Die Medienlandschaft
der DDR war so gut unter der Kontrolle des Zentralkomitees der SED, daß ein solcher
Hinweis genügte.

Die erzieherische Absicht, die mit dem Thälmann-Kult verbunden war, blieb durch
alle Jahrzehnte gleich. Aber im Laufe der Zeit verschoben sich, in Abhängigkeit von
den den veränderten politischen Bedürfnissen, auch gewisse Schwerpunkte des Thäl-
mann-Mythos. War der Thälmann der fünfziger Jahre vor allem der Held des Hamburger Aufstands, der Volkstribun, der Kämpfer für die Einheit der Nation, so dominierte
in den sechziger und siebziger Jahren eher der Schöpfer des Thälmannschen ZK, der
Mann des Apparats, der Verfechter der unverbrüchlichen Freundschaft zur Sowjetunion. Der große Gedenkaufwand zu seinem 100. Geburtstag 1986 wies einige andere
Akzente auf: Gemäß der weltpolitisch veränderten Konstellation wurde Ernst Thälmann als der Initiator für die Schaffung der Einheitsfront gegen den Faschismus, als

---

[8] Ebenda, S. 65.
[9] SAPMO-BArch, ZPA, IV 2/905/4, Bl. 284.
[10] Vgl. E. Thälmann, Bilder und Dokumente aus seinem Leben, hrsg. v. Institut für Marxismus-
Leninismus beim ZK der SED, Berlin 1955, S. 165; E. Thälmann. Eine Biographie, hrsg. v.
einem Autorenkollektiv unter Ltg. v. G. Hortzschansky, Berlin 1976, S. 317.

der Kämpfer für den Frieden der Welt dargestellt. Im Thälmann-Film von 1986 konnte der erstaunte Zuschauer erfahren, daß Thälmann sich schon damals für ein Wohnungs-bauprogramm eingesetzt hat, sozusagen für die Einheit von Wirtschafts- und Sozialpo-litik, eines der beliebtesten Schlagworte der Honecker-Ära.

Dieser Mythos, der uns heute albern und primitiv vorkommen mag, hat trotzdem seine Wirkung nicht verfehlt. Paradoxerweise hat dieser alles vereinnahmende Kult auch nicht verhindern können, daß es außerdem noch eine quasi rebellische, alterna-tive Thälmann-Verehrung gab. Ich habe mit alten Frauen und Männern, mit Parteivete-ranen gesprochen, die enttäuscht und verbittert von der SED-Politik, mit leuchtenden Augen über Ernst Thälmann sprachen, der ihrer Meinung nach alles besser gemacht hätte, wenn er nur am Leben geblieben wäre. Ähnliches wollte wohl auch Wolf Biermann – halb ernst, halb ironisch – zum Ausdruck bringen mit seinem Lied aus den sechziger Jahren:

> „Mir träumte von Teddy Thälmann
> die Nacht einen schönen Traum:
> er war gefloh'n aus dem Kerker,
> die Nazis schrien wild,
> an allen Anschlagsäulen
> hing Teddys Steckbrief und Bild ...
> wir konnten mit Ernst Thälmann
> im ganzen deutschen Land
> den Sozialismus besser bau'n,
> als du ihn je gekannt:
> die Freiheit ohne Ende
> und schön wie nie die Frau'n.

Angelika Timm

Der politische und propagandistische Umgang mit der „Reichskristallnacht" in der DDR[1]

Der 9. November gehört zweifellos zu den beziehungsreichen und symbolträchtigen Daten der deutschen Geschichte des 20. Jahrhunderts: 1918 – Ausrufung der Weimarer Republik, 1923 – Hitlerputsch in München, 1938 – „Reichskristallnacht", 1989 – Öffnung der Grenze der DDR zur Bundesrepublik. Nicht wenige Reden, Analysen, Essays und Kommentare führender deutscher Politiker und Publizisten sind in den letzten Jahren und Jahrzehnten anläßlich dieser Daten und ihrer Jahrestage ediert worden. Es wäre daher ein wissenschaftlich reiz- und anspruchsvolles Vorhaben, nicht nur den offensichtlichen oder verdeckten inneren Bezügen zwischen den benannten Geschehnissen nachzuspüren, sondern auch den Umgang der jeweiligen politischen Klasse oder machtausübenden Elite mit der Geschichte des 9. November aufzuzeigen. Ideologische Postulate und politischer Pragmatismus bestimmten letztlich in hohem Maße, ob und wie die verschiedenen Bedeutungsinhalte des Tages miteinander in Beziehung gesetzt, gegeneinander gestellt, verdrängt oder gegenseitig aufgehoben wurden.

Der allgemeine Ansatz sei am konkreten Beispiel exemplifiziert. Wenn in den DDR-Medien unter der stereotypen Überschrift „Die Lehren des 9. November" dieses Tages gedacht wurde, so galten die Kommentare bis in die achtziger Jahre zumeist der Erinnerung an die Novemberrevolution von 1918, die wiederum in der bundesrepublikanischen Öffentlichkeit für kaum erwähnenswert gehalten wurde. Im vereinigten Deutschland stieg nach 1989 die Öffnung der innerdeutschen Grenze zum zentralen Bedeutungsstrang des 9. November auf; allein mit diesem Bezug bekundeten z. B. die Postminister in Bonn und in der frischgewendeten DDR 1990 die Absicht, anläßlich des Mauerfalls eine Sonderbriefmarke zu edieren. Es waren vor allem jüdische Gruppen, die davor warnten, über der Euphorie der Vereinigung den 9. November 1938 zu vergessen.

Das Begehen von Jahrestagen spielte in der politischen Kultur der DDR eine wichtige Rolle. Es war nicht nur Anlaß, ideologische Positionen zu untermauern, sondern

---

[1] Bei dem Konferenzbeitrag handelt es sich um die gekürzte Fassung des Artikels „Der 9. November 1938 in der politischen Kultur der DDR", in: R. Steiniger (Hg.), Der Umgang mit dem Holocaust. Europa – USA – Israel, Wien/Köln/Weimar 1994.

diente häufig auch der Durchsetzung konkreter innen- und außenpolitischer Zielsetzungen. So benutzte die DDR-Führung 1988 die fünfzigjährige Wiederkehr der Pogromnacht von 1938, um ihr außenpolitisches Prestige zu erhöhen und ihre antifaschistische Grundhaltung zu unterstreichen. Entdeckte sie aber tatsächlich erst zu diesem
Zeitpunkt „die Juden", wie in Publikationen zur Aufarbeitung von DDR-Geschichte
nicht selten betont wird? Ignorierte sie zuvor generell die Tage des Gedenkens an
„Kristallnacht" und Wannseekonferenz? Welche politischen Akzente setzte sie anläßlich dieser Jahrestage? Gab es während der vier Jahrzehnte der DDR-Existenz Veränderungen in der Haltung zur nationalsozialistischen Judenverfolgung und wodurch
waren diese geprägt? Am Beispiel des politischen und propagandistischen Umgangs
mit der „Reichskristallnacht" sollen im folgenden einige Modifizierungen und Wandlungen der offiziellen DDR-Politik in dieser sensiblen Frage verdeutlicht werden.

Antifaschistischer Ansatz und jüdische Frage

Unmittelbar nach Kriegsende stand in der Sowjetischen Besatzungszone (SBZ) – wie in
den drei übrigen Zonen Deutschlands – die Sicherung der primären Existenzbedingun-
gen für die Bevölkerung im Vordergrund. Hunderttausende Menschen suchten Ob-
dach und Arbeit und kämpften um das Überleben, unter ihnen Zehntausende ehemaliger jüdischer Häftlinge der Konzentrations- und Vernichtungslager sowie Tausende
jüdischer Emigranten, die nach Deutschland zurückgekehrt waren. Diese Menschen
standen buchstäblich vor dem Nichts, sie trafen zudem bei ihren Bemühungen, ihr von
den Nationalsozialisten „arisiertes" Eigentum zurückzuerlangen, häufig erneut auf
antisemitisch geprägte Haltungen.

   In der öffentlichen Diskussion über die NS-Zeit spielten die Judenverfolgungen eine
Rolle, verband die „Weltöffentlichkeit" doch „die Worte Nazi-Terror und Nazi-Verbre-
chen" – wie es Heinz Brandt, der Leiter der Kulturabteilung im Hauptausschuß OdF,
im Oktober 1945 formulierte – untrennbar mit der „Bestialität" und den „Millionen
Morde(n) von Lublin und Auschwitz", mit der Vergasung von Millionen Juden.[2] Der
Massenmord an den Juden trat allerdings in der SBZ/DDR zunehmend in den Hintergrund angesichts einer Heroisierung des antifaschistischen Widerstandskampfes.
Nicht selten wurde dies damit begründet, daß die Juden nicht gekämpft hätten;
sondern „nur" aufgrund ihrer Herkunft, nicht aber durch ihre bewußte Entscheidung
Opfer geworden seien. So hieß es in einem Rundschreiben des Magistrats der Stadt
Berlin, Abteilung für Sozialwesen, unter Bezug auf den Beschluß des Hauptaus-
schusses „Opfer des Faschismus" (OdF) vom 25. Juni 1945: „Nur wer unter Hingabe
selbst des Lebens aktiv am Kampfe gegen das Hitlerregime teilgenommen hat, nur wer
auch im Zuchthaus, im Gefängnis und im Konzentrationslager seiner antifaschistischen Gesinnung treu geblieben ist, kann von uns als ‚Opfer des Faschismus' anerkannt
werden. (...) Damit ist entschieden, dass Juden, Mischlinge, Bibelforscher, die meisten

---

[2] VVN-Archiv, Protokoll der Landeskonferenz der Ausschüsse der „Opfer des Faschismus" am
   27./28. Oktober 1945 in Leipzig, S. 79f.

Fälle der Wehrkraftzersetzung, Meckerer usw. nicht in den eng gezogenen Rahmen der ‚Opfer des Faschismus' einbezogen werden können."[3] Diese einengende Festlegung, mit der die Spezifik und das Ausmaß der rassisch und religiös „begründeten" Verfolgungen ignoriert wurden, war in den folgenden Monaten heftig umstritten; sie wurde – offensichtlich nicht zuletzt unter dem Druck der Veröffentlichungen über die an den Juden verübten Verbrechen – im Oktober 1945 auf der ersten Landeskonferenz der Ausschüsse „Opfer des Faschismus" in Leipzig revidiert. Im Schlußwort zur Diskussion über „Unsere Stellung zu den Opfern der Nürnberger Gesetzgebung" erklärte Heinz Brandt: „Die Juden, die wirklichen Opfer der Nürnberger Gesetzgebung, sind selbstverständlich Opfer des Faschismus. Die Opfer des Faschismus müssen behördlich und gesellschaftlich betreut werden."[4]

Einen konkreten Anlaß, vor allem der jüdischen Opfer des Nationalsozialismus zu gedenken, bot das Datum der „Reichskristallnacht". Am 12. November 1945 fand die erste „Weihestunde für die Opfer der ‚Kristallnacht'", getragen vom Hauptausschuß OdF und vom Berliner Rundfunk, statt. Der Stadtrat für Sozialwesen, Ottomar Geschke, betonte, daß 160000 Berliner Juden in Konzentrationslager geworfen wurden; nur 6000 seien zurückgekehrt, unter ihnen 87 Kinder.

In den folgenden Jahren – etwa bis 1949 – wurden Veranstaltungen zur „Kristallnacht" – außer von den Jüdischen Gemeinden – vor allem vom Hauptausschuß Opfer des Faschismus und von der Vereinigung der Verfolgten des Naziregimes organisiert. Häufig nahmen jüdische Kommunisten – wie Julius Meyer, Leon Löwenkopf und Leo Zuckermann – diese Veranstaltungen zum Anlaß, um sich mit altem und neuem Antisemitismus auseinanderzusetzen und Fragen der Wiedergutmachung anzusprechen. Meyer, Leiter der Abteilung Opfer der Nürnberger Gesetzgebung im OdF-Hauptausschuß, betonte in seiner Rede am 9. November 1946 beispielsweise, zur Wiedergutmachung für die jüdischen Bürger sollten „besonders die Kriegsverbrecher und Naziaktivisten herangezogen werden".[5] Die gleiche Forderung vertrat er ein Jahr später erneut – am 14. November 1947 schrieb „Der Weg" über eine entsprechende Rede Meyers: „Aus seiner Schilderung der Ereignisse in jener Nacht erhob sich von selbst die Forderung, daß diese Brandstifter, Plünderer und Zerstörer in erster Linie den Schaden zu ersetzen haben. Er verlangte darum eine einheitliche Regelung dieser so brennenden Frage für ganz Deutschland."[6]

Auch 1948 wurde die für alle vier Besatzungszonen relevante Problematik der Wiedergutmachung in der anläßlich des 10. Jahrestages der „Kristallnacht" von der Vereinigung der Verfolgten des Naziregimes (VVN) im Deutschen Theater in Berlin organisierten Feierstunde erneut angesprochen. Heinz Galinski, Vorsitzender der Gesamt-Berliner Jüdischen Gemeinde, zog das Fazit, es sei „entmutigend für die Juden in Deutschland, daß in den vergangenen drei Jahren weder in Wort noch in Tat

---

3 Landesarchiv Berlin, Rep. 118, Nr. 615.
4 VVN-Archiv, Protokoll der Landeskonferenz der Ausschüsse der „Opfer des Faschismus" am 27./28. Oktober 1945 in Leipzig, S. 202.
5 Kristallnacht in Berlin, in: Neues Deutschland vom 10. 11. 1946.
6 Die Kundgebung zum 9. November, in: Der Weg, Nr. 46 vom 14. 11. 1947.

auch nur Zeichen des Bedauerns zu spüren waren". Man weigere sich im Gegenteil, „den damals gestohlenen Besitz wieder herauszugeben".[7]

Für die ersten Jahre nach Kriegsende kann davon ausgegangen werden, daß Geist und Politik der in der SBZ bestimmenden politischen Kräfte mehrheitlich von einer antifaschistischen Grundhaltung geprägt wurden – d. h. von der Ablehnung des Nationalsozialismus und vom Willen, die Voraussetzungen zu schaffen, um eine Wiederholung dieser Entwicklung unmöglich zu machen. Diese Einstellung verband sich mit dem Bemühen, die Ursachen für die Machtergreifung der NSDAP aufzudecken. Die Schuld für Krieg, Völkermord und die Verfolgung politischer Gegner wurde in erster Linie dem deutschen Monopolkapital zugesprochen, nur ansatzweise wurde das deutsche Volk in die Verantwortung für das Geschehen im Dritten Reich einbezogen. Symptomatisch erscheint dafür eine Äußerung des Historikers Walter Bartel, der dem Vorstand der Berliner VVN angehörte. Er hatte den historischen Kontext zwischen mißglückter deutscher Revolution, Aufkommen des Faschismus und Novemberpogrom 1938 im Blick, als er in seiner Rede im Deutschen Theater 1948 darauf verwies, daß der 9. November 1938 nur im Zusammenhang mit dem 9. November 1918 zu erklären sei: „Die Ursache für die Ereignisse der Kristallnacht läge darin, daß es 1918 nicht gelungen sei, die Macht der Generalität sowie die der Thyssen und Krupp zu brechen."[8]

In die Novembertage des Jahres 1948 fällt ebenfalls ein Grundsatzartikel, den das Zentralorgan der SED „Neues Deutschland" mit „Hintergründe der Kristallnacht" überschrieb. Es handelte sich um einen „Auszug aus der in Vorbereitung befindlichen Neuausgabe des Buches von Paul Merker ‚Das Dritte Reich und sein Ende'" – ein Buch, das in der DDR allerdings nicht mehr erscheinen sollte. Merker, 1946 aus dem mexikanischen Exil zurückgekehrt und Mitglied des Zentralsekretariats der SED, galt als einer der konsequentesten Gegner des Antisemitismus und zugleich als Interessenvertreter ehemaliger jüdischer Verfolgter; so war er auch häufig Adressat vieler Briefe, die Hinweise auf antisemitische Erscheinungen enthielten.[9]

Den Nachweis, daß in den ersten Nachkriegsjahren der Antisemitismus als Bestandteil nationalsozialistischer Ideologie und Politik in der wissenschaftlichen und propagandistischen Auseinandersetzung mit der deutschen Vergangenheit nicht verschwiegen wurde, führen zwei weitere Veröffentlichungen von 1948: Der Dietz-Verlag edierte „Marxismus und Rassenfrage" von Stefan Heymann und „Antisemitismus und Rassenhetze" von Siegbert Kahn. Beide Publikationen verdienen insofern Beachtung, als sie zu einer Zeit erschienen, da in allen Teilen Deutschlands antisemitische Erscheinungen wieder zunahmen.

In beiden Schriften wird die Überwindung und Ausrottung des Antisemitismus als vordringliche Aufgabe dargestellt.[10]

---

[7] Gedenkstunde im Deutschen Theater, in: Der Weg, Nr. 47 vom 19. 11. 1948
[8] Ebenda.
[9] Paul Merker, bei Gründung der SED der einzige Westemigrant im Zentralsekretariat der Partei, wurde 1950 aller seiner Ämter enthoben und befand sich 1952–56 in Haft. In einem Geheimprozeß wurde ihm 1955 u. a. vorgeworfen, zionistischer Agent gewesen zu sein.
[10] S. Kahn, Antisemitismus und Rassenhetze, Berlin 1948, S. 9; St. Heymann, Marxismus und Rassenfrage, Berlin 1948, S. 43.

Eine vertane Chance

Nach dem Beginn des Kalten Krieges und der Gründung zweier deutscher Staaten trat die Auseinandersetzung mit antisemitischen Erscheinungen auf deutschem Boden weiter in den Hintergrund. Es waren vor allem die Vertreter der Jüdischen Gemeinden und Mitglieder der VVN, die dennoch bis Anfang der fünfziger Jahre immer wieder den Finger auf die noch schwärende Wunde legten. Einen schmerzhaften Einschnitt brachte zweifellos die Stalinsche antisemitische Kampagne der Jahre 1952 und 1953, die mit der Auflösung der VVN verbunden war. Sowohl die wissenschaftliche Auseinandersetzung mit der nationalsozialistischen Judenverfolgung als auch öffentliche Diskussionen über antisemitische Erscheinungen der Gegenwart waren nunmehr tabu.

Für die fünfziger Jahre fehlen im „Neuen Deutschland", das für die anderen Tageszeitungen die politische Richtlinie vorgab, sogar Hinweise auf ein Gedenken an die „Kristallnacht" vom 9. November 1938. Die Novemberrevolution von 1918 wurde jährlich in stereotypen Wendungen gewürdigt, auch Bezüge zum 9. November 1923 ließen sich mitunter herstellen; das Erinnern an die jüdischen Opfer des Nationalsozialismus jedoch fehlte. Es fanden zwar – wie der Regionalpresse zu entnehmen ist – Gedenkveranstaltungen der Jüdischen Gemeinden und der VVN in den einzelnen Ländern statt; die „Zentrale" hielt es aber offensichtlich nicht für erforderlich, diese besonders hervorzuheben.

Einen Ansatzpunkt für die aktive Auseinandersetzung mit dem Massenmord an den Juden bot der DDR das Jahr 1956. Propst Heinrich Grüber, stellvertretender Vorsitzender der VVN und ab 1949 Bevollmächtigter der EKD bei der Regierung der DDR, rief aus Anlaß des 18. Jahrestages der Pogromnacht die Jugend Berlins auf, in Gemeinschaftsarbeit die „Friedhöfe der jüdischen Gemeinde wieder so herzustellen, daß wir uns vor den Verstorbenen und dem Ausland nicht zu schämen brauchen. Die Jugend soll damit ein Stück der großen Schuld abtragen helfen, die das deutsche Volk auf sich geladen hat."[11] Dieser Aufruf stieß bei DDR-Offiziellen, insbesondere bei Vertretern der Freien Deutschen Jugend, zunächst auf Zustimmung. Trotz einer ersten erfolgreichen Vorbesprechung zwischen verschiedenen Jugendorganisationen Ost- und Westberlins am 20. Oktober 1956, an der auch Vertreter der FDJ teilnahmen, kam die Aktion jedoch nicht zustande. Der Grund für das Scheitern des Vorschlags Propst Grübers wird aus einer handschriftlichen Aktennotiz der Abteilung Kirchenfragen des ZK der SED ersichtlich: „Die Bereitschaft der christl. Jugendverbände sowie auch der Falken an der Wiederherstellung d. jüdischen Friedhofs in Weißensee ... ist als Versuch zu werten, diese sogen. Organisationen bei uns zu legalisieren. Vorschlag: Der Staatsapparat überschlägt die Kosten, die die Herrichtung d. Friedhofs verursacht, sowie die Möglichkeit der staatl. Hilfeleistung (auch Arbeitskräfte). Der Verband der Jüdischen Gemeinden soll erklären, daß sie sehr dankbar sind für die Initiative Propst Grübers,

---

[11] Aufruf Probst Grübers an Berliner Jugend: Wiederherstellung jüdischer Friedhöfe vorgeschlagen, in: Neue Zeit (Berlin) vom 18. 10. 1956.

aber darum bitten, aus Gründen der Pietät, keine Mammutaktion auf dem Friedhof zu veranstalten."[12]

Die Angst vor einer politisch-ideellen Einflußnahme des Westens war somit stärker als das Interesse an der direkten praktischen Einbeziehung der Jugendlichen in die Bewältigung jüngster deutscher Vergangenheit. Eine Chance, das so oft zitierte „andere Gesicht" des neuen östlichen deutschen Staates unter Beweis zu stellen und Jugendliche durch die Arbeit auf jüdischen Friedhöfen für das Schicksal der deutschen Juden – sowohl der Ermordeten als auch der Lebenden – zu interessieren, war damit vertan.

Abgrenzung vom westdeutschen Staat

Die folgenden Jahre – bis zum Grundlagenvertrag zwischen Bundesrepublik und DDR 1972 – standen vor allem im Zeichen der deutsch-deutschen Auseinandersetzung. Nach Schließung ihrer Westgrenze 1961 war die DDR bestrebt, die Hallstein-Doktrin zu durchbrechen und internationale Anerkennung zu erlangen. Zur Legitimierung der Existenz des zweiten deutschen Staates betonten Partei- und Staatsfunktionäre der DDR immer wieder die antifaschistischen Grundpositionen in ihrer Regierungspolitik und gleichzeitig den Gegensatz zum deutschen Staat westlich der Elbe, dessen Politiker nichts aus der Geschichte gelernt hätten. Der politische Alleinvertretungsanspruch der bundesdeutschen Elite fand im moralischen Alleinvertretungsanspruch der DDR-Führung seine Entsprechung.

Das deutsch-deutsche Verhältnis prägte auch die offizielle Haltung zum 9. November 1938. Die Ergreifung Eichmanns 1960 bedeutete für beide deutsche Staaten die Notwendigkeit, eindeutiger als bisher Stellung zur nationalsozialistischen Judenverfolgung zu beziehen. Für die SED-Führung bot die Eichmann-Globke-Connection willkommene neue Munition in der politischen Auseinandersetzung mit der Bundesregierung. Im November 1960 wurde eine Erklärung des Präsidium des Nationalrates der DDR zum Gedenken an die Opfer der „Kristallnacht" veröffentlicht – verbunden mit der Forderung, Hans Globke, den Staatssekretär des Bundeskanzlers Konrad Adenauer, sofort abzulösen. 1963 fand erstmals eine Reihe von staatlichen Veranstaltungen aus Anlaß der „Kristallnacht" in der DDR statt. Der Präsident und die Vizepräsidenten des Verbandes sowie die Vorsitzenden aller acht Jüdischen Gemeinden der DDR unterzeichneten einen „Aufruf an die Juden in der Welt und alle Menschen guten Willens", in dem – entsprechend den politischen Grundpostulaten der DDR-Führung – unterstrichen wurde, „daß Faschismus, Antisemitismus und Rassismus in unserem Staat mit ihren Wurzeln ausgerottet worden sind" und der Kampf gegen Militarismus, Antisemitismus und Völkerhetze in Westdeutschland im Vordergrund stehe.[13]

Zugleich kann nicht übersehen werden, daß Helmut Aris in seiner Rede auf der Gedenkveranstaltung des Verbandes Jüdischer Gemeinden in Dresden am 11. Novem-

---

[12] SAPMO- BArch, ZPA, IV 2/14/249.
[13] BA, Abt. Potsdam, 04/1333.

ber 1963, einige Akzente setzte, die in offiziellen Verlautbarungen jener Zeit nicht zu finden waren. So hieß es bei Aris: „Es wäre grundsätzlich falsch, die Schande für die entsetzlichen Verbrechen der Kristallnacht nur den Banden der Hitlerpartei aufzuerlegen. Selbstverständlich, sie tragen im besonderen die politische, juristische und moralische Verantwortung für alle Untaten. Niemand aber im deutschen Volk, der damals unberührt blieb von dem gräßlichen Geschehen, kann sich der Verantwortung und damit auch der Schuld entziehen."[14] Im Unterschied zur offiziellen DDR-Diktion, der zufolge stets von „Bürgern jüdischer Herkunft" oder „jüdischen Glaubens" die Rede war, sprach der Präsident der Jüdischen Gemeinden von „unserem Volk", dem „in der Kristallnacht die größte Schmach angetan wurde"[15].

40 Jahre nach dem Novemberpogrom

Wenngleich in der DDR seit Anfang der sechziger Jahre mehrere wissenschaftliche und populärwissenschaftliche Publikationen zur nationalsozialistischen Judenverfolgung erschienen, blieb die Erinnerung an die „Kristallnacht" bis 1978, dem Jahr, in dem sich die Pogrome zum 40. Mal jährten, weiterhin vor allem den Jüdischen Gemeinden überlassen. In der Presse dominierten stets die Würdigungen der Novemberrevolution; Veranstaltungen zur „Kristallnacht" fanden ihre Resonanz lediglich in Randnotizen. Selbst 1968, zum 30. Jahrestag der antijüdischen Pogrome waren die Prioritäten deutlich zu erkennen: Das neue Deutschland veröffentlichte an diesem Tag 14 Seiten zur Novemberrevolution von 1918 und zwei Artikel zur „Kristallnacht"; die Hauptveranstaltung zur Erinnerung an den 9. November 1938 fand sogar erst am 11. November statt, um Überschneidungen mit den Feierlichkeiten aus Anlaß der Novemberrevolution zu vermeiden.

1978 – im 30. Jahr des ostdeutschen Staates – stand in allen politischen bzw. politisch nutzbaren Veranstaltungen die „Würdigung der Erfolge der DDR" im Mittelpunkt. Dieser Tenor bestimmte auch die aus Anlaß des 40. Jahrestages der „Kristallnacht" gehaltenen Reden und Ansprachen. Nach wie vor wurden die Abgrenzung zur Bundesrepublik bzw. die Unterschiede in den gesellschaftlichen Systemen beider deutscher Staaten hervorgehoben. Der Vergleich und die Gegenüberstellung fielen jedoch weniger plakativ aus als in entsprechenden Veranstaltungen der Vorjahre. Beide Staaten waren indessen anerkannte Mitglieder der UNO und pflegten politische Kontakte auf hoher Ebene. Wie in der aus Anlaß des Gedenkens an den 9. November 1938 herausgegebenen Broschüre nachzulesen, wurden „Hitlerkult und antisemitische Erscheinungen in der BRD" zwar noch benannt, Angriffe auf die westdeutsche Regierung fehlten jedoch weitgehend.

Von Interesse mag an dieser Stelle noch ein anderer Aspekt sein: Die DDR war in der Regel bestrebt, in offiziellen Verlautbarungen zur Schoah die Nahostproblematik nicht zu erwähnen. Auch 1978 gab es in den publizierten offiziellen Statements keine

---

[14] BA, Abt. Potsdam, 04/449.
[15] Ebenda.

derartigen Bezüge. Lediglich ein unveröffentlichtes Argumentationsmaterial des Staatssekretariats für Kirchenfragen zum 40. Jahrestag der „Kristallnacht" führte unter dem Stichwort „Friedenspolitik der DDR" die Nahostproblematik und die dazu von der DDR in der UNO vertretenen Positionen an.[16] Offenbar aus Rücksicht auf die guten Beziehungen zu den arabischen Staaten enthielt aber die vom Verband der Jüdischen Gemeinden herausgegebene Dokumentation zu den Veranstaltungen im November 1978 den Abdruck eines Artikels aus der „Weltbühne", der sich – aus der Sicht eines Juden der DDR – mit Israel und Zionismus auseinandersetzte. Zu lesen war, der Zionismus habe „den Juden keinen Frieden gebracht, sondern seit der Geburt des Staates Israel seine Bürger von einem Krieg in den anderen getrieben, um ihren zionistischen ‚Traum' durchzusetzen."[17]

Eine der Grundaussage des zitierten Artikels widersprechende Position bezog zum selben Zeitpunkt die Evangelische Kirche. Im „Wort der Konferenz der Evangelischen Kirchenleitungen in der DDR an die Gemeinden anläßlich des 40. Jahrestages der sogenannten Kristallnacht" wurde „mit tiefer Scham" der „Kristallnacht" und der „Last einer großen Schuld", die „auf unserem Volk liegt", gedacht. Und es hieß unter Bezugnahme auf den jüdischen Staat: „Dabei denken wir auch an die Zuflucht, die die Verjagten im Staate Israel fanden und bitten, daß ihnen diese Heimstatt in einem gerechten und sicheren Frieden erhalten wird. Berechtigte Kritik an der Politik des heutigen Staates Israel darf nicht als eine Quelle oder als Vorwand zu neuem Antisemitismus mißbraucht werden."[18] Der Widerspruch zu den offiziellen Positionen der Staatsmacht wurde damit deutlich artikuliert.

Auch die Jüdischen Gemeinden nahmen die undifferenzierte Darstellung Israels in der DDR-Presse nicht unwidersprochen hin. Insbesondere in Zusammenhang mit dem Libanonkrieg 1982 kam es zu Kontroversen, die nicht zuletzt anläßlich der Vorbereitung des 45. Jahrestages der „Reichskristallnacht" aufbrachen. Helmut Aris lehnte eine zentrale Gedenkveranstaltung 1983 ab unter Verweis auf eine Reihe von Meldungen und Artikeln in der Presse der DDR, „die mit einer undifferenzierten Darstellung der Situation im Nahen Osten einer antijüdischen bzw. antisemitischen Stimmung in der DDR Vorschub leisten würden". Er verwies auf „verstärkt auftretende Fälle von Schändungen auf jüdischen Friedhöfen" und unterließ es auch nicht, die fehlende kritische Auseinandersetzung mit der Judenfeindlichkeit Martin Luthers, dessen 500. Geburtstag am 10. November 1983 unter großer staatlicher Präsenz gefeiert werden sollte, anzusprechen.[19] Aris setzte sich – trotz offensichtlicher Versuche, ihn umzustimmen – letztlich durch; am 9. November 1983 wurden an den Gedenkstätten für die jüdischen Opfer des Nationalsozialismus in Berlin und in mehreren Bezirksstädten zwar Blumen und Kränze niedergelegt; es gab jedoch keine zentrale Veranstaltung wie fünf Jahre zuvor oder danach.

---

[16] BA, Abt. Potsdam, 04/732.
[17] F. Loeser, Die ‚Kristallnacht', in: Gedenke! Vergiß nie! 40. Jahrestag des faschistischen „Kristallnacht"-Pogroms. Eine Dokumentation, hrsg. v. Verband der Jüdischen Gemeinden in der DDR, Berlin 1979, S. 101.
[18] BA, Abt. Potsdam, 04/732.
[19] BA, Abt. Potsdam, 04/448.

1985 wurde das Versäumte nachgeholt. Als Begründung für die besondere Würdigung des 47. Jahrestages des „faschistischen Pogroms" wurde angeführt, daß 1983 „durch die Lutherfeierlichkeiten negative Überschneidungen nicht zu vermeiden gewesen wären, so daß auf die Veranstaltungen mit der Jüdischen Gemeinde verzichtet wurde."[20] Aus einer Information von Staatssekretär Klaus Gysi an Werner Jarowinsky, zu diesem Zeitpunkt im SED-Politbüro für Kirchenfragen zuständig, geht hervor, daß der Gedenktag an die Pogrome bestimmt werden solle „durch die tiefgreifenden Auseinandersetzungen in der DDR um den Charakter des Befreiungstages und die Ereignisse beim Besuch des USA-Präsidenten in der BRD sowie die offene Brüskierung der Juden in der BRD wie international".[21]

USA, Jüdischer Weltkongreß und Meistbegünstigungsklausel

Bereits zu diesem Zeitpunkt wurde somit ein Aspekt sichtbar, der für die Politik der DDR in dieser Frage in den folgenden Jahren zunehmend an Bedeutung gewann. Der Besuch Ronald Reagans in Bitburg und die damit verbundene offene Kritik des Jüdischen Weltkongresses an der Politik der Bundesregierung waren für die DDR-Führung Anlaß, ihre Haltung gegenüber jüdischen Organisationen in den USA zu überdenken. Sie hegte die Hoffnung, die kritischen Stimmungen unter jüdischen Persönlichkeiten in Europa und Amerika könnten zur Verbesserung der außenpolitischen Reputation der DDR genutzt werden. Damit verband sich das subjektive Interesse Erich Honeckers, sein internationales Prestige als Staatsmann durch einen Empfang im Weißen Haus aufzuwerten. Mit Hilfe des Jüdischen Weltkongresses sollten eine entsprechende Einladung lanciert und gleichzeitig die ökonomischen Beziehungen zu den USA ausgebaut werden.

Derartige Überlegungen führten dazu, daß das Staatssekretariat für Kirchenfragen bereits im August 1987 dem ZK der SED eine „Konzeption zur Durchführung von Gedenkveranstaltungen aus Anlaß des 50. Jahrestages der Pogromnacht vom 9. November 1938" unterbreitete. Darin wurde betont, daß es „einem zunehmenden internationalen Interesse sowohl ausländischer jüdischer Kreise als auch politischer Kräfte an der Existenz jüdischen Lebens in der DDR Rechnung zu tragen" gelte.[22]

Die Medien berichteten monatelang detailliert über die Vorbereitungen auf die November-Veranstaltungen – die nunmehr nicht der Erinnerung an den 70. Jahrestag der Novemberrevolution, sondern vornehmlich dem Gedenken an den 9. November 1938 galten. Zahlreiche Artikel widmeten sich jüdischer Geschichte und Tradition; vorübergehend wurde die Hoffnung genährt, die deutsche Geschichte und das deutsch-jüdische Verhältnis könnten gründlicher und wirksamer als zuvor aufgearbeitet wer-

---

[20] BA, Abt. Potsdam 04/1341.
[21] Ebenda.
[22] BA, Abt. Potsdam, 04/1049.

den. Doch wie bereits in anderen Fällen mußte der Versuch scheitern, Geschichte mit
Hilfe einer Kampagne aus Anlaß eines Jahrestages zu „bewältigen". Die von den
Massenmedien verbreitete Artikel- und Kommentarflut bewirkte in ihrer Häufung
sogar das Gegenteil. Alter und neuer Antisemitismus artikulierten sich erstmals offen
und in größerem Umfang als bisher.

Zu den Veranstaltungen anläßlich des Gedenkens an die Pogromnacht von 1938
wurden seitens der DDR-Regierung zum ersten Mal offizielle Einladungen auch an
Repräsentanten des Staates Israel ausgesprochen. Josef Burg, der ehemalige Innen-
und Religionsminister, und Jizchak Arad, Leiter der Gedenkstätte für die jüdischen
Opfer des Nationalsozialismus in Jerusalem, sowie weitere israelische Persönlichkeiten
kamen nach Berlin. Sie führten Gespräche mit Vertretern der DDR-Regierung, u. a. mit
dem neuernannten Staatssekretär für Kirchenfragen, Kurt Löffler. Die mögliche Aus-
sicht auf die baldige Aufnahme diplomatischer Beziehungen wurde insbesondere von
den Jüdischen Gemeinden der DDR begrüßt.

Der 9. November 1989
und die Bewältigung deutscher Geschichte

Ein Jahr später – am 9. November 1989 – fiel die Berliner Mauer. Deutsche in Ost und
West verbanden damit die Hoffnung auf eine demokratische Erneuerung Deutschlands. Zugleich wurden nicht wenige Stimmen im In- und Ausland laut, die vor neuem
großdeutschen Nationalismus warnten, verbunden mit der Befürchtung, daß nunmehr ein Schlußstrich unter die nationalsozialistische Vergangenheit gezogen werden
könnte.

Zum Deutschland der neunziger Jahre gehören das Schüren xenophober Ängste,
offene Pogrome gegen Ausländer und auch erneute antisemitische Tendenzen. Bereits
in den Novembernummern der Berliner Tageszeitungen der Jahre 1989 und 1990
finden sich zahlreiche Hinweise auf antisemitische Vorkommnisse. Die Reduzierung
deutscher Vergangenheitsbewältigung auf 40 Jahre DDR-Geschichte verdrängt zunehmend die Erinnerung an den 9. November 1938 und an die 12 Jahre der Hitler-Diktatur.
Aufgrund zahlreicher Proteste wurde zwar nicht der Tag der Maueröffnung – der 9. November –, sondern der 3. Oktober zum „Tag der deutschen Einheit" erklärt. Ausdruck
der politischen Kultur im vereinten Deutschland ist andererseits, daß weder in der
Präambel noch im Text des Einigungsvertrages der jüdischen und nichtjüdischen Opfer
des Nationalsozialismus gedacht wurde. Nicht selten weisen Politiker die Ängste
jüdischer und ausländischer Bürger vor der Zunahme rechtsextremistischer Gewalt
und die Forderung nach dem Verbot neonazistischer Verbände als unbegründet zurück. Großdeutscher Nationalismus geht heute wieder einher mit Fremdenhaß und
Antisemitismus. So war es sicherlich kein Zufall, daß die Fraktion der „Europäischen
Rechten" im Europaparlament zunächst die Absicht äußerte, ausgerechnet am 9. November 1993, dem Jahrestag der antijüdischen Pogrome von 1938, im Berliner Reichs-
tagsgebäude zu tagen.

Die vom Verband der Jüdischen Gemeinden der DDR am 6. November 1989 getroffene Feststellung, „Nazismus und Antisemitismus sind ein Erbe beider deutscher Staaten",[23] hat sich in den vergangenen vier Jahren bestätigt, und bestätigt hat sich auch die Einsicht, daß es nicht genügt, anläßlich von Jahrestagen das Erbe der Vergangenheit, die historische Schuld und die nationale Verantwortung zu beschwören. Eine Lehre aus der 40jährigen Geschichte des ostdeutschen Staates besagt überdies, daß jede Verdrängung oder Verfälschung von Geschichte das Böse in seiner Banalität und Gefährlichkeit wieder heraufbeschwört. Der deutsche Umgang mit dem 9. November legt davon beredtes Zeugnis ab.

[23] Jüdische Gemeinden unterstützen Wandlungen, in: Berliner Zeitung v. 6. 11. 1989.

Internationale Erfahrungen

Sybil Milton

Die Darstellung des Holocaust in den USA im Vergleich zu den beiden deutschen Staaten

Die Gegenwartsbedeutung des Holocaust ist von ungebrochener Brisanz. In ähnlicher Weise wird auch um die Konzeptionen und die Zukunft der Gedenkstätten an den Orten ehemaliger Konzentrationslager gestritten. Die deutschen Städte, in deren Umgebung sich die Lager befanden, wollen nicht ausschließlich mit ihrer Vergangenheit als Orte nationalsozialistischer Verbrechen identifiziert werden. Die letzten Spuren und baulichen Reste vieler ehemaliger Lager werden vernachlässigt, beseitigt oder zugebaut. Über die Neugestaltung der Gedenkstätten für die Opfer des Nationalsozialismus wird trotzdem seit der Vereinigung pausenlos debattiert, als ob man mit dem Reden die traurige Wirklichkeit vertuschen möchte.

Politische Interessen und Konformitätszwänge haben zu einer Erstarrung der wissenschaftlichen Forschung über diese unbequeme Vergangenheit geführt. Wendepolitiker, Überlebende und deren Verbände, ehrgeizige Journalisten und Akademiker, alle haben versucht, ihre eigenen Ziele in der historischen Forschung und in der Gedenkstätten- und Erinnerungsarbeit zu verwirklichen. Das Interesse an einer differenzierten und ausgewogen Aufarbeitung dieser problematischen Vergangenheit ist dagegen sehr gering. Nicht selten wird versucht, die Forschungs-, Bildungs- und Vermittlungsarbeit auf diesem Gebiet über den Hebel der Finanzierung zu beeinflussen.

Die inhaltliche Gestaltung und Präsentation von Ausstellungen an den ehemaligen Stätten nationalsozialistischer Verfolgung wird vor allem durch den Stand der historischen Forschung bestimmt. Um Geschichte sichtbar und nachvollziehbar zu machen, bedarf es entsprechender Ausstellungsexponate.

Im allgemeinen lassen sich in fast allen ständigen Ausstellungen in NS-Gedenkstätten die folgenden Deutungsmuster unterscheiden: Erstens, wurde insbesondere in den KZ-Gedenkstätten der DDR die politische Verfolgung der Kommunisten und deren Leidensweg betont. Zweitens, konzentrieren sich viele Gedenkstätten auf die nationale Herkunft der Häftlinge mit dem Ergebnis, daß jeweils die Opfer der eigenen Nation bevorzugt werden und der nationale Widerstand überbetont wird. Drittens, ist der Holocaust ein zentrales Element der Dokumentation des NS-Terrors in zahlreichen Gedenkstätten. Selbstverständlich müssen alle drei Richtungen – die Opfer politischer Verfolgung, die Opfergruppen des jeweiligen Landes und die Opfer rassischer Verfolgung – dokumentiert werden, nicht zuletzt spiegeln sie unterschiedliche Schwerpunkte der Forschung wider.

Meiner Ansicht nach umfaßt der Begriff „Holocaust", der in der Regel mit dem Genozid an den Juden identifiziert wird, den systematischen Mord an drei biologisch-rassisch definierten Gruppen: den Behinderten, den Sinti und Roma und den Juden. Natürlich wurden andere Gruppen aufgrund ihrer politischen Überzeugung (Kommunisten, Sozialisten), ihrer Herkunft (Polen, sowjetische Kriegsgefangene) oder ihres Verhaltens (Zeugen Jehovas, Homosexuelle) verfolgt und verhaftet. Eine systematische und planmäßige Vernichtungspolitik verfolgte das nationalsozialistische Regime jedoch nur gegen die von der NS-Rassen- und Erbtheorie definierten Gruppen der Behinderten, der Juden und der Sinti und Roma.

Die problematischen Seiten der herkömmlichen Gedenkstätten- und Erinnerungs-arbeit sind leicht erkennbar. Die meisten Gedenkstätten präsentieren in der Regel den chronologischen Geschichtsverlauf ihres jeweiligen Lagers, aber häufig ohne die Ver-bindungen zwischen verschiedenen Teilen des NS-Unterdrückungs- und Vernich-tungsapparats zu berücksichtigen. So werden z.B. die personellen Verbindungslinien zwischen dem Geschehen in den Konzentrationslagern und der Euthanasiepolitik (Aktion T4) selten detailliert dargestellt. Selten dokumentieren die Ausstellungen etwa die Biographien der T4-Ärzte, die in den Lagern die Selektion der Häftlinge vornah-men, obwohl die Namen und Biographien vieler dieser Ärzte, z.B. von Friedrich Mennecke, bekannt sind.

Es gibt noch viele andere Möglichkeiten, die Verbindung zwischen den verschie-denen NS-Mordaktionen darzustellen. So lassen sich mit Täterbiographien die per-sonellen Kontinuitäten zwischen den Konzentrationslagern des SS-Wirtschafts-Verwaltungshauptamtes, den T4-Tötungsanstalten und den Vernichtungslagern des SS-Polizeiführers Odilo Globocnik dokumentieren. Ein Beispiel dafür ist die weitge-hend bekannte Laufbahn von Kurt Franz. Man weiß, daß dieser Düsseldorfer Koch, der in seinem Haus nach dem Kriege ein Fotoalbum über seinen Kriegsdienst mit dem Titel „die schönsten Tage meines Lebens" aufbewahrte, zuerst bei der Aktion T4 in Grafeneck, Brandenburg, Hartheim und Sonnenstein sein Mordhandwerk gelernt hatte und daß er dann im Frühjahr 1942 nach Belzec und dann nach Treblinka übersiedelte. In dem letztgenannten Vernichtungslager wurde er am Ende sogar noch Kommandant. Dort hetzte er seinen Hund „Bari" auf die jüdischen Arbeitssklaven mit dem Befehl „Mensch beiß den Hund". Was aber die wenigsten wissen ist, daß Franz von 1937 bis 1940 bei der SS in Weimar diente, wo er bei der 3. Totenkopf-Standarte Thüringen ausgebildet wurde und danach im KZ Buchenwald als Mitglied der Wach-truppe diente.

Auch die Darstellung der verschiedenen Opfergruppen in den Gedenkstätten und in den Geschichtsdarstellungen über die nationalsozialistische Verfolgungs- und Ver-nichtungspolitik muß verbessert werden. Die Geschichtsschreibung über die Konzen-trationslager hat bisher aus verständlichen Gründen die Häftlingsgruppe der Poli-tischen und in jüngster Zeit die jüdischen Opfer hervorgehoben. Obwohl andere Gruppen nicht unerwähnt bleiben, ist die Darstellung des Verhältnisses der verschie-denen Häftlingsgruppen in Didaktik und Forschung häufig unausgewogen. Dafür gibt es natürlich plausible Gründe. Die politischen Häftlinge waren zahlenmäßig die größte Gruppe in den Stammlagern, und sie dominierten die nach der Befreiung entstehenden Lagergemeinschaften und Überlebendenverbände.

Der grundsätzliche Unterschied zwischen dem Schicksal der politisch und rassisch Verfolgten ist jetzt fast überall anerkannt. Nur die rassisch Verfolgten waren vom NS-Regime als ganze Gruppe zur Vernichtung bestimmt. Die politischen Gegner hatten wenigstens eine Überlebenschance und ihre Familien wurden in der Regel nicht besonders verfolgt. Die aus rassischen Gründen Verfolgten wurden dagegen als ganze Familien in die Vernichtungsmaschinerie getrieben. Besonders die Geschichte der Vernichtungslager kann ohne diese Differenzierung nicht verstanden werden.

Wie schon gesagt, ist die rassische Verfolgung der Juden – jedoch nicht die der Sinti und Roma – anerkannt worden. Aber die Sinti und Roma gehörten auch zur Gruppe der aus rassischen Gründen zu vernichtenden Bevölkerungsteile. Die Gedenkstätten- und Erinnerungsarbeit als auch die historische Forschung haben das bisher nicht genügend berücksichtigt. Wir brauchen viel mehr wissenschaftliche Untersuchungen über die Politik des NS-Regimes gegenüber den Sinti und Roma, über deren konkretes Schicksal und das Verhältnis zwischen der Vernichtungspolitk gegenüber den Juden und der Verfolgung dieser Minderheit im nationalsozialistischen Deutschland. Deswegen muß die Geschichte der Sinti und Roma, ob in Auschwitz, Ravensbrück oder Sachsenhausen, besser als bisher beleuchtet werden.

Die Frage, welche Gruppen erinnerungs- und damit auch darstellungs- und forschungswürdig sind, ist immer noch durch politische Interventionen und Kontroversen bestimmt. Man muß immer noch fragen: Wem gehört die Gedenkstätte und die Forschung zur NS-Zeit? Der öffentliche Streit über die politischen „Besitzrechte" an der Forschung ist Bestandteil jeder Diskussion zu diesem Gegenstand im vereinten Deutschland wie auch in den USA.

Die Kernfragen der Forschung in den USA sind ähnlich wie in Deutschland: die Analyse der deutschen Gesellschaft im NS-Staat, das Verhältnis zwischen Anpassung und Widerstand, die Entwicklung des Massenmordes mit einer wachsenden Diskussion über die Ausgrenzung gewisser Häftlings- bzw. Opfergruppen in den bisherigen historischen Darstellungen. Der Grundkonflikt betrifft leider immer noch den Begriff „Holocaust" und was darunter zu verstehen ist. Das heißt, man streitet über den Stellenwert der nichtjüdischen Verfolgten, die bisher als „andere Opfer" (other victims) definiert worden sind. Leider wird das Schicksal der Juden meistens im Zusammenhang der historischen Judenverfolgung, dem Antisemitismus, und nicht im Kontext der auch gegen die Sinti und Roma sowie gegen die Behinderten gerichteten NS-Rassenideologie betrachtet.

Das öffentliche Interesse am Holocaust existiert nicht erst seit der jüngsten Zeit, sondern begann gleich nach Kriegsende, ehe es den Terminus „Holocaust" überhaupt im Sprachgebrauch gab. Die Fragestellung war aber damals eine andere. Die Politik der Alliierten Besatzungsmächte und der hinter ihnen stehenden öffentlichen Meinung war auf bestimmte vorrangige Ziele gerichtet:

1. die Überwindung des Nationalsozialismus und der Ausschluß der ihn tragenden Schichten von Macht- und Entscheidungspositionen im zukünftigen Nachkriegsdeutschland, d.h. die Demokratisierung und Entnazifizierung der deutschen Gesellschaft;
2. die Wiederherstellung der Rechtsordnung durch strafrechtliche Verfahren gegen die NS-Täter, d.h. Prozesse vor alliierten Gerichten, in den ehemaligen besetzten Ländern und vor den wiederaufgebauten deutschen und österreichischen Gerichten.

Diese alliierte Politik bewertete das besiegte Deutschland als ein Sammelbecken von Militarismus, Nationalismus und Monopolkapitalismus, das unter der Führung der Nazigangster Europa und die Welt in einen Angriffs- und Eroberungskrieg gestürzt hatte, der von beispiellosen Verbrechen gegen die Menschheit gekennzeichnet war. Diese Beurteilung, die die Besatzungspolitik und die Nürnberger Prozesse in den vierziger Jahren beherrschte, änderte sich unter dem Einfluß des Kalten Krieges und dem Wiederaufbau Europas. In den fünfziger und sechziger Jahren, den Jahrzehnten der NATO, der Wiederaufrüstung und des Wirtschaftswunders, geriet die NS-Vergangenheit teilweise in Vergessenheit. Insofern in diesen Jahren die Anklage gegen den preußisch-deutschen Militarismus und Nationalismus keinen Widerhall im Westen fand, konnten auch die NS-Verbrechen nicht ausreichend aufgearbeitet werden. Daher rückte das Genozidverbrechen, das in den vierziger Jahren in einem weit geringeren Maße die Beurteilung des nationalsozialistischen Deutschland bestimmt hatte, nunmehr stärker in den Mittelpunkt der „Vergangenheitsbewältigung".

Aber das wirkte sich unterschiedlich aus. In der Bundesrepublik wurde die sogenannte Wiedergutmachung als eine unerläßliche Vorbedingung für die Integration in die westliche Allianz allgemein akzeptiert. Dagegen wurden die Aufdeckung, die Ahndung und die Erinnerung an die NS-Verbrechen und ihre Opfer hauptsächlich nur von den Betroffenen befürwortet.

Wie gesagt, hat dieser politisch bedingte Wandel breite Opfergruppen aus dem gesellschaftlichen Konsens der Erinnerung ausgeklammert, so daß z.B. die im Nürnberger Ärzteprozeß und den darüber publizierten Büchern noch herausgehobenen Euthanasieopfer und die in der frühen Literatur noch zusammen mit den Juden erwähnten Sinti und Roma in den fünfziger und sechziger Jahren weitestgehend ausgegrenzt wurden.

Israel ist genauso wie die USA ein Land, in dem für die Gedenkstätten- und Erinnerungsarbeit andere Akzente gesetzt werden müssen als in Europa. Es war nicht Schauplatz des Massenmordes und die überwiegende Zahl der nach dem Kriege eingewanderten Überlebenden waren keine politisch Verfolgten. In Israel wird das gesellschaftliche und nationale Selbstverständnis stark durch die Erfahrung des Holocaust geprägt, da man dort den NS-Mord an den Juden als wichtigen Grund für die Notwendigkeit eines jüdischen Staates ansieht. Aus diesem Grunde hat man in Israel, anders als in den USA, den Antisemitismus als alleinige Ursache für die Endlösung hervorgehoben, ohne nach anderen möglichen Beweggründen, die den Mord an den Juden in einen breiteren Kontext stellen würden, Ausschau zu halten.

Die Probleme der Gedenkstätten- und Erinnerungsarbeit in den USA kann man wegen der dort herrschenden besonderen Verhältnisse leicht erkennen. Dabei muß man berücksichtigen, daß der Holocaust sich nicht auf dem Boden der Vereinigten

Staaten abspielte, wo weder Ghetto- noch Lagerüberreste vorhanden sind und die Erinnerung nicht mit spezifischen Orten verbunden ist. Hinzu kommt, daß zur Zeit der Ereignisse weder Täter noch Opfer amerikanische Bürger waren. Und so bedingte diese fehlende ortsspezifische Bindung die eigenartige Entwicklung der amerikanischen Gedenkpolitik.

In den ersten Nachkriegsjahren war man in den USA an dem Thema Holocaust überhaupt nicht interessiert. Erst in den siebziger Jahren hat dieses Thema, wie auch in Europa, das öffentliche Interesse geweckt. Das hatte verschiedene Ursachen. Die einschneidenden Erfahrungen der amerikanischen Gesellschaft durch den Kampf für Gleichberechtigung der Rassen (civil rights) und gegen den Vietnam-Krieg, begleitet von der Studentenbewegung von 1968, zerstörte einen unkritischen Geschichtskonsens und sprengte den traditionellen Rahmen der Geschichtsschreibung. Eine neue Generation von Wissenschaftlern auf dem Gebiet der deutschen Geschichte, die den Holocaust nicht mehr verschweigen wollte, war inzwischen herangewachsen.

Obwohl auch in den USA der Begriff der Einmaligkeit des Mordes an den Juden durch Historiker weitgehend akzeptiert worden ist, gibt es in letzter Zeit durch das Selbstbewußtsein anderer Verfolgtenguppen (z. B. der Homosexuellen und Polen, aber auch der Sinti und Roma) ein gewachsenes Bedürfnis, auch den Leidensweg dieser Gruppen darzustellen. Sie waren daher ebenfalls im Kuratorium des United States Holocaust Memorial Museum vertreten. Das ist natürlich auch ein Bestandteil der spezifischen amerikanischen Politik zur Vertretung von Gruppeninteressen.

Obwohl das verstärkte Bemühen um ein differenziertes Geschichtsbild ohne die Ausgrenzung bestimmter Verfolgtengruppen gelegentlich zu peinlichen Debatten geführt hat, haben alle betroffenen Gruppen dennoch gemeinsam etwas durchgesetzt: den Ausschluß der ehemaligen politischen Häftlinge aus dem Kreis der Verfolgten, da insbesondere in Amerika der NS-Terror nicht als politisch motivierte Verfolgung, sondern als eine gesellschaftliche Entartungserscheinung angesehen wird. Es überrascht deshalb nicht, daß die amerikanische „politics of memory" teilweise die Kategorisierung der deutschen Entschädigungsgesetzgebung, die einen Teil der nicht-jüdischen und politischen Opfer weitgehend ausklammerte, widerspiegelt. Das ist auch im neuen US Holocaust Memorial Museum bemerkbar.

Seit Anfang der achtziger Jahre ist in den USA ein Netz von beinahe 150 örtlichen Holocaust-Zentren eingerichtet worden. Diese privaten Zentren wurden überwiegend von jüdischen Organisationen gegründet und werden hauptsächlich von Laien oder Überlebenden geleitet. Meist sind sie mit kleinen Präsenzbibliotheken und Ausstellungen versehen und dienen hauptsächlich als Informationsquellen für Schulen, Kirchen und das örtliche Publikum. Trotz einer gewissen Tendenz zur Vereinfachung des Themas dienen sie als lokale Träger der Erinnerungsarbeit zum Thema Holocaust. Die Wirkungsabsicht dieser Zentren besteht in erster Linie im „consciousness raising", sie zielen auf eine historische Bewußtseinsbildung bei größeren Kreisen der allgemeinen Öffentlichkeit. Inzwischen tauschen sie ihre Erfahrungen im Rahmen eines bundesweiten Koordinationsverbandes, der „Association of Holocaust Organizations", aus. Sie sind indes nur selten Träger von Forschungsvorhaben. Im Gegensatz zu diesen Zentren, auch den größeren privaten Holocaust-Museen wie z. B. der mit überregionalem Anspruch vom Simon-Wiesenthal-Center gegründeten Einrichtung, ist das United States Holocaust Memorial Museum in Washington das einzige Museum mit repräsentativem nationalen Anspruch.

Das Museum liegt an der Independence Avenue zwischen der 14. und 15. Straße. Für die, die sich in Washington schon auskennen: Das Museum liegt direkt neben der Münzanstalt (The Bureau of Printing and Engraving) und an der 14. Straße, einer wichtigen Verkehrsader zum Stadtzentrum von Washington. An der Kreuzung von zwei Touristengegenden liegt das Museum östlich von den Denkmälern für Washington, Jefferson und Lincoln, nur einen kurzen Spaziergang von den Smithsonian-Museen entfernt. Es bildet die Spitze eines Dreiecks zwischen dem Washington- und Jefferson-Memorial. Eine äußerst günstige Lage für Millionen von Besuchern, Amerikanern wie Ausländern, nicht zu sprechen von den Personen oder Institutionen, die von den pädagogischen Programmen des Museums erreicht werden können.

Alle Museumsprogramme sind seit der Eröffnung überlastet. Inzwischen haben mehr als 3 Millionen Menschen das Museum besucht, und dieser Besucherandrang hat sogar die Befürworter des Museums überrascht. Die Besucheranfragen beziehen sich hauptsächlich auf das Gewicht einzelner Opfergruppen in der Gesamtdarstellung des Holocaust. Insbesondere von seiten der Polen, der Homosexuellen, der Zeugen Jehovas und von Vertretern der Sinti und Roma wurden Anträge auf Änderungen in der Ausstellung eingereicht. Ob das Forschungsinstitut am Museum, das im Dezember 1993 seine Tätigkeit begonnen hat, eine Lösung für diese strittigen Fragen bringen wird, steht noch offen.

In den USA wird Forschung generell nicht öffentlich gefördert und daher nur von Wissenschaftlern als Einzelpersonen betrieben. Die Zahl der in Amerika über den Holocaust publizierten Forschungsergebnisse ist verhältnismäßig klein, aber die publizierten Bücher und Aufsätze sind wichtige wissenschaftliche Beiträge.

An den Universitäten und im Bereich der historischen Forschung muß die Verbindung zwischen Amerika und dem europäischen Holocaust nicht mehr gerechtfertigt werden. Aber ein nationales Museum, das die ganze Bevölkerung anspricht, muß versuchen diesen Zusammenhang darzustellen und zu vermitteln. Insbeondere die folgende Themenbereiche bieten sich dafür an:

1. Die USA als Aufnahmeland der Flüchtlinge und Emigranten aus dem nationalsozialistischen Deutschland und dem besetzten Europa;
2. die Rettung der vom NS-Regime Verfolgten durch die USA;
3. die USA als Befreier, d.h. die Befreiung der Konzentrationslager durch amerikanische Soldaten;
4. die Nachkriegsprozesse als ein amerikanischer Beitrag zur Überwindung des Nationalsozialismus und zum demokratischen Neubeginn.

Die ersten drei Themen sind in der Ausstellung stark vertreten. Das vierte Thema der Nachkriegsprozesse wurde in der Ausstellung – vielleicht aus Zeitmangel – weitestgehend vernachlässigt.

Die Betonung der Beziehungen der USA zum historischen Geschehen des Holocaust hat auch ihren Preis, indem wichtige Themen vereinfacht worden sind. So erscheinen z.B. die Konzentrations- und Vernichtungslager nur als bloße Kulisse für die Massenvernichtung und die Befreiung, ohne daß deren Aufbau, ihre Funktionsweise und das System der Konzentrationslager als Ganzes wissenschaftlich erklärt werden.

Die Probleme liegen in Amerika sicher anders als in Europa, aber überall haben wir noch viel wissenschaftliche, pädagogische und politische Arbeit zu leisten.

VOJTĚCH BLODIG

Die Gedenkstätte Theresienstadt gestern und heute

Die Gedenkstätte Theresienstadt wurde im Jahre 1947 als eine Einrichtung gegründet, die die Erinnerung an die Opfer der politischen Verfolgung der Gegner des Nationalsozialismus, des Genozids an den Juden und die Vernichtung von Häftlingen durch Sklavenarbeit bewahren sollte. Es ist notwendig darauf hinzuweisen, daß während des Krieges in Theresienstadt und seiner näheren Umgebung auf relativ kleinem Raum die drei größten Verfolgungsinstitutionen auf dem Gebiet der tschechischen Länder entstanden – das Gestapogefängnis in der Kleinen Festung, das Ghetto in Theresienstadt und das Konzentrationslager in Litoměřice, welches sich unweit der unterirdischen Fabrik mit den Tarnnamen „Richard I" und „Richard II" befand. Als Standort für die Gedenkstätte wählte man die Kleine Festung, um diesen abgegrenzten Ort, an dem tausende Menschen gefangen waren, in seiner ursprünglichen Gestalt zu erhalten.

Im Mai des Jahres 1947 fanden entsprechende Verhandlungen zur Überführung der Kleinen Festung aus der Zuständigkeit des Verteidigungsministerium in das Ressort des Innenministeriums statt. Gleichzeitig begannen Gespräche mit den Vertretern der jüdischen Religionsgemeinde mit dem Ziel, den jüdischen Friedhof und das Krematorium, die während der Existenz des Ghettos entstanden waren, in die Gedenkstätte einzubeziehen.[1]

Die Verhandlungen verliefen erfolgreich und am 4. August 1947 kam es zu einer Vereinbarung über die Eingliederung dieser Objekte in die Gedenkstätte. In der Folgezeit begannen die vorbereitenden Arbeiten zum Umbau der Kleinen Festung für den Besucherverkehr. Bereits im Januar 1948 setzte die Rekonstruktion des Kasernenbaus ein, in dem später das Museum der Kleinen Festung eingerichtet wurde. Für Ausstellungszwecke waren auch die großen Zellen im ehemaligen 4. Hof des Gefängnisses vorgesehen.[2]

Die feierliche Eröffnung des „Museums der Unterdrückung", wie das Museum der Kleinen Festung ursprünglich hieß, fand am 11. Juni 1949 statt. Die ständige Aus-

---

[1] Vgl. Archiv der Gedenkstätte Theresienstadt (im weiteren AGT), K 1/PA, Inv.-Nr. 24.
[2] Vgl. AGT, KZ/PA, PNU Museum, Inv.-Nr. 47.

stellung dort erstellte das Militärgeschichtliche Forschungsinstitut, dem auch die fachliche Betreuung des Museums übertragen wurde. Die Gedenkstätte führte zu diesem
Zeitpunkt noch keine eigenständige Sammlungs- und Forschungstätigkeit durch.

Die Einrichtung der Gedenkstätte wurde zu dieser Zeit von allen politischen Parteien unterstützt. Nach der Machtübernahme durch die Kommunisten im Jahre 1948
begannen sich die Inhalte der Gedenkstättenarbeit jedoch zunehmend in eine einseitige Richtung zu entwickeln. Diese Tendenz kam bereits in der erwähnten Exposition
zum Ausdruck. Nicht nur wurde die Problematik Theresienstadts auf die Geschichte
des Gestapogefängnisses eingeengt, sondern vor allem hob man aus ihr als maßgebend
die Geschichte des kommunistischen Widerstandes und der kommunistischen Häftlinge heraus, die wegen ihrer Parteizugehörigkeit hier inhaftiert waren. Die Existenz
anderer Widerstandsgruppen trat zunehmend in den Hintergrund und für die Geschichte des jüdischen Ghettos verblieb immer weniger Raum.

Der mehr oder weniger offene Antisemitismus, der damals beträchtlichen Einfluß in
den kommunistischen Ländern hatte, fand auch hier seinen Ausdruck. Sogar die
bereits weitestgehend konforme Ausstellung und die Ausgestaltung der Gedenkorte in
Theresienstadt stießen ausgehend von den damals vorherrschenden ideologischen
Normen auf heftige Kritik. Im Jahre 1951 schätzten die „übergeordneten Organe" die
Situation der Gedenkstätte ein. In einem enstprechenden Protokoll findet sich folgende Passage zu jenem Teil der Ausstellung, der sich mit dem jüdischen Leiden
während des Krieges beschäftigte: „Es sind dies erschütternde Dokumente der faschistischen Völkervernichtung. Allerdings fehlt dort eine wesentliche Sache. Das Museum spricht nicht von Klassenunterschieden. Es spricht nicht davon, daß auch die
Gestapo- und SS-Leute die jüdischen Bürger nach Klassen und Klassenuntersschieden
unterteilten und sich danach richteten."[3]

Für die Versuche, eine museale Exposition direkt im ehemaligen Ghetto zu initiie-
ren, war diese Atmosphäre verständlicherweise nicht gerade günstig. Dahingehende
Vorschläge unterbreiteten vor allem die ehemaligen Häftlinge, aber diese wurden in
end- und ergebnislosen Verhandlungen immer offensichtlicher in den Bereich Nicht-
realisierbarkeit gerückt. Der konkreteste unter diesen Vorschlägen war der Plan zur
Einrichtung einer musealen Exposition im Haus Nr. 5 in Theresienstadt vom Dezember 1952. Er wurde jedoch sowohl von der Kreisverwaltung als auch von der Vereinigung der antifaschistischen Kämpfer, der damaligen offiziellen Organisation der ehemaligen Häftlinge abgelehnt. Es setzte sich die Auffassung durch, daß eine Erwähnung
des Ghettos von Theresienstadt im Rahmen der historischen Ausstellung im Museum
der Kleinen Festung völlig ausreichen würde.[4]

Diese Herangehensweise veranschaulichte die seinerzeit vorherrschenden ideologischen Akzente in der Tätigkeit der Gedenkstätte der nationalsozialistischen Verfolgung, die aus den grundlegenden Postulaten der kommunistischen Ideologie resultierten. Erfolglos blieben auch die Versuche, die Gedenkstätte Theresienstadt in die

---

[3] Vgl. Theresienstadt gestern und heute, AGT, K 1/PA, PNU 1964, Inv.-Nr. 38.
[4] Vgl. AGT, K 3/PA, Inv.-Nr. 61.

Zuständigkeit des Ministeriums für Kultur zu überführen, was wenigstens teilweise die Spielräume für eine wirkliche museologische Arbeit erweitert hätte.[5]

Ungeachtet dieser ungünstigen Situation blieben die Besucherzahlen in der Gedenkstätte relativ hoch. Ende der fünfziger/Anfang der sechziger Jahre wurden rund 150 000 Besucher jährlich gezählt. Sicherlich trifft es zu, daß einen großen Anteil daran die organisierten Besuche von Schulen, militärischen Einheiten und Arbeitskollektiven hatten. Ungeachtet dessen, war die Bedeutung der Gedenkstätte hinsichtlich der Herausbildung eines öffentlichen Bewußtseins über die Leiden der Opfer des Nationalsozialismus nicht zuletzt unter der jüngeren Generation nicht zu übersehen. Im Kontrast dazu stand der sich ständig verschlechternde Zustand einer ganzen Reihe von Objekten, oft am Rande des vollständigen Verfalls; ein geringes Niveau hatte auch die mehr oder weniger amateurhafte Führungstätigkeit und es fehlte weiterhin eine fachlich fundierte Museums- und Forschungsarbeit. Immer kritischer wurden die Wechselausstellungen und die ständige Dokumentation bewertet, die deutlich die ideologischen Vorgaben der fünfziger Jahre widerspiegelten.

Im Verlauf der sechziger Jahre vollzog sich eine allmähliche politische Lockerung – eine Entwicklung, die später zu deutlichen Veränderungen hinsichtlich der Stellung und der Tätigkeit der Gedenkstätte Theresienstadt führte. Durch einen Regierungserlaß vom 30. 3. 1962 wurde der gesamte Komplex der Gedenkorte in Theresienstadt zum nationalen Kulturdenkmal erklärt und stand damit unter besonderer denkmalpflegerischer Aufsicht.[6] Es begannen entsprechende Verhandlungen zur Erschließung finanzieller Mittel und zur Veränderung des Statuts der Gedenkstätte. Bereits im Jahre 1963 wurde ein Maßnahmeplan zur Verbesserung der Situation der Gedenkstätte ausgearbeitet, der mit dem bevorstehenden 20. Jahrestag der Befreiung der Tschechoslowakei argumentierte.

Erstmals wurde in diesem Vorschlag die Schaffung von Stellen für einen Historiker, Fachmuseologen, Gestalter und Konservator vorgesehen.[7]

Nach und nach konnte sich so ein Verständnis der Gedenkstätte durchsetzen, das sich an fachlich-museologischen Kriterien orientierte. Im Folgejahr wurde die Gedenkstätte in die Zuständigkeit der Kreisverwaltung Usti nad Labem überführt und erhielt damit den Status einer Kultureinrichtung im Bereich dieser Behörde. Diese administrative Maßnahme erwies sich als positiv und zusammen mit der politischen Tauwetterperiode in der damaligen Tschechoslowakei trug sie dazu bei, daß sich in der Gedenkstättenarbeit in bestimmten Maße Professionalität und eine langfristige Entwicklungsperspektive durchzusetzen begannen. Ab Mitte der sechziger Jahre erhöhte sich die Zahl der Mitarbeiter der historischen und Dokumentationsabteilung und es setzte eine aktive Sammlungs- und Forschungsarbeit ein. Neben der Geschichte des Gestapogefängnisses erhielt nun die Geschichte des Ghettos aber auch die des Konzentrationslagers in Litoměřice deutlich mehr Raum. Begonnen wurde ebenfalls mit Forschungen zur Geschichte Theresienstadts im Zeitraum von 1870–1939, um auf

---

[5] Vgl. AGT, K 1/PA, Inv.-Nr. 25.
[6] Vgl. AGT, K 1/PA Inv.-Nr. 33.
[7] Vgl. AGT, K 1/PA, PNU 1964, Inv.-Nr. 38.

diesem Wege das Defizit auszugleichen, das aus dem Fehlen eines stadtgeschichtlichen Museums resultierte.

Die innenpolitische Liberalisierung in der damaligen Tschechoslowakei ermöglichte es auch den Mitarbeitern der Gedenkstätte, mit größerer Offenheit und Freizügigkeit an die Lösung ihrer Forschungsaufgaben heranzugehen und sich am innenpolitischen Geschehen zu beteiligen. Die Überwindung der überholten ideologischen Barrieren wirkte sich auch auf diesem Gebiet positiv aus. Die in der zweiten Hälfte der sechziger Jahre begonnenen Forschungsprojekte konnten wegen der politischen Wende nach 1968 nicht vollendet und publiziert werden, gleichwohl lassen sich einige ihrer Teilergebnisse anhand von Zeitschriftenartikeln und öffentlichen Auftritten von Gedenkstättenmitarbeitern rekonstruieren.

Neu für die damalige Arbeit der Gedenkstätte waren die Aufnahme von Kontakten zu Gedenkstätteneinrichtungen in westlichen Ländern und die Zusammenarbeit mit Freiwilligenorganisationen, die damit begannen, Jugendgruppen nach Theresienstadt zu entsenden. Eine Vorreiterrolle nahm auf diesem Gebiet die deutsche Aktion Sühnezeichen/Friedensdienste ein. Fortgesetzt wurden auch die Arbeiten zur Verbesserung der Forschungs- und Museumsinfrastruktur der Gedenkstätte. Es entstanden eine Spezialbibliothek und Archiveinrichtungen. Die Besucherbetreuung und die Ausstellungstätigkeit übernahm eine eigenständige Abteilung für Öffentlichkeitsarbeit.

Im Jahre 1967 schlug die neue Gedenkstättenleitung nach 15 Jahren erneut die Einrichtung eines Museums vor, das sich der Geschichte des jüdischen Ghettos in Theresienstadt widmen sollte. Dieser Vorschlag stieß nicht nur bei vielen ehemaligen Häftlingen, sondern auch in Fachkreisen und weiten Teilen der Öffentlichkeit auf Unterstützung. 1968 wurden erste Überlegungen zur inhaltlichen Gestaltung und zum möglichen Standort des zukünftigen Museums angestellt. Begonnen wurde mit der Bildung eines Autorenkollektivs, das sich überwiegend aus Fachleuten außerhalb der Gedenkstätte zusammensetzte und eine entsprechende Konzeption für das Museum erarbeiten sollte. Es fanden einige Diskussionen zu den Hauptproblemen der rassischen und politischen Verfolgung während des Zweiten Weltkrieges statt und auch mit der Realisierung des Projektes von der ausstellungstechnischen Seite her wurde begonnen.

Die Intervention der Armeen des Warschauer Vertrages im August 1968 schuf allerdings für die Gedenkstätte eine völlig neue Situation, die dazu führen sollte, daß die positiven Tendenzen in der Erinnerungsarbeit, wie sie sich Mitte der sechziger Jahre durchgesetzt hatten, abgebrochen wurden. Ihre Unterdrückung erfolgte jedoch nicht sofort. Noch Ende des Jahres 1968 behandelte die tschechoslowakische Regierung die Probleme der Gedenkstätte Theresienstadt. In einer bei dieser Gelegenheit gehaltenen Rede des damaligen Kultur- und Informationsministers Miroslav Galuska findet sich auch eine Bewertung der Situation der Gedenkstättenarbeit vor dem „Prager Frühling" des Jahres 1968: „In den zurückliegenden Jahren ist es der Leitung der Gedenkstätte und den für sie zustädigen Organen nicht gelungen, das Verhältnis zwischen dem antijüdischen rassistischen Terror der Nationalsozialisten und deren Repressalien gegenüber den Vertretern des organisierten antifaschistischen Widerstandes angemessen darzustellen. Das hatte zur Folge, daß einzelne Erscheinungen hinsichtlich ihres Stellenwertes im gesamten antifaschistischen Kampf falsch bewertet und nicht im Sinne einer objektiven Beurteilung historischer Ereignisse erklärt wurden."[8] Im Ergebnis der Regierungsberatung wurde beschlossen, alle Bedingungen für die Ausgestaltung der Gedenkstätte als einer „Institution von gesamtstaatlicher Bedeutung, die die Dokumente und Zeugnisse über das Leben und den Kampf der Häftlinge der Kleinen Festung, des Ghettos Theresienstadt und weiterer Konzentrationslager auf dem Gebiet unseres Landes in den Jahren 1939–1945 sammelt", zu schaffen.[9]

Es begannen die Vorbereitungen für eine angemessene Neugestaltung der Friedhofsanlagen, u. a. des Friedhofs vor der Kleinen Festung, des Jüdischen Friedhofs, des Krematoriums, der Umgebung des Eingangsbereiches der Fabrik „Richard I" und jenes Ortes am Flußufer der Ohře, wo auf Befehl der Nationalsozialisten die Asche von mehr als 20000 Opfern in das Wasser gestreut worden war. Akzeptiert wurde auch die finanzielle Unterstützung einiger dieser Projekte durch die Jüdische Gemeinde in Wien, was noch kurze Zeit vorher undenkbar gewesen wäre.

Die Vorarbeiten für die Einrichtung des Ghetto-Museums machten ebenfalls sichtbare Fortschritte. Das geplante Museum nahm konkrete Gestalt an, da bereits am Szenarium der Ausstellung gearbeitet wurde und auch die Verhandlungen zur Übernahme des Gebäudes der Städtischen Schule liefen – die Schüler sollten in absehbarer Zeit einen Neubau am Stadtrand beziehen. Das Objekt der alten Schule war dabei besonders für die Unterbringung des Museums geeignet. In ihm befand sich während des Krieges ein Heim für 11–15jährige Jungen, das zu einem wichtigen kulturellen Zentrum für die Jugend im Ghetto wurde.

Die nach 1968 einsetzende Periode der sogenannten „Normalisierung" – in Wahrheit eine Phase allgemeinen Rückschritts der gesellschaftlichen Entwicklung – verhinderte jedoch für über zwanzig Jahre die Realisierung dieser und anderer vielversprechender Vorhaben. Mit der „Normalisierung" sollte die Tschechoslowakei politisch wieder auf den Stand vor 1968 gebracht, die „antisozialistischen Kräfte" isoliert und im ideologischen Bereich die Folgen der Refomperiode zurückgenommen werden. Diese Entwicklung fand auch in der Gedenkstätte ihren Niederschlag. Jene Mitarbeiter, die sich aktiv an der Durchsetzung der Reformen in der Zeit des „Prager Frühlings" beteiligt hatten, mußten die Gedenkstätte verlassen. Die Forschungsarbeit wurde erneut auf Fragen des kommunistischen Widerstands und die Rolle der kommunistischen Häftlinge in der Kleinen Festung eingeengt, die Geschichte des Ghettos in Theresienstadt erneut an den Rand der Forschungsaufgaben gedrängt.

Einen großen Rückschritt in der Entwicklung der Gedenkstätte bedeutete die nunmehr einsetzende Verzögerung und schließlich völlige Einstellung der Arbeiten zur Einrichtung des Ghetto-Museums in der Stadt. Ende der sechziger Jahre fand der Umzug der Städtischen Schule in einen Neubau statt und somit stand das ursprünglich für die Unterbringung des Museums vorgesehene Gebäude leer. Die Tatsache, daß anstelle einer Ausstellung über die Opfer des Genozids an den Juden in Theresienstadt

---

[8] Vorschlag zur Regelung des Zustandes und der Tätigkeit der Gedenkstätte Theresienstadt, AGT, K 1/PA, Inv.-Nr. 35.
[9] Ebenda.

in das Gebäude der Schule ein „Museum der Volkspolizei und der revolutionären Traditionen der nordtschechischen Region" Einzug hielt, unterstreicht ein weiteres Mal den Charakter der sogenannten „Normalisierung". Die pompöse Inneneinrichtung des Polizeimuseums mit Kristall-Leuchtern, Marmorwänden usw. an einem Ort des Leidens und Sterbens jüdischer Häftlinge mußte wie eine Verhöhnung des Gedenkens an die Opfer der „Endlösung der Judenfrage" wirken. Sie war Ausdruck der Arroganz der damaligen Macht gegenüber den jüdischen Opfern aber auch gegenüber der Geschichte Theresienstadts als einem Symbol für das Leiden der jüdischen und nichtjüdischen Bürger der Tschechoslowakei während des Krieges.

Vor allem aus Gründen außenpolitischer Rücksichtnahme wurden jedoch nicht alle Projekte aus der Zeit des „Prager Frühlings" eingestellt. Aufgrund der finanziellen Beteiligung der Jüdischen Gemeinde in Wien konnten die Arbeiten zur Rekonstruktion des Krematoriums und des gesamten Areals des Jüdischen Friedhofs fortgeführt und im Jahre 1972 abgeschlossen werden.[10] 1973 wurde die Ausgestaltung der bereits erwähnten Uferstelle an der Ohře zu einem Ort des Gedenkens an die Opfer der nationalsozialistischen Verfolgung erfolgreich beendet.[11]

Gleichzeitig setzte sich der Prozeß der direkten Unterordnung der Tätigkeit der Gedenkstätte unter die damaligen ideologischen Richtlinien der kommunistischen Parteiführung fort. Neben der bereits erwähnten Unterdrückung der Problematik des Genozids an den Juden verstärkten die übergeordneten Organe ihre Bemühungen, die Öffentlichkeitsarbeit der Institution in den Dienst der offiziellen politischen Propaganda zu stellen. Eine der Aufgaben der Gedenkstätte sollte nach den Worten eines Dokuments vom Oktober 1973 die Vorbereitung einer Ausstellung sein, „die der Öffentlichkeit zeigt, daß der gegenwärtige Zionismus keine Lehren aus dem Schicksal der von den Nationalsozialisten liquidierten Juden gezogen hat".[12] Diese Ausstellung sollte in einer der großen Zellen auf dem Hof IV der Kleinen Festung installiert werden. Zur Realisierung dieses Vorhabens, das dem Ansehen der Gedenkstätte großen Schaden zugefügt hätte, ist es glücklicherweise nicht gekommen. Zwei kleine Vitrinen in einem der Räume des Museums in der Kleinen Festung bleiben auf der anderen Seite über lange Jahre die einzigen Stellen, an denen die Existenz der Ghettos in Theresienstadt überhaupt erwähnt wurde.

Die Erforschung derjenigen Feldern der nationalsozialistischen Vernichtungspolitik in der Zeit der Okkupation, die nicht dem offiziellen Geschichtsbild entsprachen, wurde jedoch nicht völlig eingestellt. Ihre Ergebnisse konnten allerdigs kaum publiziert werden. Dies zeigt sich etwa darin, wieviel Platz dem Schicksal der über 140 000 jüdischen Häftlinge Theresienstadts in der von der Gedenkstätte herausgegebenen Zeitschrift „Theresienstädter Blätter" in der Zeit von 1975 bis 1988 eingeräumt wurde. Im gesamten Zeitraum finden sich lediglich 9 Beiträge, die sich vor allem Teilaspekten u.a. dem Leben der Kinder im Ghetto und einigen Fragen der Ghetto-Kultur widmeten. In

[10] Vgl. AGT, K 14/PA:85, Inv.-Nr. 85.
[11] Vgl. AGT, K 14, Inv.-Nr. 85.
[12] Kontrollbericht über die Erfüllung des Festlegungsprotokolls des Regierungserlasses Nr. 446/68 über die Gedenkstätte Theresienstadt, AGT, K 24/PA, Inv.-Nr. 50.

fünf aufeinanderfolgenden Jahrgängen fehlt überhaupt jegliche Erwähnung der Geschichte des Ghettos.

Auf Dauer setzte sich die einseitige Orientierung der Gedenkstätte fort, mit der vor allem die Rolle der kommunistischen Häftlinge in der Kleinen Festung überbetont wurde und die museale Darstellung dominierte. Auch die Öffentlichkeits- und Bildungsarbeit litt unter diesen Vereinfachungen und es war insofern kein Wunder, wenn im öffentlichen Bewußtsein die Geschichte Theresienstadts während des Zweiten Weltkrieges allein mit der Kleinen Festung identifiziert wurde. All dies führte dazu, daß die Gedenkstätte als Institution in den Augen der einheimischen und ausländischen Fachwelt aber auch in großen Teilen der Öffentlichkeit mehr und mehr an Glaubwürdigkeit verlor.

Obwohl sich in der Wirksamkeit der Gedenkstätte nach außen dieser negative Trend fortsetzte, wurde die in den sechziger Jahren begonnene Museumsarbeit nicht völlig eingestellt. So ergänzte man regelmäßig die künstlerischen Sammlungen, indem z. B. wertvolle künstlerische Arbeiten, gerade auch Zeugnisse der Kunst im ehemaligen Ghetto, in deren Bestand aufgenommen wurden. In größerem Ausmaß konnten Werke der antifaschistischen und Antikriegskunst, sowohl aus der Vorkriegs- als auch der Nachkriegszeit beschafft werden. Fortgeführt wurden auch die Sammlung der Erinnerungsberichte ehemaliger Häftlinge, die Vervollständigung der Dokumentation und die Veranstaltung von Kunstausstellungen, die in nicht wenigen Fällen Werke von bildenden Künstlern zeigten, die in Prag und anderen großen Städten bereits nicht mehr ausstellen durften.

Die veränderte gesellschaftspolitische Situation nach dem November 1989 schuf völlig neue Bedingungen für die Forschungs- und Öffentlichkeitsarbeit der Gedenkstätte. Dies kam insbesondere in den jetzt formulierten Prioritäten für ihre Arbeit zum Ausdruck. Die neue Konzeption der Gedenkstätte ging davon aus, daß es notwendig ist, die Erforschung und museale Darstellung der Geschichte des Ghettos in den Vordergrund zu rücken. Dies erfolgte mit dem Ziel, die großen Rückstände der Forschung auf diesem Gebiet und die damit verbundenen Deformationen in der Bildungs- und Erziehungsarbeit der Gedenkstätte so schnell wie möglich zu überwinden. Neben der eigentlichen Forschung wurde dabei insbesondere Wert auf eine Intensivierung der Kontakte zu Fachleuten und dem Ausland gelegt. Die ersten internationalen Konferenzen schufen eine günstige Atmosphäre für die Aufnahme von Arbeitskontakten mit ausländischen Institutionen. Wiederbelebt bzw. neu aufgenommen wurden auch die Kontakte zu verschiedenen Jugendorganisationen und -initiativen, die sich mit der nationalsozialistischen Vergangenheit und der Geschichte der rassischen und politischen Verfolgung auseinandersetzen – z. B. zur Aktion Sühnezeichen/Friedensdienste in der Bundesrepublik und zum österreichischen Projekt Gedenkdienst. Diese Kontakte ermöglichten eine schnellere Vermittlung neuerer Forschungsergebnisse in der Öffentlichkeitsarbeit, nicht zuletzt gegenüber jungen Besuchern aus dem Ausland.

Der Aufbau des Ghetto-Museums in Theresienstadt wurden zu einem wichtigen Meilenstein in der Bildungs- und Erziehungsarbeit der Gedenkstätte. Mit mehr als zwanzigjähriger Verspätung konnten somit jene Pläne realisiert werden, für die sich in der Vergangenheit viele Mitarbeiter der Gedenkstätte und ehemalige Häftlinge des

Ghettos eingesetzt hatten. Mit Unterstützung des Präsidenten Václav Havel wurde eine beschleunigte Überführung des „Museum der Volkspolizei und der revolutionären Traditionen der nordtschechischen Region" in die Zuständigkeit der Gedenkstätte erreicht. In der Rekordzeit von nur einem Jahr entstanden an diesem Ort eine neue historische Ausstellung und zusätzliche Räumlichkeiten für die Bildungsarbeit des Museums. Es ist notwendig, an dieser Stelle darauf zu verweisen, daß der Aufbau des Museums in so kurzer Zeit nur durch die vielfältige Unterstützung der „Theresienstädter Initiative", einer Organisation ehemaliger Häftlinge, und die Arbeit einer Reihe von Historikern aus ihren Reihen möglich wurde. Dazu gehören Miroslav Kárny, Anita Franková, Anna Hyndráková und andere, die sich entweder direkt an der Vorbereitung der Exposition beteiligten oder deren Arbeit und das von ihnen gesammelte dokumentarische Material herangezogen werden konnten.

Das neue Museum wurde anläßlich eines Treffens ehemaliger Häftlinge am 17. Oktober 1991, bei dem an die 50. Wiederkehr des Beginns der Deportation der Juden aus dem ehemaligen Protektorat Böhmen und Mähren erinnert wurde, feierlich eröffnet. Es kann davon ausgegangen werden, daß die ständige Ausstellung in den nächsten Jahren weiter überarbeitet und erweitert wird. Dabei soll insbesondere das Schicksal jener Juden, die nach Theresienstadt von außerhalb des Protektorats – aus Deutschland, Österreich, Holland, Dänemark, der Slowakei und Ungarn – kamen, anschaulicher dokumentiert werden.

Nicht minder wichtige Aufgaben erwarten die Mitarbeiter der Gedenkstätte auf anderen Gebieten. Die Kleine Festung bzw. das Gestapogefängnis, das dort untergebracht war, bedürfen ebenfalls weiterer Forschungen, nicht zuletzt um die bisherigen Disproportionen in der Darstellung zu überwinden. Intensiver werden jene Häftlingsgruppen untersucht, die dem demokratischen Widerstand angehörten oder bislang überhaupt nicht erwähnt wurden, wie z. B. die Häftlinge aus dem Bereich der Kirche. In der Kleinen Festung wird demnächst ein neues Museum eröffnet, das sich mit der Geschichte des Gestapogefängnisses und der Entwicklung des nationalsozialistischen Systems der politischen Verfolgung in den tschechischen Ländern beschäftigt.

Nach langer Unterbrechung wurden auch die Forschungen zur Geschichte des Konzetrationslagers in Litoměřice und zur Entstehungsgeschichte der unterirdischen Fabriken mit den Tarnbezeichnungen „Richard I" und „Richard II" wieder aufgenommen.

Ein völlig neues Forschungsfeld ist die Geschichte des Internierungslagers, das sich von 1945–1948 in der Kleinen Festung befand und in dem zunächst Kriegsgefangene und später zur Aussiedlung vorgesehene Deutsche untergebracht wurden. Dieser Teil der neueren Geschichte Theresienstadts war lange Zeit tabuisiert und die entsprechenden Archivmaterialien blieben für die Forschung verschlossen. Erst die demokratischen Veränderungen schufen auch auf diesem Gebiet normale Bedingungen für die Arbeit der Historiker, die nunmehr mit einer objektiven Darstellung der Internierungsproblematik das Bild der Nachkriegsentwicklung der Tschechoslowakei vervollständigen können. Die Forschungsergebnisse auf diesem Gebiet werden publiziert und es ist mit der Einrichtung einer gesonderteren ständigen Ausstellung zur Geschichte des Internierungslagers zu rechnen.

Eine besondere Rolle kam in den letzten Jahren der bereits erwähnten Bildungs- und Erziehungsarbeit zu. In der Gedenkstätte wurde eine spezielle Abteilung geschaffen, die Seminare, Kurse und Vorträge differenziert nach unterschiedlichen Besuchergruppen aus dem Bereich der Schulen (Grund-, Mittel- und Oberschüler) und für Pädagogen ausarbeitet. In wachsendem Maße werden in Theresienstadt mehrtägige Bildungsveranstaltungen oder Arbeitseinsätze ausländischer Jugendgruppen vor allem aus der Bundesrepublik und Österreich durchgeführt. Speziell an letztere wird sich die Arbeit eines geplanten Internationalen Jugendbildungszentrums richten, das in einem der ehemaligen Kasernenobjekte entstehen soll, die von der Armee geräumt werden. In Vorbereitung befinden sich ferner eine Galerie der antifaschistischen und Antikriegskunst in der Kleinen Festung sowie eine den Künstlern des Ghettos gewidmete Galerie in Theresienstadt.

Die gegenwärtige komplizierte gesellschaftspolitische Situation in den postkommunistischen Staaten stellt die Gedenkstätten vor anspruchsvolle Aufgaben. Ziel ihrer Mitarbeiter und all derer, die ihre Arbeit unterstützen, ist es, nicht nur an die Opfer der Verfolgung und Vernichtungspolitik in der Vergangenheit zu erinnern, sondern auch einen Beitrag zur demokratischen Erziehung der jungen Generation und zum Widerstand gegen jegliche Formen von Gewalt, Nationalismus und Intoleranz zu leisten.

Aus dem Tschechischen übersetzt von J. Danyel

IV. Bibliographie

Neuere Forschungsliteratur zum Umgang mit Nationalsozialismus und Widerstand in beiden deutschen Staaten

Auswahlbibliographie 1989–1994 (zusammengestellt von Inge Schmöker und Jürgen Danyel)

30. Sitzung der Enquete-Kommission „Aufarbeitung von Geschichte und Folgen der SED-Diktatur in Deutschland" am 5. 3. 1993. Öffentl. Anhörung zu dem Thema: „Antifaschismus und Rechtsradikalismus in der SBZ/DDR", Bonn 1994.

Abenheim, Donald, Bundeswehr und Tradition. Die Suche nach dem gültigen Erbe des deutschen Soldaten, München 1989.

Aly, Götz, Wider das Bewältigungs-Kleinklein, in: Hanno Loewy (Hg.), Holocaust: Die Grenzen des Verstehens. Eine Debatte über die Besetzung der Geschichte, Reinbek 1992, S. 42–51.

Ammer, Thomas, Kontinuität und Wandel. Zur Bewertung der Verschwörung vom 20. Juli 1944 in der DDR, in: DA 22, 1989, S. 964–967.

Arnim, Gabriele v., Das große Schweigen. Von der Schwierigkeit, mit den Schatten der Vergangenheit zu leben, München 1989.

Assmann, Aleida/Harth, Dietrich, Mnemosyne. Formen und Funktionen kultureller Erinnerung, Frankfurt a.M. 1991.

Azaryahu, Maoz, Vom Wilhelmplatz zum Thälmannplatz. Politische Symbole im öffentlichen Leben der DDR, Schriftenreihe des Instituts für Deutsche Geschichte der Universität Tel Aviv, Bd. 13, Gerlingen 1991.

Backes, Uwe/Jesse, Eckhard/Zitelmann, Rainer (Hg.), Die Schatten der Vergangenheit.

Impulse zur Historisierung des Nationalsozialismus, Frankfurt a.M./Berlin 1990.

Badstübner-Peters, Evemarie, Antifaschistisch-demokratische Umwälzung und Nachkriegsalltag, in: ZfG 37, 1989, S. 685–691.

Bauerkämper, Arnd, Der verlorene Antifaschismus. Die Enteignung der Gutsbesitzer und der Umgang mit dem 20. Juli 1944 bei der Bodenreform in der Sowjetischen Besatzungszone, in: ZfG 42, 1994, S. 623–634.

Baumann, Zygmunt, Das Urteil von Nürnberg hat keinen Bestand. Rassismus, Antirassismus und moralischer Fortschritt, in: Das Argument 35, 1993, S. 519–532.

Belau, Detlef, Die Mentalität des Täter-Bürgers. Eine Kritik der Ethik der Industriegesellschaft. Dargestellt an der Euthanasie in Deutschland von 1933–1945 und ihrer Nichtbewältigung in der DDR/Ostdeutschland, in: Zeitgeschichte 20, 1993, S. 219–233.

Bender, Peter, Ansätze zu einer deutschen Nachkriegsgeschichte, in: Merkur 47, 1993, S. 197–206.

Bender, Peter, Deutsche Parallelen. Anmerkungen zu einer gemeinsamen Geschichte zweier getrennter Staaten, Berlin 1989.

Benser, Günter, Der Untergang des Deutschen Reiches, in: ZfG 37, 1989, S. 398–406.

Benz, Wolfgang (Hg.), Rechtsradikalismus in der Bundesrepublik. Voraussetzungen, Zusammenhänge, Wirkungen, Frankfurt a.M. 1989.

Benz, Wolfgang, Die „Auschwitz-Lüge", in: Rolf Steininger (Hg.), Der Umgang mit dem Holocaust. Europa – USA – Israel, Schriften des Instituts für Zeitgeschichte der Universität Innsbruck und des Jüdischen Museums Hohenems, Bd. 1, Wien/Köln/Weimar 1994, S. 103-115.

Benz, Wolfgang, Etappen bundesdeutscher Geschichte am Leitfaden unerledigter deutscher Vergangenheit, in: Brigitte Rauschenbach (Hg.), Erinnern, Wiederholen, Durcharbeiten. Zur Psychoanalyse deutscher Wenden, Berlin 1992, S. 119-131.

Benz, Wolfgang, Nachkriegsgesellschaft und Nationalsozialismus. Erinnerung, Amnesie, Abwehr, in: Dachauer Hefte 6, 1994, S. 12-24.

Benz, Wolfgang, Nationalsozialistische Verfolgung und Widerstand. Etappen bundesrepublikanischer Erinnerung, in: Brandenburgische Gedenkstätten für die Verfolgten des NS-Regimes. Perspektiven, Kontroversen und internationale Vergleiche, hrsg. v. Ministerium für Wissenschaft, Forschung und Kultur des Landes Brandenburg in Zusammenarbeit mit der Brandenburgischen Landeszentrale für politische Bildung, Redaktion: Stefanie Endlich, Berlin 1992, S. 81-85.

Benz, Wolfgang, Reaktionen auf die Verfolgung der Juden und den Holocaust in Deutschland vor und nach 1945, in: APZ, B 1-2/92 v. 3. 1. 1992, S. 24-32.

Benz, Wolfgang, Tradierte und wiederentdeckte Vorurteile im neuen Europa. Antisemitismus, Fremdenhaß, Diskriminierung von Minderheiten, in: ZfG 41, 1993, S. 485-493.

Benz, Wolfgang, Zwischen Hitler und Adenauer. Studien zur deutschen Nachkriegsgeschichte, Frankfurt a.M. 1991.

Berger, Christel, Gewissensfrage Antifaschismus. Traditionen der DDR-Literatur. Analysen – Interpretationen – Interviews, Berlin 1990.

Bergmann, Werner, Die Reaktion auf den Holocaust in Westdeutschland von 1945 bis 1989, in: GWU 43, 1992, S. 327-350.

Bergmann, Werner/Erb, Rainer, Antisemitismus in der Bundesrepublik Deutschland. Ergebnisse der empirischen Forschung 1946-1989, Opladen 1991.

Bergmann, Werner/Erb, Rainer, Antisemitis-

mus in der politischen Kultur nach 1945, Opladen 1990.

Bialas, Wolfgang, Antifaschismus in der DDR – historisch-kritische Aufräumarbeiten, in: Das Argument 35, 1993, S. 551-570.

Bleek, Wilhelm, The Competition over German History between the two German States, in: TAJB, XIX/1990, S. 209-232.

Bock, Wolfgang, DDR-Justiz und Strafverfahren wegen nationalsozialistischer Gewaltverbrechen. Eine Erläuterung der Rahmenbedingungen, in: Bernhard Moltmann u.a. (Hg.), Erinnerung. Zur Gegenwart des Holocaust in Deutschland-West und Deutschland-Ost, Arnoldshainer Texte, Bd. 79, Frankfurt a.M. 1993, S. 119-128.

Bramke, Werner, Das Bild vom deutschen Widerstand gegen den Nationalsozialismus im Lichte unterschiedlicher Erfahrungen von Teilung und Umbruch, in: ZfG 42, 1994, S. 597-604.

Bramke, Werner, Neuordnung der Nachkriegsverhältnisse in Ostdeutschland aus dem Geist des Widerstandes, in: Peter Steinbach/Johannes Tuchel (Hg.), Widerstand gegen den Nationalsozialismus, Berlin 1994, S. 582-596.

Brandenburgische Gedenkstätten für die Verfolgten des NS-Regimes. Perspektiven, Kontroversen und internationale Vergleiche, hrsg. v. Ministerium für Wissenschaft, Forschung und Kultur des Landes Brandenburg in Zusammenarbeit mit der Brandenburgischen Landeszentrale für politische Bildung, Redaktion: Stefanie Endlich, Berlin 1992.

Brebeck, Wulff Eberhard, Wewelsburg. Zum Umgang der Bevölkerung mit der Erfahrung eines Konzentrationslagers im Dorf, in: Hubert Frankemölle (Hg.), Opfer und Täter. Zum nationalsozialistischen und antijüdischen Alltag in Ostwestfalen-Lippe, Bielefeld 1990.

Breyvogel, Wilfried, Die Gruppe „Weiße Rose". Anmerkungen zur Rezeptionsgeschichte und kritischen Rekonstruktion, in: ders. (Hg.), Piraten, Swings und Junge Garde. Jugendwiderstand im Nationalsozialismus, Bonn 1991, S. 159-201.

Brochhagen, Ulrich, Nach Nürnberg. Vergangenheitsbewältigung und Westintegration in der Ära Adenauer, Hamburg 1994.

Brocke, Edna, Im Tode sind alle gleich – Sind im Tode alle gleich?, in: Hanno Loewy (Hg.), Holocaust: Die Grenzen des Verstehens.

Eine Debatte über die Besetzung der Geschichte, Reinbek 1992, S. 71–82.

Broszat, Martin, Erfolg und Scheitern eines deutsch-deutschen Zeitgeschichts-Dialogs, in: ders./Klaus Schwabe (Hg.), Die deutschen Eliten und der Weg in den Zweiten Weltkrieg, München 1989, S. 7–24.

Brumlik, Micha, Trauerrituale und politische Kultur nach der Shoah in der Bundesrepublik, in: Hanno Loewy (Hg.), Holocaust: Die Grenzen des Verstehens. Eine Debatte über die Besetzung der Geschichte, Reinbek 1992, S. 191–212.

Brumlik, Micha/Kiesel, Doron/Reisch, Linda (Hg.), Der Antisemitismus und die Linke, Arnoldshainer Texte, Bd. 72, Frankfurt a.M. 1991.

Buck, Robert, Die Rezeption des 20. Juli 1944 in der Bundeswehr. Anmerkungen zu deren Traditionsverständnis, in: Gerd R. Ueberschär (Hg.), Der 20. Juli 1944. Bewertung und Rezeption des deutschen Widerstandes gegen das NS-Regime, Köln 1994, S. 214–234.

Burrichter, Clemens/Schödl, Günter (Hg.), „Ohne Erinnerung keine Zukunft!" Zur Aufarbeitung von Vergangenheit in einigen europäischen Gesellschaften unserer Tage, Köln 1992.

Buruma, Ian, Erbschaft der Schuld. Vergangenheitsbewältigung in Deutschland und Japan, München/Wien 1994.

Buscher, Frank M., Kurt Schumacher, German Social Democracy and the Punishment of Nazi Crimes, in: Holocaust and Genocid Studies 5, 1990, S. 261–273.

Buscher, Frank M., The US War Crimes Trial Program in Germany 1946-1955, New York 1989.

Combe, Sonja, DDR: Die letzten Tage der deutsch-jüdischen Symbiose, in: Bernhard Moltmann u.a. (Hg.), Erinnerung. Zur Gegenwart des Holocaust in Deutschland-West und Deutschland-Ost, Arnoldshainer Texte, Bd. 79, Frankfurt a.M. 1993, S. 137–148.

Coppi, Hans, Die „Rote Kapelle" – ein Geschichtsbild verändert sich, in: GEP 5, 1994, S. 450–458.

Coppi, Hans, Schwierigkeiten mit dem Antifaschismus in der DDR, in: Studien für Zeitfragen, 32, 1990, S. 15–17.

Coppi, Hans/Danyel, Jürgen, Abschied von Feindbildern. Zum Umgang mit der Geschichte der „Roten Kapelle", in: Kurt Schilde (Hg.), Eva-Maria Buch und die „Rote Kapelle". Erinnerungen an den Widerstand gegen den Nationalsozialismus, Berlin 1993, S. 143–151.

Creuzberger, Stefan, Die Liquidierung antifaschistischer Organisationen in Berlin. Ein sowjetisches Dokument, in: DA 26, 1993, S. 1266–1279.

Danyel, Jürgen, Bilder vom „anderen Deutschland". Frühe Widerstandsrezeption nach 1945, in: ZfG 42, 1994, S. 611–621.

Danyel, Jürgen, Die geteilte Vergangenheit. Gesellschaftliche Ausgangslagen und politische Dispositionen für den Umgang mit Nationalsozialismus und Widerstand in beiden deutschen Staaten nach 1949, in: Jürgen Kocka (Hg.), Historische DDR-Forschung. Aufsätze und Studien, Berlin 1993, S. 129–148.

Danyel, Jürgen, Die Rote Kapelle innerhalb der deutschen Widerstandsbewegung, in: Hans Coppi/Jürgen Danyel/Johannes Tuchel (Hg.), Die Rote Kapelle im Widerstand gegen den Nationalsozialismus, Berlin 1994, S. 12–38.

Danyel, Jürgen, Vom schwierigen Umgang mit der Schuld. Die Deutschen in der DDR und der Nationalsozialismus, in: ZfG 40, 1992, S. 915–928.

Das Elend mit der Vergangenheit. 1. Buchenwald-Geschichtsseminar, Weimar, Buchenwald, Ettersburg, 28.-30. 9. 1990, hrsg. v. Thomas A. Seidel, Weimar o.J.

Denkmäler zum Denken. Geschichte zum Begehen und Verstehen – antifaschistische Gedenkstätten in den östlichen Bezirken Berlins, Berlin 1991.

Der einäugige Blick. Vom Mißbrauch der Geschichte im Nachkriegsdeutschland. 3. Buchenwald-Geschichtsseminar, Erfurt, Buchenwald, Ettersburg, 27.-29. 11. 1992, hrsg. v. Kuratorium Schloß Ettersburg e.V., Weimar o. J.

Die Weiße Rose und das Erbe des deutschen Widerstandes. Münchner Gedächtnisvorlesungen, München 1993.

Diner, Dan, Massenverbrechen im 20. Jahrhundert: über Nationalsozialismus und Stalinismus, in: Rolf Steininger (Hg.), Der Umgang mit dem Holocaust. Europa – USA – Israel, Schriften des Instituts für Zeitgeschichte der Universität Innsbruck und des Jüdischen Museums Hohenems, Bd. 1, Wien/Köln/Weimar 1994, S. 468–481.

Diner, Dan, Zur Ideologie des Antifaschismus, in: Bernhard Moltmann u.a. (Hg.), Erinnerung. Zur Gegenwart des Holocaust in Deutschland-West und Deutschland-Ost, Arnoldshainer Texte, Bd. 79, Frankfurt a.M. 1993, S. 21-30.

Dolle-Weinkauff, Bernd, Das „Dritte Reich" im Comic. Geschichtsbilder und darstellungsästhetische Strategien einer rekonstruierten Gattung, in: Jahrbuch für Antisemitismusforschung 2, 1993, S. 298-332.

Dreßen, Willi, Die Zentrale Stelle der Landesjustizverwaltungen zur Aufklärung von NS-Verbrechen in Ludwigsburg, in: Dachauer Hefte 6, 1994, S. 85-93.

Dubiel, Helmut, Deutsche Vergangenheiten, in: Transatlantik, 1991, S. 169-179. (auch in: Sigfried Unseld (Hg.), Politik ohne Projekt? Nachdenken über Deutschland, Frankfurt a.M. 1993, S. 236-249)

Dudek, Peter, „Vergangenheitsbewältigung". Zur Problematik eines umstrittenen Begriffs, in: APZ, B 1-2/92 v. 3. 1. 1992, S. 44-53.

Ebert, Jens/Eschebach, Insa (Hg.), „Die Kommandeuse". Eva Dorn - zwischen Nationalsozialismus und Kaltem Krieg, Berlin 1994.

Ebert, Jens/Eschebach, Insa, „Rädelsführerin" und „SS-Kommandeuse". Erna Dorn und der 17. Juni 1953, in: DA 27, 1994, S. 595-599.

Eckert, Rainer, Ende eines Mythos oder Mitbringsel in das vereinigte Deutschland? Der DDR-Antifaschismus nach der Herbstrevolution von 1989, in: Brandenburgische Gedenkstätten für die Verfolgten des NS-Regimes. Perspektiven, Kontroversen und internationale Vergleiche, hrsg. v. Ministerium für Wissenschaft, Forschung und Kultur des Landes Brandenburg in Zusammenarbeit mit der Brandenburgischen Landeszentrale für politische Bildung, Redaktion: Stefanie Endlich, Berlin 1992, S. 86-94.

Eckert, Rainer, Vergangenheits-„Bewältigung" 1945-1947 und 1989-1991: Unterschiede und Gemeinsamkeiten. Thesen zur Auseinandersetzung mit der DDR-Vergangenheit, in: Vergangenheitsbewältigung 1945 und 1989. Ein unmöglicher Vergleich? Eine Diskussion, hrsg. v. Klaus Sühl im Auftrag der Brandenburgischen Landeszentrale für politische Bildung in Zusammenarbeit mit der Deutschen Gesellschaft e.V., Berlin 1994, S. 155-166.

Eichholtz, Dietrich, Zur deutschen Geschichte in den dreißiger Jahren. Probleme und Ver-

säumnisse unserer Geschichtsschreibung, in: Geschichtsunterricht und Staatsbürgerkunde 32, 1990, S. 167-175.

Eisfeld, Rainer/Müller, Ingo, Gegen Barbarei. Essays. Robert W. M. Kempner zu Ehren, Frankfurt a.M. 1989.

Elm, Ludwig, Zweierlei Vergangenheitsbewältigung - damals und heute, in: DA 24, 1991, S. 737-743.

Empfehlungen zur Neukonzeption der brandenburgischen Gedenkstätten. Januar 1992, in: Brandenburgische Gedenkstätten für die Verfolgten des NS-Regimes. Perspektiven, Kontroversen und internationale Vergleiche, hrsg. v. Ministerium für Wissenschaft, Forschung und Kultur des Landes Brandenburg in Zusammenarbeit mit der Brandenburgischen Landeszentrale für politische Bildung, Redaktion: Stefanie Endlich, Berlin 1992, S. 215-265.

Ende der Nachkriegszeit - Ende des Antifaschismus? Oskar Negt im Gespräch mit Wolfgang Fritz Haug, in: Das Argument 35, 1993, S. 535-550.

Endlich, Stefanie, Geschichte und Zukunft der NS-Gedenkstätten in der vormaligen DDR, in: Andreas Nachama/Julius H. Schoeps (Hg.), Aufbau nach dem Untergang. Deutsch-jüdische Geschichte nach 1945. In memoriam Heinz Galinski, Berlin 1992, S. 107-120.

Erinnerung ist das Geheimnis der Versöhnung. 2. Buchenwald-Geschichtsseminar, Weimar, Buchenwald, Ettersburg, 15.-17. 11. 1991, Weimar o. J.

Erpresserzentrale, Aktenhort oder was? Die DDR-Staatssicherheit und ihr Archiv über die Nazizeit - Nachfragen zu einem geheimnisumwitterten Thema, in: ND, 18./19. 5. 1991.

Evans, Richard J., Im Schatten Hitlers? Historikerstreit und Vergangenheitsbewältigung in der Bundesrepublik, Frankfurt a.M. 1991.

Fascher, Eckhard, Modernisierter Rechtsextremismus? Ein Vergleich der Parteigründungsprozesse der NPD und der Republikaner in den sechziger und achtziger Jahren, Berlin 1994.

Faulenbach, Bernd, Antifaschismus - ein antidemokratischer Mythos?, in: NGFH 41, 1994, S. 469-471.

Faulenbach, Bernd, Auf dem Weg zu einer gemeinsamen Erinnerung? Das Bild vom deutschen Widerstand gegen den Nationalsozialismus nach den Erfahrungen von Teilung und Umbruch, in: ZfG 42, 1994, S. 589–596.

Faulenbach, Bernd, Aufklärung über Vergangenheit im Hinblick auf Gegenwart und Zukunft. Zu Hans Mommsens 60. Geburtstag, in: IWK 26, 1990, S. 552–557.

Faulenbach, Bernd, Die Bedeutung der NS-Vergangenheit für das deutsche Selbstverständnis. Weitere Beiträge zum „Historikerstreit" und zur Frage der deutschen Identität, in: Archiv für Sozialgeschichte, XXX/1990, S. 532–547.

Faulenbach, Bernd, Eine neue Sicht der Geschichte? Zur Diskussion über die deutschen Vergangenheiten, in: Blätter für deutsche und internationale Politik 37, 1992, S. 809–817.

Faulenbach, Bernd, Probleme des Umgangs mit der Vergangenheit im vereinten Deutschland: Zur Gegenwartsbedeutung der jüngsten Geschichte, in: Werner Weidenfeld (Hg.), Deutschland. Eine Nation-doppelte Geschichte. Materialien zum deutschen Selbstverständnis, Köln 1993, S. 175–190.

Faulenbach, Bernd, Probleme einer Neuinterpretation der Vergangenheit angesichts des Umbruchs 1989/91, in: derselbe/Martin Stadelmaier (Hg.), Diktatur und Emanzipation. Zur russischen und deutschen Entwicklung 1917–1991, Essen 1993, S. 9–18.

Faulenbach, Bernd, Zur Funktion des Antifaschismus in der SBZ/DDR, in: DA 26, 1993, S. 754–759.

Fetscher, Sebastian, Das Dritte Reich und die Moral der Nachgeborenen. Vom Dünkel der Betroffenheit, in: Neue Sammlung 29, 1989, S. 161–185.

Finker, Kurt, Der Kreisauer Kreis aus der Sicht der bisherigen DDR-Forschung, in: Huberta Engel (Hg.), Deutscher Widerstand – Demokratie heute. Kirche, Kreisauer Kreis, Ethik, Militär und Gewerkschaften, Bonn/Berlin 1992, S. 179–202.

Finker, Kurt, Gedanken zur Auseinandersetzung mit der Geschichte des Faschismus in den zwei deutschen Staaten, in: ND, 4./5. 1. 1992.

Finker, Kurt, KPD und Antifaschismus 1929 bis 1934, in: ZfG 41, 1993, S. 389–398.

Finn, Gerhard, Wieder einmal nichts gewußt. „Vergangenheitsbewältigung" in Buchenwald, in: DA 23, 1990, S. 1251–1259.

Fippel, Günter, Der Mißbrauch des Faschis-

mus-Begriffs in der SBZ/DDR, in: DA 25, 1992, S. 1055–1065.

Foitzik, Jan, Die Sowjetische Militäradministration in Deutschland. Organisation und Wirkungsfelder in der SBZ 1945–1949, in: APZ, B 11/90 v. 9. 3. 1990, S. 43–51.

Frei, Norbert, Auschwitz und Holocaust. Begriff und Historiographie, in: Hanno Loewy (Hg.), Holocaust: Die Grenzen des Verstehens. Eine Debatte über die Besetzung der Geschichte, Reinbek 1992, S. 101–109.

Freudenberg, Andreas/Freudenberg, Günter/ Heuß, Herbert, Verdrängte Erinnerung – der Völkermord an Sinti und Roma, in: Hanno Loewy (Hg.), Holocaust: Die Grenzen des Verstehens. Eine Debatte über die Besetzung der Geschichte, Reinbek 1992, S. 52–70.

Fulda, Iris, 1945 und 1989 – ein Vergleich. Über die Bewältigung deutscher Vergangenheiten (Konferenzbericht), in: DA 25, 1992, S. 749–751.

Garbe, Detlef, Äußerliche Abkehr, Erinnerungsverweigerung und „Vergangenheitsbewältigung": Der Umgang mit dem Nationalsozialismus in der frühen Bundesrepublik, in: Axel Schildt/Arnold Sywottek (Hg.), Modernisierung im Wiederaufbau. Die westdeutsche Gesellschaft der 50er Jahre, Bonn 1993, S. 693–716.

Garbe, Detlef, Gedenkstätten: Orte der Erinnerung und die zunehmende Distanz zum Nationalsozialismus, in: Hanno Loewy (Hg.), Holocaust: Die Grenzen des Verstehens. Eine Debatte über die Besetzung der Geschichte, Reinbek 1992, S. 260–284.

Ginsburg, Hans Jakob, Sprachlose Legitimation, in: Bernhard Moltmann u. a. (Hg.), Erinnerung. Zur Gegenwart des Holocaust in Deutschland-West und Deutschland-Ost, Arnoldshainer Texte, Bd. 79, Frankfurt a.M. 1993, S. 129–136.

Giordano, Ralph (Hg.), „Wie kann diese Generation eigentlich noch atmen?" Briefe zu dem Buch: Die zweite Schuld oder Von der Last Deutscher zu sein, Hamburg 1990.

Giordano, Ralph, Die zweite Schuld, in: Nationalsozialismus und Justiz. Die Aufarbeitung von Gewaltverbrechen damals und heute, Münster 1993, S. 77–91.

Goldenbogen, Nora, „Säuberungen" und Antisemitismus in Sachsen (1949–1953), in: Mario Keßler (Hg.), Arbeiterbewegung und Antisemitismus. Entwicklungslinien im

20. Jahrhundert, Podium Progressiv 25, Bonn 1993, S. 121–128.

Goldschmidt, Dietrich, Unter der Last des Holocaust. 1945–1989: Entsetzen, Trauer, bemühter Neuanfang, in: Neue Sammlung 29, 1989, S. 145–160.

Goschler, Constantin, Paternalismus und Verweigerung – Die DDR und die Wiedergutmachung für jüdische Verfolgte des Nationalsozialismus, in: Jahrbuch für Antisemitismusforschung 2, 1993, S. 93–117.

Goschler, Constantin, Wiedergutmachung. Westdeutschland und die Verfolgten des Nationalsozialismus (1945–1954), München 1992.

Gossweiler, Kurt, Aus dem Arsenal des Kalten Krieges, in: Konkret, 1992, H. 8, S. 46–50.

Grabitz, Helge, Die Verfolgung von NS-Verbrechen in der Bundesrepublik Deutschland, der DDR und Österreich, in: Rolf Steininger (Hg.), Der Umgang mit dem Holocaust. Europa – USA – Israel, Schriften des Instituts für Zeitgeschichte der Universität Innsbruck und des Jüdischen Museums Hohenems, Bd. 1, Wien/Köln/Weimar 1994, S. 198–220.

Graf, Andreas, „Speziallager" – Fragen und Überlegungen. Ein Diskussionsbeitrag, in: Brandenburgische Gedenkstätten für die Verfolgten des NS-Regimes. Perspektiven, Kontroversen und internationale Vergleiche, hrsg. v. Ministerium für Wissenschaft, Forschung und Kultur des Landes Brandenburg in Zusammenarbeit mit der Brandenburgischen Landeszentrale für politische Bildung, Redaktion: Stefanie Endlich, Berlin 1992, S. 46–51.

Graf, Andreas, Brisante Geschichte. Zum Umgang mit dem Thema „Speziallager" nach dem Herbst 1989, in: Renate Knigge-Tesche/Peter Reif-Spirek/Bodo Ritscher (Hg.), Internierungspraxis in Ost- und Westdeutschland nach 1945. Eine Fachtagung, Erfurt 1993, S. 124–139.

Gräfe, Marlis/Ritscher, Bodo, Die Speziallager in der Sowjetischen Besatzungszone. Das Beispiel Buchenwald, in: Hanno Müller (Hg.), Recht oder Rache? Buchenwald 1945–1950. Betroffene erinnern sich, Frankfurt a.M. 1991, S. 93–130.

Graml, Hermann, Die verdrängte Auseinandersetzung mit dem Nationalsozialismus, in: Martin Broszat (Hg.), Zäsuren nach 1945, München 1990, S. 169–130.

Groehler, Olaf, „Juden erkennen wir nicht an", in: Konkret, 1992, H. 3, S. 50–54.

Groehler, Olaf, Der Holocaust in der Geschichtsschreibung der DDR, in: Bernhard Moltmann u.a. (Hg.), Erinnerung. Zur Gegenwart des Holocaust in Deutschland-West und Deutschland-Ost, Arnoldshainer Texte, Bd. 79, Frankfurt a.M. 1993, S. 47–65.

Groehler, Olaf, Der Umgang mit dem Holocaust in der DDR, in: Rolf Steininger (Hg.), Der Umgang mit dem Holocaust. Europa – USA – Israel, Schriften des Instituts für Zeitgeschichte der Universität Innsbruck und des Jüdischen Museums Hohenems, Bd. 1, Wien/Köln/Weimar 1994, S. 233–245.

Groehler, Olaf, Die Diskussion um die Judenverfolgung in SBZ und DDR (1947–1953), in: Mario Keßler (Hg.), Arbeiterbewegung und Antisemitismus. Entwicklungslinien im 20. Jahrhundert, Podium Progressiv 25, Bonn 1993, S. 79–86.

Groehler, Olaf, Die Überlebenden des deutschen Widerstandes und ihre Verbände in der deutschen Nachkriegsgesellschaft, in: ZfG 42, 1994, S. 605–609.

Groehler, Olaf, Erblasten: Der Umgang mit dem Holocaust in der DDR, in: Hanno Loewy (Hg.), Holocaust: Die Grenzen des Verstehens. Eine Debatte über die Besetzung der Geschichte, Reinbek 1992, S. 110–127.

Groehler, Olaf, Erinnerungen an die „Reichskristallnacht" in der SBZ und DDR, in: Thomas Hofmann/Hanno Loewy/Harry Stein (Hg.), Pogromnacht und Holocaust. Frankfurt, Weimar, Buchenwald. Das schwierige Erinnern an die Stationen der Vernichtung, Weimar/Köln/Wien 1994, S. 172–197.

Groehler, Olaf, Integration und Ausgrenzung von NS-Opfern. Zur Anerkennungs- und Entschädigungsdebatte in der Sowjetischen Besatzungszone Deutschlands 1945 bis 1949, in: Jürgen Kocka (Hg.), Historische DDR-Forschung. Aufsätze und Studien, Berlin 1993, S. 105–127.

Groehler, Olaf, Personenaustausch in der neuesten deutschen Geschichte, in: Vergangenheitsbewältigung 1945 und 1989. Ein unmöglicher Vergleich? Eine Diskussion, hrsg. v. Klaus Sühl im Auftrag der Brandenburgischen Landeszentrale für politische Bildung in Zusammenarbeit mit der Deutschen Gesellschaft e.V., Berlin 1994, S. 167–179.

Groehler, Olaf, SED, VVN und Juden in der sowjetischen Besatzungszone Deutschlands (1945-1949), in: Jahrbuch für Antisemitismusforschung 3, 1994, S. 282-302.

Groehler, Olaf, Zelebrierter Antifaschismus, in: Journal Geschichte, 1990, H. 5, S. 46-55.

Groehler, Olaf, Zur Geschichte des deutschen Widerstandes. Leistungen und Defizite der Geschichtsschreibung, in: Utopie konkret, 1990, H. 1, S. 69-75.

Groehler, Olaf, „Aber sie haben nicht gekämpft", in: Konkret, 1992, H. 5, S. 38-44.

Groll, Klaus-Michael, Wie lange haften wir für Hitler? Zum Selbstverständnis der Deutschen heute, Düsseldorf 1990.

Grosser, Alfred, Ermordung der Menschheit. Der Genozid im Gedächtnis der Völker, München/Wien 1990.

Grunenberg, Antonia, Antifaschismus – ein deutscher Mythos, Reinbek 1993.

Hass, Gerhart, Weiße Flecken in der Darstellung des Zweiten Weltkrieges, in: GEP 2, 1991, S. 200-210 und S. 309-319.

Hass, Gerhart, Zur Entwicklung in Deutschland 1933-1939, in: GEP 2, 1991, S. 40-49.

Hass, Gerhart, Zur internationalen Entwicklung 1933-1939, in: GEP 2, 1991, S. 126-136.

Haß, Ulrike, Mahnmaltexte 1945 bis 1948. Annäherung an eine schwierige Textsorte, in: Dachauer Hefte 6, 1992, S. 135-161.

Hauff, Axel, Der alte Antifaschismus ist tot. Für ein qualitativ neues Verständnis, in: Das Argument 35, 1993, S. 589-594.

Heigl, Peter, Konzentrationslager Flossenbürg. Bilder und Dokumente gegen das zweite Vergessen, Regensburg 1989.

Heinemann, Karl-Heinz/Schubarth, Wilfried (Hg.), Der antifaschistische Staat entläßt seine Kinder. Jugend und Rechtsextremismus in Ostdeutschland, Köln 1992.

Henke, Klaus-Dietmar, Die Trennung vom Nationalsozialismus. Selbstzerstörung, politische Säuberung, „Entnazifizierung", Strafverfolgung, in: derselbe/Hans Woller (Hg.), Politische Säuberung in Europa. Die Abrechnung mit Faschismus und Kollaboration nach dem Zweiten Weltkrieg, München 1991, S. 21-83.

Henke, Klaus-Dietmar/Natoli, Claudio, Mit dem Pathos der Nüchternheit. Martin Broszat, das Institut für Zeitgeschichte und die Erforschung des Nationalsozialismus, Frankfurt a.M./New York 1991.

Henke, Klaus-Dietmar/Woller, Hans (Hg.), Politische Säuberung in Europa. Die Abrechnung mit Faschismus und Kollaboration nach dem Zweiten Weltkrieg, München 1991.

Herbert, Ulrich, Der Holocaust in der Geschichtsschreibung der Bundesrepublik Deutschland, in: Bernhard Moltmann u.a. (Hg.), Erinnerung. Zur Gegenwart des Holocaust in Deutschland-West und Deutschland-Ost, Arnoldshainer Texte, Bd. 79, Frankfurt a.M. 1993, S. 31-45.

Herbert, Ulrich/Groehler, Olaf, Zweierlei Bewältigung. Vier Beiträge über den Umgang mit der NS-Vergangenheit in den beiden deutschen Staaten, Hamburg 1992.

Herbst, Ludolf/Goschler, Constantin (Hg.), Wiedergutmachung in der Bundesrepublik Deutschland, München 1989.

Herz, John H., Bürde der Vergangenheit oder: Wie die Deutschen mit der Nazi-Hinterlassenschaft fertig wurden, in: TAJB, XIX/ 1990, S. 13-32.

Heukenkamp, Ursula, Jüdische Figuren in der Nachkriegsliteratur der SBZ und DDR, in: Bernhard Moltmann u.a. (Hg.), Erinnerung. Zur Gegenwart des Holocaust in Deutschland-West und Deutschland-Ost, Arnoldshainer Texte, Bd. 79, Frankfurt a.M. 1993, S. 189-203.

Hoffmann, Christa, Aufklärung und Ahndung totalitären Unrechts: Die Zentralen Stellen in Ludwigsburg und in Salzgitter, in: APZ, B 4/93 v. 22. 1. 1993, S. 35-45.

Hoffmann, Christa, Die justizielle „Vergangenheitsbewältigung" in der Bundesrepublik. Tatsachen und Legenden, in: Uwe Backes/Eckhard Jesse/Rainer Zitelmann (Hg.), Die Schatten der Vergangenheit. Impulse zur Historisierung des Nationalsozialismus, Frankfurt a.M./Berlin 1990, S. 497-521.

Hoffmann, Christa, Stunden Null? Vergangenheitsbewältigung in Deutschland 1945 und 1989, Bonn 1992.

Hoffmann, Christa/Jesse, Eckhard, Die „doppelte Vergangenheitsbewältigung" in Deutschland: Unterschiede und Gemeinsamkeiten, in: Werner Weidenfeld (Hg.). Deutschland. Eine Nation – doppelte Geschichte. Materialien zum deutschen Selbstverständnis, Köln 1993, S. 209-234.

Hoffmann, Detlev, Ein Foto aus dem Ghetto Lodz oder: Wie die Bilder zerrinnen, in: Hanno Loewy (Hg.), Holocaust: Die Grenzen des Verstehens. Eine Debatte über die Besetzung der Geschichte, Reinbek 1992, S. 233-247.

Hofmann, Thomas/Loewy, Hanno/Stein, Harry (Hg.), Pogromnacht und Holocaust. Frankfurt, Weimar, Buchenwald. Das schwierige Erinnern an die Stationen der Vernichtung, Weimar/Köln/Wien 1994.

Holler, Regina, 20. Juli 1944. Vermächtnis oder Alibi? Wie Historiker, Politiker und Journalisten mit dem deutschen Widerstand gegen den Nationalsozialismus umgehen. Eine Untersuchung der wissenschaftlichen Literatur, der offiziellen Reden und der Zeitungsberichterstattung in Nordrhein-Westfalen von 1945-1986, Kommunikation und Politik, Bd. 26, München/New Providence/London/Paris 1994.

Hornung, Klaus, Der Kreisauer Kreis und die deutsche Zukunft, in: APZ, B 28/94 v. 17. 7. 1994, S. 22-30.

Hötte, Herbert, Beobachtungen zum Umgang mit der unangenehmen Geschichte am Beispiel einer KZ-Gedenkstätte, in: Hans-Hermann Groppe/Frank Jürgensen (Hg.), Gegenstände der Fremdheit. Museale Grenzgänge, Marburg 1989.

Howard, Dick, Schuld und die Geburt der Demokratie, in: Berliner Debatte INITIAL, 1993, H. 2, S. 3-10.

Jäckel, Eberhard, Umgang mit Vergangenheit. Beitäge zur Geschichte, Stuttgart 1989.

Jäger, Herbert, Arbeitsteilige Täterschaft. Kriminologische Perspektiven auf den Holocaust, in: Hanno Loewy (Hg.), Holocaust: Die Grenzen des Verstehens. Eine Debatte über die Besetzung der Geschichte, Reinbek 1992, S. 160-165.

Jarausch, Konrad H., The failure of East German Antifascism: Some ironies of history as politics, in: German Studies Review 14, 1991, S. 85-102. (dt.: Das Versagen des ostdeutschen Antifaschismus. Paradoxien von Wissenschaft als Politik, in: Berliner Debatte INITIAL, 1991, S. 114-124)

Jarmatz, Klaus (Hg.), Ravensbrücker Ballade oder Fachismusbewältigung in der DDR, Berlin 1992.

Jelinek, Yeshayahu A., Political Acumen, Altruism, Foreign Pressure or Moral Debt - Konrad Adenauer and the „Shilumim", in: TAJB, XIX/1990, S. 77-102.

Jesse, Eckhard, Vergangenheitsbewältigung in Österreich und in der Bundesrepublik

Deutschland. Ein Vergleich, in: Beiträge zur Konfliktforschung 19, 1989, S. 77-90.

Jones, Jill, Eradicating Nazism from the British Zone of Germany: Early Politics and Practice, in: German History 8, 1990, S. 145-162.

Keßler, Mario (Hg.), Arbeiterbewegung und Antisemitismus. Entwicklungslinien im 20. Jahrhundert, Podium Progressiv 25, Bonn 1993.

Keßler, Mario, Zwischen Repression und Toleranz. Die SED-Politik und die Juden (1949 bis 1967), in: Jürgen Kocka (Hg.), Historische DDR-Forschung. Aufsätze und Studien, Berlin 1993, S. 149-167.

Kielmansegg, Peter Graf, Lange Schatten. Vom Umgang der Deutschen mit der nationalsozialistischen Vergangenheit, Berlin 1989.

Kießling, Wolfgang, Paul Merker und der „Sozialismus der dummen Kerls", in: Mario Keßler (Hg.), Arbeiterbewegung und Antisemitismus. Entwicklungslinien im 20. Jahrhundert, Podium Progressiv 25, Bonn 1993, S. 87-94.

Kittel, Manfred, Die Legende von der „Zweiten Schuld". Vergangenheitsbewältigung in der Ära Adenauer, Berlin/Frankfurt a.M. 1993.

Klee, Ernst, Der Umgang der Kirche mit dem Holocaust nach 1945, in: Rolf Steininger (Hg.), Der Umgang mit dem Holocaust. Europa - USA - Israel, Schriften des Instituts für Zeitgeschichte der Universität Innsbruck und des Jüdischen Museums Hohenems, Bd. 1, Wien/Köln/Weimar 1994, S. 119-136.

Kleßmann, Christoph, Das Problem der doppelten „Vergangenheitsbewältigung", in: NGFH 38, 1991, S. 1102.

Kleßmann, Christoph, Zwei Diktaturen in Deutschland - Was kann die künftige DDR-Forschung aus der Geschichtsschreibung zum Nationalsozialismus lernen?, in: DA 25, 1992, S. 601-606.

Klinger, Cornelia, Faschismus - der deutsche Fundamentalismus?, in: Merkur 46, 1992, S. 782-798.

Klönne, Arno, Abschied vom Antifaschismus?, in: Das Argument 35, 1993, S. 583-588.

Knigge, Volkhard, Abwehren - Aneignen. Der Holocaust als Lerngegenstand, in: Hanno Loewy (Hg.), Holocaust: Die Grenzen des Verstehens. Eine Debatte über die Besetzung der Geschichte, Reinbek 1992, S. 248-259.

Knigge, Volkhard, Antifaschistischer Widerstand und Holocaust. Zur Geschichte der KZ-Gedenkstätten in der DDR, in: Bernhard Moltmann u.a. (Hg.), Erinnerung. Zur Gegenwart des Holocaust in Deutschland-West und Deutschland-Ost, Arnoldshainer Texte, Bd. 79, Frankfurt a.M. 1993, S. 67–77.

Knigge-Tesche, Renate/Reif-Spirek, Peter/ Ritscher, Bodo (Hg.), Internierungspraxis in Ost- und Westdeutschland nach 1945. Eine Fachtagung, Erfurt 1993.

Knütter, Hans-Helmuth (Hg.), Antifaschismus als innen- und außenpolitisches Kampfmittel, Bornheim 1991.

Knütter, Hans-Helmuth, Die Faschismus-Keule. Das letzte Aufgebot der deutschen Linken, Frankfurt a.M./Berlin 1993.

Köhler, Otto, Wir Schreibmaschinentäter. Journalisten unter Hitler – und danach, Köln 1989.

Kohlstruck, Michael, Der Widerstand gegen den Nazismus und die Vergangenheitsbewältigung, in: GEP 5, 1994, S.486–490.

Kowalsky, Wolfgang, Nicht Antifaschismus, sondern Anti-Rechtsextremismus, in: Das Argument 35, 1993, S. 571–582.

Kratz, Peter/Hethey, Raimund, In bester Gesellschaft. Antifa-recherche zwischen Konservatismus und Neo-Faschismus, Göttingen 1991.

Kuczynski, Jürgen, Wo wäre das anders gewesen?, in: Konkret, 1992, H. 8, S. 44–46.

Kühnrich, Heinz, „Verordnet" – oder nichts weiter? Nachdenken über Antifaschismus in der DDR, in: ZfG 40, 1992, S. 819–833.

Kwiet, Konrad, Die NS-Zeit in der westdeutschen Forschung 1945-1961, in: Ernst Schulin (Hg.), Deutsche Geschichtswissenschaft nach dem Zweiten Weltkrieg 1945–1965, München 1989, S. 181–198.

Lemke, Michael, Kampagnen gegen Bonn. Die Systemkrise der DDR und die West-Propaganda der SED 1960-1963, in: VfZ 41, 1993, S. 153–174.

Leo, Annette, Antifaschismus und Kalter Krieg – Eine Geschichte von Einengung, Verdrängung und Erstarrung, in: Brandenburgische Gedenkstätten für die Verfolgten des NS-Regimes. Perspektiven, Kontroversen und internationale Vergleiche, hrsg. v. Ministerium für Wissenschaft, Forschung und Kultur des Landes Brandenburg in Zusammenarbeit mit der Brandenburgischen Landeszentrale für politische Bildung, Redaktion: Stefanie Endlich, Berlin 1992, S. 74–80.

Lepsius, Rainer M., Das Erbe des Nationalsozialismus und die politische Kultur der Nachfolgestaaten des „Großdeutschen Reiches", in: derselbe, Demokratie in Deutschland. Soziologisch-historische Konstellationsanalysen. Ausgewählte Aufsätze, Kritische Studien zur Geschichtswissenschaft, Bd. 100, Göttingen 1993.

Lichtenstein, Heiner, NS-Prozesse und Öffentlichkeit, in: Nationalsozialismus und Justiz. Die Aufarbeitung von Gewaltverbrechen damals und heute, Münster 1993, S. 69–75.

Lipstadt, Deborah E., Betrifft: Leugnen des Holocaust, Zürich 1994.

Loewy, Hanno (Hg.), Holocaust: Die Grenzen des Verstehens. Eine Debatte über die Besetzung der Geschichte, Reinbek 1992.

Lozek, Gerhard, Die deutsche Geschichte 1917/18 bis 1945 in der Forschung der DDR (1945 bis Ende der sechziger Jahre), in: Ernst Schulin (Hg.), Deutsche Geschichtswissenschaft nach dem Zweiten Weltkrieg (1945-1965), München 1989, S. 199–211.

Lübbe, Hermann, Rationalität und Irrationalität des Völkermords, in: Hanno Loewy (Hg.), Holocaust: Die Grenzen des Verstehens. Eine Debatte über die Besetzung der Geschichte, Reinbek 1992, S. 83–92.

Lübbe, Hermann, Verdrängung? Über eine Kategorie zur Kritik des deutschen Vergangenheitsverhältnisses, in: Hans-Hermann Wiebe (Hg.), Die Gegenwart der Vergangenheit. Historikerstreit und Erinnerungsarbeit, Bad Segeberg 1989.

Lüdtke, Alf, Die Praxis von Herrschaft. Zur Analyse von Hinnehmen und Mitmachen im deutschen Faschismus, in: Berliner Debatte INITIAL, 1993, H. 5, S. 23–34.

Lutz, Felix Philipp, Vergangenheit als politischer Faktor: Zum Geschichtsbewußtsein in Deutschland, in. BISS public 2, 1992, H. 8, S. 25–34.

Maaz, Hans-Joachim, Zur psychischen Verarbeitung des Holocaust in der DDR, in: Bernhard Moltmann u.a. (Hg.), Erinnerung. Zur Gegenwart des Holocaust in Deutschland-West und Deutschland-Ost, Arnoldshainer Texte, Bd. 79, Frankfurt a.M. 1993, S. 163–168.

Maislinger, Andreas, „Vergangenheitsbewältigung" - ein internationaler Vergleich, in: Mitteilungen des Instituts für Wissenschaft und Kunst, Wien, 1989, H. 4, S. 3–5.

Maislinger, Andreas, „Vergangenheitsbewältigung" in der Bundesrepublik Deutschland, der DDR und Österreich. Psychologisch-pädagogische Maßnahmen im Vergleich, in: Uwe Backes/Eckhard Jesse/Rainer Zitelmann (Hg.), Die Schatten der Vergangenheit. Impulse zur Historisierung des Nationalsozialismus, Frankfurt a.M./Berlin 1990, S. 479–497.

Mallmann, Klaus-Michael/Paul, Gerhard, Resistenz oder loyale Widerwilligkeit?, in: ZfG 41, 1993, S. 99–116.

Marcuse, Harold, Das ehemalige Konzentrationslager Dachau. Der mühevolle Weg zur Gedenkstätte 1945–1968, in: Dachauer Hefte 6, 1994, S. 182–205.

Marcuse, Harold, Die museale Darstellung des Holocaust an Orten ehemaliger Konzentrationslager in der Bundesrepublik, in: Bernhard Moltmann u.a. (Hg.), Erinnerung. Zur Gegenwart des Holocaust in Deutschland-West und Deutschland-Ost, Arnoldshainer Texte, Bd. 79, Frankfurt a.M. 1993, S. 79–97.

Markmann, Hans-Jochen, Der 20. Juli 1944 und der deutsche Widerstand gegen den Nationalsozialismus in den Schulbüchern beider deutscher Staaten, in: Gerd R. Ueberschär (Hg.), Der 20. Juli 1944. Bewertung und Rezeption des deutschen Widerstandes gegen das NS-Regime, Köln 1994, S. 143–156.

Maser, Peter, Juden und Jüdische Gemeinden in der DDR bis in das Jahr 1988, in: TAJB, XX 1991, 393–425.

Mattenklott, Gert, Zur Darstellung des Holocaust in der westdeutschen Nachkriegsliteratur, in: Bernhard Moltmann u.a. (Hg.), Erinnerung. Zur Gegenwart des Holocaust in Deutschland-West und Deutschland-Ost, Arnoldshainer Texte, Bd. 79, Frankfurt a.M. 1993, S. 205–222.

Meier, Christian, Nachträgliche Bemerkungen zum Historikerstreit, in: Merkur 43, 1989, S. 1028–1030.

Mertens, Lothar, Die Kinder Moses im Staate Marx. Die jüdischen Gemeinden in der ehemaligen DDR, in: Andreas Nachama/Julius H. Schoeps (Hg.), Aufbau nach dem Untergang. Deutsch-jüdische Geschichte nach 1945. In memoriam Heinz Galinski, Berlin 1992, S. 285–298.

Messerschmidt, Manfred, Das Heer als Faktor der arbeitsteiligen Täterschaft, in: Hanno Loewy (Hg.), Holocaust: Die Grenzen des Verstehens. Eine Debatte über die Be-

setzung der Geschichte, Reinbek 1992, S. 166–190.

Messerschmidt, Manfred, Zur neueren Diskussion um Opposition und Verweigerung von Soldaten. Deserteure, Zersetzer und Verweigerer, in: Gerd R. Ueberschär (Hg.), Der 20. Juli 1944. Bewertung und Rezeption des deutschen Widerstandes gegen das NS-Regime, Köln 1994, S. 309–336.

Metz, Johann Baptist, Für eine anamnetische Kultur, in: Hanno Loewy (Hg.), Holocaust: Die Grenzen des Verstehens. Eine Debatte über die Besetzung der Geschichte, Reinbek 1992, S. 35–41.

Meuschel, Sigrid, Legitimation und Parteiherrschaft. Zum Paradox von Stabilität und Revolution in der DDR 1945–1989, Frankfurt a.M. 1992.

Meuschel, Sigrid, Vom unterschiedlichen Ausmaß der Zerstörung von Moral und Gesellschaft. Überlegungen zum Vergleich zweier deutscher Staaten, in: Vergangenheitsbewältigung 1945 und 1989. Ein unmöglicher Vergleich? Eine Diskussion, hrsg. v. Klaus Sühl im Auftrag der Brandenburgischen Landeszentrale für politische Bildung in Zusammenarbeit mit der Deutschen Gesellschaft e.V., Berlin 1994, S. 92–108.

Miller, Susanne, Widerstand und Exil. Bedeutung und Stellung des Arbeiterwiderstands nach 1945, in: Gerd R. Ueberschär (Hg.), Der 20. Juli 1944. Bewertung und Rezeption des deutschen Widerstandes gegen das NS-Regime, Köln 1994, S. 235–249.

Milton, Sybil, Holocaust-Memorials: ein amerikanisch-europäischer Vergleich, in: Rolf Steininger (Hg.), Der Umgang mit dem Holocaust. Europa – USA – Israel, Schriften des Instituts für Zeitgeschichte der Universität Innsbruck und des Jüdischen Museums Hohenems, Bd. 1, Wien/Köln/Weimar 1994, S. 433–443.

Milton, Sybil, In Fitting Memory. The Art and Politics of Holocaust Memorials, Detroit 1991.

Mohler, Armin, Der Nasenring. Im Dickicht der Vergangenheitsbewältigung, Essen 1989.

Möhler, Rainer, Internierung im Rahmen der Entnazifizierungspolitik in der französischen Besatzungszone, in: Renate Knigge-Tesche/Peter Reif-Spirek/Bodo Ritscher (Hg.), Internierungspraxis in Ost- und Westdeutschland nach 1945. Eine Fachtagung, Erfurt 1993, S. 58–67.

Möller, Horst, Die Geschichte des Nationalsozialismus und der DDR. ein (un)möglicher Vergleich?, in: Vergangenheitsbewältigung 1945 und 1989. Ein unmöglicher Vergleich? Eine Diskussion, hrsg. v. Klaus Sühl im Auftrag der Brandenburgischen Landeszentrale für politische Bildung in Zusammenarbeit mit der Deutschen Gesellschaft e.V., Berlin 1994, S. 127–138.

Möller, Horst, Die Weimarer Republik in der zeitgeschichtlichen Perspektive der Bundesrepublik Deutschland während der fünfziger und frühen sechziger Jahre: Demokratische Tradition und NS-Ursachenforschung, in: Ernst Schulin (Hg.), Deutsche Geschichtswissenschaft nach dem Zweiten Weltkrieg (1945-1965), München 1989, S. 157–180.

Moltmann, Bernhard u.a. (Hg.), Erinnerung. Zur Gegenwart des Holocaust in Deutschland-West und Deutschland-Ost, Arnoldshainer Texte, Bd. 79, Frankfurt a.M. 1993.

Mommsen, Hans, Der Nationalsozialismus und die deutsche Gesellschaft. Ausgewählte Aufsätze, Reinbek 1991.

Mommsen, Hans, Erfahrung, Aufarbeitung und Erinnerung des Holocaust in Deutschland, in: Hanno Loewy (Hg.), Holocaust: Die Grenzen des Verstehens. Eine Debatte über die Besetzung der Geschichte, Reinbek 1992, S. 93–100.

Mommsen, Hans, Nationalismus und Stalinismus. Diktaturen im Vergleich, in: Vergangenheitsbewältigung 1945 und 1989. Ein unmöglicher Vergleich? Eine Diskussion, hrsg. v. Klaus Sühl im Auftrag der Brandenburgischen Landeszentrale für politische Bildung in Zusammenarbeit mit der Deutschen Gesellschaft e.V., Berlin 1994, S. 109–126.

Mommsen, Hans, Widerstandsforschung und politische Kultur in Deutschland und Österreich, in: BzG 35, 1993, S. 3–12.

Mommsen, Hans, Zeitgeschichte als „kritische Aufklärungsarbeit". Zur Erinnerung an Martin Broszat (1926–1989), in: GG 17, 1991, S. 141–157.

Moser, Tilmann, Gibt es die „Unfähigkeit zu trauern"? Zur psychischen Verarbeitung des Holocaust in der DDR, in: Bernhard Moltmann u.a. (Hg.), Erinnerung. Zur Gegenwart des Holocaust in Deutschland-West und Deutschland-Ost, Arnoldshainer Texte, Bd. 79, Frankfurt a.M. 1993, S. 149–161.

Müller, Ulrich, Displaced Persons (DPs) in

der amerikanischen Zone Württembergs 1945–1950, in: GWU 40, 1989, S. 145–161.

Mythos Antifaschismus. Ein Traditionskabinett wird kommentiert, hrsg. v. Kulturamt Prenzlauer Berg und dem Aktiven Museum Faschismus und Widerstand in Berlin e.V., Berlin 1992.

Nachama, Andreas/Schoeps, Julius H. (Hg.), Aufbau nach dem Untergang. Deutsch-jüdische Geschichte nach 1945. In memoriam Heinz Galinski, Berlin 1992.

Nationalsozialismus und Justiz. Die Aufarbeitung von Gewaltverbrechen damals und heute, Münster 1993.

Naumann, Klaus, Sympathy for the Devil? Die Kontroverse um Hannah Arendts Prozeßbericht „Eichmann in Jerusalem", in: Mittelweg 36 3, 1994, H. 1, S. 65–79.

Neubauer, Franz, Das öffentliche Fehlurteil – Der Fall Filbinger als ein Fall der Meinungsmacher, Regensburg 1990.

Niethammer, Lutz (Hg.), „In der Angelegenheit des Genossen Ernst Busse". Zwei Dokumente aus einer SED-Untersuchung von 1946 betr. Beschuldigungen gegen führende deutsche Kommunisten im KZ-Buchenwald, in: BIOS 7, 1994, S. 1–45.

Niethammer, Lutz, Erinnerungsgebot und Erfahrungsgeschichte. Institutionalisierungen im kollektiven Gedächtnis, in: Hanno Loewy (Hg.), Holocaust: Die Grenzen des Verstehens. Eine Debatte über die Besetzung der Geschichte, Reinbek 1992, S. 21–34.

Niethammer, Lutz, Orte des kollektiven Gedächtnisses, in: Brandenburgische Gedenkstätten für die Verfolgten des NS-Regimes. Perspektiven, Kontroversen und internationale Vergleiche, hrsg. v. Ministerium für Wissenschaft, Forschung und Kultur des Landes Brandenburg in Zusammenarbeit mit der Brandenburgischen Landeszentrale für politische Bildung, Redaktion: Stefanie Endlich, Berlin 1992, S. 95–104.

Niethammer, Lutz, Was wissen wir über die Internierungs- und Arbeitslager in der US-Zone?, in: Renate Knigge-Tesche/Peter Reif-Spirek/Bodo Ritscher (Hg.), Internierungspraxis in Ost- und Westdeutschland nach 1945. Eine Fachtagung, Erfurt 1993, S. 43–57.

Noll, Hans, Früchte des Schweigens. Jüdische Selbstverleugnung und Antisemitismus in der DDR, in: DA 22, 1989, S. 769–778.

Nolte, Ernst, Der europäische Bürgerkrieg

1917–1945. Nationalsozialismus und Bolschewismus, Frankfurt a.M. 1989.

Nolte, Ernst, Lehrstück oder Tragödie? Beiträge zur Interpretation der Geschichte des 20. Jahrhunderts, Köln/Weimar/Wien 1991.

Nolte, Ernst, Streitpunkte. Heutige und künftige Kontroversen um den Nationalsozialismus, Berlin/Frankfurt a.M. 1993.

Ochs, Eva, Mit dem Abstand von vier Jahrzehnten. Zur lebensgeschichtlichen Verarbeitung des Aufenthalts in sowjetischen „Speziallagern", in: Renate Knigge-Tesche/ Peter Reif-Spirek/Bodo Ritscher (Hg.), Internierungspraxis in Ost- und Westdeutschland nach 1945. Eine Fachtagung, Erfurt 1993, S. 124–139.

O'Doherty, Paul, The GDR in the Context of Stalinist Show Trials and Anti-Semitism in Eastern Europe 1948–54, in: German History 10, 1992, S. 302–317.

Orlov, Boris S., Vergleichende Analyse zweier Systeme – Parallelen und Unterschiede zwischen dem nationalsozialistischen und dem stalinistischen Terror, in: Brandenburgische Gedenkstätten für die Verfolgten des NS-Regimes. Perspektiven, Kontroversen und internationale Vergleiche, hrsg. v. Ministerium für Wissenschaft, Forschung und Kultur des Landes Brandenburg in Zusammenarbeit mit der Brandenburgischen Landeszentrale für politische Bildung, Redaktion: Stefanie Endlich, Berlin 1992, S. 38–45.

Otto, Wilfriede, Antizionismus – übergestülptes Feindbild und antisemitische Haltung, in: Mario Keßler (Hg.), Arbeiterbewegung und Antisemitismus. Entwicklungslinien im 20. Jahrhundert, Podium Progressiv 25, Bonn 1993, S. 95–120.

Pätzold, Kurt, Antifaschismus und NS-Geschichte, in: Konkret, 1992, H. 11, S. 52–57.

Pätzold, Kurt, Die Deutschen und der faschistische Antisemitismus, in: Mario Keßler (Hg.), Arbeiterbewegung und Antisemitismus. Entwicklungslinien im 20. Jahrhundert, Podium Progressiv 25, Bonn 1993, S. 57–64.

Pätzold, Kurt, Martin Broszat und die Geschichtswissenschaft in der DDR, in: ZfG 39, 1991, S. 663–676.

Pätzold, Kurt, NS-Prozesse in der DDR, in: Nationalsozialismus und Justiz. Die Aufarbeitung von Gewaltverbrechen damals und heute, Münster 1993, S. 35–49.

Pätzold; Kurt, Geschichtsforschung im Spannungsfeld von Wissenschaft und Politik. Aus der Rede anläßlich der Beisetzung von Wolfgang Schumann am 19. März 1991, in: ZfG 39, 1991, S. 1107–1111.

Pehle, Walter H. (Hg.), Der historische Ort des Nationalsozialismus. Annäherungen, Frankfurt a.M. 1990.

Peitsch, Helmut, Deutschlands Gedächtnis an seine dunkelste Zeit. Zur Funktion der Autobiographik in den Westzonen Deutschlands und den Westsektoren von Berlin 1945–1949, Berlin 1990.

Petzold, Joachim, Die Entnazifizierung der sächsischen Lehrerschaft 1945, in: Jürgen Kocka (Hg.), Historische DDR-Forschung. Aufsätze und Studien, Berlin 1993, S. 87–103.

Pingel, Frank, Nationalsozialismus und Holocaust in westdeutschen Schulbüchern, in: Rolf Steininger (Hg.), Der Umgang mit dem Holocaust. Europa – USA – Israel, Schriften des Instituts für Zeitgeschichte der Universität Innsbruck und des Jüdischen Museums Hohenems, Bd. 1, Wien/Köln/Weimar 1994, S. 221–232.

Plato, Alexander v., Eine zweite „Entnazifizierung"? Zur Verarbeitung politischer Umwälzungen in Deutschland 1945 und 1989, in: GMH 42, 1991, S. 415–428.

Possekel, Ralf, Vom Vorurteil zum Urteil?. Gespräch mit Peter Steinbach über Widerstand und Nationalsozialismus, in: Berliner Debatte INITIAL, 1993, H. 5, S. 3–10.

Rabinbach, Anson, Der Deutsche als Paria. Deutsche und Juden in Karl Jaspers' „Die Schuldfrage", in: Bernhard Moltmann u.a. (Hg.), Erinnerung. Zur Gegenwart des Holocaust in Deutschland-West und Deutschland-Ost, Arnoldshainer Texte, Bd. 79, Frankfurt a.M. 1993, S. 169–188.

Rahne, Hermann, Zum Widerstand gegen Hitler und die NS-Regime aus der Sicht der DDR und NVA,in : Aufstand des Gewissens. Militärischer Widerstand gegen Hitler und das NS-Regime 1933–1945, Katalog zur Wanderausstellung, im Auftrag des Militärgeschichtlichen Forschungsamtes hrsg. v. Heinrich Walle, Berlin/Bonn/Herford 1994, S. 509–524.

Rauschenbach Brigitte (Hg.), Erinnern, Wiederholen, Durcharbeiten. Zur Psychoanalyse deutscher Wenden, Berlin 1992.

Rauschenbach, Brigitte, Erbschaft aus Vergessenheit – Zukunft aus Erinnerungsarbeit, in: DA 25, 1992, S. 929–942.

Reich, Ines, Das Bild vom deutschen Widerstand in der Öffentlichkeit und Wissenschaft der DDR, in: Peter Steinbach/Johannes Tuchel (Hg.), Widerstand gegen den Nationalsozialismus, Berlin 1994, S. 557–571.

Reich, Ines, Erinnern und verkleinern. Der 20. Juli 1944 in der öffentlichen und wissenschaftlichen Wahrnehmung der sowjetischen Besatzungszone und der DDR, in: Aufstand des Gewissens. Militärischer Widerstand gegen Hitler und das NS-Regime 1933–1945. Katalog zur Wanderausstellung, im Auftrag des Militärgeschichtlichen Forschungsamtes hrsg. v. Heinrich Walle, Berlin/Bonn/Herford 1994, S. 525–548.

Reich, Ines, Geteilter Widerstand. Die Tradierung des deutschen Widerstandes in der Bundesrepublik Deutschland und der DDR, in: ZfG 42, 1994, S. 635–643.

Reich, Ines/Finker, Kurt, Der 20. Juli 1944 in der Geschichtswissenschaft der SBZ/DDR seit 1945, in: ZfG 39, 1991, S. 533–553.

Reich, Ines/Finker, Kurt, Reaktionäre oder Patrioten? Zur Historiographie und Widerstandsforschung in der DDR bis 1990, in: Gerd R. Ueberschär (Hg.), Der 20. Juli 1944. Bewertung und Rezeption des deutschen Widerstandes gegen das NS-Regime, Köln 1994, S. 126–142.

Reichel, Peter, Zwischen Dämonisierung und Verharmlosung: Das NS-Bild und seine politische Funktion in den 50er Jahren. Eine Skizze, in: Axel Schildt/Arnold Sywottek (Hg.), Modernisierung im Wiederaufbau. Die westdeutsche Gesellschaft der 50er Jahre, Bonn 1993, S. 679–692.

Richter, Rolf, Antifaschismus vor neuen Anforderungen, in: BzG 32, 1990, S. 772–778.

Ringshausen, Gerhard, Der 20. Juli 1944 als Problem des Widerstandes gegen die Obrigkeit. Die Diskussion in der evangelischen und katholischen Kirche nach 1945, in: Gerd R. Ueberschär (Hg.), Der 20. Juli 1944. Bewertung und Rezeption des deutschen Widerstandes gegen das NS-Regime, Köln 1994, S. 191–202.

Ritscher, Bodo, Die NKVD/MVD-„Speziallager" in Deutschland. Anmerkungen zu einem Forschungsgegenstand, in: Renate Knigge-Tesche/Peter Reif-Spirek/Bodo Ritscher (Hg.), Internierungspraxis in Ost- und Westdeutschland nach 1945. Eine Fachtagung, Erfurt 1993, S. 69–89.

Ritscher, Bodo, Spezlager Nr. 2 Buchenwald. Zur Geschichte des Lagers Buchenwald 1945 bis 1950, Weimar-Buchenwald 1993.

Ritscher, Bodo, Zur Herausbildung und Organisation des Systems von Speziallagern des NKVD der UdSSR in der sowjetischen Besatzungszone Deutschlands im Jahre 1945, in: DA 26, 1993, S. 723–735.

Roellecke, Gerd, Der Nationalsozialismus als politisches Layout der Bundesrepublik Deutschland, in: Der Staat 28, 1989, S. 505–524.

Rosenfeld, Gavriel D., The Reception of William L. Shirer's The Rise and Fall of the Third Reich in the United States and West Germany, 1960–62, in: Journal of Contemporary History 29, 1994, S. 95–128.

Rosenhaft, Eve, The Uses of Remembrance: The Legacy of the Communist Resistance in the German Democratic Republic, in: Francis R. Nicosia/Lawrence Stokes (Hg.), Germans against Nazism. Essays in Honour of Peter Hofmann, New York/Oxford 1990, S. 369–388.

Roth, Karl Heinz, Historisierung des Nationalsozialismus? Tendenzen gegenwärtiger Faschismusforschung, in: Berliner Debatte INITIAL, 1993, H. 5, S. 11–22.

Rousso, Henry, „Säuberungen" gestern und heute, in: Transatlantik, 1991, H. 2, S. 187–192.

Rusinek, Bernd-A., Jugendwiderstand und Kriminalität. Zur neueren Bewertung der „Edelweißpiraten" als Widerstandsgruppe, in: Gerd R. Ueberschär (Hg.), Der 20. Juli 1944. Bewertung und Rezeption des deutschen Widerstandes gegen das NS-Regime, Köln 1994, S. 291–308.

Sander, Helke/Johr, Barbara (Hg.), BeFreier und Befreite. Krieg, Vergewaltigungen, Kinder, München 1992.

Sandkühler, Thomas, Aporetische Erinnerung und historisches Erzählen, in: Hanno Loewy (Hg.), Holocaust: Die Grenzen des Verstehens. Eine Debatte über die Besetzung der Geschichte, Reinbek 1992, S. 144–159.

Schatz, Helga, Die gesellschaftliche Wahrnehmung der sowjetischen „Speziallager" in der Nachkriegszeit, in: Renate Knigge-Tesche/Peter Reif-Spirek/Bodo Ritscher (Hg.), Internierungspraxis in Ost- und Westdeutschland nach 1945. Eine Fachtagung, Erfurt 1993, S. 90–110.

Scheurig, Bodo, Der 20. Juli 1944 – damals und

heute, in: APZ, B 28/94 v. 17. 7. 1994, S. 15–21.

Schmidt, Walter, Jüdisches Erbe deutscher Geschichte im Erbe- und Traditionsverständnis der DDR, in: ZfG 37, 1989, S. 692–714.

Schönfeld, Martin, Gedenktafeln in Ost-Berlin. Orte der Erinnerung an die Zeit des Nationalsozialismus, Schriftenreihe Aktives Museum, Bd. 4, hrsg. v. Aktiven Museum Faschismus und Widerstand e.V., Berlin 1991.

Schornstheiner, Michael, Bombenstimmung und Katzenjammer. Vergangenheitsbewältigung: Quick und Stern in den fünfziger Jahren, Köln 1989.

Schröder, Richard, Gedenkansprache bei der Zentralen Feierstunde aus Anlaß des 20. Juli 1944 am 20. Juli 1993 in Berlin-Plötzensee, in: Aufstand des Gewissens. Militärischer Widerstand gegen Hitler und das NS-Regime 1933–1945. Katalog zur Wanderausstellung, im Auftrag des Militärgeschichtlichen Forschungsamtes hrsg. v. Heinrich Walle, Berlin/Bonn/Herford 1994, S. 503–507.

Schubarth, Winfried/Pschierer, Ronald/Schmidt, Thomas, Verordneter Antifaschismus und die Folgen. Das Dilemma antifaschistischer Erziehung am Ende der DDR, in: APZ, B 9/91 v. 22. 2. 1991, S. 3–16.

Schüler, Thomas, Das Wiedergutmachungsgesetz vom 14. September 1945, in: Jahrbuch für Antisemitismusforschung 2, 1993, S. 118–138.

Schulz, Wilfried, Die PDS und der SED/DDR-Antifaschismus. Historischer Klärungsbedarf oder nur Nostalgie und neue Feindbilder, in: DA 27, 1994, S. 408–413.

Schwan, Gesine, Die politische Relevanz nicht verarbeiteter Schuld, in: Jahrbuch für Antisemitismusforschung 2, 1993, S. 281–297.

Schwartz, Thomas Alan, Die Begnadigung deutscher Kriegsverbrecher. John J. McCloy und die Häftlinge von Landsberg, in: VfZ 38, 1990, S. 375–414.

Steinbach, Peter, „Enttabuisierung" der Zeitgeschichte als Vergangenheitsbewältigung?, in: Kirchliche Zeitgeschichte 5, 1992, S. 121–134.

Steinbach, Peter, „Stachel im Fleisch der deutschen Nachkriegsgesellschaft". Die Deutschen und der Widerstand, in: APZ, B 28/94 v. 17. 7. 1994, S. 3–14.

Steinbach, Peter, „Widerstand hinter Stacheldraht"? Zur Diskussion über das Nationalkomitee Freies Deutschland als Wi-

derstandsorganisation seit 1943, in: Gerd R. Ueberschär (Hg.), Der 20. Juli 1944. Bewertung und Rezeption des deutschen Widerstandes gegen das NS-Regime, Köln 1994, S. 265–276.

Steinbach, Peter, Die Rote Kapelle. 50 Jahre danach, in: Hans Coppi/Jürgen Danyel/Johannes Tuchel (Hg.), Die Rote Kapelle im Widerstand gegen den Nationalsozialismus, Berlin 1994, S. 54–67.

Steinbach, Peter, Kriegsgefangenschaft in der Frühgeschichte der Bundesrepublik Deutschland, in: Universitas, 1990, S. 637–649.

Steinbach, Peter, Teufel Hitler – Beelzebub Stalin? Zur Kontroverse um die Darstellung des Nationalkomitees Freies Deutschland in der ständigen Ausstellung „Widerstand gegen den Nationalsozialismus" in der Gedenkstätte Deutscher Widerstand, in: ZfG 42, 1994, S. 651–661.

Steinbach, Peter, Vergangenheitsbewältigung. Vom Erkennen nationalsozialistischer Verbrechen zur „Wiedergutmachung", in: Rainer A. Roth/Walter Seifert, Die zweite deutsche Demokratie. Ursprünge, Probleme, Perspektiven, Köln/Wien 1990, S. 109–160.

Steinbach, Peter, Vermächtnis oder Verfälschung? Erfahrungen mit Ausstellungen zum deutschen Widerstand, in: Gerd R. Ueberschär (Hg.), Der 20. Juli 1944. Bewertung und Rezeption des deutschen Widerstandes gegen das NS-Regime, Köln 1994, S. 170–188.

Steinbach, Peter, Wem gehört der Widerstand gegen Hitler? in: Dachauer Hefte 6, 1994, S. 57–72.

Steinbach, Peter, Widerstand im Dritten Reich – die Keimzelle der Nachkriegsdemokratie? Die Auseinandersetzung mit dem Widerstand in der historischen politischen Bildungsarbeit, in den Medien und in der öffentlichen Meinung nach 1945, in: Gerd R. Ueberschär (Hg.), Der 20. Juli 1944. Bewertung und Rezeption des deutschen Widerstandes gegen das NS-Regime, Köln 1994, S. 79–100.

Steinbach, Peter, Widerstand im Widerstreit. Der Widerstand gegen den Nationalsozialismus in der Erinnerung der Deutschen. Ausgewählte Studien, Paderborn/München/Wien/Zürich 1994.

Steinbach, Peter, Widerstandsdeutungen in der geschichtspolitischen Auseinandersetzung. Erfahrungen aus der Arbeit an der ständigen Ausstellung Widerstand gegen den Nationalsozialismus in Berlin, in: Andreas Nachama/Julius H. Schoeps (Hg.), Aufbau nach dem Untergang. Deutsch-jüdische Geschichte nach 1945. In memoriam Heinz Galinski, Berlin 1992, S. 404–413.

Steinbach, Peter, Widerstandsforschung im politischen Spannungsfeld, in: Peter Steinbach/Johannes Tuchel (Hg.), Widerstand gegen den Nationalsozialismus, Berlin 1994, S. 597–622.

Steininger, Rolf, Nach dem Holocaust 1945–1994, in: derselbe (Hg.), Der Umgang mit dem Holocaust. Europa – USA – Israel, Schriften des Instituts für Zeitgeschichte der Universität Innsbruck und des Jüdischen Museums Hohenems, Bd. 1, Wien/Köln/Weimar 1994, S. 11–30.

Steininger, Rolf (Hg.), Der Umgang mit dem Holocaust. Europa – USA – Israel, Schriften des Instituts für Zeitgeschichte der Universität Innsbruck und des Jüdischen Museums Hohenems, Bd. 1, Wien/Köln/Weimar 1994.

Steinke, Katharina, Antifa-Filme als Nische? Ein Gespräch mit dem Drehbuchautor Eberhard Görner, in: DA 26, 1993, S. 536–554.

Stern, Frank, „Ein freundlich aufgenähter Davidstern": Antisemitismus und Philosemitismus in der politischen Kultur der 50er Jahre, in: Axel Schildt/Arnold Sywottek (Hg.), Modernisierung im Wiederaufbau. Die westdeutsche Gesellschaft der 50er Jahre, Bonn 1993, S. 717–732.

Stern, Frank, Antisemitismus und Philosemitismus in der politischen Kultur der entstehenden Bundesrepublik Deutschland, in: Andreas Nachama/Julius H. Schoeps (Hg.), Aufbau nach dem Untergang. Deutsch-jüdische Geschichte nach 1945. In memoriam Heinz Galinski, Berlin 1992, S. 150–160.

Stern, Frank, Im Anfang war Auschwitz. Antisemitismus und Philosemitismus im deutschen Nachkrieg, Gerlingen 1991.

Stern, Frank, Rehabilitierung der Juden oder materielle Wiedergutmachung – ein Vergleich, in: Rolf Steininger (Hg.), Der Umgang mit dem Holocaust. Europa – USA – Israel, Schriften des Instituts für Zeitgeschichte der Universität Innsbruck und des Jüdischen Museums Hohenems, Bd. 1, Wien/Köln/Weimar 1994, S. 167–182.

Stern, Frank, The „Jewish Question" in the „German Question", 1945–1990: Reflections in Light of November 9th, 1989, in: New German Critique 47, 1991, S. 155–172.

Stern, Frank, Wolfsschanze versus Auschwitz. Widerstand als deutsches Alibi?, in: ZfG 42, 1994, S. 645–650.

Streim, Alfred, Die Verfolgung von NS-Gewaltverbrechen in der Bundesrepublik Deutschland, in: Nationalsozialismus und Justiz. Die Aufarbeitung von Gewaltverbrechen damals und heute, Münster 1993, S. 17–33.

Thierse, Wolfgang, Mut zur eigenen Geschichte. Lehren aus der Vergangenheit, in: Vergangenheitsbewältigung 1945 und 1989. Ein unmöglicher Vergleich? Eine Diskussion, hrsg. v. Klaus Sühl im Auftrag der Brandenburgischen Landeszentrale für politische Bildung in Zusammenarbeit mit der Deutschen Gesellschaft e.V., Berlin 1994, S. 19–36.

Timm, Angelika, DDR – Israel: Anatomie eines gestörten Verhältnisses, in: APZ, B 4/93 v. 22. 1. 1993, S. 46–54.

Timm, Angelika, Der 9. November 1938 in der politischen Kultur der DDR, in: Rolf Steininger (Hg.), Der Umgang mit dem Holocaust. Europa – USA – Israel, Schriften des Instituts für Zeitgeschichte der Universität Innsbruck und des Jüdischen Museums Hohenems, Bd. 1, Wien/Köln/Weimar 1994, S. 246–262.

Timm, Angelika, Die DDR, die Schoah und der offizielle Antizionismus, in: Mario Keßler (Hg.), Arbeiterbewegung und Antisemitismus. Entwicklungslinien im 20. Jahrhundert, Podium Progressiv 25, Bonn 1993, S. 65–78.

Toyka-Seid, Christiane, Der Widerstand gegen Hitler und die westdeutsche Gesellschaft: Anmerkungen zur Rezeptionsgeschichte des „anderen Deutschland" in den frühen Nachkriegsjahren, in: Peter Steinbach/Johannes Tuchel (Hg.), Widerstand gegen den Nationalsozialismus, Berlin 1994, S. 572–581.

Toyka-Seid, Christiane, Gralshüter, Notgemeinschaft oder gesellschaftliche „Pressure-Group"? Die Stiftung „Hilfswerk 20. Juli 1944" im ersten Nachkriegsjahrzehnt, in: Gerd R. Ueberschär (Hg.), Der 20. Juli 1944. Bewertung und Rezeption des deutschen Widerstandes gegen das NS-Regime, Köln 1994, S. 157–169.

Trautmann, Günter (Hg.), Die häßlichen Deutschen. Deutschland im Spiegel der westlichen und östlichen Nachbarn, Darmstadt 1991.

Tuchel, Johannes, Das Ende der Legenden. Die Rote Kapelle im Widerstand gegen den Nationalsozialismus, in: Gerd R. Ueberschär (Hg.), Der 20. Juli 1944. Bewertung und Rezeption des deutschen Widerstandes gegen das NS-Regime, Köln 1994, S. 277–290.

Tuchel, Johannes, Zur Geschichte und Aufgabe der Gedenkstätte Deutscher Widerstand, in: Aufstand des Gewissens. Militärischer Widerstand gegen Hitler und das NS-Regime 1933–1945. Katalog zur Wanderausstellung, im Auftrag des Militärgeschichtlichen Forschungsamtes hrsg. v. Heinrich Walle, Berlin/Bonn/Herford 1994, S. 705–717.

Turner, Ian A. (Hg.), Reconstruction in Post-War Germany. British Occupation Policy and the Western Zones 1944–1955, Oxford/New York/München 1989.

Ueberschär, Gerd R. (Hg.), Der 20. Juli 1944. Bewertung und Rezeption des deutschen Widerstandes gegen das NS-Regime, Köln 1994.

Ueberschär, Gerd R., Die deutsche Militäropposition zwischen Kritik und Würdigung. Zur neueren Geschichtschreibung über die „Offiziere gegen Hitler" bis zum 50. Jahrestag des 20. Juli 1944, in: Aufstand des Gewissens. Militärischer Widerstand gegen Hitler und das NS-Regime 1933–1945. Katalog zur Wanderausstellung, im Auftrag des Militärgeschichtlichen Forschungsamtes hrsg. v. Heinrich Walle, Berlin/Bonn/Herford 1994, S. 657–683.

Ueberschär, Gerd R., Die deutsche Militäropposition zwischen Kritik und Würdigung. Zur neueren Geschichtsschreibung über die „Offiziere gegen Hitler", in: Jahresbibliographie der Bibliothek für Zeitgeschichte 62, 1990, S. 428–442.

Ueberschär, Gerd R., Von der Einzeltat des 20. Juli 1944 zur „Volksopposition"? Stationen und Wege der westdeutschen Historiographie nach 1945, in: ders. (Hg.), Der 20. Juli 1944. Bewertung und Rezeption des deutschen Widerstandes gegen das NS-Regime, Köln 1994, S. 101–125.

Verbeek, Georgi, Marxism, Antisemitism and the Holocaust, in: Year book, Leo Baeck Institute, XXXV, 1990, S. 385–396.

Vergangenheitsbewältigung 1945 und 1989. Ein unmöglicher Vergleich? Eine Diskussion, hrsg. v. Klaus Sühl im Auftrag der Brandenburgischen Landeszentrale für politische Bildung in Zusammenarbeit mit der Deutschen Gesellschaft e.V., Berlin 1994.

Vollnhals, Clemens (Hg.), Entnazifizierung. Politische Säuberung und Rehabilitierung in den vier Besatzungszonen 1945–1949, München 1991.

Vollnhals, Clemens, Die Hypothek des Nationalprotestantismus. Entnazifizierung und Strafverfolgung von NS-Verbrechen nach 1945, in: GG 18, 1992, S. 51–69.

Vollnhals, Clemens, Entnazifizierung in West- und Ostdeutschland. Konzeptionen und Praxis, in: Renate Knigge-Tesche/Peter Reif-Spirek/Bodo Ritscher (Hg.), Internierungspraxis in Ost- und Westdeutschland nach 1945. Eine Fachtagung, Erfurt 1993, S. 9–29.

Vollnhals, Clemens, Entnazifizierung und Selbstreinigung im Urteil der evangelischen Kirche. Dokumente und Reflexionen 1945–1949, München 1989.

Vollnhals, Clemens, Evangelische Kirche und Entnazifizierung 1945–1949. Die Last der nationalsozialistischen Vergangenheit, München 1989.

Was hat die bildende Kunst der DDR nach 1945 geprägt? Nachleben des Nationalsozialismus? Gisela Kayser und Olav Münzberg im Gespräch mit dem Kunsthistoriker Diether Schmidt, in: Ästhetik und Kommunikation 19, 1990, S. 113–125.

Wassermann, Rudolf, Widerstand als Rechtsproblem. Zur rechtlichen Rezeption des Widerstandes gegen das NS-Regime, in: Gerd R. Ueberschär (Hg.), Der 20. Juli 1944. Bewertung und Rezeption des deutschen Widerstandes gegen das NS-Regime, Köln 1994, S. 203–213.

Weber, Hermann, Das System der „Speziallager" in der SBZ, in: Brandenburgische Gedenkstätten für die Verfolgten des NS-Regimes. Perspektiven, Kontroversen und internationale Vergleiche, hrsg. v. Ministerium für Wissenschaft, Forschung und Kultur des Landes Brandenburg in Zusammenarbeit mit der Brandenburgischen Landeszentrale für politische Bildung, Redaktion: Stefanie Endlich, Berlin 1992, S. 21–27.

Weber, Herrmann, Gab es eine demokratische Vorgeschichte der DDR? in: GMH 43, 1992, S 272–280.

Wedemeier, Klaus, Mut zum Erinnern – Gegen das Vergessen. Reden und Texte zum Um-

gang mit deutscher Schuld und Verantwortung. Geleitwort v. Ignaz Bubis, Bremen
1994.

Weidenfeld, Werner, Geschichtsbewußtsein
der Deutschen: Die Gegenwart der Vergangenheit, in: Karl Dietrich Bracher, Manfred
Funke, Hans-Peter Schwarz (Hg.), Deutschland zwischen Krieg und Frieden. Beiträge
zu Politik und Kultur im 20. Jahrhundert,
Düsseldorf 1991, S. 442–453.

Weißbecker, Manfred, Gedanken zum Antifa-
schismus-Verlust in der Geschichte der
DDR, in: BzG 33, 1991, S. 194–201.

Welsh, Helga A., „Antifaschistisch-demokratische Umwälzung" und politische Säuberung
in der sowjetischen Besatzungszone Deutschlands, in: Klaus-Dietmar Henke/Hans Woller (Hg.), Politische Säuberung in Europa.
Die Abrechnung mit Faschismus und Kollaboration nach dem Zweiten Weltkrieg, München 1991, S. 84–107.

Welsh, Helga A., Revolutionärer Wandel auf
Befehl? Entnazifizierungs- und Personalpo-
litik in Thüringen und Sachsen (1945–1948),
München 1989.

Wember, Heiner, Entnazifizierung nach 1945:
Die deutschen Spruchgerichte in der britischen Zone, in: GWU 43, 1992, S. 405–426.

Wember, Heiner, Umerziehung im Lager.
Internierung und Bestrafung in der britischen Besatzungszone Deutschlands, Essen
1991.

Wember, Heiner, Umerziehung im Lager? Bri-
tische Internierungspolitik und -praxis, in:
Renate Knigge-Tesche/Peter Reif-Spirek/
Bodo Ritscher (Hg.), Internierungspraxis in
Ost- und Westdeutschland nach 1945. Eine
Fachtagung, Erfurt 1993, S. 30–42.

Werle, Gerhard, Der Holocaust als Gegenstand
der bundesdeutschen Strafjustiz, in: Bern-
hard Moltmann u.a. (Hg.), Erinnerung. Zur
Gegenwart des Holocaust in Deutschland-
West und Deutschland-Ost, Arnoldshainer
Texte, Bd. 79, Frankfurt a.M. 1993, S. 99–117.

Wieland, Günther, Zwischen Konfrontation
und Kooperation – Der Rechtsverkehr beider deutscher Staaten bei der Ahndung von
NS-Verbrechen, in: Zeitgeschichte 20, 1993,
S.403–418.

Wierling, Dorothee, Von der HJ zur FDJ?, in:
BIOS 6, 1993, S. 107–118.

Wiesenthal, Simon, Recht - nicht Rache. Kein
Vergessen, in: Nationalsozialismus und Justiz. Die Aufarbeitung von Gewaltverbre-

chen damals und heute, Münster 1993, S. 93–
101.

Wiggershaus, Norbert, Zur Bedeutung und
Nachwirkung des militärischen Widerstandes in der Bundesrepublik Deutschland und
in der Bundeswehr, in : Aufstand des Gewissens. Militärischer Widerstand gegen Hitler
und das NS-Regime 1933–1945. Katalog zur
Wanderausstellung, im Auftrag des Militärgeschichtlichen Forschungsamtes hrsg. v.
Heinrich Walle, Berlin/Bonn/Herford 1994,
S. 465–492.

Winterhager, Wilhelm Ernst, Enttäuschte
Hoffnungen: Zum Anteil der Überlebenden
des 20. Juli 1944 am politischen Neuaufbau
in Westdeutschland nach 1945, in: Gerd R.
Ueberschär (Hg.), Der 20. Juli 1944. Bewertung und Rezeption des deutschen Widerstandes gegen das NS-Regime, Köln 1994,
S. 250–262.

Wittich, Bernd, Antifaschismus und Stalinismus, in: LILI, 1991, H. 7, S. 186–213.

Wittich, Bernd, Interdependenz von Antifaschismus und Stalinismus in der politischen
Kultur der SED und der DDR, in: GEP 2,
1991, S. 657–666.

Wolf, Christa, Reden im Herbst, Berlin/Wei-
mar 1990.

Wolffsohn, Michael, Doppelte Vergangeheits-
bewältigung, in: Vergangenheitsbewältigung
1945 und 1989. Ein unmöglicher Vergleich?
Eine Diskussion, hrsg. v. Klaus Sühl im Auftrag der Brandenburgischen Landeszentrale
für politische Bildung in Zusammenarbeit
mit der Deutschen Gesellschaft e.V., Berlin
1994, S. 37–43.

Wolffsohn, Michael, Keine Angst vor Deutschland!, Erlangen/Bonn/Wien 1990.

Wolffsohn, Michael, Verwirrtes Deutschland?
Provokative Zwischenrufe eines deutschjüdi-
schen Patrioten, München 1993.

Wolffsohn, Michael, Von der verordneten zur
freiwilligen „Vergangenheitsbewältigung"?
Eine Skizze bundesdeutscher Entwicklung
1955–1965, in: German Studies Review 12,
1989, S. 111–137.

Young, James Edward., Die Textur der Erinnerung. Holocaust-Gedenkstätten, in: Hanno
Loewy (Hg.), Holocaust: Die Grenzen des
Verstehens. Eine Debatte über die Besetzung der Geschichte, Reinbek 1992, S. 213–
232.

Zimmermann, Michael, Negativer Fixpunkt
und Suche nach positiver Identität. Der

Nationalsozialismus im kollektiven Gedächtnis der alten Bundesrepublik, in:
Hanno Loewy (Hg.), Holocaust: Die Grenzen des Verstehens. Eine Debatte über
die Besetzung der Geschichte, Reinbek
1992, S. 128–143.

Zitelmann, Rainer, Historiographische Vergangenheitsbewältigung und Modernisie-
rungstheorie. Nationalsozialismus, Faschismus, Stalinismus, in: Bernd Faulenbach/
Martin Stadelmaier (Hg.), Diktatur und
Emanzipation. Zur russischen und deutschen Entwicklung 1917–1991, Essen 1993,
S. 111–135.

Zitelmann, Rainer, Vom Umgang mit der NS-
Vergangenheit, in: Rolf Italiaander (Hg.), Bewußtseins-Notstand. Thesen von 60 Zeitzeugen, Düsseldorf 1990, S. 69–79.

Zitelmann, Rainer, Wiedervereinigung und
deutscher Selbsthaß: Probleme mit dem eigenen Volk, in: Werner Weidenfeld (Hg.),
Deutschland. Eine Nation – doppelte Geschichte, Köln 1993, S. 235–248.

Zur Bewältigung der NS-Zeit in der DDR. Defizite und Neubewertungen, hrsg. v. d. Fried-
rich-Ebert-Stiftung, Bonn/Bad Godesberg
1989.

Zur Neuorientierung der Gedenkstätte Buchenwald. Die Empfehlungen der vom Minister für Wissenschaft und Kunst des Landes
berufenen Historikerkommission, Weimar-
Buchenwald 1992.

Autorenverzeichnis

Wolfgang Benz, Prof. Dr., Historiker, Leiter des Zentrums für Antisemitismusforschung an der Technischen Universität Berlin

Vojtěch Blodig, Dr. phil., wissenschaftlicher Mitarbeiter an der Gedenkstätte Theresienstadt

Jürgen Danyel, Dr. phil., Historiker, wissenschaftlicher Mitarbeiter am Forschungsschwerpunkt Zeithistorische Studien in Potsdam

Frank Dingel, Historiker, wissenschaftlicher Mitarbeiter der Stiftung „Topographie des Terrors"

Bernd Faulenbach, Prof. Dr., Historiker, Forschungsinstitut für Arbeiterbildung an der Ruhr-Universität Bochum

Norbert Frei, Dr. phil., Historiker, wissenschaftlicher Mitarbeiter am Institut für Zeitgeschichte in München

Olaf Groehler, Prof. Dr. sc. phil., Historiker, Berlin

Fritz Klein, Prof. Dr. phil. habil., Historiker, Berlin

Wolfgang Küttler, Prof. Dr. phil. habil., Historiker, wissenschaftlicher Mitarbeiter am Forschungsschwerpunkt Wissenschaftsgeschichte und -theorie in Berlin

Michael Lemke, Dr. phil. habil, Historiker, wissenschaftlicher Mitarbeiter am Forschungsschwerpunkt Zeithistorische Studien in Potsdam

Annette Leo, Historikerin und Publizistin, Berlin

Sybil Milton, Dr., leitende Historikerin am United States Holocaust Memorial Museum

Günter Morsch, Dr., Historiker, Direktor der Gedenkstätte Sachsenhausen

Bodo Ritscher, Dr. phil., Historiker, wissenschaftlicher Mitarbeiter an der Gedenkstätte Buchenwald

Inge Schmöker, Leiterin der Bibliothek des Forschungsschwerpunktes Zeithistorische Studien in Potsdam

Gudrun Schwarz, Dr. phil., Historikerin, Berlin

Angelika Timm, Dr. phil., Historikerin, Humboldt-Universität Berlin

Herbert Olbrich, Mag. phil., Historiker, Doktorand am Forschungsschwerpunkt Zeithistorische Studien in Potsdam

Jürgen Zarusky, Dr., Historiker, wissenschaftlicher Mitarbeiter am Institut für Zeitgeschichte München

Moshe Zimmermann, Prof. Dr., Historiker, Universität Jerusalem